Kleine Mainzer Schriften
zur Theaterwissenschaft

Kleine Mainzer Schriften
zur Theaterwissenschaft
Band 21

Gebrochen in Raum und Zeit – Performanzen des Lichts im Dazwischen

von

Nadine Peschke

Herausgegeben von Peter Marx,
Kati Röttger und Friedemann Kreuder

Tectum Verlag

Nadine Peschke

Gebrochen in Raum und Zeit - Performanzen des Lichts im Dazwischen
Umschlagabbildung: © Florian Holzherr: James Turrells *Bridget's Bardo* Lichtinstallation in Wolfsburg

ISBN: 978-3-8288-2658-8

ISSN: 1867-7568

Besuchen Sie uns im Internet
www.tectum-verlag.de

Bibliografische Informationen der Deutschen Bibliothek
Die Deutsche Bibliothek verzeichnet diese Publikation in der Deutschen Nationalbibliografie; detaillierte bibliografische Angaben sind im Internet über http://dnb.ddb.de abrufbar.

VORWORT

Nachdem Theaterwissenschaft seit ihrer Gründung als Fach 1923 über Generationen hinweg als Geschichtsschreibung auf literarischer Werkleistungsbasis und semiotisch fundierte Wissenschaft von Aufführungen betrieben wurde, bedurfte es der jüngeren wissenschaftsgeschichtlichen Gegenbewegungen des sogenannten *performative*, *spatial* und *iconic turn* im Zuge der an die Theaterwissenschaft und Performance Studies neu gestellten Anforderungen der künstlerischen Arbeiten der Neo-Avantgarde in Westeuropa und den USA seit den 1960er Jahren, um Räumlichkeit, Korporalität oder auch Bildlichkeit von Theater in ihrer Eigendimension heuristisch in den Blick zu nehmen. Die Ent-Hierarchisierung der traditionell textzentrierten Theatermittel in der dominant rhythmischen Fusion von Performances wie denen Robert Wilsons oder Heiner Goebbels' wie auch das gesteigerte Interesse der zeitgenössischen Theaterwissenschaft an der Performativität von Aufführungen markieren mögliche neue Forschungsfelder wie die Performanz des Lichts. Mit merkwürdiger Inkonsequenz im Hinblick auf den Fachgründer Max Herrmann, dessen Theaterbegriff sich stark von der eng damit zusammenhängenden „Raumkunst" herleitete, verblieben theaterwissenschaftliche Publikationen zum Licht überwiegend im Horizont der Theatersemiotik oder technikgeschichtlicher Überblicke. In der vorliegenden Studie werden zum ersten Mal in der deutschen Theaterwissenschaft Formen des Lichts nicht nur als *ein* jeweils möglicher dramaturgischer *Inhalt*, sondern als selbstreferentielle, wirklichkeitskonstituierende, ereignishafte und auf der rezeptiven Inszenierungsebene intensiv sinnliche Phänomene in Performance- und Theaterkunst untersucht. Die zentrale Fragestellung der Arbeit zielt daher explizit auf die Prozessualität der Hervorbringung von Räumlichkeit, Zeitlichkeit und Bildlichkeit durch Licht im künstlerischen Rahmen, ihr „geheimer" Gegenstand ist jedoch die Entwicklung eines performativen Bildbegriffs.

Friedemann Kreuder — Mainz, im Februar 2011

INHALT

1 EINLEITUNG

„Von Kultur- und Theatergeschichte wurde das Licht als gestaltendes Element der Bühne kaum wahrgenommen.“[1] Dabei muss es als bedeutendste Kulturtechnik des 20. Jahrhunderts gelten, die „wesentlichen Einfluss“[2] hat. Schon die Laterna magica als „Wunderlampe aller Kulturen“[3] war mit ihrem suggestiven Leuchten „Grundstoff aller Verführungskünste“[4]. Besonders das farbige und bewegte Licht muss als „unwiderstehlicher Attraktor für Auge und Imagination“[5] wirken. Schon seit jeher bestimmt das Licht Leben und Evolution des Menschen:

> „Mittels und kraft der wärme- und lichtspendenden Energie des Feuers erst setzt der Mensch sich überhaupt als kulturelles Wesen, erhebt sich über das Animalisch-Vegetative, entwirft sich darüber aber eben auch in einem exklusiven Spannungsverhältnis zum Göttlichen: als zugleich Ebenbürtiger wie auch als hoffnungslos Abhängiger im Spiel der kosmischen Kräfte.“[6]

In der wissenschaftlichen Betrachtung von Theater, aber auch im Laiengespräch über Inszenierungen scheint das Licht als eigenständige Qualität einer Inszenierung, wenn es nicht gerade eine so augenfällige Rolle spielt, wie beispielsweise im Bildertheater Robert Wilsons[7], eher marginalisiert auf. Gerät es doch einmal in den Blick, stehen seine Eigenschaften als Beleuchter der Szene oder seine symbolische Funktion innerhalb der Aufführung meist im Vordergrund. Selten wird das Licht in seinem So-Sein, in seiner ureigensten Qualität untersucht. Es wäre denkbar, dass dies der Tatsache geschuldet ist, dass die Analyse von Licht an sich nicht einfach scheint. Ist nicht die Beleuchtung be-

---

1 Greisenegger, W. 2008, 7.

2 Greisenegger, W. 2008, 8.

3 Auer, G. 1998, 128.

4 Auer, G. 1998, 127.

5 Auer, G. 1998, 127.

6 Kirchmann, K. 2000, 5.

7 Für Wilson ist das Licht ein besonders wichtiges Ausdruckselement. Für seine Inszenierungen beginnt er mit der Erprobung des Lichts: „Ohne Licht gibt es keinen Raum. Beleuchtung, die architektonisch strukturiert ist, kann wie ein Schauspieler funktionieren.“ Wilson, R. zitiert bei Moldoveanu, M. 2001, 15. Wilson sei ein Meister der Beleuchtungskunst schreibt Moldoveanu weiter. „Direkter kann man Wilsons Experimente mit Lichtquellen als Fortsetzung von Dan Flavins Skulpturen aus Leuchtstoffröhren sehen.“ Moldoveanu, M. 2001, 27.

stimmter Gegenstände oder die symbolische Herstellung eines bestimmten Tageslichtes gemeint, scheint das Erfassen der Lichtqualität schwierig. Es lässt sich schwer festmachen, scheint im Augenblick der Betrachtung schon einer Beschreibung zu entgleiten.

Dabei muss Licht als eine fundamentale Kategorie nicht nur des Theaters, sondern des Lebens an sich gelten. „Licht und Dunkel, Tag und Nacht sind die elementaren Koordinaten, innerhalb derer sich auf unserem Planeten die Lebensrhythmen aller Wesen entfalten. Es gibt keine Erfahrung des Menschen, die nicht davon berührt wird.“[8] Die gesamte Natur sowie der menschliche Bioorganismus funktionieren nur unter der Einwirkung von Sonnenlicht. Tag-Nacht-Rhythmen bestimmen über die Hell-Dunkel Verhältnisse nicht nur den menschlichen Schlaf-Wach-Rhythmus, sondern alle Bioaktivität bis hin zum Zellstoffwechsel und der Hormonbildung. Bekannt ist auch die erhöhte Gefahr bei Lichtmangel an depressiven Verstimmungen zu erkranken.

Jenseits dieser biologischen Kategorie scheint dem Licht noch eine andere Macht zugesprochen zu werden. So gab sich Louis XIV den Beinamen Sonnenkönig. Mit Licht wird folglich eine alles überstrahlende Allmacht assoziiert, die Voraussetzung des Lebens und des Gedeihens (hier: des politischen Staates), aber auch uneingeschränkte Sichtbarkeit vereint mit wahrnehmbarkeits- und erkenntnishinderlicher Blendung ist. Im 17. Jahrhundert war der private Gebrauch der ersten 'Blendlaternen' bei Todesstrafe verboten, „gehörten doch Strahlenkrone und Strahlenbündel von jeher zu den Insignien der Obrigkeit.“[9] Als Sonne verstanden, ist der König als überall gleichzeitig Anwesender und alles Sehender aufzufassen. Nicht zu vergessen seien die Verehrung des Sonnengottes Ra durch die alten Ägypter und ähnliche kultische Verehrungen des Lichts.

Wenn Licht in seiner schlichten Anwesenheit auf mehreren Ebenen als wirkmächtig eingestuft werden muss, bringt die Vernachlässigung einer Analyse von Licht im Theater wichtige Konsequenzen mit sich. Auch wenn es sich dort nicht um das Licht der Sonne handelt, sondern um künstlich erzeugtes elektrisches Licht. Mit seiner Bedeutsamkeit als lebenswichtiges und mächtiges Gut kann davon ausgegangen werden, dass sein Wert auch Eingang in das kulturelle Wertesystem gefunden hat, nicht zuletzt deshalb, weil in der theatralen Situation immer in irgendeiner Weise Bezug zur Lebenswelt genommen wird und Son-

---

8 Lütgens, A. 2009, 109.

9 Auer, G. 198, 127.

nenlicht-analoge Auswirkungen auf die Wahrnehmung auch durch Kunstlicht stattfinden. In diesem Zusammenhang schreibt auch Wolf-Dieter Ernst „Licht [wird] zum Herrscher“[10], wenn es nicht auch in 'unauffälligen' Beleuchtungssituationen in seiner ihm eigenen Wirkung untersucht und problematisiert wird und unhinterfragt bleibt. Unbedacht werde das Licht als zunächst nicht-künstlerische Kategorie meist dem „'eigentlichen' künstlerischen Zweck untergeordnet“[11]. In Carl-Friedrich Baumanns Untersuchung *Licht im Theater* ist dementsprechend die Kapitelüberschrift „Licht ist Helfer, nicht Selbstzweck“[12] zu finden, die eine entsprechende Geringschätzung des Lichts andeutet. Bemerkenswert ist auch, dass sogar in einigen einschlägigen Theaterlexika ein Eintrag zu Licht oder Beleuchtung völlig fehlt.[13]

Größere Aufmerksamkeit erhält das Licht im Theater von Seiten der Theatermacher. Eine Generation, die dem Licht erstmals eine wichtige gestaltende Rolle zumisst und auch in der Wissenschaft größere Beachtung findet sind die Expressionisten. Dass die Neuerer vor allem aus der bildenden Kunst und nicht aus dem Theater stammen sowie die Tatsache, dass Wilsons Theater, welches Licht als eine der wichtigsten Qualitäten führt, 'Bildertheater' genannt wird, verweist auf einen Zusammenhang, der nicht sofort augenfällig ist, wenn es um Licht geht: Es scheint eine engere Verbindung von Licht und bildender Kunst zu geben. Zumindest unter Berücksichtigung der Literaturlage und damit der Aufmerksamkeit für das Thema, welches - sei es der Jugend des Faches geschuldet - in der Theaterwissenschaft eher gering ausfällt, muss eine engere Verbindung von Licht und Malerei im Vergleich zu Licht und Theater angenommen werden. Vom Mittelalter bis in die Kunst der Gegenwart, bis zu tatsächlicher Licht-Kunst, lässt sich die Behandlung von Licht in der Kunst wissenschaftlich nachverfolgen. Licht-Kunst steht natürlich nicht mehr im Zeichen der Malerei, sondern nähert sich der Performance-Kunst an. An dieser Stelle führt der Bogen zurück zum Theater: Theatrale Performance und künstlerische Performance stellen offenbar analoge Entwicklungen dar, die sich zu Ereignishaftigkeit und Prozessualität hin bewegen.

---

10 Ernst, W.-D. 1999, 60.

11 Ernst, W.-D. 1999, 62.

12 Baumann, C.-F. 1988, 358.

13 Als Beispiel ist das Metzler Lexikon Theatertheorie zu nennen (Fischer-Lichte, E./Kolesch, D./Warstat, M. (Hg.)(2005): Metzler Lexikon Theatertheorie, Stuttgart).

Im Gegensatz zu den anderen Theaterzeichen wie Raum, Körper, Kostüm usw. stellt das Licht eine Kategorie dar, die kaum auf etwas anderes verweisen kann, als auf sich selbst. Zwar kann eine bestimmte Qualität von Beleuchtung symbolisch 'Tageslicht' oder 'Mondschein' bedeuten. Das Licht an sich und isoliert betrachtet ist aber selbstreferentiell, es verweist nur auf sich selbst und auf nichts darüber hinaus. In diesem Sinne ist es wirklichkeitskonstituierend, ereignishaft und führt zu einer intensiv sinnlichen Erfahrung. Die genannten Eigenschaften zeichnen das Licht als eine genuin performative Kategorie aus.[14] Das Interesse und die wissenschaftliche Beschäftigung mit dem Thema Performativität ist seit Austins performativer Sprechakttheorie *How to do things with words*[15] intensiv und fächerübergreifend. Die Forschung, insbesondere die Performativitätstheorie sollte für eine genuin performative Größe wie das Licht folglich ein geeignetes Analyseinstrumentarium bereithalten. Tatsächlich scheint dem Licht aber unter allen in Betracht kommenden Materialitäten (wie Räumlichkeit, Körperlichkeit, Zeitlichkeit, Lautlichkeit) die geringste Beachtung zuteil zu werden. Meist erscheint es in der Literatur als Unterkapitel zur Untersuchung von Räumlichkeit. Es mag der Schwierigkeit Licht als 'feste' Kategorie zu fassen geschuldet sein, oder aber auch eine Eigenschaft des Lichts an sich sein, dass seine Betrachtung, seine Beschreibung und seine Analyse fast automatisch auf seine Wirkung im und auf den Raum sowie seine Wirkung in und auf die Zeit zuläuft. Licht scheint eng mit Räumlichkeit und Zeitlichkeit verknüpft, mehr noch, die drei Größen scheinen sogar gleichsam untrennbar verbunden und aufeinander angewiesen zu sein. Weiter oben wurde bereits auf die fundamentale Bedeutung des Lichts für den Biorhythmus hingewiesen. So kommen Veränderungen des Lichts in der (Tages-)Zeit sowie Veränderungen der Wahrnehmung von Zeitlichkeit, im Sinne von Rhythmen, von Langeweile oder Kurzweiligkeit, Wiederholung oder auch Stillstand durch den Einfluss von Licht in den Blick. Durch die Beleuchtung von Gegenständen und die Entstehung von beleuchteten 'Lichtfeldern' und unbeleuchteten 'Schattenfeldern' ist Licht in der Lage Raum zu strukturieren oder erst herzustellen. Daneben muss Licht als fundamentale Voraussetzung für Sichtbarkeit gelten.

Wie deutlich geworden ist, macht die Beschäftigung mit Licht einen ganzen Fächer mit ihm verknüpfter Themen und Bereiche auf. Wenn Licht als eigener Wert schwer zu fassen ist, sollte eine Annäherung über die mit ihm verknüpften Felder versucht werden, um so zu einer

---

14 Siehe Fischer-Lichte, E./Roselt, J. 2001, 242-250.

15 Austin, J. L. 1955.

eindeutigeren Bestimmung von Licht als Performanz zu gelangen. Schon an dieser Stelle bestimmt sich die schwer greifbare Kategorie Licht, als sich zwischen verschiedenen Bereichen bewegende, als eine, die stets im Zusammenhang mit anderem gesehen werden will, zwischen den Feldern oszilliert und vor allem im 'Dazwischen' in ihrer Verstehbarkeit aufblitzt. Diese Arbeit will das Licht an drei Beispielen untersuchen, die sich alle in unterschiedlicher Weise, aber alle durch ein besonderes Verhältnis zum oder mit dem Licht bestimmen. Als erstes und wichtigstes Untersuchungsobjekt wird eine Rauminstallation des Lichtkünstlers James Turrell dienen. Für die Ausstellung *The Wolfsburg Project*, die vom 24. Oktober 2009 bis zum 5. April 2010 im Kunstmuseum Wolfsburg stattfand, hat er mit *Bridget's Bardo* sein bisher größtes Projekt innerhalb eines Museums realisiert. Dabei handelt es sich um einen eigens konstruierten, begehbaren Raum, der sich, wie gezeigt werden wird, aus einer anderen Perspektive auch als Bild gebärdet. Mit dem zweiten Beispiel wird der Übergang zum Bild dann konkret vollzogen: Aljoscha Begrich und Jo Preussler haben ausgewählte Inszenierungen des Theatertreffens 2007 in Langzeitbelichtungen „zu simultane[n] Lichtskulptur[en] geballt“[16]. Eine der Überschriften der dazugehörigen theoretischen Arbeit lautet paradigmatisch „Die Bühne als Bild“[17]. Es wird deutlich, dass sich auch in den konkreten Analysebeispielen das Licht mit den Ebenen Raum, Zeit und Bild überkreuzt. Auch beim dritten Anschauungsobjekt wird dies thematisch: Die argentinische Theatergruppe *El Periférico de Objetos* spielt in ihrer Inszenierung der *Hamletmaschine* (spanisch *Máquina Hamlet)* ebenfalls mit Einwirkungen des Lichtes auf die Wahrnehmung von Räumlichkeit, Zeitlichkeit und Bildlichkeiten. Erweitert werden die Ebenenverschränkungen hier noch durch den Fokus auf Geschichte und Erinnerung, wodurch folglich auch mentale Bilder mit in den Blick genommen werden. Alle drei Beispiele bewegen sich an sich schon zwischen den Instanzen. Eine klare Zuschreibung zu Theater, Performance oder Bildender Kunst beziehungsweise Bild fällt schwer. Was sie alle auszeichnet, ist ein irgendwie geartetes 'Dazwischen'. Worin dieses 'Dazwischen' genau besteht, wie es sich konstituiert und welche Rolle das Licht selbst als Phänomen eines 'Dazwischen' einnimmt, soll die folgende Untersuchung zeigen.

Anhand der Beispiele, in denen das Licht offenkundig eine auffällige Rolle spielt, sollen Erkenntnisse über die Performanz von Licht gewonnen werden, die es auch erlauben oder erleichtern, einen klareren

---

16 Bickenbach, M. o.J., o.S.

17 Begrich A./Preusler, J. 2004, o.S.

Blickwinkel auf Verhältnisse zu gewinnen, in denen Licht keine vordergründige Rolle spielt, um seine 'Herrschaft', ganz im Sinne Wolf-Dieter Ernsts, auch dort nicht unhinterfragt wirken zu lassen. Es stellt sich die Frage, welchen Einfluss das Licht bei der Inszenierung oder auch erst einmal 'nur' bei der Hervorbringung von Räumlichkeit, Zeitlichkeit und Bildlichkeit hat. Weitergehend muss anhand der Beispiele gefragt werden, welche Rolle das Licht folglich im dezidiert inszenatorischen Bereich des Theaters der Gegenwart spielt und als Konsequenz davon, welche Rolle Lichtperformanzen in der Gegenwartskultur einnehmen.

Wie bereits angedeutet, soll die Analyse mit Hilfe der Befragung jener Kategorien geleistet werden, die eng mit der Performanz von Licht zusammenhängen. Zunächst wird jedoch eine Befragung der Geschichte des Lichts im Theater einen Eindruck davon geben, welcher Stellenwert ihm überhaupt in der Entwicklung des Theaters zuteil wird. Diese Darstellung soll eine Einordnung der Lichtbehandlung in den zu untersuchenden Beispielen erleichtern. Mit Turrells Lichtkunst und mit der Theaterfotografie als Bildmedium wird die Kunsttheorie auf den Plan gerufen. Als Arbeiten, die sich der bildenden Kunst zugehörig fühlen, oder genauer gesagt, sich in einem Zwischenraum verorten, kann die Theatertheorie nicht als alleinige Analysegrundlage dienen, ohne die Gefahr eines zu engen Blickwinkels und einer unangebrachten sowie unnötigen Beschränkung des Verständnisses des Lichtgebrauchs und der Lichtwirkung mit sich zu bringen. Die Befragung von Licht in der Malereigeschichte soll folglich Erkenntnisse zu einem besseren Verständnis von Licht in besagtem Zwischenbereich erlauben. Auf dieser geschichtlichen Grundlage sollte im Anschluss eine adäquate Beschreibung von Turrells *Bridget's Bardo* möglich sein. Die Analyse wird auch den Einbezug von Performativitätstheorie, einer Theorie des Raumes, insbesondere der Ansätze Martina Löws und Michel de Certeaus sowie einer Theorie der Zeit erfordern. In diesem Zusammenhang wird es ebenfalls wichtig sein, Theorien zur Wahrnehmung in den Blick zu nehmen. Die Taktilität und Intersubjektivität der Wahrnehmung nach Merleau-Ponty und Lacans Diagramme liefern hier ein passendes Instrumentarium. Auch eine Theorie des Bildes die den Rückbezug zur Kunstwissenschaft schafft, ist zum Verständnis von *Bridget's Bardo* unerlässlich. In diesem Zusammenhang werden insbesondere die Bildtheorie Hans Beltings sowie die theaterwissenschaftliche Problematisierung von Bildlichkeit unter der Herausgeberschaft Kati Röttgers und Alexander Jackobs eine tragende Rolle spielen. Als Konsequenz der Verknüpfung von Theater und Bild wird zudem die Rolle von Tableaux Vivants im Untersuchungskontext thematisch.

Auf diesem breit vorbereiteten Theoriegerüst können die beiden weiteren Beispiele folgen. Je nach Analyseobjekt wird die Theorielandschaft noch erweitert oder vertieft werden. Hinsichtlich der Untersuchung der Langzeitbelichtungs-Theaterfotografien werden Betrachtungen zum Medium der Fotografie - beispielsweise von Susan Sontag und Roland Barthes - eine Analyse des Lichts in den Fotografien erleichtern. Ein ästhetisch-kultureller sowie psychoanalytischer Begriff der Nachträglichkeit kann zudem zwecks der Erklärung der vielfachen Überschreibungen in den Langzeitbelichtungen sowie zur Ausweitung des Untersuchungshorizonts auf die Ebenen von Vergangenheit und Erinnerung nutzbar gemacht werden. Als Scharnierkapitel leitet die Analyse der Fotografien sodann zum dritten Beispiel, *Máquina Hamlet* über. Dieses befragt nach der Darstellung der problematischen lateinamerikanischen Geschichte sowie ihrer Aufarbeitung unter Einbezug der Rolle des Diskurses der Postmoderne und ihres Geschichtsmodells, die Bedeutung des performativen Lichts hinsichtlich der Rückholung, Hervorbringung und Überarbeitung immaterieller Erinnerungsbilder.

Am Ende der Arbeit soll eine spezifische Charakterisierung des performativen Lichts als Element eines 'Zwischen' stehen sowie sein daraus resultierendes Vermögen eine Wahrnehmung zu ermöglichen, die durch ihre Offenheit und Unabgeschlossenheit den subjektiven Blick integriert. Weiterhin sollen diese Erkenntnisse zur Formulierung eines erweiterten, geöffneten, performativen Bildbegriffs führen.

2 GESCHICHTE DES LICHTS IM THEATER

Als erste Annäherung an das Thema Licht sollte es von Vorteil sein zunächst einen Überblick über die historische Entwicklung des Lichts, beziehungsweise der Beleuchtung im Theater zu gewinnen, um ein breiteres Verständnis und eine bessere Einschätzung darüber zu gewinnen, auf welcher Grundlage die in dieser Arbeit zu bearbeitenden zeitgenössischen Phänomene entstanden sind, in welchen Zusammenhängen sie betrachtet werden müssen, um ihre spezifische Wirkung zu erklären und wie sie möglicherweise untersucht werden können. Zu diesem Überblick wird vor allem die Arbeit Carl-Friedrich Baumanns *Licht im Theater* herangezogen werden, die zumindest nach Kay Kirchmann die „bislang wohl umfangreichste Historiographie des Theaterlichtes“[18] darstellt. Dazu ist noch zu sagen, dass besonders auch auf Grund der Verwendung, des Verständnisses und der Rolle des Lichts in der Theatergeschichte bei dieser Darstellung oft nicht das Licht an sich in seiner spezifischen Qualität untersucht wird, sondern technische Entwicklungen und die Rolle des Lichts als Symbol einen großen Raum einnehmen. Diese Analyserichtung läuft zwar nicht unmittelbar auf das Ziel dieser Arbeit zu, Licht in seiner Performativität zu untersuchen. Sie zeigt aber, dass das Licht zu gegebener Zeit eben nicht als eigenwertig performativ verstanden und gebraucht wurde. Außerdem können auch daraus, wenn auch nur mittelbar, Erkenntnisse gewonnen werden, die in der *Entwicklung* des Lichts im Theater begründet sind. Es soll an dieser Stelle keine lückenlose Darstellung der Beleuchtungsgeschichte im Theater geleistet werden, da dies den Rahmen der Fragestellung sprengen würde. Die Geschichte des Theaterlichts soll so weit befragt werden, wie sie für die Fragestellung dieser Arbeit dienlich, hilfreich und aufschlussreich ist.

„Das griechische Theater kannte ja keine Beleuchtungsproben. Nach der Sonne fragt man nicht, man richtet sich nach ihr […].“[19] Zwar wird die Sonne im Verlauf der Analyse noch eine Rolle spielen, doch das Zitat macht deutlich: erst als das Theater in geschlossene Räume verlegt wird, wird Aufgabe des Lichts komplex. Es muss dann zunächst einmal den Vorgang auf der Bühne überhaupt sichtbar machen (erhellen) und zweitens die Illusion des Dargestellten befördern (beleuchten). „Die Unterscheidung zwischen (technischer) 'Erhellung' und (künstlerischer) 'Beleuchtung' ermöglichte es, das Licht als szenisches

---

18 Kirchmann, K. 2000, 7.

19 Ernst, W.-D. 1999, 50

Gestaltungsmittel zu verwenden."[20] Ein weiterer Sprung in der Geschichte des Bühnenlichts findet statt, wenn die Theater im 18. Jahrhundert mit Gründungen fester bürgerlicher oder höfischer Theaterhäuser sesshaft werden. Erst hier kann sich eine wirkliche Licht- und Bühnentechnik entwickeln.[21]

In der Zeit davor wurde das Theaterlicht vor allem zur Erhellung der Bühne sowie des Zuschauerraumes gebraucht. Die Lichtquellen (beispielsweise Kronleuchter) waren meist sichtbar, Veränderungen in der Beleuchtung aufgrund fehlender Technik kaum möglich.

> „In der zweiten Hälfte des 18. Jahrhunderts wurde die Bühne nach den gleichen Methoden beleuchtet, wie sie im Barocktheater entwickelt worden waren. In ihren Grundzügen blieben Beleuchtungs- und Dekorationspraxis von der italienischen Bühnenpraxis bestimmt, wie sie Furttenbach und Sabbattini bereits in der ersten Hälfte des 17. Jahrhunderts beschrieben hatten."[22]

Lichtquellen, Dekorationstypus und die durch die Beleuchtung des Zuschauerraumes bedingten Sehverhältnisse bestimmen die Beleuchtungssituation im Theater. Dabei unterscheiden sich die verwendeten Lichtquellen bis in die Zeit der Gaslampen kaum von den allgemein verwendeten Lichtquellen.[23]

> „[...] noch immer verbrannten die gleichen Dochte das gleiche Öl - auch noch auf den Bühnen des Barock. Erst während des 19. Jahrhunderts, aber dann mit viel Elan, akzeleriert die Beleuchtungstechnik. Vom Hohldocht über den Glühstrumpf zum Glühfaden; vom Öl über das Gas zur Elektroenergie; von der Fackel über die Blendlaterne zum Scheinwerfer, von der offenen Flamme über die Glühbirne zur Entladungsröhre."[24]

2.1 Das 16. und 17. Jahrhundert

Das Teatro Olimpico in Vicenza setzt mit der Inszenierung *König Ödipus* von Sophokles zu seiner Einweihung 1585 und den inszenatorischen Aktivitäten der folgenden Jahre bis 1656 Maßstäbe bezüglich der

---

20 Baumann, C.-F. 1988, IX.

21 Siehe Baumann, C.-F. 1988, IXf.

22 Baumann, C.-F. 1988, 1.

23 Siehe Baumann, C.-F. 1988, 1.

24 Auer, G. 1998, 126.

Verwendung des Lichts. Das Beleuchtungssystem wird erstmals durch hochentwickelte Beleuchtungsvorrichtungen erweitert, die explizit in die Planung des Bühnenbildes einbezogen, und deren Einsatz und Wirkung für die gesamte Inszenierung durchdacht werden. Die Wirkung, die das Licht auf die Stimmung und die Gefühle des Publikums ausüben kann wird berücksichtigt und eingeplant. Erstmals gewinnt das Licht einen eigenen dramaturgischen Wert.[25] Auch hier wird bereits vom Löschen des Lichts im Zuschauerraum berichtet[26] um die Aufmerksamkeit des Publikums auf die Bühne zu lenken. Auf dieser werden die Perspektiven aus zahlreichen nicht sichtbaren Lichtquellen so beleuchtet, dass sie das Publikum mit einer tageslichtartigen, stimmungsvollen Atmosphäre verzaubern. Während es draußen schon dunkel ist, sind die Zuschauer überrascht und verzaubert von der „erleuchteten Luft"[27], für die keine Quelle des Lichts auszumachen ist. Alle angewandten Kniffe wollen die Täuschung für das Publikum verstärken und zielen darauf ab, die Bühne als wundersamen Ort zu kennzeichnen, der sich vom alltäglichen Raum abhebt. Was für die Zuschauer unsichtbar bleibt und sich nur in seiner Wirkung zeigt (so auch die Musik) hatte eine magische Atmosphäre zur Folge, die die Phantasie der Zuschauer derart anregen konnte oder sollte, dass sie aus den Mauern des Theaters heraus in eine andere Sphäre abheben konnten (in den Olymp). Die phantastischen Inszenierungen sollten die Zuschauer in ihrer Grandiosität überwältigen. Auch furchteinflößende Effekte, wie aus dem Schnabel eines Basilisken tropfende heiße Glut oder strahlend reflektierende, glänzende Waffen als Ausdruck von Macht und Berühmtheit zählen zu der Verwendung des Lichts in dieser Zeit. In der Folge konzentrieren sich die Verwendung des Lichts und die Entwicklung von Lichttechnik auf barocke Ansprüche, wie die Nachahmung von Sonnenlicht und Naturphänomenen.[28] Dem Zitat Baumanns weiter oben folgend, muss diese Art der Beleuchtungspraxis der ersten Hälfte des 17. Jahrhunderts für den gesamten Zeitraum noch bis in die zweite Hälfte des 18. Jahrhunderts angenommen werden. Bis zu diesem Zeitpunkt ist es die Aufgabe des Lichts zu erhellen.

---

25 Siehe Maino, M. 2008, 47.

26 Dies ist nicht unbedingt die Regel, wie eine zeitgleiche Inszenierung im Teatro Mediceo 1589 zeigt, wo die Vornehmheit des Publikums durch das Saallicht sichtbar gemacht werden sollte und die Bühne so hell erleuchtet wird, dass das Publikum geblendet wird. Siehe Innamorati, I. 2000, 1003f.

27 Maino, M. 2008, 39. Im Original: „l'aere illuminato". Übersetzung der Verfasserin.

28 Siehe Maino, M. 2008, 38-46.

Auch wenn damit, wie gezeigt, einige Effekte erzielt werden können und es im Bewusstsein der Theatermacher und Zuschauer schon eine gewisse Rolle spielt, hat das Licht noch keine genuin gestaltende Funktion.

> „Von einer eigentlichen 'Bühnenbeleuchtung' kann man erst sprechen, seitdem das Licht des Saales nicht mehr zur Unterstützung der allgemeinen Helligkeit auf der Bühne herangezogen wurde. Eine Bühnenbeleuchtung im heutigen Sinne konnte sich aber auch dann noch nicht entwickeln; erst mit der Abdunklung des Zuschauerraumes wurde die Bühnenbeleuchtung 'selbständig'."[29]

2.2 Das 19. Jahrhundert - Richard Wagner

Die Verdunkelung des Zuschauerraums wird im letzten Viertel des 19. Jahrhunderts von Richard Wagner eingeführt. Da eine performative Betrachtung von Licht schließlich ebenfalls darauf abzielt, das Licht in seiner Eigenständigkeit in den Blick zu nehmen, sollte es folglich für diese Arbeit angemessen sein, die Entwicklung des Lichts als selbständiges gestaltendes Element ab diesem Zeitpunkt besonders zu verfolgen. Das hat nichts damit zu tun, dass vorher keine performative Wirkung untersucht werden könnte, sondern damit, dass diese jetzt als spezifische erst wahrgenommen, gebraucht und umgesetzt wird. Die Verdunkelung des Zuschauerraums führt zu Veränderungen der Sehbedingungen derart, dass die Bühnenvorgänge besser erkennbar sind, wenn man aus einem abgedunkelten Raum auf die helle Bühne sieht. „Darüber hinaus erscheint ein hell beleuchtetes Objekt in einer dunklen Umgebung größer, ein dunkler Gegenstand in einem hellen Raum kleiner."[30] Die Folge ist ein scheinbares In-die-Ferne-Rücken des szenischen Vorgangs bei gleichzeitiger deutlicher Wahrnehmung, wie aus der Nähe. Durch diese Täuschung wirken die Personen auf der Bühne vergrößert und übermenschlich.

> „Die Abdunklung des Auditoriums war für Wagner ein illusionsförderndes Mittel, das den Zuschauer in jenen 'begeisterten Zustand des Hellsehens' versetzen konnte, 'in welchem das er-

---

29 Baumann, C.-F. 1988, 1.

30 Baumann, C.-F. 1988, 309.

schaute scenische [sic] Bild zum wahrhaftigsten Abbilde des Lebens selbst wird'."[31]

Die beleuchtungstechnische Trennung von Zuschauerraum und Bühne sollte das ‚Szenische Geheimnis' wahren, auf eine nachprüfbare szenische Wahrheit und Naturtreue, wie sie die Meininger gefordert haben, wurde verzichtet. Die Beleuchtung hat für Wagner die Funktion, die Illusion zusammen mit der Dekoration der Szene zu unterstützen. Gemalte Prospekte bleiben für ihn Bestandteil der Bühne und obwohl Beleuchtungswechsel zwecks optimaler Wirkung der Effekte und Lichtstimmungen minutiös im Klavierauszug festgehalten werden, hat das Licht doch „noch keinen eigenen gestalterischen Auftrag, sondern dient nur als Träger der rein malerisch verwendeten Farben"[32]. Lichtstimmungsanweisungen wie „zarte[r] rosiger Dämmer" oder „zauberhaftes, von unten her dringendes röthliches [sic] Lichte, durch welches das Smaragdgrün des Wasserfalls mit dem Weiß seiner schäumenden Wellen, stark durchbricht; der ferne Hintergrund mit den Seeufern [...] von einem verklärten blauen Dufte mondscheinartig erhellt"[33] zeigen, dass es nicht darum ging, die Natur naturalistisch zu kopieren, sondern mit diesen unwirklichen und kontrastreichen Farb- und Lichteffekten eine der Darstellung entsprechende Atmosphäre zu schaffen.

Wagners Vorstellungen gehen dabei über die technischen Möglichkeiten seiner Zeit hinaus, so dass die szenische Umsetzung in ihrer Wirkung dürftig bleiben muss.[34] Störungen des Gesamtbildes erfolgen zudem auch durch das scharfe Herausleuchten und Verfolgen einzelner Personen, vor allem weil die Dekoration eigentlich auf eine malerisch-geschlossene Wirkung aus ist, die auf diese Weise zerstückelt wird. Auch als sich etwas später störende Kontraste durch Lichteffekte durch die hellere Grundbeleuchtung relativieren, bleibt das malerische Prinzip noch vorherrschend. Forderungen nach einer wahrhaftigen, den Gefühlen entsprechenden, eindeutigen Beleuchtung aus unsichtbarer Quelle werden laut, um die Illusion für den Zuschauer zu optimieren. Egusquiza, ein spanischer Maler, muss den (Bayreuther) Bühnen seiner Zeit jedoch attestieren, dass statt einer eindeutigen Lichtwirkung eines Sonnentages oder bewölkten Tageslichts, „einzig und

---

31 Baumann, C.-F. 1988, 310. In Passagen mit einfachen Anführungszeichen zitiert Baumann Wagner.

32 Baumann, C.-F. 1988, 307.

33 Wagner Bd. 2, 4 zitiert bei Baumann, C.-F. 1988, 307.

34 Siehe Baumann, C.-F. 1988, 306-310.

allein das konventionelle Gaslicht"[35] zu sehen ist. Solchen fortschrittlichen Gedanken wie jenen Egusquizas steht bis in die 1910er Jahre das malerisch-dekorative Prinzip des Bühnenbilds entgegen. Erst mit Adolphe Appia finden die neuen Ansätze auch ihre Umsetzung.[36] Zielte das Licht bei Wagner noch „auf die Überhöhung der dramatischen Erzählung, wollte die Avantgarde das abstrakte Licht selbst zum Akteur machen."[37]

2.3 Avantgarde des 19. und 20. Jahrhunderts

2.3.1 Adolphe Appia

„Adolphe Appia [...] war der bedeutendste, der die Unzulänglichkeit des gemalten Bühnenbildes mit praktischen und theoretischen Arbeiten bekämpfte und für den gestalteten Bühnenraum und die Verwendung des gestaltenden Lichtes eintrat."[38] Er kritisiert, dass das Licht zu seiner Zeit nur die Dekorationsmalerei sichtbar mache und nicht selbst gestaltend tätig werden kann. Eine solche Rolle würde auch dazu führen, dass die malerische Wirkung der Dekoration beeinträchtigt werde, echter Schatten die Wirkung von gemaltem Licht und gemaltem Schatten zerstöre. Die so nur mögliche Rolle des Lichts als Helligkeit steht in Kontrast zum ‚eigentlichen Licht', das sich durch Gestaltungskraft und Ausdrucksfähigkeit auszeichnet.[39] „Fehlt das Licht so fehlt der Ausdruck, und dies ist der Fall auf unseren Bühnen: die Möglichkeit zu sehen ist gegeben, aber - ohne *Licht*."[40] Appia lehnt alle gemalten Dekorationsteile ab und fordert plastische Gegenstände, die zusammen mit dem Schauspieler alleinige Schattengeber sein und somit den Raum prägen sollen. Er will einen wirklichen Raum schaffen, ein Terrain, das durch Licht aktiviert wird. Das aktive Licht kann sich auch nur im nicht-gemalten Raum entfalten und entwickeln und der Raum wirkt erst dann räumlich, wenn Licht und Schatten in ihm lebendig werden. Der Raum soll gleichzeitig lichtdurchtränkt sein und dennoch wahrnehmbare Schlagschatten erlauben, die das gestaltende Licht

---

35 Egusquiza 1885, 183ff. zitiert bei Baumann, C.-F. 1988, 312.

36 Siehe Baumann, C.-F. 1988, 311-313.

37 Schmitz, N. M. 1998, 37.

38 Baumann, C.-F. 1988, 313.

39 Siehe Baumann, C.-F. 1988, 314.

40 Baumann, C.-F. 1988, 314. Hervorhebung im Original.

erzeugt. Dem Schatten kommt dabei die Aufgabe zu, Dekorationsteile und Körper mit möglicherweise unverzichtbaren gemalten Dekorationen zu verbinden. Seine „Kunst des Weglassens“[41] beschränkt sich bei der Dekoration auf das Nötigste und Praktikable und überlässt es der Beleuchtung „mittels der ihr eigentümlichen Gestaltungskraft, das Fehlende zu ersetzen“[42]. Er bezeugt dem Licht eine „allmächtige Gestaltungskraft“[43]. Ähnlich der Musik ist das Licht Ausdruckselement, im Gegensatz zu Elementen des „andeutend orientierenden Zeichens“[44]. „Das Licht kann, gleich der Musik, nur das ausdrücken, was dem 'inneren Wesen aller Erscheinung' angehört.“[45] Dabei kann es alle Ausdrucksgrade vorstellen, es kann bloß vorhanden sein oder sich in seiner größten Intensität zeigen. Die leblosen Farben der Bühnenmalereien, „welche das Licht bloß *vorgestellt* hatten“[46] werden ersetzt durch das tatsächlich vorhandene, lebendige und bewegliche Licht. „Mit Licht malt der Wort-Tondichter sein Bild.“[47] Das Licht soll also auch als Farbe wirksam werden, dabei ist es Eigenfarbe und Farbträger zugleich. Es verändert das Verhältnis der Farben der Dekorationselemente und kann durch Projizierungen von Farbkombinationen und Bildern auf der Bühne ein Milieu schaffen. Dieses malende Licht macht mit seinen Projektionen die Dekorationselemente zu gleichzeitigen Bildschirmen und verbindet die Beleuchtung mit dem Dekor, während erstere doch alles immaterialisiert.[48] Das Licht bei Appia gestaltet die Szene dennoch inhaltlich-symbolisch: Die Beleuchtungsanleitungen zu *Tristan und Isolde* machen dies deutlich:

> „Tristan durfte von diesem Licht nicht direkt beleuchtet werden; erst nachdem er sein Leiden innerlich erfaßt hatte, als er

---

41 Baumann, C.-F. 1988, 317.

42 Baumann, C.-F. 1988, 316. Im Original kursiv.

43 Baumann, C.-F. 1988, 315.

44 Baumann, C.-F. 1988, 315.

45 Baumann, C.-F. 1988, 315.

46 Baumann, C.-F. 1988, 315. Hervorhebung im Original.

47 Baumann, C.-F. 1988, 315. Im Original kursiv. Es ist auffällig, dass hier gerade im Zusammenhang mit einem 'Wort-Tondichter' von einem 'Bild' gesprochen wird. Da es um Licht geht, kann wohl kaum das feste Bühnenbild gemeint sein. Vielmehr muss davon ausgegangen werden, dass die optische Wirkung, die das Licht auf der Bühne im Zusammenhang mit Wort und Ton herstellt, hier als immaterielles Bild aufgefasst wird, das Wort und Ton in ihrer ihnen eigenen Prozessualität mit aufnimmt. Dieser Gedanke wird an anderer Stelle weitergeführt werden.

48 Siehe Baumann, C.-F. 1988, 314-319.

> sich von allem Irdischen zu lösen vermöchte, fiel langsam ein goldener Schein auf ihn. Am Ende seiner 'Wandlung' war er völlig in Licht getaucht. Die Wirkung des wandernden Lichtes wurde verstärkt durch die Schlagschatten der Steinbrüstung und der Wand; die Dunkelheit des Raumes nahm zu, je mehr Licht auf Tristan fiel. Bei Markes Auftritt war die Szene fast dunkel, so daß die Realität des Kampfes nahezu unsichtbar bleib. Das blutige Geschehen erhielt nur durch das immer intensiver werdende Rot der Abenddämmerung eine symbolische Andeutung. [...]"[49]

Das Licht in seinen Inszenierungen soll dem Publikum zur phantasievollen Ergänzung der nur angedeuteten Bühnendekoration dienen, es soll ihm ein inneres Bild entstehen in dem das Kunstwerk Raum hat sich zu entfalten und zu wirken. Die Darstellung soll stilisiert nur die Gesetzmäßigkeiten des Naturvorbildes hervorheben, es einordnen in einen Raum, einen Rhythmus, ein Material. Die Vervollständigung geschieht im Zuschauer während der Rezeption.[50]

2.3.2 Edward Gordon Craig

Edward Gordon Craig verfolgt diesen Ansatz noch konsequenter: Er verzichtet auf jegliche illusionistische Malerei auf der Bühne und ersetzt „das Abbild der Dinge durch das Symbol, das die Dinge im Geiste weckten"[51] Im Gegensatz zu Appia lässt Craig nur glatte Wände und Kuben in einer einheitlichen, neutralen Farbe als Dekoration gelten, um das Licht alle Tönungen und Farben erzeugen zu lassen. Damit erhält das Licht die eigentliche gestaltende, malende Aufgabe auf seiner Bühne. Das Naturlicht soll suggeriert statt reproduziert werden, Raumeindrücke in Tiefe, Breite, realer und symbolischer Bedeutung durch Lichteinfall, Lichtverteilung und Lichtfarbe erreicht und verändert werden. Craig macht damit endgültig deutlich, welchen Einfluss das Licht auf den Ausdruckswert des Raumes hat. Farbe setzt Craig „symbolisch für eine ganze Gattung"[52], das heißt beispielsweise, dass er Geister in grau darstellt, um ihr Zerfließen und ihre Nebelhaftigkeit auszudrücken, braun, um Irdisches und Menschliches zu vermitteln. Er geht über die Stimmungsangabe hinaus, wenn er seine Räume mit-

---

49 Baumann, C.-F. 1988, 320.

50 Siehe Baumann, C.-F. 1988, 320.

51 Baumann, C.-F. 1988, 321.

52 Baumann, C.-F. 1988, 322.

tels des Lichts symbolhaft besetzt als Enge oder einsame Weite (durch beleuchtete Kanten oder diffuses, sickerndes Licht).[53]

2.3.3 Alfred Roller

Auch Alfred Roller geht es bei seinem Beleuchtungsansatz um den inneren Gehalt der Szenen und um die Verwendung des Lichts als Gestaltungsmittel. Hinsichtlich der *Fidelio* Inszenierung von 1904 spricht Hermann Bahr von „'Fanfaren des Lichtes'"54, die den Ausdrucksgehalt der Musik Beethovens sichtbar werden lässt. Ein wichtiger Verdienst Rollers ist die Entdeckung von echtem Material als Gestaltungselement, das das Licht in je spezifischer Weise reflektieren und seine Wirkung, beispielsweise einer dämmrigen, warmen Nacht durch Verwendung von beleuchtetem Samt unterstützen kann.55

> „Das neuromantische Theater sollte 'der Sinneswahrnehmung reine, völlig entsprechende komplementäre Erscheinungen, korrespondierende Phänomene zu dem seelischen Vorgang der Dichtung geben und damit eine aufs höchste gesteigerte gesamtorganische Empfängnis und Betätigung erwirken'."[56]

In diesem Sinne werden die Farbe und das farbige Licht nicht mehr als Lokalkolorit gebraucht, sondern als innerer Stimmungsausdruck und Stimmungswandlungen des Stückes. Die Beleuchtung als Farbträger ist demnach abstrakter Farbeindruck und sichtbarer Stimmungseindruck. Die Intensität des Lichts gibt dabei den Grad der Erregung an. Die Kraft der Farbe schafft einen direkteren Zugang zum Zuschauer, so dass aus ihm gleichsam ein Mitfühlender wird, ähnlich der Wirkung, die Musik auf das Mitfühlen und auf Stimmungserzeugung hat. Bezogen auf die Oper kann so das Licht „psychisch, vollkommen der malerische Ausdruck der Musik"[57] *sein.* Die Bestrebung, Stimmungswerte auf der Bühne mittels Licht zu erzeugen, geht einher mit der Abstraktion der Bühnenelemente, bis hin zu einer nahezu leeren, nur von Vorhängen gebildete Bühne, in der dem Licht Raum gegeben wird, die erforderliche Stimmung als Hauptelement auszudrücken. Licht und Farbe sind dabei prädestiniert dafür, fließende, unfixierte, immaterielle Stimmungen, wie in Träumen oder Visionen zu erzeugen, die mit fe-

---

53 Siehe Baumann, C.-F. 1988, 321-323.

54 Bahr, H. 1919, 79 zitiert bei Baumann, C.-F. 1988, 324.

55 Siehe Baumann, C.-F. 1988, 323-325.

56 Baumann, C.-F. 1988, 327.

57 Bahr, H. 1905, 291. Zitiert bei Baumann, C.-F. 1988, 330.

sten Elementen, wie gemalten Dekorationen kaum erreicht werden können.

2.4 Impressionismus

Der Einfluss der bildenden Kunst auf die Entwicklungen der Theaterbeleuchtung wird in zweierlei Hinsicht deutlich: Zum einen sind viele der treibenden Kräfte Maler, zum anderen finden in der bildenden Kunst mit dem Impressionismus ähnliche Entwicklungen von Farbe und Lichtbehandlung statt. Wie im anschließenden Kapitel noch weiter ausgeführt werden wird, hat sich auch in der Malerei des Impressionismus die Funktion der Farbe von einer dienenden in eine gestaltende gewandelt. Die Bedeutung des Lichts und der Lichtfarbe steigern sich so weit, dass sie schließlich als gleichberechtigtes Ausdrucksmittel neben Gestik, Mimik, Sprache, Bewegung usw. stehen. Nach diesem Triumphzug des Lichts beginnt sich jedoch langsam ein Überdruss zu verbreiten, der schließlich zu einer Rückbesinnung auf farbige Bühnenmalerei führt sowie zu einer 'Naturalisierung' der Lichtbehandlung, in der die Lichtquelle erfassbar sein soll.[58]

2.5 Expressionismus

Der Expressionismus überhöht die sichtbare Wirklichkeit in eine imaginative Gegenwirklichkeit. Handlungsräume entstehen in der Illusion des Zuschauers, ihre Realität wird nicht mehr explizit auf der Bühne dargestellt. Auf einer stark reduzierten Bühne übernehmen Licht und Schatten die raumbildende und gliedernde Funktion, womit auch das farblose Licht Gestaltungsfaktor geworden ist. Es dient als immaterielles Orientierungsmittel, als Ersatz für die fehlende Dekoration.[59] Ganze Lichtarchitekturen werden verwirklicht, indem der architektonische Raumeindruck durch Beleuchtung oder Verschattung der plastischen Bühnenelemente gleichsam erst durch das Licht entsteht.[60] Farbiges Licht wirkt natürlich auch weiterhin bei der Raumbildung mit: Beispielsweise scheint sich ein von blauem Licht erfüllter Raum „zur Unendlichkeit zu weiten“[61]. Das Licht kann eine einmal gefasste

58 Siehe Baumann, C.-F. 1988, 326-337.

59 Siehe Baumann, C.-F. 1988, 338-341.

60 Siehe Baumann, C.-F. 1988, 352.

61 Baumann, C.-F. 1988, 353.

Raumempfindung ständig beliebig umorientieren, den Stimmungswechseln des Stückes folgen oder sie selbst erst herstellen, ist also das flexibelste Gestaltungselement überhaupt.[62] Wobei zu beachten ist, dass die Räume an sich sich oftmals neutral und dunkel oder im Halbdämmer gebärden, womit sie Spielräume für die Phantasie des Betrachters eröffnen, aber auch Anlass zu Unsicherheit geben können.[63]

Das Licht kann nicht nur Raum bilden, sondern auch Raum auflösen. Sich bewegendes Licht kann statische, kompakte Architekturen oder Flächen dynamisch auflösen, leichter gestalten. Auch schon der Lichtraum an sich trägt diese Eigenschaft mit sich und kann damit als Licht an sich (durch seine substantielle Helligkeit) auflösend, 'erleichternd' auf die Dekoration einwirken und ihr damit eine möglicherweise schwere, drückende Wirkung nehmen. In gleißender Helligkeit, Lichtströmen, „flutender Atmosphäre“[64] und unter dem Eindruck der fehlenden Dekoration beginnen die Raumgrenzen und Körpergrenzen gar zu fließen und zu schwinden. Das Licht kann dem Darsteller gegenüber als materieller Widerstand wirken, wenn er ihm mit heller Kraft entgegenstrahlt und ihn aufzulösen droht.[65] Aber auch Dunkelheit kann den Raum ins Grenzenlose weiten und Körper zerfließen lassen[66], wenn seine Grenzen schlichtweg nicht mehr sichtbar sind. Zusammen mit den Raumgrenzen scheint sich auch die Wirklichkeit eines Raums aufzulösen, in dem Bilder aus dem Dunkel auftauchen und wieder „gespenstisch verdämmern[...]“[67].

Gewaltvoll wirkt dann ein heller Lichtkegel, der einen Lichtraum aus dem Dunkel reißt. Indem mit dem Scheinwerfer einzelne Spielorte aus dem dunklen Gesamtgefüge gelöst werden und wieder darin verschwinden, wird das irdische Geschehen in isolierten Sonderexistenzen als sinnlos zerstückeltes dargestellt.[68] Durch Dämmerlicht und partielle zufällige Beleuchtung können außerdem Bilder entstehen, die materiell so nicht auf der Bühne existieren: der immaterielle Charakter des Lichts macht es zum Beispiel möglich, einige wenige Darsteller „zu einer unzählbaren Masse [zu] verschmelzen“[69].

---

62 Siehe Baumann, C.-F. 1988, 351f.

63 Siehe Baumann, C.-F. 1988, 341.

64 Baumann, C.-F. 1988, 349.

65 Siehe Baumann, C.-F. 1988, 351-357.

66 Siehe Baumann, C.-F. 1988, 339.

67 Baumann, C.-F. 1988, 350.

68 Siehe Baumann, C.-F. 1988, 343, 350 und 354.

69 Baumann, C.-F. 1988, 351.

Das expressionistische Theaterlicht hat nichts mehr mit naturalistischer Nachahmung zu tun, es dient nur noch der „Gestaltung des Raumes und der 'seelischen Akzentuierung'“[70]. Konzentriertes Licht und der Schrei drücken im expressionistischen Theater die szenische Realität aus, wo die Malerei sie durch die reine Farbe wiedergibt.[71] Farbe und Licht stehen dabei für elementare Empfindungsmomente, sind Gefühlsträger und Ausdruck und machen in dieser Funktion den Inhalt der Stücke aus.[72] Als Empfindungselemente haben sie dabei den Charakter einer „materialisierten Transzendenz“[73], sind nicht mehr „gestaltete, stilisierte Realität“[74].

Das geht soweit, dass Bewegungen des Lichts die einzige Aktion darstellen, wie in Kokoschkas *Brennendem Dornbusch,* wo durch Lichtstrahlen allein die Erregung zwischen einem körperlich passiven Paar vermittelt wird. Die optische Erscheinung des Dargestellten trägt in manchen Fällen sogar mehr zum Verständnis bei, als der Dramentext. Oft bleibt der Inhalt aus diesem Grund aber auf allgemeine Wirkungen beschränkt.[75] „Wie von den bildenden Künsten sollte auf der Bühne die Existenz an sich dargestellt werden“[76], statt Inhalt vermitteln sie Mythisches, Sühnendes, Feierliches.[77] Da die Sprache allein es nicht leisten kann die „'mythisch-innerliche Konstruktion' des Weltbildes“[78] zu vermitteln, erlangen Form, Farbe, Licht und Klang solch zentrale Rollen der Abstraktion.

Licht kann je nach Intensität und Farbe die Szene beschweren oder sie leicht machen. In diesem Sinne hat es auch die Möglichkeit der Musik zu folgen, die sich schwer oder leicht gebärdet und somit „die Linien der Melodie in den dekorativen Rahmen der Szene [...] zu projizieren, [...] die Farbe der Harmonie im Kolorit der Szene (Beleuchtung) aufgehen zu lassen [...].“[79] Kandinsky will in seinem *Gelben Klang* eine der absoluten Musik entsprechende absolute Handlung darstellen. Musik,

---

70 Baumann, C.-F. 1988, 349.

71 Körper und gestaltendes Licht bilden die wichtigsten Elemente des expressionistischen Theaters.

72 Siehe Baumann, C.-F. 1988, 344 und 351.

73 Baumann, C.-F. 1988, 344.

74 Baumann, C.-F. 1988, 344.

75 Siehe Baumann, C.-F. 1988, 344.

76 Baumann, C.-F. 1988, 345.

77 Siehe Baumann, C.-F. 1988, 344f.

78 Baumann, C.-F. 1988, 345.

79 Baumann, C.-F. 1988, 355.

Körper und Farbe sollten in ihrer Tonalität und Bewegung als einzige Handlung/Aktion zur Aufführung kommen. Da wird beispielsweise eine Steigerung des Lichts mit einer tiefer werdenden Musik gekoppelt und grelles Licht lässt die Musik ganz schmelzen. Alles Materielle sollte aufgelöst werden, um das Innere gegenüber dem Äußeren aufzuwerten. Seine Forderung nach Überwindung der Mimesis führt Kandinsky zur „Großen Geistigkeit“[80], zu einer vergeistigten Kunst.[81]

Weitergehend gibt es auch Ansätze mit kultischen Tendenzen. Das Licht wird in diesem Fall als Verbindungsmittel zwischen den Gestaltungselementen gebraucht, als Mittel, das eine Einheit herstellt. „Das dramatisch agierende Licht als der neue Held, als der uralte Gestalter des räumlichen und menschlichen Daseins [...]“[82]. Ihm wird die Aufgabe übertragen, szenisch eine elementare Zeitwirklichkeit zu erschaffen, eine Aktualisierung zu leisten zur ursprünglichen Zeit.[83]

2.6 Das 20. Jahrhundert

Licht steht für Leben. Zumindest laut Fernand Léger, der 1924 von der neuen Technik begeistert feststellt, dass „[...] das Licht und die Farben, die früher einmal festsaßen, beengt, begrenzt, jetzt sind sie lebendig bewegt.“[84] Das Licht scheint allgemein Anfang des 20. Jahrhunderts eine mächtige Rolle zu spielen. Licht und Schatten gelten Laszlo Moholy-Nagy als lebensbegleitende Konstanten. Ihm fällt auf, dass sogar Kaufhäuser sich die atmosphärischen Möglichkeiten des Lichts zunutze machen, indem sie mit zahlreichen Lichtern und Farben eine Atmosphäre schaffen, die gefangen nimmt, die fasziniert. In einem Gedicht mit dem Titel *Licht-Vision* überträgt er dem Licht die Rolle des Lebens- und Sinnspenders, begreift es als Ordnung. Für die Untersuchung des Lichts als performative Größe ist sein *Licht-Raum-Modulator* interessant, eine Lichtspielmaschine, die die raum- und zeitmodellierende Kraft des Lichts demonstriert, „ein offenes, permanent sich wandelndes relatives Raum-Zeit-Geschehen von Linie zu Volumen zu Raum zu Bewegung zu Licht.“[85] So entsteht ein performatives Kunstwerk.[86]

---

80 Schmitz, N. M. 1998, 37.

81 Siehe Baumann, C.-F. 1988, 345-347.

82 Baumann, C.-F. 1988, 348.

83 Siehe Baumann, C.-F. 1988, 348.

84 Léger, F. 1924, 8ff. zitiert bei Greisenegger, W. 2008, 12.

85 Greisenegger, W. 2008, 13.

86 Siehe Greisenegger, W. 2008, 12f.

Auch der Luft-Raum wird vom Licht in Besitz genommen. Fedele Azari schafft gar eine ganze, monumentale Lichtplastik aus Lichtstrahlen, die durch ein Gewölbe zum Horizont und von dort in den Äther fließen, den Raum entgrenzen.[87]

Andere Qualitäten als die Verzauberung fordert Brecht vom Licht. In seiner Vorstellung soll die Lichtatmosphäre verfremdet werden: Licht gilt ihm als wesentliches Instrument zur Distanzierung und Demonstrierung. Es soll seine Mittel demonstrativ vorführen, sie offenlegen, am besten die Lichtquellen sichtbar machen, alles hell und deutlich erleuchten, um nichts zu verbergen und nichts zu verbergen zu haben. Das Licht als theatrales Mittel soll vorgeführt werden, um jede Illusion zu verhindern. „Dieses 'Ins-helle-Licht-Stellen' hat durchaus auch eine aggressive, inquisitorische Komponente: Eine Flucht in den bergenden Schatten soll nicht mehr möglich sein:“[88] „Getroffen werden soll durch das Zeigen der Lichtquelle die Absicht des alten Theaters, sie zu verbergen.“[89]

Das Gegenteil zur völligen Helligkeit findet sich bei Grotowski, der in seinem Theater Laboratorium mit offenem Licht, wie zum Beispiel Kerzenlicht, experimentiert. Schon bei Artaud sind Schatten immer anwesend. Bedrohliche Schatten, die umzingelt von Licht und Bewegung immobil machen, aber auch Schatten, die Räume geben, Körper formen und in ihrer Präsenz „Refugien des Magischen“[90] schaffen. Im Schein weniger Kerzen flackern in manchen Szenen nur hier und da Körper- und Bühnenteile auf, in anderen dagegen wird der Schatten durch auf der Bühne aufgestellte Scheinwerfer zum eigentlichen Handlungsträger. In jedem Fall ist das Licht und auch die Dunkelheit bei Grotowski als konzentrierte Macht zu verstehen, die performative Wirkung entfaltet, eine Macht, die „die unmittelbare, nahe ANWESENHEIT der Menschen um uns herum“[91] sichtbar und spürbar machen will.[92]

Zwei zusammenfassende Zitate sollen das Kapitel an dieser Stelle beschließen. Baumann selbst fasst seine Ausführungen über das Licht im Theater zusammen:

---

87 Siehe Greisenegger, W. 2008, 12.

88 Greisenegger, W. 2008, 11.

89 Brecht, B. zitiert bei Greisenegger, W. 2008, 11.

90 Greisenegger, W. 2008, 14.

91 Greisenegger, W. 2008, 15. Hervorhebung im Original.

92 Siehe Greisenegger, W. 2008, 14f.

> „Licht kann auf der Bühne Räume schaffen und auflösen, teilen und vereinigen; es kann starr-architektonisch wirken oder sich fliessend [sic] verteilen: Der Lichteinfall vermag das szenische Geschehen zu fördern oder zu hemmen; Farbe und Lichtstärke geben jede gewünschte Stimmung und jede beliebige Variante. Der Schauspieler kann im Licht 'größer' erscheinen; seine Gestalt kann aber auch durch einen Beleuchtungskontrast zum Verschwinden gebracht werden."[93]

Eine für das Vorhaben dieser Arbeit wichtige Ergänzung liefert Greisenegger:

> „Zwischen den das Theater der zweiten Hälfte des 20. Jahrhunderts bestimmenden Polen Brecht und Grotowski entfaltet das Theater, jede technische Neuerung für sich nutzend, eine effektvolle, eine durch das farbige Licht bestimmte Bildsprache, die von starken Farben, schattenlosen, großformatigen Lichtflächen, aber auch vom treffsicheren Herausleuchten kleiner Körper bestimmt wird. Das farbige Licht ist mehr denn je zu einem wesentlichen Darstellungselement des Theaters geworden, aber auch zum Mittel abstrakter Performativiät."[94]

In der Geschichte des Theaterlichts findet, wie gezeigt wurde, eine stetige Bedeutungssteigerung des Lichts statt. Sie kulminiert im 20. Jahrhundert, wenn das Licht als eigenständiges Ausdrucksmittel Räumlichkeit und Zeitlichkeit hervorbringt, wenn es als eigenständiger Akteur agiert und teilweise sogar als einziger Handlungsträger überhaupt die Bühne dominiert. Greiseneggers obigem Zitat folgend, kann das Licht im Theater des 20. Jahrhunderts als performativ angesehen werden. Das Theater verwendet das Licht performativ, doch wird es auch als performativ verstanden? Wenn Greisenegger vom „Herausleuchten kleiner Körper" schreibt, ist damit wieder eine eher dienende Funktion des Lichts angesprochen. Vollends durchgesetzt hat sich das performative *Verständnis* des performativen Lichts scheinbar also noch nicht. In diesem Zusammenhang bleibt die Frage, ob das Licht überhaupt als ausschließlich Eigenständiges begriffen werden kann oder ob es immer in irgendeiner Weise dient, im Raum stehen.

Soweit sollte der Nachvollzug der Entwicklung des Lichtes im Theater genügen, um als Grundlage für die folgende Analyse fungieren zu können. Es ist deutlich geworden, dass die Geschichte des Lichts zwar seine Verwendung und Bedeutung im Theater in den Blick nimmt, sein spezifisches So-Sein aber kaum befragt. Erst im 20. Jahrhundert ent-

93 Baumann, C.-F. 1988, 358f.

94 Greisenegger, W. 2008, 15.

wickeln sich mit der Verselbständigung und Materialisierung des Lichts, seiner ansatzweisen oder fortgeschrittenen performativen Verwendung, Tendenzen es auch als solches zu untersuchen. Als Instrumentarium sind diese Wirkungs- und Absichtsbeschreibungen jedoch zu unbeständig und dünn und folglich nur begrenzt geeignet. Bei den zur Untersuchung stehenden Arbeiten handelt es sich in je eigener Weise um Grenzgänge zwischen Theater und Kunst. Möglicherweise kann dementsprechend eine Befragung des Lichts in der bildenden Kunst zur angemessenen Erschließung der zu analysierenden Phänomene beitragen.

Weit her geholt scheint dieses Vorgehen nicht, auch in Baumanns Beschreibungen wird häufig von 'Bild' gesprochen, wenn es um das Visuelle des Dargestellten geht.[95] Sicherlich können damit kaum das Bühnenbild und die Dekorationsmalereien gemeint sein, immerhin bezieht sich Baumann explizit auf das Licht. Es muss sich in irgendeiner Form um die visuelle künstlerisch-ästhetische Gebärdung/Wahrnehmung der Bühne handeln, die Verlaufsformen und Prozesse nicht ausschließt. Es könnte sich um eine spezifische Weise der Betrachtung der Bühne und ihrer Ausdrucksformen handeln. An dieser Stelle kann noch keine Erklärung für diese Auffälligkeit geleistet werden, der Gedanke wird aber später noch einmal aufgefasst und genauer bestimmt werden.

95 Siehe Baumann, C.-F. 1988, 357.

3 LICHT IN DER KUNSTGESCHICHTE: VOM GOLDGRUND ZUR IMMATERIALISATION

Die Geschichte des Lichts im Theater konnte bereits einige Hinweise zum Verständnis von Beleuchtung und Licht erbringen. Den Gebrauch und die Wirkung von Licht in seinem unmittelbaren So-Sein konnte diese Darstellung jedoch nur unzureichend aufdecken. Um weitere Erkenntnisse zu gewinnen und gleichzeitig der Verortung der Analysebeispiele zwischen Kunst und Theater gerecht zu werden, soll versucht werden dem Licht über eine Befragung seiner Verwendung in der Bild-Kunst näher zu kommen. Wie sich noch genauer zeigen wird, stellt ein Zugang zum Licht über das Medium Bild ohnehin eine nicht inadäquate Herangehensweise an die Analyseobjekte dar. Andersherum kann eine Aufklärung der Bedeutung des Lichts über seine Verwendung im Bild auch eine bildmediale Betrachtung der folgenden Beispiele unterstützen, was im Endeffekt zur Formulierung eines theaterwissenschaftlichen Bildbegriffs führen soll.

Wolfgang Schöne hat mit seiner Arbeit *Über das Licht in der Malerei*[96] eine umfassende Darstellung der Lichtbehandlung in der Bildkunst vom Mittelalter bis zur Gegenwartskunst vorgelegt. Die folgenden Ausführungen werden sich daher vor allem auf ihn stützen. Auch wenn die malerische Behandlung von Licht im Mittelalter zunächst nicht von unmittelbarem Interesse für die Analyse von Gegenwartswerken zu sein scheint, möchte ich sie zugunsten eines umfassenden Verständnisses des Themas dennoch einbeziehen. Im Gegensatz zu Schönes Ansatz, geht es an dieser Stelle aber nicht um die historische Entwicklung des Lichts im Bild, sondern vielmehr darum, anhand der historisch unterschiedlichen Behandlung des Lichts Analyseinstrumente zu gewinnen.

Schöne kritisiert im Grunde ein ähnliches Problem der Betrachtung von Licht in der Malerei, wie es in der Einleitung dieser Arbeit für die Betrachtung von Licht im Theater formuliert wurde. Hier können Mängel in der Lichtbetrachtung jedoch zumindest zum Teil durch die Analyse von Farbe kompensiert werden, die in der Malerei einen engen Zusammenhang mit Licht bildet:

> „In der Literatur habe ich nur wenig über Bildlicht gefunden. Wird schon von der Farbe selten gesprochen, so beim Licht in

---

96 Schöne, W. 1994.

> der Regel nur von Lichtführung, gewissen Licht-stimmungen und dergleichen, nicht aber eigentlich vom Licht selbst. Besonders auffällig war mir das Schweigen über das Licht in Theodor Hetzers Buch über Tizian: da wird die großartige Geschichte der Farbe von Giotto bis zum 19. Jahrhundert geschrieben, aber vom Lichte ist so gut wie nicht die Rede. Man könnte dahinter die billige Auffassung vermuten, die Adalbert Klein formuliert hat: das im Gemälde vorgestellte Licht sei 'wesentlich für die Erscheinung von Farbe und Form, aber in der Wirkung immer Farbe'".[97]

Trotz des kritischen Tons Schönes muss festgestellt werden, dass sich auch seine Untersuchung des Lichts (natürlich) an Farbe orientiert. Der enge Zusammenhang, auch im Theater, dürfte verständlich sein. Doch geht es ihm um eine Betrachtung des Lichts über die Farbe hinaus.

3.1 Das Bildlicht der mittelalterlichen Malerei

3.1.1 Ottonische Malerei

Kennzeichnend für die ottonische Malerei sind vor allem farbige oder goldene Bildgründe sowie milchig-helle Farbtöne in einer hohen Farbdichte (im Gegensatz zu Transparenz) und einer antinaturalistischen Farbenwahl.[98] Die Konsequenzen der Farbwahl sind nun, dass die Farben durch ihre Helligkeit allein schon einen hohen eigenen Lichtwert besitzen, der durch sie selbst oder aus ihnen selbst heraus leuchtet und nicht etwa von einer Beleuchtungsquelle hinter dem Bild stammt. Auch dunklere Farben sind demnach nicht als fehlendes Licht oder Kontrast zu werten, sondern als eigener dunklerer Lichtwert. Ein Dualismus von Licht und Finsternis scheint es deshalb aber nicht zu geben. Zudem deutet die antinaturalistische Farbwahl auf ein 'außerirdisches' Licht hin, das keine eindeutige Quelle kennt.[99] Die Farbe dient somit nicht einer Aussage über die Gegenständlichkeit des Dargestellten, sondern dazu „das Licht als das wahrhaft Seiende zu veranschaulichen".[100] Die Bildgründe schließlich sollen als „gegenstandsfreie Flächen"[101] das Dargestellte „nach vorn [...] 'blenden' und damit die Sen-

97 Schöne, W. 1994, 19.

98 Siehe Schöne, W. 1994, 20 und 22.

99 Siehe Schöne, W. 1994, 20-22.

100 Schöne, W. 1994, 21.

101 Schöne, W. 1994, 26.

defunktion ihres Eigenlichts und Eigenglanzes [...] unterstützen."[102] Der Goldgrund spielt dabei eine besondere Rolle: Neben der Farbe Gelb, die nach Goethe die dem Licht nächste Grundfarbe darstellt[103], geht vom Gold ein Glanz aus, der eine eigene, aus der Dinglichkeit des Materials herrührende Lichtmacht mit sich führt. Der Goldgrund ist damit auch „als Spender eines irrealen Lichtglanzes auf die Phänomene des Raumes und der Fläche hin *offen*."[104] In der ottonischen Malerei gab es noch keine dreidimensionale Perspektive, das Dargestellte war in der Fläche angeordnet, was in der Kombination mit dem Goldgrund nun dazu führt, den Bildraum als „'Unraum'"[105] im „gemeinsamen milden Leuchten[...]"[106] zu begreifen.

3.1.2 Romanische Malerei

Die Bedeutung des Goldgrunds bleibt für die romanische Malerei erhalten. In ihrer Farbigkeit setzt sie jedoch insgesamt mehr auf vollere und dunklere Farben, die durch ihre Kontrastwirkung zu helleren Farben, die bei den Figuren noch vorherrschend sind, Helligkeit und Dunkelheit stärker betont. Die Verwendung der Farbe wird naturalistischer und stärker modellierend. In der Konsequenz gebärdet sich die romanische Malerei spannungs- und kontrastreicher, die Farben haben weniger Eigenlichtkraft. Insgesamt deutet die Kontraststeigerung auf eine Spannung zwischen Weltzugewandtheit und Weltabgewandtheit hin. Der Anschluss an die irdische Welt und an irdische Lichtverhältnisse (Fremdlicht statt Eigenlicht[107]) wird bedeutender.[108]

---

102 Schöne, W. 1994, 26.
Der Terminus 'Eigenlicht' bezeichnet ein der Bildwelt immanentes Bildlicht (Bildwelt und Lichtquelle sind ungeschieden), das sein Licht aus sich selbst empfängt/hervorbringt und auf den Betrachter ausstrahlt. In diesem Sinne gilt es Schöne auch als 'Sendelicht'. Siehe Schöne, W. 1994, 12-14.

103 Siehe Schöne, W. 1994, 24.

104 Schöne, W. 1994, 25. Hervorhebung im Original.

105 Schöne, W. 1994, 25.

106 Schöne, W. 1994, 29.

107 'Fremdlicht' bedeutet im Gegensatz zum Eigenlicht der ottonischen Malerei, dass das Licht von einer Quelle außerhalb kommt, das Bildwelt beleuchtet und sie dadurch sichtbar macht. In diesem Sinne ist es auch 'Zeigelicht' oder 'Sendelicht' zu nennen. Siehe Schöne, W. 1994, 14.

108 Siehe Schöne, W. 1994, 28-31.

3.1.3 Gotische Malerei

In der gotischen Malerei wird die Glasmalkunst zum bestimmenden Medium.

> „Die figürlichen farbigen Fenster sind wohl faktisch transparent, aber phänomenal [...] sind sie unmittelbar die Lichtquelle selbst; das heißt: Lichtquelle und Dargestelltes sind identisch. [...] Im Glasfensterbild ist ein zu höchster Potenz gesteigertes Eigenlicht mit zu gleichfalls höchster Potenz gesteigerter Farbe [...] vereinigt [...].“[109]

Dabei geht die starke Farbigkeit (als eigentlich weltzugewandte Farben) in jener höchsten Potenz des Eigenlichts auf und überwindet die Spannung zwischen Irdischem und Überirdischem.[110] Allerdings kommt erstmals eine Räumlichkeit und Sinnlichkeit ins Spiel: Innerhalb des Gitterfensters lassen sich erstmals unterschiedliche vor- und nachgeordnete Bildebenen ausmachen (je unterschiedlicher Bildgrund) und der Kirchenraum füllt sich sowohl mit diesem „'Räumlichen' der Fenster“[111] als auch mit ihrer Lichtfülle, die den Betrachter die unmittelbare Sinnlichkeit des Lichts im Kirchenraum spüren lassen.[112]

Mittelalterliche Kunst ist vor allem sakrale Kunst. Abgesehen vom je konkreten Sujet eines Bildes, bildet die Heilsgeschichte das Überthema. Es kann weiter davon ausgegangen werden, dass sich die mittelalterliche Formensprache an eben dieser sakralen Kunst herausgebildet hat. Um Rückschlüsse auf die genaue Rolle des Lichts im Bild ziehen zu können, muss das Licht noch einer kulturgeschichtlichen Betrachtung unterzogen werden.

„Die Voraussetzungen dieser mittelalterlichen Lichtmetaphysik liegen in der Lichtmetaphysik der Antike.“[113] Philo von Alexandria versteht im Anschluss an Platon Gott als Urlicht. In seiner Folge wiederum beschreiben Plotin und Proklus das sinnlich wahrnehmbare Licht als durch eine Emanation der Kraft hervorgegangen aus dem „intelligiblen Licht“[114], dem Urprinzip von allem, und setzen es damit als Abbild des Urlichts. Augustinus deutet die Lichtmetaphysik schließlich christlich um, indem er das 'ungeschaffene' Licht als Gott selbst und als

109 Schöne, W. 1994, 38.

110 Siehe Schöne, W. 1994, 42.

111 Schöne, W. 1994, 41.

112 Siehe Schöne, W. 1994, 37-42.

113 Schöne, W. 1994, 58.

114 Schöne, W. 1994, 58.

ewige, zugleich Licht seiende Wahrheit versteht. 'Geschaffenes' Licht dagegen meint als geistiges die Engel, als erkenntnistheoretisches die Vernunftwahrheit und als religiöses die Erleuchtung. Als körperliches ist es schließlich als das sinnlich wahrnehmbare Licht zu verstehen. Im 13. Jahrhundert sieht Vincenz von Beauvais das Licht als Wesensform der Dinge an und hält jene in ihrer Substanz/Materialität für vollkommener, je intensiver ihr Licht ist. Vollkommenheit und damit der Rang in der göttlichen Ordnung wird dabei am Grade der 'nobilitas' festgemacht. Schönes Schlussfolgerung dieser Darstellung ist schließlich: „Gott ist Licht, und zwar im eigentlichen Sinne.“[115] Angewendet auf die Verwendung des Lichts in der Kunst kann gefolgert werden, dass die heilsgeschichtlichen Darstellungen selbst als Quelle des Lichts zu lesen sind. Das Eigenlicht, das als Sendelicht von ihnen ausgeht und den Betrachter anstrahlt, trifft diesen als überirdisches Licht und ist als Offenbarungslicht zu verstehen.[116] Mit Schöne:

> „[...] in seinen höchsten Verwirklichungen [...] scheint das Verhältnis des mittelalterlichen Bildlichts als *Eigenlicht* zum wahren göttlichen Licht über den Begriff der Analogie in die Richtung einer im *Anschaulichen evidenten Äquivalenz* hinauszugehen, und als *Sendelicht* scheint es den geheimnisvollen, dem menschlichen Verstande nicht faßbaren Vorgang der 'Emanation der göttlichen Kraft' anschaulich zu enthalten.“[117]

3.1.4 Malerei im 14. und 15. Jahrhundert

Im 14. und 15. Jahrhundert findet ein Wandel des Bildlichts vom Eigenlicht zum Beleuchtungslicht statt. Die Malerei in diesem Zeitraum zeichnet sich dadurch aus, dass sie Körperschatten kennt, was auf der Wirkung eines hereinfallenden 'geführten' Lichts beruht. Leonardo hat die Begrifflichkeiten für Licht und Schatten maßgeblich für diese Epoche geprägt. Dabei sind die Übergänge fließend und eigentlicher Schatten, welcher die helle und die dunkle Seiten einer Figur sowie Schlagschatten auf Böden und Wänden und Luftschatten (atmosphärisches Schattendunkel) einschließt, entwickelt sich erst allmählich. Mit dieser Entwicklung geht eine Verräumlichung einher, der die ehemaligen 'Un-Raum'-Bildgründe zu räumlich aufgefassten, verfestigten Hintergründen wandelt. Zwar gibt es noch immer auch den so gewandelten Goldgrund, doch wird er in seiner Funktion geschwächt: Die

---

115 Schöne, W. 1994, 64.

116 Siehe Schöne, W. 1994, 55-71.

117 Schöne, W. 1994, 71. Hervorhebungen im Original.

jetzt durch das Beleuchtungslicht möglich gemachten Schatten vermindern seinen Glanz und damit seine Sendekraft. Seine Fähigkeit, das göttliche Licht unmittelbar zu veranschaulichen nimmt ab, er tritt eher in seiner sinnlich-fasslichen Qualität in den Vordergrund. Im 15. Jahrhundert werden Gold und Goldgrund immer seltener, mit kräftigen Mustern zur „Rückwand einer Raumbühne"[118] umgewandelt und in Goldfarbe umgedeutet. Es folgt eine Umwertung des irrealen Glanzes in den Glanz eines irdischen Abendhimmels. Schließlich werden die Goldgründe durch gegenständliche Hintergründe, wie zum Beispiel Kirchenräume, ersetzt. Auch in der Glasfensterkunst kommt es durch Schattengebung zu einer Verräumlichung des Dargestellten und zum Eindringen von Beleuchtungslicht. Gleichzeitig werden die Fenster insgesamt flächiger und heller in ihrer Farbigkeit, was das Tageslicht dahinter erahnen lässt und sie in ihrer Eigenstrahlkraft schwächt.[119]

3.2 Malerei der Renaissance, des Manierismus und des Barock (15. bis 18. Jahrhundert)

Räumlichkeit und Beleuchtungslicht machen eine Frage zur wichtigsten für diesen Zeitraum: die Quelle des Lichts. Leonardo da Vinci beschreibt in seinem *Buch von der Malerei* nicht nur jegliche Beobachtungen, die über Licht, Schatten und Farbe anzustellen sind, er gibt auch eine Definition vom Schatten als „Vermischung von Finsternis mit Leuchtlicht"[120] und definiert die Aufgaben von Licht und Schatten als „der Schatten verbirgt, das Licht zeigt"[121]. Das Helldunkel zwischen Leuchtlicht und Finsternis nennt er lichterfüllte Atmosphäre. Er systematisiert auch die Eigenschaften von Licht im Bild. So identifiziert er fünf Weisen des Auftretens von Licht: als scharf gebündeltes, als breit gebündeltes, als allseitiges Tageslicht ohne Sonne, als reflektiertes Licht und als durchscheinendes Licht. Der Zusammenhang von Lichtquelle und beleuchteter Bildwelt steht nun im Zentrum des Interesses. Leonardo macht auch hier wieder vier Auftrittsweisen des Leuchtlichts im Bild aus: natürliches Leuchtlicht (Sonne, Mond und Tageslicht), künstliches Leuchtlicht (Kerzen, Fackel, Feuer etc.), sakrales Leuchtlicht (eine Glorie oder dergleichen) und indifferentes Leuchtlicht (zu keinem der vorderen gehörend). Auch Alberti hat in seinem *Traktat über die*

---

118 Schöne, W. 1994, 96.

119 Siehe Schöne, W. 1994, 82-101.

120 Schöne, W. 1994, 109.

121 Schöne, W. 1994, 109.

Malerei (1435) bereits in Grundzügen diese Einsichten. Wichtig ist bei ihm, dass er sie mit der zentralperspektivischen Raumdarstellung in Verbindung bringt und dass er beleuchtete Flächen nicht als Licht selbst behandelt, sondern vielmehr als Sichbarkeitswerte. Diese werden deutlich durch die Hellwerte und Dunkelwerte, die somit Vorrang vor der eigentlichen Farbigkeit erhalten. Farbe wird, im Gegensatz zum Mittelalter entbehrlich. Dort konnte das Eigenlicht nur mit den Mitteln der Farbe dargestellt werden. Jetzt herrscht ein eindeutiger Dualismus von Licht und Schatten. Auch wird die Farbe als an sich materieller, als mit dem Pinsel gemalte Farbe behandelt.[122]

Es wird sich zeigen, dass das von Leonardo schon angesprochene 'Freilicht', als ein „allseitiges Licht“[123] oder Luftlicht in diesem Zeitraum eine wichtige Rolle spielten. Einerseits als Tageslichthelle zu verstehen, korrespondiert es mit der Einstellung dieser Epochen, Bildlicht zuvorderst als weltliches in Erscheinung zu bringen. Es kommt aber erst durch eine Steigerung mittels indifferenten Leuchtlichts zu seiner besonderen Eigenart.[124] Dies bedarf einiger Erklärung.

3.2.1 Das Bildlicht im 15. Jahrhundert

Im 15. Jahrhundert spielt das Eigenlicht als Bildlicht insofern noch eine Rolle, dass die Bildwelt sich noch mehr selbst im Licht zeigt, als dass sie vom Licht gezeigt wird. In sakrales Leuchtlicht, das beispielsweise vom Jesuskind ausgeht, beginnt sich natürliches Licht (von Sonne, Mond etc.) beizumischen. In diesem Sinne verhilft das sakrale Licht dem natürlichen zu sich selbst.[125]

3.2.2 Das Bildlicht im 16. Jahrhundert

Im 16. Jahrhundert tritt das Bildlicht autonomer hervor. Das sogenannte Reflex-Leuchtlicht bildet sich heraus. Dargestellte Körper reflektieren das sie treffende Licht und schaffen damit ein diffuseres Leuchtlicht im Raum und scheinen andererseits wie aus sich selbst heraus zu leuchten, was sie dem mittelalterlichen Eigenlicht ähnlich macht. Mittelbar, also noch immer in seiner Wirkung anwesend, verschmilzt das Eigenlicht zusammen mit dem Reflexlicht und dem Körperlicht bei Greco zu einer besonderen Strahlkraft. Die sinnliche Farb-

122 Siehe Schöne, W. 1994, 109-119.

123 Schöne, W. 1994, 120.

124 Siehe Schöne, W. 1994, 120f und 167.

125 Siehe Schöne, W. 1994, 123-132.

materie und das Wesen des Lichts als Beleuchtungslicht bilden in ihrer Weltzugewandtheit den entgegengesetzten Pol.[126]

3.2.3 Das Bildlicht im 17. Jahrhundert

Eine besonders herausragende Figur für die Verwendung des Lichts in der Malerei des 17. Jahrhunderts ist Caravaggio. Seine Bilder sind bekannt für einen gebündelten hellen Strahl, der ins Bilddunkel mit kompakten Gestalten trifft. Diese „energische Bündelung"[127] hat dabei keinen eigenen Bildsinn, sondern bezeichnet das Licht in seinem Wesen. Meist schräg von links oben einfallend, scheint es eine Zuweisungsfunktion zu haben und die Dinge auf den Boden zu stellen. Andererseits fällt es immer zu jener Seite ein, die Christus oder Heiligen zugeordnet werden kann, in Grablegungen fällt es dagegen gegen Christus. Somit ist das Licht als aktiver Lebensbringer zu verstehen, das stets als Begleiter des höchsten Lebenden auftritt und die Toten mit Leben bescheint. Das Licht tritt damit gleichsam als handelndes auf. Wo die Christusfigur fehlt, ist es sogar fähig an seiner statt Figuren zu Boden zu schlagen. Der sakrale Charakter dieses Handlungslichts ist offensichtlich. Gleichsam ist die Bündelung des Lichts nicht bildimmanent, eine Quelle ist im Bild nicht auszumachen, dieser Vorgang findet an einem anderen Ort statt, so wie nicht selten auch der eigentliche Bildvorgang an einem anderem Ort stattfindet (siehe Die Berufung des Matthäus[128]). Der energische Lichtstrahl, der gewaltvoll in die Dunkelheit trifft, macht einen dramatischen Dualismus von Bewegung und Ruhe auf. Das helle, kraftvolle und handelnde Licht steht für Bewegung, die statische Dunkelheit für Ruhe. Die Umwelt wird dabei als Welt bezeichnet, ohne ein Weltganzes zu bilden.[129]

> „Das Licht fällt in den so als reale Umwelt lediglich bezeichneten Bühnenraum ein, beleuchtet die Gestalten und bestimmt als die eigentliche Gleichung für Welt die Dunkelheit."[130]

Es wird folglich im eigentlichen Sinne gar keine Welt dargestellt, da sie in Dunkelheit versinkt, weshalb auch das Licht auch nicht als konkret-banal verstanden werden darf. Deutlicher wird dies noch durch folgende Beobachtung: der Grund gebärdet sich nicht als völlig dunkler,

---

126 Siehe Schöne, W. 1994, 134-135.

127 Schöne, W. 1994, 140.

128 Siehe Schöne, W. 1994, 138.

129 Siehe Schöne, W. 1994, 135-140.

130 Schöne, W. 1994, 142.

sondern macht sich als dunkle Welt aktiv durch ein „Licht der Dunkelheit"[131], als dunkellichthaltig sichtbar. Das gebündelte Licht ist vor diesem Hintergrund als völlig anderes zu verstehen. Mit seiner unsichtbaren Quelle und dem damit „imaginär-reale[n]"[132] Bündelungspunkt entsteht eine indifferente Lichtwirkung, deren Folge eine spezifische Wirkung von Unwirklichkeit ist.[133] Caravaggio rückt mittels seines gebündelten Lichtstrahls die Bildwelt erst ins rechte Licht.[134] Beleuchtet und hervorgehoben werden dabei die Bildhandlung und die Figuren jedoch ausschließlich für den Betrachter, die Figuren selbst scheinen von dem Licht nichts zu wissen.[135] Das Gegenüber von Bild und Betrachter wird durch den stark seitlichen Lichteinfall durchkreuzt. Damit ist die Beziehung zwischen Bild und Betrachter keine geschlossene;

> „[...] wenn es sich bei dieser Durchkreuzung auch weniger um ein Phänomen der unmittelbaren Wahrnehmung handelt als um ein Phänomen der Vorstellung, das nur so weit in Wirkung tritt, als auch unsere Vorstellung an der Aufnahme des Kunstwerks beteiligt ist."[136]

Da das Beleuchtungslicht der Bildwelt der Neuzeit aber dem Tageslicht ähnelt, kann der Eindruck eines zugehörigen, kohärenten Raumes entstehen, so dass das Gegenüber von Bild und Betrachter ein gegenseitig aktives wird, „etwa so, daß wir sagen dürfen: wie wir auf das Bild blicken, so dieses auf uns."[137]

In Caravaggios Nachfolge wird das Leuchtlicht konkret umgedeutet; es wird den Bildgestalten bewusst. Zusammen mit dem verstärkten Gebrauch künstlicher Lichtquellen (wie Feuer oder Kerzen) wird die sinnliche Fassbarkeit des Lichts gesteigert und das Reflexlicht verstärkt, was den Hell-Dunkel-Dualismus abschwächt. Das durch das Reflexlicht entstehende indifferente Leuchtlicht verliert aber an Selbständigkeit und schmilzt sich als 'Wesen' in das konkrete Licht ein. Die Folge sind eine ruhigere Ausbreitung des Lichts und eine sammelnde,

---

131 Schöne, W. 1994, 140.

132 Schöne, W. 1994, 140.

133 Siehe Schöne, W. 1994, 140-142.

134 Siehe Schöne, W. 1994, 138.

135 Siehe Schöne, W. 1994, 137.

136 Schöne, W. 1994, 11f.

137 Schöne, W. 1994, 12.
Detaillierteres zum Verhältnis von Betrachter und Bild folgt im Kapitel zur Wahrnehmung.

gemeinschaftsbildende Kraft, die feierlich wirken. Der Bildinhalt und -aufbau spielt jedoch für die Wirkung des Lichts auch eine Rolle.[138]

Im 17. Jahrhundert überwiegt als Bildlicht das natürliche Leuchtlicht - vor allem in der Form von Tageslichtstimmungen - im Zusammenhang mit ihm eingelassenem indifferentem Leuchtlicht. Dieses soll aber als selbständiger Faktor eliminiert werden und tritt vor allem als Reflexlicht auf. Das natürliche Leuchtlicht soll ins Bild geholt werden und äußere Quellen vergessen machen. Dementsprechend wird es genauso wichtig, immer rein innerbildliche Erklärungen für den Lichteinfall zu liefern. Trotzdem muss die natürliche Lichtquelle zwecks ihrer Zeigefunktion außerhalb des Bildes bleiben. Sie wird durch Reflexlicht ins Bild geholt. Ein völlig selbständiges Freilicht bildet sich jedoch erst im 19. Jahrhundert heraus, im 17. Jahrhundert gestaltet es sich dagegen als breiter seitlicher Lichteinfall. Das auftreffende Licht schmilzt sich in die Farbe ein, was einerseits als Reflexlicht, andererseits als Leuchten des Beleuchteten zu werten ist. Das natürliche Leuchtlicht soll in seiner unmittelbaren substantiellen Ausstrahlung fassbar werden. Auch das sakrale Leuchtlicht erscheint als in den anderen Lichtformen aufgegangenes. Dies ist immer dann der Fall, wenn keine Lichtquelle ausgemacht werden kann und wenn das Dargestellte aus sich selbst heraus leuchtet. Die Übergänge von natürlichem Licht, Reflexlicht, indifferentem Licht und sakralem Licht sind also fließend, bzw. ineinander eingelassen und nicht immer leicht unterscheidbar. Hat am Anfang des 16. Jahrhunderts noch das sakrale dem natürlichen Licht zu sich selbst verholfen, verhelfen nun natürliches und künstliches dem sakralen Licht zu seiner Ausbildung. [139]

Bei Rembrandt erscheint das Bildlicht selbst als Quelle des Lichts und wird substantiell sinnenfällig. In einem sogenannten Helldunkel verschmelzen Leuchtlicht und Dunkellicht, kommen sich entgegen und scheinen als „gemeinsames Leuchten“[140] überall anwesend. Als solches nähern sie sich wieder der Wirkung des Goldgrunds des Mittelalters an.[141]

---

138 Siehe Schöne, W. 1994, 144-148.

139 Siehe Schöne, W. 1994, 149-156.

140 Schöne, W. 1994, 158.

141 Siehe Schöne, W. 1994, 156-158.

3.2.4 Das Bildlicht im 18. Jahrhundert

Das 18. Jahrhundert mit Malern wie Tiepolo, Watteau, Chardin und Fragonard zeichnet sich durch eine deutliche Aufhellung der Palette aus. Sogar die Dunkelwerte erscheinen eher als dunkle Lichtwerte. Den Farben wohnt dabei ein Glanz inne, der einen Gold- oder Silberton zu enthalten scheint. Das Licht, vor allem das natürliche Leuchtlicht gewinnt nahezu Alleinherrschaft. Was bei Rembrandt das Helldunkel war, wird jetzt ins Helle gesteigert. Die Lichtführung wird dabei diffus. Die Lichtquelle bleibt außerhalb, das Reflexlicht dehnt sich auf den gesamten Bildraum aus und macht den gesamten Bildraum zum Träger der Atmosphäre der Helle. Dabei ist das Reflexlicht keines mehr im eigentlichen Sinne, da es gelöst von den Körpern erscheint, es ist „ganz der Atmosphäre anheimgegeben“[142]. Die gesamte Atmosphäre ist Quellpunkt des Lichts. Damit wird das Licht frei zum eigenen Leuchten, als „sinnlich-konkreter Lichtäther“[143]. Das Bildlicht ist damit zur „Lichtquelle seiner Selbst geworden“[144]. Es ist nicht mehr nur als Mittel zu verstehen, sondern wird gleichzeitig auch Inhalt des Dargestellten. Das Sakrale schwindet dabei nicht völlig, auch wenn die Heilsgeschichte als Sujet langsam zurückgedrängt wird. Das natürliche Leuchtlicht zeigt sich als sakral intensiviertes, dem das sakrale Licht eingeschmolzen ist. Georg Simmel bezeichnet dieses sakrale Moment als „Zeichen des Von-Gott-Seins in der Atmosphäre“[145].

> „Das Bildlicht ist aber auch kein Zeigelicht mehr in dem Sinne, daß es die Bildwelt zeige. Sondern das Verhältnis hat sich nahezu umgekehrt: als ob die Bildwelt jetzt nicht nur mittelbar, sondern demonstrativ die Funktion habe, ihrerseits das Licht zu zeigen. [...] Das Licht zeigt an der Bildwelt jetzt vor allem sich selbst.“[146]

Die Ähnlichkeiten zum mittelalterlichen Lichtgebrauch fallen auf: Die Ähnlichkeit in der Helligkeit der Farbwerte und das unmittelbar zur Anschauung gebrachte Licht. Der Unterschied besteht in den neuzeitlichen Mitteln, die mit Zeigelicht und Beleuchtungslicht operieren.[147]

Das neuzeitliche Bildlicht ist vor allem ein weltliches, dem mittels des indifferenten Leuchtlichts und des sakralen Leuchtlichts ein rätselhaft

---

142 Schöne, W. 1994, 165.

143 Schöne, W. 1994, 165.

144 Schöne, W. 1994, 165.

145 Schöne, W. 1994, 162.

146 Schöne, W. 1994, 165.

147 Siehe Schöne, W. 1994, 161-166.

überweltliches innewohnt. Es macht nicht nur sichtbar, sondern ist als die Bildwelt zeigendes und von ihr Gezeigtes auch eigentlicher Inhalt der Bilder. Die drei Leuchtlichtarten verschmelzen im 18. Jahrhundert zu einem gesamten Bildlichtfeld. Das Licht bei Caravaggio ist seiner Art nach indifferent, dem Wesen nach sakral. Seine Lichtquelle wird durch ihre Punkthaftigkeit zwingend fühlbar, fassbar, konkret gemacht. Das Leuchtlicht der neuzeitlichen Malerei ist also sinnlich-konkret oder imaginär-konkret. Das sakrale und das indifferente Leuchtlicht sind zwar ihrem Wesen nach überweltliches Licht, müssen sich aber, um sichtbar werden zu können, die Erscheinungsweisen des weltlichen Lichts aneignen. Ist eine Lichtquelle erfassbar, handelt es sich um weltliches Licht, erst der sinnliche und geistige Entzug des Lichtquellpunktes zeichnet überirdisches Licht aus. Es wird verhüllt, unsichtbar gemacht (auch indem es sich in andere Leuchtlichtformen einlässt) und lässt damit weltliches Licht in den Vordergrund treten.[148] „Der Begriff des Zeigens hat mit Sichtbarmachen, Vorgang, Handlung, Bewirken zu schaffen, der Begriff des Sendens dagegen mit Sichtbarwerden, Ereignis, Offenbarung, Wirken."[149] Die Sichtbarkeit einer Quelle und auch der Sprachgebrauch sind nur sinnvoll bei einer substantiellen Emanation von Licht. Das mittelalterliche Sendelicht ist der Kraft nach bereits Emanation.[150] Das neuzeitliche Bildlicht ermöglicht dagegen eine Transzendenzerfahrung:

> „Das Erfassen dieses Phänomens [dass imaginär-reales Bildlicht in eine Emanation der Kraft nach umschlägt] durch Anschauung ist die unerläßliche Voraussetzung für das Wesensverständnis des gesamten neuzeitlichen Bildlichts. Denn dieser Umschlag der Lichtausstrahlung an ihrer Quelle vom faßlichen ins unfaßliche Lichtwesen läßt uns erfahren, daß das Bildlicht über sich hinausweist, bekräftigt die vom anschaulich Gegebenen erregte Empfindung, daß das Leuchtlicht nicht nur die Bildwelt und sich zeige, sondern daß es in einem eigentlichen Sinne auch auf sich zeige, und führt uns in den Erfahrungsraum der Transzendenz."[151]

Transzendenz ist dabei als Vorgang einer Grenzüberschreitung zu verstehen. Der Eigenglanz und das Eigenlicht des Mittelalters vollziehen diese Grenzüberschreitung nicht. Sie transzendieren nur im Bild

---

148 Siehe Schöne, W. 1994, 167-180.

149 Schöne, W. 1994, 182.

150 Siehe Schöne, W. 1994, 182.

151 Schöne, W. 1994, 182f.

selbst, es weist nicht über sich hinaus, sondern ist bereits das Ergebnis einer grenzüberschreitenden Anstrengung.[152]

3.3 Das Licht in der Malerei des 19. und 20. Jahrhunderts

Im 19. Jahrhundert verschwinden der Faktor der Indifferenz und das sakrale Licht völlig aus der Malerei. Stattdessen bleibt das Bildlicht auf das 'irdische' natürliche und künstliche Licht beschränkt und rückt die Darstellung aller Variationen von Tageslicht in den Vordergrund. Nun ist es jedoch nicht der Fall, dass damit alles Bildlicht gleichsam naturalistisches Licht wird. Eine Verdichtung zum Künstlerischen 'ersetzt' ein Stück weit die sakrale Indifferenz. Schöne bezeichnet die Wirkung dieser Verdichtung als 'feiertägliche Verklärung' und 'Hochstimmung'.[153] Seine Untersuchungen für das 19. Jahrhundert fokussieren sich auf das Freilicht. Dieses erscheint als ein das Bild unabhängig von Bildfeld oder -raum durchschweifendes, allseitig verbreitetes Licht, das über die Bildgrenzen hinaus zu wirken scheint. Die Ausschnitthaftigkeit der Bilder und die Gestaltung des dargestellten Raums als unbegrenzten, allseitig offenen unterstützen diesen Eindruck. Mit dem spezifischen Lichteindruck fällt andererseits der unbegrenzte Raum ins Bild ein, der den Bildraum damit „eigentümlich unfassbar“[154] macht.

Der Impressionismus steigert die Lichtwirkung zu ihrem Höhepunkt. Die Impressionisten „sammeln das freie Licht im Mittel des Leuchtlichts der einheitlich organisierten Farbfläche innerhalb der Rahmengrenze, ohne daß es dabei seinen Freilichtcharakter einbüßt […]“[155]. Das Prinzip des Beleuchtungslichts wird aufgehoben, „die Schatten versinken, die Bildwelt wird eine Lichterscheinung des Naturlichts“[156]. Was das Verhältnis von Licht und Farbe angeht, so ist zu sagen, dass die Farbe selbst jetzt eine 'Naturlichthaftigkeit' auszeichnet, eine Farbwirkung, wie sie nur unter der Beleuchtung mit Tageslicht zustande kommen kann. „Licht und Schatten werden mehr und mehr Farbe“[157], der Dualismus von Licht und Schatten wird in der Gesamtwirkung der Farbe aufgehoben und diese tritt in ihrer Materialhaftigkeit sichtbar und fühlbar sinnlich hervor. Das führt dazu, dass die Farbe sich von

152 Siehe Schöne, W. 1994, 184f.

153 Siehe Schöne, W. 1994, 188-191.

154 Schöne, W. 1994, 195.

155 Schöne, W. 1994, 196.

156 Schöne, W. 1994, 196.

157 Schöne, W. 1994, 199.

den Gegenständen abzuheben und gleichsam vor ihnen zu schweben scheint. Sie entwickelt sich von einer dienenden zu einer gestaltenden Größe.[158]

Die Malerei des 20. Jahrhunderts intensiviert diese Entwicklung noch. Auch Schwarz und Weiß fungieren nicht mehr als Indikatoren für Licht und Finsternis, sondern gehören ausschließlich zur Farbskala. Die Abwesenheit von Beleuchtungslicht und eines Hell-Dunkel-Dualismus erinnert stark an das Eigenlicht des Mittelalters. Jedoch entstammen die Farben des 20. Jahrhunderts ursprünglich dem Beleuchtungslicht, sind wesensmäßig Naturfarben und zeichnen sich durch ihre Substanzhaftigkeit aus. „Die Farbe ist nicht mehr, wie in der gesamten abendländischen Malerei vom Mittelalter bis zum Impressionismus, eine Funktion des Lichts - sondern umgekehrt: das Licht ist zu einer Funktion der Farbe geworden."[159] In der Malerei des 20. Jahrhunderts tritt die immaterielle Helle der Farbe hinter dem materialhaften Charakter der Farbe zurück. Im Gegensatz zum mittelalterlichen Eigenwert der Farbe, bei dem nur der Lichtausdruck zählt, der Farbeigenwert dem Eigenlicht immanent ist und die Farbe vom Farbträger losgelöst ihre Funktion einer Offenbarung erfüllen kann, hat sich in der Moderne die Farbe verselbständigt und stellt vor allem deren Darstellungswert (Bedeutung, Stofflichkeit des Gegenstands, Stellung im Raum, Beziehung zu anderen Dingen) in den Vordergrund. Auch hier gibt es aber Farbeigenwerte, die jedoch aus der Fühlbarkeit der materiellen Farbe resultieren. Der Eigenwert wiederum ist als Niederschlag des Leuchtlichts aufzufassen.[160]

3.4 Gegenwart

> „Erst in Cézannes Werken darf auch von einer eigentlichen *Schöpferkraft der Farbe* gesprochen werden; war bisher die Farbe der Formgrundlage aufgelegt, so ist es jetzt die Farbe selbst, die die Gegenstände erzeugt; es hat den Anschein, als ob vom Bilde nichts mehr übrig bliebe, wenn man die Farbe entfernen würde; jeder Farbfleck wird jetzt 'gestaltend'."[161]

---

158 Siehe Schöne, W. 1994, 191-200.

159 Schöne, W. 1994, 200.

160 Siehe Schöne, W. 1994, 200-207.

161 Bercken von der, E. 1928, 319 zitiert bei Schöne, 1994, 209. Hervorhebung im Original.

Das Licht im Bild zu gestalten, was vormals durch die Formwerte von Hell und Dunkel geleistet wurde, ist nun Aufgabe der Farbe, und zwar ihrer substantiellen Emanation. Licht als eigenen Faktor gibt es nicht mehr. Alles Licht ist als spezifische Helligkeit der Farbe zu betrachten. Aus diesem Grunde sind die Bilder dieser Zeit auch so starkfarbig. Das Licht der Farbe bleibt an diese gebunden, kann somit nicht als Eigenlicht verstanden werden.

Der Prozess der Konkretisierung des Eigenlichts zu indifferentem Beleuchtungslicht, weiter zu natürlichem Bildlicht und schließlich zur Farbe, ist als geistiger verstanden auch ein Prozess der Profanisierung der Kunst. Mit dem Wegfall des indifferenten Beleuchtungslichts wird Gott 'unsichtbar'. Bei diesen Entwicklungen spielt auch der Raum eine Rolle. Das Göttliche kann nur sichtbar werden, wenn es die Grenzen des Raumes und des Lichts im Bild überschreitet. Damit ist es zunächst an die Begrenztheit des Bildraumes gebunden. Der von Gott gebaute, begrenzte Raum wird mittels der nicht auszumachenden Quelle des indifferenten Leuchtlichts in den unendlichen Raum und das übernatürliche Licht transzendiert. Sind keine Raumgrenzen sichtbar, die Räume im Bild kosmisch unbegrenzt, rückt die Lichtquelle in unendliche Ferne und das an Raumgrenzen gebundene Göttliche kann nicht sichtbar werden. Trotzdem transzendiert auch diese Kunst, indem der unbegrenzte Raum auf den grenzenlosen, die Sinne übersteigenden Raum bezogen ist und damit eine Überschreitung darstellt.[162]

3.5 Exkurs zu Farbe

Farben können erscheinen als Oberflächenfarben (wenn sie Gegenständen anhaften und wahrnehmungsmäßig nicht von ihrem Gegenstand getrennt werden können), als freie Farben (wenn sie losgelöst von jeglichem Gegenstand erscheinen), als Raumfarbe (durchsichtige Farben, die einen dreidimensionalen Raum ausfüllen und in denen Gegenstände erscheinen) und schließlich als durchsichtige Oberflächen- und Flächenfarben (wie Gelatine oder Glasfenster). Die freie Farbe ist in ihrem Gefüge lockerer als die dichte Oberflächenfarbe, sie vermittelt das Gefühl, in sie eindringen zu können. Die Oberflächenfarbe dagegen zwingt an der Oberfläche zu verweilen, sie bietet einen optischen Widerstand. Was als Oberflächenfarbe wahrgenommen wird, erscheint real gegenständlich existierend. Freie Farben sind schwerer zu lokalisieren, sie bedürfen einer 'Stütze' für eine räumliche

---

162 Siehe Schöne, 1994, 209-219.

Ansiedlung. Sie liegt aber immer hinter der ihr als Rahmen dienender Oberflächenfarbe. Schöne spricht hierbei von einer „unbestimmten Lokalisation“[163]. Eine unbestimmte Lokalisation führt in der Tendenz immer zu freier Farbe. Die Farbe des mittelalterlichen Bildgrunds haftet zum Beispiel an keinem Gegenstand und ist auch innerhalb der Pergamentfläche unbestimmt lokalisiert. Daher muss sie als freie Farbe gelten, die folglich aus sich selbst heraus leuchtet.

Interessanterweise ist ein Wechsel der Erscheinungsweise des Farbeindrucks möglich durch eine bloße Umstellung des Betrachters, sprich durch Verlagerung seiner Aufmerksamkeit. Wo ein Gegenstand wahrgenommen wird, entsteht automatisch ein Beleuchtungseindruck. Die Farbe einer Oberfläche ist demnach immer beleuchtete Farbe. Bei der freien Farbe fällt nun der Unterschied zwischen Beleuchtung und Beleuchtetem weg, die Farbe ist also selbstleuchtend. Wo die Farbe im Bild wenig substantiell und nicht ungewöhnlich hell, gesättigt oder kontrastreich ist, überwiegt der Beleuchtungseindruck vor dem Farbeindruck.[164] Auch Raum hat sein eigenes Licht. Je nach Augenmerk und Bewusstsein des Betrachters kann es beispielsweise in Kirchen mit bunten Glasfenstern als „Materialisation des Lichtes im Raume“[165] wirken, als eine Art „klarer Nebel“[166], ein Raum füllendes, in ihm stehendes, in ihm seiendes Licht oder aber 'lediglich' als „Erleuchtungsweise des leeren Raumes“[167], die der Beleuchtung der ihn konstituierenden Gegenstände zu verdanken ist. Die Wesenseigentümlichkeit von Raumlicht als materialisiertes Licht kann also je nach Betrachter auch unbemerkt bleiben. Bei bunten Glasfenstern ist der Eindruck jedoch besonders intensiv. Die Erscheinungsweise dieses Lichts ist ein Produkt aus freier Farbe und Raumfarbe (in der Raumfarbe erscheinen freifarbige Gegenstände) und hat deshalb eine besondere Intensität. Ähnlich ist der Vorgang der Ablösung der Farbe vom Gegenstand zu verstehen, die sich im Zuge einer rein ästhetischen, „wirklichkeitsverlorenen“[168], nur auf die Farbigkeit fokussierenden Betrachtung vollziehen kann. Die Folge ist eine Reduktion der Oberflächenfarbe auf freie Farbe. Auch der Farbeindruck an sich muss als dynamischer aufgefasst werden. Er richtet sich nach der Person des Betrachters, seinen Gefüh-

---

163 Schöne, 1994, 234.

164 Siehe Schöne, W. 1994, 254.

165 Schöne, 1994, 238.

166 Schöne, 1994, 238.

167 Schöne, 1994, 238.

168 Schöne, 1994, 250.

len, dem (Farb-)Niveau, von dem aus er die Farbe betrachtet und nach der Erscheinung im Gesamtkolorit.[169]

3.6 Farbfeldmalerei

Mit der Farbfeldmalerei eines Mark Rothko oder eines Barnett Newman nähert sich die Betrachtung des Lichts in der Kunst Turrell stark an. Beide Künstler malen großformatige Farbflächen, die scheinbar keine inhaltliche Bindung vorweisen können, sie erscheinen als Lichtfarbe an sich. Aus diesem Grund sollen sie an dieser Stelle genauer betrachtet werden.

Rothko erzielt mit seiner Lasurtechnik, bei der sich die Farbpigmente der mit Lösungsmittel verdünnten Farbe vom Farbfilm trennen und nur bedingt auf der Bildoberfläche haften, eine „außergewöhnliche Transparenz“[170] und damit Farben, die wie Lichtwerte erscheinen.[171] An jenen Stellen, die fast kein oder kein Pigment aufweisen, trifft das Licht direkt auf den weißen Bildträger, der es reflektiert. In der Folge erscheinen die umliegenden Pigmente wie von einer rückwärtigen Lichtquelle weich und subtil beleuchtet. Durch diesen Vorgang und auch durch die zahlreichen übereinander gelegten, unterschiedlich farbigen Lasurschichten, durch die sich das Betrachterauge vorabeiten muss, entsteht der Eindruck eines unbestimmten Tiefenraums. Eine inhaltliche Konnotierung lässt sich kaum ausmachen. Eine horizontale Linie oder Balken, die die verschiedenen Farbfelder trennen, könnten sich als Horizontlinie lesen lassen und so einen „lokalisierbaren Erfahrungsraum“[172] kreieren. Dennoch können solche Bilder nicht eigentlich abbildend aufgefasst werden, sondern repräsentieren aufgrund ihrer Farbigkeit nur die Idee einer Abbildhaftigkeit, in diesem Fall einer Landschaft. Vielmehr ist von einer Transformation einer Lichterfahrung in ein „assoziierendes Erlebnis“[173] auszugehen, von „Psychogramme[n] 'innerer Landschaften'“[174], Abbildern des Innenlebens, die eine völlig neue Existenz schaffen. In erster Linie soll das individuelle Empfinden des Betrachters motiviert werden, „das im Besonderen das Allgemeine erkennen lässt und nicht umgekehrt, im Allgemeinen das

169 Siehe Schöne, 1994, 221-251.

170 Gehring, U. 2006, 105.

171 Siehe Gehring, U. 2006, 104f.

172 Gehring, U. 2006, 106.

173 Gehring, U. 2006, 107.

174 Gehring, U. 2006, 108.

Besondere, wie es auf die symbolische Interpretation zutrifft."[175] Das Farblicht ist kein naturalistisches, sondern ein farbinhärentes Licht, das sich auch gerade durch seine Uneindeutigkeit von naturalistischem Farblicht abgrenzt. Die farbigen innerbildlichen Rahmungen in Rothkos Bildern wirken dabei strukturgebend und die Lichtwirkung der Farbe unterstützend, da sie in ihrer Farbigkeit zurücktreten und somit vom Licht der Farbflächen überstrahlt zu werden scheinen.[176] In den abstrakten Farbfeldern Rothkos scheint das Licht mit seiner Quelle und der dargestellten Farbwelt identisch zu sein. Nach Rudolf Arnheim wirkt die Lichtstärke, als wäre sie eine Eigenschaft des Dinges selbst, da ein „gleichmäßig ausgeleuchtetes Feld keine Anzeichen dafür [gibt], daß es seine Helligkeit von anderswo bezieht."[177] Das Lasurverfahren erklärt die materielle innerbildliche Lichtwirkung, die äußere, substantielle Lichtwirkung wird durch das Reflexionsverhalten des Lichts geleistet, das auf den weißen Grund trifft.[178] Es entsteht ein Eindruck von Jenseitigkeit und Uneindeutigkeit in der Erscheinung, die zurückzuführen ist auf „die Ungewissheit über seine Herkunft, die Rätselhaftigkeit seines Erscheinungsbildes und das magische der diaphanen Bildfläche."[179] Das Farblicht scheint daher indifferent aus einer nicht auszumachenden Tiefe herauszuströmen. Rothkos Bilder verharren in jenem Schwebezustand zwischen Materialisierung und Entmaterialisierung. Diese Lichtwirkung wurde oft mit 'himmlischem Licht' in Verbindung gebracht. Ein solcher Ansatz „reduziert die Bedeutungsoffenheit des Werkes aber, sobald er definitorischen Anspruch erhebt"[180]. Die Erfahrung eines grenzenlosen Lichtraumkontinuums ist unabhängig von seiner Bezeichnung in Rothkos Bildern möglich, wenn sich die Augen einfach nur treiben lassen. Jene Wirkung einer imaginären Tiefe des Bildraums, die nicht dargestellt ist und das scheinbare Sich-Ablösen des Farblichts von seinem Träger und sein Hervortreten in den Betrachterraum streben einer Demateriali-sierung des Bildträgers durch das Licht entgegen.[181] Dabei ist es mit von der Qualität der Farbe abhängig, ob ein inversiver oder expansiver Eindruck vorherrscht.

---

175 Gehring, U. 2006, 109.

176 Siehe Gehring, U. 2006, 104-110.

177 Gehring, U. 2006, 109.

178 Siehe Gehring, U. 2006, 110.

179 Gehring, U. 2006, 110.

180 Gehring, U. 2006, 111.

181 Siehe Gehring, U. 2006, 110-112.

Rothko macht ganz eindeutige Angaben zu den Rezeptionsbedingungen seiner Gemälde im Museum. Es darf nicht zu hell sein, „nur in einem dämmrigen Umfeld kann sich der von der Farbe ausgehende Lichtnebel in der gewünschten Weise substantiieren."[182] Dies hängt mit der stärkeren Aktivierung der lichtempfindlicheren Stäbchen im Auge und der dann weniger aktiven, für farbliches Sehen verantwortlichen Zapfen bei dunklerem Licht zusammen. Sind die Stäbchen aktiver, reagiert das Auge sensibler auf Lichtreize, die Leuchtkraft des Gemäldes nimmt zu.[183] Mit seiner gezielten Rauminszenierung, die eine optimale Wirkung seiner Bilder garantieren soll, steht Rothko „folglich am Übergang vom gemalten Bildlicht zum inszenierten Raumlicht (und damit zur performativen Verwendung von Licht). Sein Werk bereitet die Trennung von Bild und Bildträger vor [...]."[184]

An dieser Stelle der Entwicklung zum inszenierten Raumlicht wäre schon nahtlos an Turrell anzuschließen. Ein anderer Farbfeldkünstler bewegt sich aber noch näher an der Kunst Turrells, so dass auch er, es handelt sich um Barnett Newman, hier noch Erwähnung finden soll.

Abgesehen davon, dass Turrell Werke Newmans für seine Lichtkunst aufgreift, lassen sich auch für Newman interessante Verwendungen von Bildlicht feststellen. In seinen Variationen von *Who's afraid of Red, Yellow and Blue* beispielsweise, malt Newman ein kadmiumrotes Farbfeld, das seitlich von einem schmalen gelben und auf der anderen Seite von einem breiteren blauen Streifen begrenzt wird. Während das rote Feld aus 17 Farbschichten besteht, sind die Streifen einfach gemalt, was zu einer optischen Verräumlichung und haptischen Qualität der roten Farbe führt. Zudem lastet die Farbe, anders als bei Rothko „schwer, solide und direkt"[185] auf der Leinwand. Sie scheint wie eine vorgespannte Haut autonom unabhängig vor dem Bildträger zu liegen. Die Trennung von Bild und Bildträger wird demnach auch von Newman vorbereitet.

Das Rot wirkt aufgrund seines hohen Gelbanteils grell und aggressiv.[186] Dem völligen Verzicht auf Inhalt ist nach Ann Gibson dabei eine „stets vorhandene Symbolpräsenz der jeweiligen Farbe gegenübergestellt."[187] („Rot ist der einzige Farbton, der gleichzeitig für Leben, Tod

---

182 Gehring, U. 2006, 113.

183 Siehe Gehring, U. 2006, 113.

184 Gehring, U. 2006, 114.

185 Gehring, U. 2006, 119.

186 Siehe Gehring, U. 2006, 115-117.

187 Gehring, U. 2006, 118.

und dessen geistige Überwindung steht"[188]) Margarete Bruns stellt dabei für Newmans Rot fest, dass es in seiner „materiell wie immateriell überwältigenden Präsenz"[189] den Betrachter so betrifft, dass er sich dem seinen Gesichtsraum überschreitenden Rot schutzlos ausgesetzt fühlt und diese Erfahrung in einer existentiellen Bedrohung münden kann, falls er es nicht schafft, die Farben lediglich als Farben wahrzunehmen. Das Bild kann also eine unmittelbare, auch körperliche Erfahrbarkeit leisten. Diese beruht auf dem sogenannten Ganzfeldeffekt, wie er im nächsten Kapitel über Turrells *Bridget's Bardo* wieder auftauchen wird.[190]

In einem zweiten Gemälde Newmans wird deutlich, wie ein schlichter weißer Streifen als Lichtstrahl erscheinen kann. *Profile of Light* zeigt drei gleich breite Längsbalken, von denen die äußeren blau, der innere weiß gefärbt sind. „Nimmt man das Gemälde als Fläche wahr, erscheint das Weiß als Farbe. Erkennt man die Tiefenräumlichkeit, erscheint selbiges als Licht"[191], das von hinten zwischen den beiden blauen Balken hervorscheint. „Handelt es sich im ersten Fall um ein artifizielles Farblicht [das keine lichtgenerierende Quelle außer der Farbe selbst hat], stellen sich im zweiten Fall Assoziationen an einen mit Sonnenlicht erfüllten Raum jenseits des Malgrundes ein."[192]

Wer das Bild betrachtet, stellt sich meist unwillkürlich vor den weißen Streifen. Diese Selbstverständlichkeit erklärt sich aus einem Bedürfnis, den Körper zum (Bild-)Raum in Beziehung zu setzen. Wenn der weiße Streifen in den Fokus rückt, wird er zum Einblick in eine „jenseitige Tiefe"[193]. Newman möchte mit seinen Bildern für den Betrachter einen Augenblick totaler Realität beschwören, eine sinnliche Erfahrung im Augenblick des Erlebens ermöglichen. Der Betrachter soll sich selbst darin als präsent im Hier und Jetzt erfahren. Mit diesem Erlebnis geht die Erfahrung einer nicht unbedingt positiven Überwältigung einher.[194] Dieser Punkt wird ebenfalls bei Turrell detaillierter zur Ausführung kommen. Es kommt im Bild zu einer ganzfeldbedingten[195] sowie

188 Gehring, U. 2006, 310.

189 Gehring, U. 2006, 118.

190 Siehe Gehring, U. 2006, 118f.

191 Gehring, U. 2006, 121.

192 Gehring, U. 2006, 121.

193 Gehring, U. 2006, 121.

194 Siehe Gehring, U. 2006, 120-126.

195 „Als Ganzfeld bezeichnet man ein homogenes Sehfeld, dessen Grenzen außerhalb des Gesichtsfeldes liegen und von dem keine abweichenden

(durch Farbschichten, Helligkeitswerte und Eigenschaften des Vor- oder Zurücktretens der Farben) zu einer anders gearteten Raumwahrnehmung, die alternierend zwischen Flächenwirkung und illusionistischem Farbraum als lediglich geistige wahrgenommen werden kann.[196]

Mit Newman und Rothko ist die Malereigeschichte, ähnlich wie im vorherigen Kapitel die Geschichte des Theaterlichts, an zweierlei Schwellen angekommen. Zunächst kann in beiden Bereichen eine Entwicklung hin zu einer eigenständigen, performativen Verwendung von Licht beobachtet werden. Doch im Gegensatz zum Licht im Theater setzt Schöne bei seiner Betrachtung des Lichts als performativer Größe schon vor einer performativen Verwendung des Lichts in der Malerei ein. Zwar nimmt er ebenso symbolische Aussagewerte der Beleuchtung im Bild in den Blick, wo diese auszumachen sind. Dies ist überall dort der Fall, wo es sich nach ihm um ein irgend geartetes 'göttliches' Licht handelt. Er gründet diese Lichtsymbolik aber auf einer vorgängigen Analyse des Lichtes an sich und wie es sich im Bild zeigt. Er kann anhand von Aussagen über die spezifische Qualität des Lichts im Bild diese Folgerung ziehen. Ob dies angesichts der Ausschnitthaftigkeit, der Abwesenheit von 'wirklichem' natürlichen oder künstlichem Licht, also dem vorausgesetzten Niederschlag des Lichts in der Farbe, oder aus anderen Günden für die Malerei naheliegender und/oder angebrachter ist, kann ich nicht beurteilen. Es ist aber festzustellen, dass Schöne mit seiner Malereibetrachtung Instrumente und Herangehensweisen liefert, die für eine Analyse von Lichtperformativitäten nützlich ist. Daher wird in der Folge, wo es nötig sein wird, auf die Vorgehensweise Schönes bei der Lichtbetrachtung zurückgegriffen werden.

Zweitens bewegen sich Theater als inszenatorische Kunst in Raum und Zeit und Malerei aufeinander zu. War im vorherigen Kapitel die Rede davon, dass mit Licht Bilder gemalt werden und nur der Ausdruckswert an sich als Stückinhalt auftreten kann, kommt es in der Malerei zur Auflösung des Bildes in einen imaginären Tiefenraum, der nichts mit dem einer mimetischen Darstellung von Raum zu tun hat sowie zum Ausgreifen des Bildes in den Betrachterraum.

Alle beschriebenen Entwicklungen leiten fast automatisch zu der Lichtkunst James Turrells über. Diese Gelegenheit soll dazu genutzt werden, ihm das folgende Kapitel zu widmen.

---

strukturellen Reize - außer Licht und Farbe - ausgehen." Gehring, U. 2006, 36.

196 Siehe Gehring, U. 2006, 126-128.

4 JAMES TURRELLS LICHTPERFORMANCE *BRIDGET'S BARDO*

Der bisher größte für ein Museum realisierte Lichtraum, Turrells *Bridget's Bardo,* schließt sowohl an die Farbfeldmalerei, als auch an die performative Verwendung von Licht im Theater an. Dieser Arbeit dient das von Oktober 2009 bis April 2010 im Kunstmuseum Wolfsburg ausgestellte Projekt als wichtigstes Anschauungsobjekt. Die spezifische Verwendung und Wirkung des Lichtes wird im Zusammenhang mit seiner raum- und zeitbildenden Funktion untersucht, und die Rolle des Lichts als performatives in einem noch zu erläuternden 'Dazwischen' geklärt werden. Es soll gezeigt werden, dass es vermögens der Wirkung des Lichts zu rational nicht fassbaren und uneindeutigen Wahrnehmung kommt, die eventuell mit einer Verbindung des Lichts mit Bildlichkeit in Zusammenhang stehen. Dieses vierte Kapitel stellt zunächst James Turrell, seine Arbeit und Absichten vor, bevor es sich ausschließlich *Bridget's Bardo* zuwendet, um daran eine Analyse des Lichts zu entwickeln.

4.1 Der Lichtkünstler James Turrell

James Turrell, der 1943 in Los Angeles geboren wurde, arbeitet seit den 1960er Jahren ausschließlich mit Licht.[197] Er studierte in Kalifornien Astronomie, Psychologie, Mathematik, Kunstgeschichte und Kunst. Aus dieser Zeit stammt auch eine für seine Arbeiten symptomatische Anekdote: Im Vorlesungssaal der Kunstgeschichte war er weniger fasziniert von den per Diaprojektor projizierten Bildern Rothkos, als vom Licht des Projektors selbst. Die Art und Weise „wie sich das Licht auf seinem Weg durch den Vorlesungssaal an den Staubpartikeln in der Luft bricht und einen konischen Raumkörper bildet"[198] hielt ihn und hält ihn wohl bis heute gebannt. Er soll sogar enttäuscht gewesen sein, als er schließlich vor den Originalwerken stehend die intensive Strahlkraft vermisste.[199] Dementsprechend formuliert er seinen Arbeitsansatz folgendermaßen:

> „Mein Interesse an der Lichtwahrnehmung besteht darin, ihr Dinglichkeit zu verleihen. Sie existiert genauso, wie ein physi-

---

197 Brüderlin, M. 2009, 7.

198 Kirschner, E. B. 2009, 73.

199 Siehe Kirschner, E. B. 2009, 73.

> sches Objekt eine Präsenz hat. Die Verdinglichung des Lichts ist ein atmosphärisches Phänomen, in dem die Lichtbrechung an Staub, Sand oder an Wassertröpfchen etc. zu Farbschleiern und Lichtnebeln führt. Das Licht materialisiert sich in einem nicht fassbaren tiefen Raum, der zugleich Körper und leerer Raum, Oberfläche und Tiefe ist."[200]

Schon an dieser recht allgemeinen Aussage Turrells zur Materialisation des Lichts in einem Raum, der Oberfläche und Tiefe zugleich ist, sind Anklänge an das Lichtverständnis in Rothkos und Newmans Bildern auszumachen. Der Übergang von Rothko zu Turrell markiert „insofern eine Wende, als ihre Licht-Bilder das Scharnier zwischen dem traditionellen, gemalten Bildlicht und dem modernistischen, realen Raumlicht darstellen."[201] Auch wird bereits hier eine Dialektik zwischen inszeniertem Lichtraum und Bild aufgemacht, die später verfolgt werden soll.

4.1.1 Turrells Werk

Turrell ist Teil der Light & Space Bewegung des Kaliforniens der 1970er Jahre. Eine Gruppe von Künstlern, darunter auch Robert Irwin, Dan Flavin oder Douglas Wheeler, begann sich mit Licht nicht nur als Medium, sondern als Material zu beschäftigen und es in den Mittelpunkt ihres Schaffen zu stellen. Das Licht als von seiner Quelle autonomes Gestaltungsmittel sollte unter Berücksichtigung seiner Wirkung auf die Wahrnehmung zum Einsatz kommen. Sie untersuchten die physikalisch-optischen Eigenschaften des Lichts und die Relation von Licht und Raum, um die Grenzen zwischen innen und außen und Materiellem und Immateriellem auszuloten und das hergebrachte Verständnis vom Sehen zu erweitern.[202] Abhängig vom Schaffensort entwickelten sich zwei unterschiedliche Strömungen: Während in New York, unter dem Eindruck der Stadtbeleuchtung und den Leuchtreklamen, die Arbeiten vor allem von jenem Kunstlicht geprägt waren, lässt sich für den Westen der USA der Einfluss der weiten, lichtdurchfluteten Landschaft mit den Auswirkungen der ihr eigenen klimatischen Bedingungen nachweisen.[203]

---

200 Turrell, J. zitiert bei Kirschner, E. B. 2009, 73.

201 Gehring, U. 2006, 103.

202 Siehe Lütgens, A. 2009, 111.

203 Siehe Kirschner, E. B. 2009, 71.

4.1.1.1 Die Anfänge seiner Arbeit mit Licht

Die Anfänge von Turrells Schaffen sind im ehemaligen Mendota Hotel in Ocean Park in Kalifornien zu verorten. Nachdem er das Hotel nach außen hin von Licht und Lärm abgedichtet hatte, fing er an, mittels kontrollierten Öffnungen gelenktes Tageslicht in die Räume einzulassen und es mit künstlichem Licht zu vermischen. Aus dieser Interaktion von Innen- und Außenraum entstanden Lichtbilder, die den Grundstein für sein gesamtes späteres Schaffen gelegt haben. Bei *Cross-Corner*-Arbeiten wie *Afrum* (1966) entsteht je nach Betrachterperspektive der Eindruck eines in der Ecke schwebenden Lichtquaders (bei anderen Arbeiten sind es andere Formen) oder sich in der Ecke berührender, grell leuchtender trapezförmiger Flächen. In anderen Fällen glaubt man ein Loch in der Wand und einen dahinter liegenden hell erleuchteten, unbegrenzten Raum zu sehen.[204]

> „Diese sogenannten Projection Pieces waren insofern radikal, als sie das traditionelle Kunstobjekt durch in leere Räume projiziertes Licht ersetzen. […] Diese Formen waren real, keine Illusion (im üblichen Sinne eines Bildes, das bewusst irreführen soll), und für die Wahrnehmung genauso materiell wie die umgebenden Wände. Der Betrachter erkannte, dass sich die Form aus projiziertem Licht ergab, ohne dass dies der Festigkeit des Bildes Abbruch getan hätte."[205]

4.1.1.2 Single Wall Projections

Für Turrells *Single Wall Projections* gilt dies genauso, doch bewirken sie quasi das Gegenteil der *Cross-Corner*-Arbeiten. Ging es bei ihnen um die Materialisation des Lichtes im Betrachterraum, wirkt das gleißend helle Licht der *Single Wall Projections* als optische Dematerialisierung des Raumes durch das Licht. In *Jadito* (1967) scheint eine weiße, hochrechteckige Projektion die Wand optisch aufzubrechen und ein externes Licht scheint hineinzuströmen. Auf diese Weise wirkt das Rechteck wie eine Pforte zwischen Innen- und Außenraum, die einen Blick in einen dimensionslosen Raum erlaubt. Ähnlich wie Schöne es für das Farblicht beschrieben hat, kann auch hier ein Aufmerksamkeitswechsel des Betrachters zu einem Wechsel in der Wahrnehmung führen. Ist die Projektion einerseits als Tiefenraum zu erfahren, bleibt sie andererseits ungestaltetes Licht-Bild-Feld ohne motivische Einzelheit an der sich

204 Siehe Kirschner, E. B. 2009, 73.

205 Andrews, R. 2009, 153.

das Auge festmachen könnte.[206] Diese Bedeutungsoffenheit und der resultierende Blicktransfer bilden die Grundlage dafür, dass „Turrells Projektionsflächen zu Introspektionsflächen werden."[207] Es sind auch *Single Wall Projections* entstanden, die Newmansche Farbfeldmalereien zum Referenzpunkt nehmen. In diesen Fällen wird ein medialer Sprung vollzogen zwischen dem gemalten Farblicht und der Lichtfarbe. Turrells Lichtinstallationen sind zwar optisch anwesend, aber physikalisch nicht präsent.[208] Turrell äußert sich selbst zu diesem Zusammenhang:

> „Ich benutze das Licht, wie Maler die Farbe benutzen, um die Sinne zu bearbeiten. Anstatt das Licht auf die Farbe aufprallen zu lassen, kehre ich [es]... gewissermaßen um, führe es in das Auge hinein und nehme von dort die Verbindung zum Individuum als Arbeitsfeld auf. Ich finde das direkter."[209]

4.1.1.3 Shallow Space Constructions

Die *Shallow Space Constructions* setzten die *Single Wall* Lichtbilder invers um. Das Licht ist hier nicht mehr Bildinhalt, sondern Rahmen. Vor eine natürliche Lichtquelle (Fenster) wird eine kleinere Trennwand so montiert, dass Licht an allen vier Seiten in handbreiten Spalten durchdringen kann. Zusätzlich montiert Turrell an der Trennwandrückseite Fluoreszenzröhren, deren Licht sich mit dem Tageslicht, je nach Tageszeit mischt. Das durch das natürliche Licht milchig verblasste Kunstlicht breitet sich im weiß verschalten Raum als diffuser Lichtnebel aus, „der die architektonischen Details verunklart und den dreidimensionalen Raumeindruck aufhebt. Dieser Eindruck gilt jedoch nur bis zum Ende der Weißverschalung und bricht abrupt ab, wo der dunkle Museumsboden beginnt. Als Folge Blickt der Betrachter auf einen gazeähnlichen Schleier, der sich räumlich vor das Lichtbild spannt. Des Weiteren führt der Lichteinfall zur optischen Aufweichung der Trennwandgrenzen. Sie erscheint transluzent. Das Licht, das durch seine Rahmenhaftigkeit aus dem eigentlichen Blickpunkt geraten ist überstrahlt dabei die Wand, die dunkler wirkend in den Hintergrund tritt. „Es kommt zur Negation des Motivs, bei gleichzeitiger Inversion der klassischen Bild-Rahmen-Relation."[210] Mit dieser Inversion geht

206 Siehe Gehring, U. 2006, 91.

207 Gehring, U. 2006, 91.

208 Siehe Gehring, U. 2006, 92.

209 Gehring, U. 2006, 92.

210 Gehring, U. 2006, 96.

eine Umkehrung des Raumgefüges einher. Suggerierten die bisher genannten Arbeiten einen dreidimensionalen Raum, wo keiner war, verkürzen die *Shallow Space Constructions* einen tatsächlich dreidimensionalen Raum zu einer Fläche.[211]

4.1.1.4 Wedgeworks

Eine Weiterentwicklung erfahren die *Shallow Space Constructions* in Turrells *Wedgeworks*. Die Trennwand wird dabei in den Raum hinein verlegt und erzeugt mit einer rückwärtigen Beleuchtung einen den Raum diagonal durchtrennenden, keilförmigen Lichtschleier. Auch hier ist es dem Betrachter verwehrt den Lichtraum zu betreten. Er nimmt in der Folge die Farbe zunächst als an der Oberfläche des Keils haftende wahr, bevor er die dahinter liegenden milchig-weißen Raum erkennt. Das sich an winzigen Staub- und Schutzpartikeln in der Luft brechende Licht breitet sich als dichter Farbnebel aus. In diesem Farbgrund verliert sich das Auge, wenn der Raum nicht, wie in den spektralen *Wedgeworks* der Fall, durch scharfe Laserlichtstrahlen strukturiert wird. Doch auch diese tragen kaum zur Klärung der Verhältnisse bei. Bewegt sich der Betrachter, verändert sich das von ihm Gesehene derart, dass die ständig nötige Revision des optischen Eindrucks ihn verunsichern muss. Die Fehlerhaftigkeit der eigenen Wahrnehmung wird dem Betrachter bewusst gemacht. Bleibt der Betrachter distanziert, wirkt der vor ihm liegende „White Cube"[212] als Guckkastenbühne, nähert er sich an, rückt der Rahmen aus dem Gesichtsfeld und ermöglicht den „'Einstieg ins Bild'"[213].[214]

4.1.1.5 Ganzfeld-Arbeiten

Wahrnehmungsästhetisch sowie konstruktionstechnisch überaus interessant sind Turrells Ganzfeld-Arbeiten. Hierzu hat der Künstler verschiedene Ansätze verfolgt. In den sogenannten *Perceptual Cells* betritt der Besucher eine Kabine, die licht- und schalldicht ist, oder wird liegend in sie hineingefahren. In den sogenannten *Telephone Booths* befindet sich der Kopf und damit das komplette Gesichtsfeld des Besuchers in einer hohlen, weißen Halbkugel, deren Begrenzungen für ihn nicht mehr sichtbar sind, während er mit den Händen Lichtfarbe und -

211 Siehe Gehring, U. 2006, 95f.

212 Gehring, U. 2006, 98.

213 Gehring, U. 2006, 98.

214 Siehe Gehring, U. 2006, 97-99.

intensität der Beleuchtung regulieren kann. Bei den liegend zu erfahrenen *Ganzfeld Pieces* regelt ein Assistent das Licht in der Kuppel, in der sich der Betrachter mit dem ganzen Körper befindet. In diesem Fall hat er also keinen Einfluss auf den 15-minütigen Perzeptionsverlauf. In beiden Fällen wird der Betrachter mit einem ihn umgebenden Farbfeld konfrontiert, das seinem Auge keinerlei Anhaltspunkte liefert. Er erlebt Farbeindrücke, die selten mit konkreten realen Situationen in Verbindung gebracht werden können, wohl aber mit emotionalen Erlebnissen korrespondieren.[215] Das farbige Licht materialisiert sich zu „einer dichten, nebelartigen Substanz"[216] Mit der Farblichtwahrnehmung korrespondieren körperliche Reaktionen, wie Blendungsgefühle bei Weiß und Gelb, obwohl diese der Enge der Kabine angenehm entgegenzuwirken scheinen, oder ein anfangs angenehm warm empfundenes Rot, dass sich in der Expositionsdauer zu einem bedrängend aggressiven wandelt. Auch die Wahrnehmung von Temperaturunterschieden ist an die Lichtfarbe gekoppelt. Zudem wird dem Licht automatisch unbewusst eine aus der Alltagserfahrung stammende haptische Qualität zugesprochen (schwarz wirkt samtig weich, weiß und blau metallisch hart). Zunehmende Dunkelheit führt zu klaustrophobischen Grenzerfahrungen.[217] Andere räumliche Installationen, die einen Ganzfeldeindruck ermöglichen sollen, seien mit Arbeiten wie *City of Ahirit* oder den *Space Division Constructions* an dieser Stelle nur namentlich erwähnt, da sie so große Ähnlichkeiten mit *Bridget's Bardo* aufweisen, dass hier nichts vorweggenommen werden soll. Es geht dabei um ganze Räume, Raumfolgen oder 'white cube' - Guckkasten Situationen, die eine ähnliche Wirkung hervorrufen können, wie mit den *Perceptual Cells* beschrieben wurde.

Aufbau und Durchführung der beschriebenen Erfahrungsräume erinnern stark an klinische Versuchsanordnungen. Tatsächlich sind sie Turrells wissenschaftlichem Hintergrund geschuldet. Zusammen mit Robert Irwing und Edward Wortz nahm Turrell am Art & Technology - Program der Garret Aerospace Corporation, einer Untereinheit des Apollo-Programms der NASA teil. Psychologen, Mediziner, Physiker, Techniker und Astronauten erforschten in diesem Programm wahrnehmungspsychologische Erfahrungen von Licht und Raum unter sensorischer Deprivation, wie sie bei Verlust jeglicher akustischer und visueller Informationen im Weltraum stattfinden. Schon hier haben Turrell und seine Kollegen mit schalenförmigen Halbkugeln experi-

---

215 Siehe Gehring, U. 2006, 70-74.

216 Gehring, U. 2006, 74.

217 Siehe Gehring, U. 2006, 72-75.

mentiert.[218] Turrells wissenschaftliche Erfahrungen bilden also durchaus eine wichtige Hintergrundfolie für seine künstlerische Arbeit mit Licht. Seinen Arbeiten liegen bei aller Poesie genaue wissenschaftliche Berechnungen und Planungen zugrunde, die Wirkungen seiner Installationen beruhen auf wissenschaftlichen Erkenntnissen und verdeutlichen diese. Die sensorische Deprivationstechnik nutzt er künstlerisch zur systematischen Reizunterdrückung, damit das Nervensystem beginnt aktiv nach Reizen zu suchen und damit einen eventuellen Zugang zu unterbewussten Inhalten zu ermöglichen.[219]

Wichtige Auswirkungen haben ebenfalls Turrells Pilotenausbildung und seine Erfahrungen im Cockpit.

> „Als Pilot findet man heraus, dass es viele Arten des Wahrnehmens gibt, die sich fürs Fliegen nicht eignen, vor allem die Sicht bei Dämmerung, wenn Dinge nicht mehr klar definiert sind. Auf einmal geht man des Horizonts verlustig. An diesem Punkt fängt man an, der hergebrachten Wahrnehmung nicht mehr zu trauen."[220]

Intensiviert Turrells Pilotenerfahrung sein Interesse an der Beschäftigung mit Wahrnehmung und Licht, hat sie ihn außerdem zu seinem monumentalsten, noch unvollendeten Projekt geführt: zum *Roden Crater*.

Der *Roden Crater* verwirklicht als Monumentalwerk, was die *Sky Spaces* im Kleinen leisten. Begehbare Räume weisen scharfkantige Öffnungen auf, durch die das Himmelslicht einfällt. Je nach Tageslicht, Himmelsfarbe, Wetter und Kontrast zur künstlichen Beleuchtung des Innenraums erscheint der Himmel in seiner räumlichen Rahmung als transparent, als materialisierte, opake Fläche, die den Raum nach oben hin abschließt oder gar als sich in den Raum hineinwölbend oder -tropfend. Mal wirkt der Himmel atmosphärisch, mal artifiziell. Turrell stellt die Natur in seinen *Sky Spaces* poetisiert als Kunstwerk aus und holt den Himmel in die Innenräume hinein. Analog ließen sich die Kunstlichtinstallationen begreifen als in Kunstlicht transformierte Lichterfahrung der Natur.[221] Der *Roden Crater* vereint nun eine ganze Anlage solcher verschiedenartiger *Sky Spaces*. Es handelt sich um einen erloschenen Vulkankrater in der Wüste Arizonas, in dessen Stumpf

218 Siehe Gehring, U. 2006, 37.

219 Siehe Brüderlin, M. 2009, 123.

220 Turrell, J. zitiert bei Pschak, E. 2007, o.S.

221 Siehe Gehring, U. 2006, 57f; Brüderlin, M. 2009, 133 und Kischner, E. B. 2009, 76.

Turrell eine weitläufige Landschaft unterirdischer Räume und Gänge, aber auch überirdischer Lichtbeobachtungspunkte angelegt hat. In einer Höhe von 1700 Metern und fernab jeglicher Städte und ihrer Lichtemissionen hat Turrell auf ausgedehnten Rundflügen diesen Ort mit einem bemerkenswert klaren (Nacht-)Himmel gefunden.[222] Die Höhe des Vulkans garantiert dabei ein Gefühl des „Eingeschlossenseins im Himmelsgewölbe"[223].

4.1.2 Zu James Turrells Ansätzen und Absichten

> „Bei *Roden Crater* interessierte mich, das kulturell Schöpferische der Kunst hinaus in die natürliche Umgebung zu bringen. Das Werk sollte der Natur keinen Stempel aufdrücken, sondern ich wollte, daß das Werk in die Natur eingebunden wäre, so daß das Licht von Sonne, Mond und Sternen den Räumen Kraft verleihen würde. […] Ich wollte einen Ort, wo man das Gefühl hat *auf* dem Planeten zu stehen. […] Dann wollte ich Räume schaffen, die Lichtereignisse am Himmel miteinbeziehen. Die Musik in diesen Räumen wird mit dem Licht gespielt. Dieses Schauspiel ereignet sich hier schon seit Äonen durch die Drehung der Erde; ich habe nur die Räume in Bewegung gesetzt."[224] „[...] - egal an was für einem Tag oder zu welcher Jahreszeit man dort drinnen ist, die Veränderung geht ständig weiter. Wenn man dort ist, gibt es Visionen, Eigenschaften und ein ganzes Universum von Möglichkeiten."[225]

Neben Turrells wissenschaftlichem Interesse, tritt hier ein ganz anderes Anliegen deutlich zu Tage: Das Zitat verdeutlicht Turrells Interesse für die Verbindung des Menschen und des menschlichen Kultur- und Kunstschaffens mit der Natur, ihrer Macht und ihrer Schauspiele. Seine Arbeiten versuchen auf einer substantiellen Ebene eine Verbindung des Menschen mit dem Kosmos herzustellen, den Menschen zu sich selbst zurückzuführen. Tatsächlich widerspricht Turrell nicht dem Eindruck, dass seiner Kunst eine spirituelle Komponente anhaftet:

> „Ich glaube an die Notwendigkeit und den Gedanken spiritueller Sensibilitäten oder Dimensionen, die über uns hinausge-

---

222 Siehe Andrews, R. 2009, 163-165.

223 Turrell, J. zitiert bei Andrews, R. 2009, 165.

224 Turrell, J. zitiert bei Andrews, R. 2009, 165.

225 Turrell, J. zitiert in Brüderlin, M./Kirschner, E. B. (Hg.) 2009, 93.

hen. Das Entscheidende für mich ist jedoch, sie dem Bereich des religiösen Vokabulars zu entreißen."[226]

Die Distanzierung vom Religiösen versucht Turrell über eine Erweiterung des Wissens über die Beziehung zwischen Mensch und Umwelt, über Wahrnehmungs- und Bewusstseinsformen, also über einen wissenschaftlichen Weg zu erreichen. Trotzdem wird diese „'Demystifizierung'"[227] als Mittel verstanden „subtile Bewusstseinszustände des Transzendenten und Metaphysischen zu erkunden."[228] Das Metaphysische tritt als Grenze des sinnlich Wahrnehmbaren auf.

Manche Arbeiten Turrells sind so lichtreduziert oder so fern ab von der alltäglichen Erfahrung, dass man sich als Betrachter nicht sicher sein kann, was man sieht, ob man überhaupt etwas sieht, oder es sich nur einbildet und ob das, was man zu sehen glaubt, tatsächlich real anwesend ist. Annelie Lütgens beschreibt im Wolfsburger Ausstellungskatalog Eindrücke aus der Kindheit, in denen sie Lichtsterne sah, als sie ihre Fäuste gegen die Augen drückte, als realer, als die Schemen, die in einem *Dark Space* wahrnehmbar werden.[229] Schon Goethe kannte eine Unterscheidung zwischen innerem und äußerem Licht, das sich in irgendeiner Form begegnet:

> „Das Auge hat sein Dasein dem Licht zu danken. Aus gleichgültigen tierischen Hilfsorganen ruft sich das Licht ein Organ hervor, das seinesgleichen werde, und so bildet sich das Auge am Lichte fürs Licht, damit das innerer Licht dem äußeren entgegentrete."[230]

Auch Turrell selbst beschreibt solche inneren Lichteindrücke, er setzt sie in Verbindung mit luziden Träumen:

> „In einem klaren Traum hat man schärferes Empfinden für Farbe und ihre Klarheit als mit geöffneten Augen. Mich interessiert der Punkt, an dem imaginatives Sehen und äußeres Sehen zusammenfallen, wo es schwierig wird, zwischen dem Sehen von innen und dem Sehen von außen zu unterscheiden."[231]

So schafft Turrell „eine Bühne für Erscheinungen, bei denen wir nicht klar ausmachen können, ob sie innerhalb oder außerhalb von uns statt-

---

226 Turrell, J. zitiert bei Brüderlin, M. 2009, 123.

227 Wolff, T. zitiert bei Lütgens, A. 2009, 111.

228 Wolff, T. zitiert bei Lütgens, A. 2009, 111.

229 Siehe Lütgens, A. 2009, 109f.

230 Goethe, J. W. 1808 zitiert bei Ott, G. 2003, 56.

231 Turrell, J. zitiert in Brüderlin, M./Kirschner, E. B. (Hg.) 2009, 99.

finden."[232] Derart isoliert, schafft das Individuum sich seinen eigenen Raum, in dem die Grenzen zwischen innen und außen - da ununterscheidbar - aufgehoben sind. Dies führt zu einem Sehen, das Wahrnehmung, Erfahrung und Erinnerung aktiviert und integriert, das Sehen wird zur „Projektionsfläche des Ich"[233]. Für eine solche Erweiterung der Wahrnehmung ist ein entschleunigtes Sehen notwendig, eine stille Betrachtung. Oft werden auch erst nach einer längeren (Adaptions-)Zeit Phänomene oder ihre Veränderung sichtbar.

Wahrnehmung und ihre Grenzen werden zum eigentlichen Thema der Lichtinstallationen. Es geht Turrell darum sich selber sehen zu sehen. „Wenn man weder einen Gegenstand noch ein Bild noch einen zielgerichteten Blick hat, worauf sieht man dann? Man sieht sich selber sehen."[234] In diesem Zustand wird der Mensch ganz ins Jetzt geholt.[235] Er soll sich in seiner spezifischen Gegenwärtigkeit erfahren können. Dieses Sehen muss als subjektiver Akt verstanden werden, der körperlich-emotionale Sinneseindrücke verschränkt und sich nicht so sehr auf der Ebene des Bewusstseins abspielt. Es geht Turrell bei der Betrachtung von Licht um ein Nicht-in-Worten-Denken.[236] „Was beim Betrachten des Raumes stattfindet, ist wortloses Denken. Es ist nicht etwa so, als wäre es gedankenlos, ein Denken ohne Intelligenz; es führt nur zu einem anderen Ergebnis als Wörter."[237] Mit Bachelard kann erweitert werden, dass „das Bild *vor* dem Denken liegt"[238], und ein träumerisches Bewusstsein bewirkt. Der körperliche Ansatz wiederum macht eine Verbindung des Individuums mit Außen- und Innenwelt und der Kunst möglich.[239]

> „Turrells gesamtes Kunstschaffen und -wollen konzentriert sich mit beispielloser Zielstrebigkeit auf das Offenlegen der Mechanismen unseres Sehens und die Macht des Lichtes. Sein Anliegen ist es, das 'erklärende' Licht, das unseren Alltag bestimmt, auszuschalten, um unserem inneren Licht Vortritt zu gewähren."[240]

---

232 Brüderlin, M. 2009, 145.

233 Kirschner, E. B. 2009, 76.

234 Turrell, J. zitiert in Brüderlin, M./Kirschner, E. B. (Hg.) 2009, 81.

235 Siehe Kischner, E. B. 2009, 77.

236 Siehe Kischner, E. B. 2009, 72.

237 Turrell, J. zitiert bei Brüderlin, M. 2009, 148.

238 Bachelard, G. 2003, 10.

239 Siehe Kischner, E. B. 2009, 76.

240 Kirschner, E. B. 2009, 78f.

Etwa so, wie man in einem völlig schallisolierten Raum immernoch sich selbst hört, kommt in Turrells Kunst das oft vergessene innere Licht wieder hervor.[241]

Geleistet wird der Anspruch, das innere Licht zu aktivieren, durch das besondere äußere Licht und seine Energie. Sein Werk ist das Licht selbst, ein Licht das sich selbst enthüllt[242], das Information *ist* und nicht sie vermittelt.[243]

> „Licht ist eine kraftgeladene Substanz, zu der wir eine primäre Verbindung haben. Aber Situationen, in denen man die Präsenz einer so kraftgeladenen Substanz wahrnimmt, sind fragil. Ich forme es, [...] so dass man die Präsenz des Lichtes, das sich in einem Raum befindet, fühlen kann."[244]

Die Qualität der Lichtsubstanz soll, wenn auch nicht berührbar, körperlich spürbar sein. Turrell begreift Licht als etwas Wirkliches und Greifbares.[245] Besonders deutlich erfährt man die von Turrell angesprochene Präsenz wohl im Dämmerlicht. Es berühre den Menschen; es sei dem Licht in der Höhle verwandt und erwecke so - eine primitive Erinnerung - das innere Licht.[246] „We are made for twilight."[247]

4.2 *Bridget's Bardo*

Das Wolfsburger Projekt *Bridget's Bardo* kann als Umkehrung oder Umstülpung des oben beschriebenen *Roden Crater* Projekts angesehen werden. Holt der *Roden Crater* den Himmel auf die Erde, so versetzt *Bridget's Bardo* in einen Innenraum, „in einen unendlichen Innenraum, fast möchte man mit Rainer Maria Rilke sagen: in den 'Weltinnenraum', der durch alle Wesen reicht."[248] Schauen wir in *Roden Crater* auf den Himmel, schaut hier der Weitenraum auf uns. Wird der Himmel in *Roden Crater* herein geholt, werden wir jetzt in ihn geholt, er nach außen gestülpt, aus dem Innenraum heraus und doch in ihm verbleibend.

---

241 Siehe Kirschner, E. B. 2009, 78.

242 Siehe Andrews, R. 2009, 155.

243 Siehe Kirschner, E. B. 2009, 73.

244 Turrell, J. zitiert in Brüderlin, M./Kirschner, E. B. (Hg.) 2009, 67.

245 Siehe Andrews, R. 2009, 155.

246 Siehe Weber, P. 2009, 27.

247 Turrell, J. zitiert bei Lütgens, A. 2009, 109.

248 Brüderlin, M. 2009, 8.

4.2.1 Aufbau und Konstruktion der Lichtperformance

Bei *Bridget's Bardo* handelt es sich um eine *Space Division Construction*, die eine Ganzfelderfahrung ermöglicht. Auf einer Grundfläche von 700 Quadratmetern steht eine eigens entworfene und gebaute elf Meter hohe Raumkonstruktion im Museum. Genau genommen handelt es sich um eine zweigliedrige Hohlraum-in-Hohlraum Konstruktion, die in einen *viewing space* (Betrachterraum) und einen *sensing space* (Wahrnehmungsraum) unterteilt ist. Eine etwa 22 Meter lange, relativ steile, schmale Rampe führt abwärts durch eine türartige Öffnung in den Betrachterraum hinein. Etwa fünf Meter der Rampe befinden sich dabei noch außerhalb des *viewing space*, sodass ein Blick ermöglicht wird, der den strahlkräftigen, lichtgetränkten Eingang im Zusammenhang mit dem Außenbau der Konstruktion inklusive der Rampe erfasst. Die Rampe führt mittig platziert direkt auf den *sensing space* zu. Zwischen dem Ende der Rampe und dem Beginn des Wahrnehmungsraums bietet ein mit etwa zwei Metern relativ schmaler Bereich den idealen Betrachterstandpunkt. Unabhängig davon kann der Betrachter den gesamten Raum, auch unter der Rampe hindurch, begehen. Dieser *viewing space* wird an jenem Ende, auf welches die Rampe zuführt, oben und unten von dem acht Meter langen, sich anschließenden *sensing space* umschlossen. Das führt dazu, dass dort, wo der Betrachterraum endet - ein aus Sicherheitsgründen bereits unbegehbarer Bereich - er mit einer abrupten Kante abschließt, hinter der es 1,20 Meter in die Tiefe geht. Wie eine größere Verschalung umfängt der zweite Raum den Betrachterraum um eine Länge von etwa zwei Metern. Steht der Betrachter also am idealen Standpunkt, hört zwei Meter vor ihm der Boden auf und er blickt acht Meter durch einen leeren Raum, bis die hintere Wand des *sensing space* die Installation abschließt. Wendet sich der Betrachter vom *sensing space* ab und geht um die Rampe herum in die andere Richtung, gelangt er auf jener Höhe, wo sich der Eingang befindet, nur eine Etage tiefer, quasi direkt unter dem Rampeneingang, zum Ausgang, oder besser gesagt zum Ausstieg aus dem Betrachterraum. Der Boden ist an jener Stelle, wie an allen Kanten und an allen Ecken beider Räume, zu einer konkaven Wölbung hochgezogen, sodass keine Kanten sichtbar werden. Der gesamte Raum und die Rampe sind außen und innen weiß gestrichen. Sechs Treppenstufen führen dann hinunter in einen weiteren kleinen Raum, bevor die Ausstellung auf gleicher Ebene weitergeht. Jener kleine 'Ausstiegsraum' scheint eigentlich nicht mehr zur Installation zu gehören. Dafür spricht auch seine scheinbar herkömmliche Beleuchtung mit an die Rück- und Seitenwände gerichteten Deckenstrahlern. Der Aufriss des Bauplans lässt jedoch keinen Zweifel daran, dass er mit eingeplant ist und zur Gesamtkonstruktion gehört. Der Betrachter befindet sich hier unter dem 'freien' Stück der Rampe und kann durch den Ausstieg die ihm nachfolgenden Betrachter sowie die 'Lichtspiele' im *viewing space* beobachten.[249]

4.2.2 Erfahrungsbeschreibung

Als Besucher von James Turrells Ausstellung in Wolfsburg wird man als allererstes zu *Bridget's Bardo* geschleust. Ein Besuch der bisher größten Installation für ein Museum ist meist mit Wartezeit verbunden. Noch bevor es zur Rampe geht, muss an einem abgesperrten, rechtwinklig zur Rampe führenden 'Zubringersteg' gewartet werden. Das Museumspersonal führt nach einer kurzen Sicherheitseinführung in Kleingruppen in das Werk hinein. Zuvor müssen noch Schuhüberzieher angelegt werden, um die weißen Flächen nicht zu verschmutzen und damit die Wirkung des Lichts nicht zu beeinträchtigen. Warten an der Absperrung, Einweisung, Anlegen der Überzieher und Geleit zur Rampe, das alles hat etwas Zeremonielles, die Wirkung eines Zwischenstadiums vor dem Übergang in eine andere Welt. Vom Wartestandpunkt aus kann man *Bridget's Bardo* schon in unmittelbarer Nähe von außen sehen. Das Licht, das man dabei aus der Eingangsöffnung regelrecht quellen sieht und das die äußere Rampe teilweise beleuchtet, wirkt geheimnisvoll und scheint den Betrachter schon über den Steg 'einsaugen' zu wollen. Es wirkt verführerisch und verheißungsvoll, wobei ein direkter Blick in das Innere verwehrt bleibt.

Wenn sich die Gruppe schließlich in Richtung Rampe in Bewegung setzt, hat die Drehung des Körpers zur Rampe hin und der so ermöglichte Einblick in *Bridget's Bardo* etwas von einem magischen Moment. Endlich darf geschaut werden, was sich vorher nur angedeutet hat. Durchschreitet man die Eingangsöffnung, scheint man auf seinem Weg hinunter in den Betrachterraum mehr und mehr in das Licht des Raumes einzutauchen. Es ist ein körperlich bewusstes Eintauchen, denn der Abstieg ist aufgrund seines recht hohen Gefälles eindeutig physisch spürbar, die Aufmerksamkeit wird auf die Motorik und damit auf den Körper des Betrachters gelenkt, er sorgt aber zugleich auch für körperliche Verunsicherung und Unbeholfenheit.

> „Das körperumspülende 'Lichtbaden' in Wolfsburg verstärkt den von Turrell gewünschten Effekt, Licht haptisch als Substanz fühlbar zu machen, Licht mit den Augen 'fühlen' zu kön-

---

[249] Siehe Brüderlin, M. 2009, 7 und Aufriss der Konstruktion in Brüderlin, M./Kirschner, E. B. (Hg.) 2009, 52.

> nen."[250] Es „öffnet sich ein immenser Lichtraum, der noch viel größer erscheint, als die äußere Gebäudehülle es erahnen lässt."[251]

Brüderlin bezeichnet diese immense Größenwirkung gar als „'infinite innerspace'"[252], ein Raum, der sich trotz seiner Lage in einem Gebäude bis zur Unendlichkeit zu weiten scheint. Unten angekommen umgibt den Betrachter dichtes Licht. Obwohl es nicht sehr hell ist, scheint die Präsenz des Lichts überwältigend.

Die Rampe führt im Prinzip direkt auf den idealen Betrachterstandpunkt hin und so ist es auch der Standpunkt, der meist als erstes eingenommen wird. Als Betrachter sieht man sich zunächst einer hellen Wand gegenüber. Es ist kaum zu glauben, wenn das Museumspersonal schließlich erklärt, dass es sich um gar keine Wand handelt, sondern um einen vor dem Betrachter liegenden, acht Meter tiefen Raum, dass das vermeintliche Raumende gleichzeitig eine unergründliche Tiefe darstellt. Alle Versuche das Licht zu durchdringen und die entfernte Wand oder sonstige Raumgrenzen des *sensing space* auszumachen, scheitern. Die Vorstellung eines so großen Raumes hinter oder in dieser Lichtwand, der einfach nicht wahrnehmbar ist, so sehr man sich anstrengt, hat etwas Unheimliches. Man möchte seine Augen zwingen es zu sehen. Da auch diese Anstrengung nicht hilft, fällt es schwer den Angaben der Begleitung Glauben zu schenken. Viele strecken ihre Hände aus, um sich davon zu überzeugen, dass sich tatsächlich keine feste Substanz vor ihnen befindet.

Bleibt der Betrachter nun vor diesem Lichtraum, der das Gesichtsfeld überschreitet stehen und lässt sich darauf ein, kommt es zum Wechsel von zwei verschiedenen Wahrnehmungsarten. Glaubt man sich im einen Moment einer festen, materiellen Barriere gegenüber, scheint man im nächsten Moment in einen dimensionslosen Tiefenraum zu blicken, der schwindelig macht und überwältigend wirkt. Turrells Interesse, der Lichtwahrnehmung Dinglichkeit zu verleihen wird voll eingelöst:

> „Sie existiert genauso, wie ein physisches Objekt eine Präsenz hat. Die Verdinglichung des Lichts ist ein atmosphärisches Phänomen, in dem die Lichtbrechung an Staub, Sand oder an Wassertröpfchen etc. zu Farbschleiern und Lichtnebeln führt. Das Licht materialisiert sich in einem nicht fassbaren tiefen

---

250 Brüderlin, M. 2009, 129.

251 Brüderlin, M. 2009, 127.

252 Brüderlin, M. 2009, 127.

> Raum, der zugleich Körper und leerer Raum, Oberfläche und Tiefe ist."[253]

Die einzig wahrnehmbare Veränderung im Gesichtsfeld stellt die langsam sich ändernde Lichtfarbe dar. Sie bewegt sich von rot, zu pink, zu violett, zu blau. Das Licht kommt ausschließlich aus dem *sensing space* heraus, füllt aber den Betrachterraum derart aus, dass man „vollständig von Licht umfangen [ist], und [...] der Effekt des 'inside out' ein[tritt]: In einem Kontinuum aus Licht stehend, erlebt man es im nächsten Moment in seinem eigenen Innern."[254] Das Gefühl für die Zeit wird verunsichert, es ist schwer zu beurteilen, wie viel Zeit vergeht, befindet man sich in diesem Lichtraum ohne Anhaltspunkte. Die völlig neuen, anderen, ungewöhnlichen und ungewohnten Eindrücke, denen man ausgesetzt wird sowie die subtilen Veränderungen durch die langsamen Lichtwechsel, stellen das Sehen auf Dauer. Man hat in der Tat das Gefühl, langsamer zu sehen, oder auch 'still' zu sehen. Dabei spielt es in diesem Moment keine Rolle, ob alles gleichzeitig in einem Moment oder unendlich langsam geschieht. Es scheint in jedem Fall derselbe Eindruck zu bleiben, ein Eindruck, der in der Zeit ununterscheidbar wird. Ein Eindruck auch, dem eine bestimmte Räumlichkeit gleichgültig zu sein scheint, da sie in einer unerklärlichen Form alle Räumlichkeit zu einer zusammenfasst. Alle Eindrücke scheinen bei der Betrachtung des Lichts zusammenzulaufen in der schieren Anwesenheit des Lichts. Alles scheint auf Anwesenheit reduziert, und das nicht im Sinne von vermindert, sondern im Sinne von auf den höchsten Punkt der Konzentration zusammengelaufen.

Blickt der Betrachter zurück, die Rampe empor zur Eingangsöffnung, gerät er erneut ins Staunen. Die rechteckige Öffnung scheint selbst auch von farbig wechselndem Licht erleuchtet. Herrscht im Betrachterraum rotes Licht, scheint die Öffnung grün, wandelt sich das Rot zu Blau, ändert sich die Farbe der Öffnung hin zu gelb. Obwohl der Raum vor der Eingangsöffnung nicht farbig beleuchtet wird, erscheint er immer in den Komplementärfarben des Betrachterraums. Mehr noch: es scheint sich weniger um eine Öffnung zu handeln, als um eine opake farbige Fläche.

Wendet man sich dem Betrachterraum als solchem zu, wird man vor die nächste Irritation gestellt. Raumkanten und Ausmaße des Raumes sind kaum auszumachen. Es dauert einige Zeit, den Schwindel und das unwohlige Gefühl zu lindern und sich im Raum zurechtzufinden. Die

---

253 Turrell, J. zitiert bei Kirschner E. B. 2009, 73.

254 Brüderlin, M. 2009, 129.

Rampe hat in dem Raum etwas Monumental-Bedeutungsvolles. Sie erscheint als Verbindungsweg zwischen zwei Welten. Ihr Anblick als diagonalem Raumelement bewirkt in der Rückansicht Bilder mit einer Struktur. Hier bekommt das Auge etwas zu sehen, Anhaltspunkte. Die Rampe erscheint als etwas von oben Herabkommendes, als eine Verheißung.

Bei der Betrachtung der Ausstiegsöffnung ergibt sich Analoges, wie schon für den Eingang beschrieben: es entsteht der Eindruck einer wechselfarbigen Fläche und nur allmählich wird klar, dass diese als Ausgang dient. Steigt man nun aus dem Bild aus, die Treppen hinunter und wendet sich von dieser Seite noch einmal dem Betrachterraum zu, erscheint dieser plötzlich als bunte Fläche, als Bild. Vor allem von einem seitlichen Standpunkt aus entsteht dieser Eindruck, wenn nur Licht, und weder die Rampe noch Besucher, wahrgenommen werden können. Frontal vor der Öffnung stehend ergibt sich ein Bild, das von einem nach unten sich verjüngenden Keil – der jetzt flächig ansichtig werdenden Rampe - strukturiert ist. Befinden sich noch Besucher im *viewing space,* entsteht der Eindruck eines unwirklichen Schauspiels in einer Guckkastenbühne, nein, eher hat man den Eindruck es handle sich um einen Schirm, ähnlich eines Fernsehbildschirms, auf dem sich alles abspielt. Des Eindrucks der Flächigkeit lässt sich trotz besseren Wissens kaum erwehren.

Ein letztes Phänomen, das der Wahrnehmung zu widersprechen scheint, spielt sich im Ausstiegsraum selbst ab. Offenbar herkömmlich mit weißen Deckenstrahlern beleuchtet, scheint sich die Lichtfarbe doch stetig zu ändern. Mal entsteht das Gefühl sich in einem gelben Raum zu befinden, mal wirkt er grün. Richtet man seine ganze Aufmerksamkeit auf die Farbwechsel, scheint man sie offensichtlich in ihrer Änderung wahrnehmen zu können. Tatsächlich wird das Licht in diesem Raum aber nicht verändert. Der Eindruck entsteht allein durch die Komplementärwirkungen zum Licht des Betrachterraums.

4.2.3 Licht als Performanz

In Turrells Absichtserklärungen sowie in der vorgängigen Beschreibung von seinem Projekt *Bridget's Bardo* wird mehr als deutlich, dass Turrell das Licht als eigenständiges Gestaltungsmittel auffasst. Es wurde bisher (in den Kapiteln über Licht im Theater und Licht in der Malerei) immer wieder ein Zusammenhang hergestellt zwischen der Eigenständigkeit des Lichts und seiner Performativität. Es muss aber klargestellt werden, dass dies nicht dasselbe meint. Licht kann durchaus eigenständig verwendet werden, ohne dass es automatisch performatives Licht sein muss. Das Licht, wie es in der Theateravantgarde des frühen 20. Jahrhunderts als Ausdruck für Stimmungswerte des Inneren verwendet wurde, hat eine ganz klar symbolische Konnotation. Auch ein gleichsam handelnder, regelrecht zu Boden werfender Lichtstrahl in einem Gemälde steht in erster Linie symbolisch für Christus oder das göttliche Licht. Aber je mehr sich das Licht von einem dienenden zu einem gestalterischen wandelt, je mehr seine Rolle an Bedeutung gewinnt, desto mehr bewegt sich sein Charakter in Richtung eines performativen. Dieses Kapitel möchte nun klären, worin genau die Performativität von Licht besteht und wie es beschaffen/verwendet/betrachtet werden muss um als performativ zu gelten.

Der Schwerpunkt der Turrell-Betrachtung lag, was wohl der Literaturlage geschuldet ist, bisher eher auf der kunstwissenschaftlichen Seite. Es wird Zeit einen theaterwissenschaftlichen Blickwinkel in den Mittelpunkt der Analyse *Bridget's Bardos* zu stellen. Der theaterwissenschaftliche Blickwinkel ist, ungeachtet der Kategorisierung als Kunstwerk durch seine Ausstellung in einem Museum, gerechtfertigt durch seine Performancehaftigkeit und der Verortung von Performance zwischen Theater und Kunst. Der Betrachter von *Bridget's Bardo* erfährt die Installation als in seinem Durchschreiten und seinen Farbwechseln prozessualen Raum, der nur in diesem Moment auf diese Art erfahrbar und für den Betrachter inszeniert wird. Das Kunstwerk besteht nur in seiner Aufführung und in der Wahrnehmung durch den Betrachter, es wird im Moment der Rezeption geschaffen, anders als ein Gemälde, das Schaffens- und Rezeptionsprozess trennt. Der Begriff der Aufführung gilt dabei schon als Inbegriff des Performativen."[255] Des Weiteren bietet *Bridget's Bardo* nach dem Ausstieg aus dem Betrachterraum eine Art Schauspiel auf einer Guckkastenbühne für den 'ausgestiegenen' Betrachter. Aus diesen Gründen erscheint die theaterwissenschaftliche Performativitätstheorie adäquat für eine Befragung hinsichtlich der performativen Lichtwirkung im *Wolfsburg Projekt*. Wie eingangs festgestellt, sind deren Ausführungen zum Licht eher dünn, weshalb die allgemeiner gewonnenen Erkenntnisse über Performativität im Nach-

[255] Siehe Fischer-Lichte, E./Roselt, J. 2001, 238-241. Im Gegensatz zum Begriff 'Werk' definieren Fischer-Lichte und Roselt die Aufführung mit Max Herrmann als ein Ereignis, in welchem weniger Repräsentation und Bedeutungen eine Rolle spielen, als die Aktivitäten und dynamischen Prozesse, die im Miteinander, in der gleichzeitigen Anwesenheit als Emergenz geschehen. Körperliche Präsenz und körperliche Wirkungen sind wesentlich für diesen Aufführungsbegriff.

hinein auf das Licht und im Speziellen auf das Licht in *Bridget's Bardo* angewandt werden sollen.

Zunächst einmal sollte an dieser Stelle mit dem Verweis auf die Performativitätstheorie etwas differenziert werden, das bisher vermischt betrachtet wurde. In den beiden ersten Kapiteln über Licht im Theater und Licht in der Malerei ist sowohl die Rede von performativ verwendetem Licht, als auch von einer performativen Betrachtung des Lichts. Beides ist jedoch nicht das selbe. Während es möglich ist, jegliche Aktionen, Dinge, Verhaltensweisen oder Ereignisse *als* performativ zu untersuchen, sind es ganz bestimmte Ereignisse, die traditionell und konventionell performativ *sind* (und auch als Performance bezeichnet werden).[256] Nun kann es jedoch helfen, performative Eigenschaften von Dingen oder Ereignissen aufzudecken, wenn sie in Situationen untersucht werden, in denen sie dezidiert performativ *sind,* da sie dort als solche auffällig und augenfällig werden. Ob dies bei *Bridget's Bardo* tatsächlich der Fall ist, wird sich in diesem Kapitel zeigen.

Ein weiterer Gedanke ist für den Fortschritt der Analyse fundamental. Der Titel dieser Arbeit beinhaltet den Teil *Performanzen des Lichts im Dazwischen.* War bisher von jenem 'Dazwischen' nur marginal die Rede, kann es jetzt auf seine Kosten kommen. Richard Schechners Aussage „Performance studies is 'inter' - in between“[257] folgend, sollte dem Licht schon allein dadurch ein Status des 'Dazwischen' zugeschrieben werden können, dass es *als* performativ untersucht wird. Schechner schreibt weiter:

> „It is intergenric, interdisciplinary, intercultural - and therefore inherently unstable. Performance studies resists or rejects definition. As a discipline, PS cannot be mapped effectively because it transgresses boundaries, it goes where it is not expected to be. It is inherently 'in between' and therefore cannot be pinned down or located exactly.“[258]

Die Bemerkung der Interdisziplinarität der Performativitätstheorie ist für vorliegende Fragestellung ebenfalls interessant. Ging es doch schon in den ersten Kapiteln, und bei Turrell und seinen Lichtrauminszenierungen erst recht, um eine Grenzüberschreitung zwischen Theater und Kunst. Dichotomisch organisierte Begriffsraster stoßen hier an ihre Grenzen. „Bei den Phänomenen die hier von Belang sind, vermischt

256 Siehe Schechner, R. 1998, 361.

257 Schechner, R. 1998, 360.

258 Schechner, R. 1998, 360.

sich gerade das, was unsere kategorischen Unterscheidungen gewöhnlich auseinander halten. Die Phänomene 'besiedeln' also eine Grenze, ein Dazwischen."[259] Auch die folgenden Kapitel werden zeigen, dass das Licht als performative Größe sich nicht isoliert betrachten lässt, sondern immer in einer Vernetzung oder einem 'inter-Status' verschiedener Disziplinen, Blickwinkel oder Kategorien verortet ist. Die Schwierigkeit einer eindeutigen sprachlichen Fassbarkeit und Definition des Lichts begleitet diesen Text schon von Anfang an. Diese Resistenz gegen eine explizite Festschreibung wurde gleichsam als Prämisse eingebracht, um das Licht als, wie ich meine, grundlegend performative Kategorie, über Umwege fassbarer zu machen. Soweit zum Einstieg ins 'Dazwischen'.

Der kultur- und kunsttheoretischen Reflexion folgend, die nur eine unter einer großen Anzahl verschiedenster Performativitätsansätze darstellt - die von der Sprechakttheorie Austins über Judiths Butlers Performanz der Geschlechter bis hin zu rituellen Performanzen und Performativität von Ethnographie, Politik und Macht reicht - wird ein Ereignis dann als performativ gewertet, wenn folgende Kriterien erfüllt sind: Das Augenmerk liegt auf dem Ereignischarakter an sich und nicht auf einem möglicherweise zugrundeliegenden Werk. Für Turrells Lichtinstallation ist diese Anforderung hinfällig oder fraglos gegeben, da seinem erleuchteten Raum kein sonstiges vorgängiges, als Kunst zu kategorisierendes Werk vorangegangen ist/sein kann. Die Ereignishaftigkeit bringt Instabilität und Flüchtigkeit mit sich. Sie kann nicht festgeschrieben werden, da sie nur im Augenblick ihrer Aufführung „an genau dieser singulären Raum-Zeit-Stelle"[260] existiert und hervorgebracht wird und „in der zerrinnenden Gegenwärtigkeit des Augenblicks ihre Erfüllung findet"[261]. Ihr Verlauf ist im Fall *Bridget's Bardos* nicht in dem Sinne instabil, dass ihr Ausgang oder ihr Verlauf an sich unvorhergesehen wäre, aus dem einfachen Grund, dass es sich um einen programmierten technischen Ablauf handelt, der dem Betrachter vorgeführt wird. Zusammen mit dem Eigengewicht, das der Materialität und dem phänomenalen So-Sein in einer Performance eingeräumt werden, wird aber der Betrachter besonders auf den Plan gerufen.[262] Die sinnlichen 'Zeichen' im physischen Vollzug der Aufführung entbehren einem „dahinter liegenden immateriellen Sinn, der in der Materialität des Darstellungsgeschehens lediglich zur Erscheinung kommt.

---

259 Krämer, S. 2004, 21.

260 Krämer, S. 2004, 21.

261 Krämer, S. 2004, 18.

262 Siehe Krämer, S. 2004, 17f.

Die Aisthesis der Performance ist nicht mehr [...] als Akt von Repräsentation deutbar."[263] „Indem Handlungen nicht lediglich abgebildet, vorgespielt oder repräsentiert werden, sondern sich im Moment ihrer Durchführung herstellen und präsentieren"[264] haben performative Vorgänge eine wirklichkeitskonstituierende Wirkung. Da ihnen jeglicher Sinnbezug auf etwas Vorgängiges fehlt, erscheinen sie aus jeglichem Kontext herausgebrochen.[265] Statt eines festen Sinn- und Bedeutungsangebots bleibt die Performance in der Ausstellung der Materialitäten auf ihre Bedeutung hin offen. „Die Dinge bedeuten das, was sie sind bzw. als was sie in Erscheinung treten. Etwas als etwas wahrzunehmen heißt also, es als bedeutend wahrzunehmen."[266] Die Dinge treten in ihrer Selbstreferentialität hervor (was abzugrenzen ist gegen eine Desemantisierung). Sie bietet dem Zuschauer 'lediglich' eine Assoziationsplattform, auf welcher sich dieser seine eigenen Bedeutungen konstituieren kann. Diese Bedeutungen müssen nach Fischer-Lichte keine verbalisierbaren Schlussfolgerungen darstellen, sondern können in der körperlichen Erfahrung von Gefühlen bestehen[267]. Mit der Erinnerungsgrundlage und dem „kulturellen Archiv"[268], die jeder Besucher für sich in die Aufführung mitbringt, wird eine Fülle unwillkürlicher, 'unkontrollierbarer' „Assoziationen, Vorstellungen, Gedanken, Erinnerungen, Gefühlen"[269] und plötzliche Intuitionen ermöglicht, durch die für jeden Besucher eine subjektive Bedeutung entsteht und das Gesamtbedeutungsangebot pluralisiert wird. Die Bedeutung entsteht gleichsam erst „im und als Akt der Wahrnehmung"[270].[271] Der oder die Betrachter sind also mit ihrer Wahrnehmung an der Hervorbringung von Sinn notwendig beteiligt. Bedeutung existiert nur als Emergenz und ist in diesem Sinne instabil. „Eine Performance ist also wesentlich geprägt durch die je individuelle Anwesenheit von Zuschauern und Performern. [...] So wird Einzigartigkeit als ästhetische Erfahrung verhandelt."[272]

263 Krämer, S. 2004, 18.

264 Fischer-Lichte, E./Roselt, J. 2001, 250.

265 Siehe Fischer-Lichte, E. 2004, 253.

266 Fischer-Lichte, E. 2004, 245.

267 Siehe Fischer-Lichte, E. 2004, 263.

268 Krämer, S. 2004, 18.

269 Fischer-Lichte, E. 2004, 243.

270 Fischer-Lichte, E. 2004, 245.

271 Siehe Fischer-Lichte, E. 2004, 143-149.

272 Siehe Fischer-Lichte, E./Roselt, J. 2001, 246.

Mit der Bedeutung entstehen auch alle die Aufführung konstituierenden Elemente erst im prozessualen Akt des Aufführens. Räumlichkeit, Körper, Zeit etc. entstehen im dynamischen Miteinander und werden erst im Prozess erfahrbar. Demnach gibt es nicht *den* vorgängig gegebenen Raum, Körper oder *die* objektive Zeit etc. sondern sie bringen sich erst in ihrem Zusammenwirken und ihrer Verwendung hervor, sie zeigen sich.[273]

Mit den Begriffen „Machen, Erzeugen, Widerfahren"[274] wird Performance getroffen. Die ästhetische Erfahrung realisiert sich zum einen in der Wahrnehmung der phänomenalen Materialität der Aufführung, der Objekte, Räume und Laute und zum anderen in der damit verbundenen subjektiv-körperlichen Reaktion.[275]

4.2.3.1 Performance *Bridget's Bardo*

Der Lichtinstallation *Bridget's Bardo* liegt kein immaterieller Sinn in Form eines Textes oder Ähnlichem zu Grunde. Sie realisiert sich immer wieder auf der Grundlage einer technischen Einrichtung und Programmierung. Die Frage nach der Begründung der Ereignishaftigkeit ist berechtigt, zumal auch keine Performer durch ihre Menschlichkeit ein instabiles Element einbringen. Die Ereignishaftigkeit liegt deshalb in der Wahrnehmung der Betrachter begründet, die durch ihre menschlichen Eigenheiten, Stimmungen, Gefühle und Assoziationen, durch ihre Anzahl, durch den Einfluss einer je anderen Zeit und Gruppenzusammensetzung an ihrer je eigenen 'singulären Raum-Zeit-Stelle' die Performance mit hervorbringen. *Bridget's Bardo* ist durch seine aktive Begehbarkeit durch den Betrachter hierfür in besonderem Maße geeignet. Da Raum und Licht offensichtlich - zumindest nach Turrells Erklärung - nichts anderes abbilden wollen, sondern als das in Erscheinung treten, was sie sind - jener spezifische Raum und jenes spezifische Licht - sind sie wirklichkeitskonstituierend und können in ihrem So-Sein als bedeutend wahrgenommen werden. Aus jeglichem mimetischen, semantischen und semiotischen Kontext herausgebrochen, sind sie völlig bedeutungsoffen. Sie sind folglich abhängig von ihrer Wahrnehmung durch den Besucher und seinen Assoziationen, Gedanken, Erinnerungen und Gefühlen, die in dieser spezifischen Erfahrung in jener spezifischen Raum-Zeit ausgelöst oder aktiviert werden.

---

273 Siehe Fischer-Lichte, E./Roselt, J. 2001, 238.

274 Siehe Krämer, S. 2004, 23.

275 Siehe Fischer-Lichte, E./Roselt, J. 2001, 244.

Damit ist zunächst abgesichert, dass *Bridget's Bardo* als Performance gelten kann. Gleichzeitig ist auch gesagt, dass das Licht als *das* konstitutive Element der Performance sich auf keine vorgängige Bedeutung bezieht, die es in *Bridget's Bardo* vermitteln könnte und damit selbst als rein performative Größe in Erscheinung tritt.

Noch nicht erklärt ist damit, wie das Licht als performatives die Wahrnehmung und Bedeutungshervorbringung leistet. Bisher ist lediglich bekannt, dass es in der nun gesichert als Performance anzusehenden Arbeit *Bridget's Bardo* im Prozess der 'Aufführung' und Wahrnehmung sich erst im dynamischen Miteinander hervorbringt, sich erst im Zusammenhang mit den einzig beiden sonstigen festen Größen (die Wahrnehmung sei hier ausgeklammert) Räumlichkeit und Zeitlichkeit in seinem phänomenalen So-Sein zeigt, oder erzeugt wird. Die nächsten Kapitel müssen daher das Licht, die Zeit und die Hervorbringung von Raum zunächst gesondert untersuchen, um sie schließlich zu einem adäquaten Verständnis ihrer Wirkung in *Bridget's Bardo* wieder zusammenzufügen.

4.2.3.2 Performativität des Lichts

Zunächst ist es nötig einmal Grundlegendes zur Performativität von Licht festzuhalten. Zu diesem Zwecke sollen Überlegungen zu verschiedenen Situationen, in denen Licht zur Aufführung kommt, beispielhaft betrachtet werden. Den Anfang macht das Theater. An einigen Stellen dieser Arbeit wurde für das Licht, differenzierend zu anderen Elementen im Theater, behauptet es sei dezidiert performativ. Wie kann das sein?

Ich möchte das Licht zunächst mit Musik vergleichen. Anlass dazu gibt das häufige in-Verbindung-Bringen der beiden sowohl in der Theateravantgarde, als auch bei Turrell selbst.[276] Wie Musik scheint das Licht asemantisch und nicht figurativ zu sein. Es kann nicht, wie es

---

276 Appias Licht könne wie Musik das innere Wesen der Dinge in Erscheinung bringen. Siehe Baumann, C.-F. 1994, 315. Hermann Bahr beschreibt Rollers 'Fanfaren des Lichtes'. Siehe Baumann, C.-F. 1994, 324. Kandinsky verbindet Licht und Musik ganz konkret und absolut. Siehe Baumann, C.-F. 1994, 346f. Der Elektrizitätspalast der Weltausstellung 1900 in Paris wird als Lichtkonzertsaal beschrieben. Siehe Schivelbusch, W. 1998, 17. Am Bauhaus wurde von Kurt Schwerdtfeger und Ludwig Hischfeld-Mack Licht und Klaviermusik in Farbenlichtspielen verbunden. Siehe Schmitz, N. M. 1998, 36. Peter Weber schreibt in seinem *Roden Crater*-Erfahrungsbericht „Ich bin in einem gestimmten Instrument. […] Die Sonne 'tönt' – Verwandlung von Licht in Musik." Siehe Weber, P. 2009, 20f.

Worte, Räume oder Körper tun, die Welt abbildend repräsentieren.[277] „It influences our overall perception, but it is difficult to say exactly what meenings it gives rise to."[278] Um Wagner zu zitieren: „Whereas other art forms say *it means*, music says *it is*."[279] Es scheint ausschließlich darzustellen, was es ist, es scheint nicht wie Raum oder Körper eine Doppelstruktur zu haben, in der das phänomenale So-Sein und die dramatische Bedeutung auseinanderfallen. Es scheint nicht Zeichen für etwas anderes sein zu können. Wie kann es dann aber möglich sein, das das offenkundig künstliche Licht im Theater Tageslicht darstellt, oder Mondlicht, eine gefährliche Stimmung oder eine Architektur aus Licht? In diesen Fällen scheint es eindeutig als Zeichen gebraucht zu werden. Die Antwort ist, dass es das nicht kann. Stellt man sich eine völlig leere Bühne vor, ohne Schauspieler, ohne architektonische Elemente, ohne Dekoration und Requisite, die 'tageslichtartig' diffus beleuchtet wird, ist es nicht unbedingt naheliegend, diese spezifische Helle ohne Kontext als Tageslicht zu deuten. Es sei denn, eine Sonne wäre sichtbar, oder Schatten der Wolken oder sonstiges, die als Bühnenzeichen das Scheinwerferlicht kontextualisierten. Am Licht allein, seiner Helligkeit, seiner Intensität und Farbigkeit allein könnte man es vermutlich nicht ausmachen. Folglich bedarf das Licht als *Zeichen* im Theater immer weiterer Elemente um interpretierbar zu werden. Fehlen diese Elemente als Vergleichs- und Kontextgrößen, kann das Licht nur als solches ansichtig werden. Ein Beispiel: Ein Sonnenaufgang soll dargestellt werden. Aus einer bodennahen Quelle flutet gelb-rotes Licht, die Quelle steigt höher, das Licht wird gelber, sie steigt noch höher und das Licht wird weiß. Ohne jegliche sonstige visuelle oder andere Information, ist diese Lichtbewegung nicht eindeutig als Zeichen für einen Sonnenaufgang zu verstehen. Eventuell erweckt sie aufgrund unserer biologischen Veranlagung und der Naturerfahrung Assoziationen eines Sonnenaufgangs, kann aber als Zeichen für einen solchen nicht sicher gewertet werden. Steht dagegen auf der Bühne beispielsweise ein Baum, dessen Farbe sich in der sich ändernden Lichtfarbe entsprechend verändert, dessen Schatten sich verändert und der zudem noch als Zeichen 'Außenraum' fungiert, wird der Lichtverlauf klarer als Zeichen für einen Sonnenaufgang interpretierbar. Vielleicht ist er auch dann noch interpretierbar, wenn statt eines Baumes ein jegliches beliebiges Objekt anwesend wäre, welches seine Farbe und seinen Schatten im Licht verändert. Das Zeichen für Außenraum

---

277 Siehe Pavis, P. 2003, 140.

278 Pavis, P. 2003, 140.

279 Pavis, P. 2003, 140.

mag entbehrlich sein. Licht bedarf aber eines räumlichen und zeitlichen Kontexts, um als Zeichen *für* etwas wahrgenommen zu werden. Das Licht an sich wäre damit semantisch bedeutungslos, schöpfte seine Bedeutung ausschließlich aus sich selbst.

Die Herstellung von Tageslicht im Theater stellt jedoch eine Ausnahmesituation dar. Soll künstliche Beleuchtung dargestellt werden, sei es Bürobeleuchtung, Ballsaalbeleuchtung oder Wohnzimmerbeleuchtung, so wird – möglicherweise sogar durch 'authentische' Quellen, wie auch in der Realität gebrauchte Neonröhren, Kronleuchter oder Wohnzimmerlampen - das Licht nicht nur als Zeichen *für* jenes Licht hergestellt, sondern dieses Licht wird *tatsächlich als* jenes hergestellt. Das Licht ist dann tatsächlich in der spezifischen Helligkeit, Intensität und Farbe anwesend, wie es auch in einer realen Situation anwesend wäre und damit nicht Zeichen für Wohnzimmerbeleuchtung, sondern tatsächliche Wohnzimmerbeleuchtung. Zwischen Signifikant, Signifikat und Material besteht dann kein Unterschied mehr. Es wäre nur in seiner Bezogenheit auf einen fiktiven Text und die dramatische Situation als Zeichen zu verstehen, bleibt aber auch da gleichzeitig und gleichwertig Es-Selbst und kann nicht in Signifikant und Signifikat getrennt werden.

Ein möglicher Einwand wäre, dass doch auf der Bühne kaum eine authentische Beleuchtung ausreicht, es meist zwecks der besseren Sichtbarkeit heller sein muss oder authentische Quellen erst gar nicht genutzt werden. Dazu ist aber zu sagen, dass dies wohl nicht einer mimetischen Minderleistung des Lichts zuzuschreiben ist, sondern den absichtsvollen Beleuchtungswünschen und -anforderungen der Theatermacher. Auch der Wahrnehmung des Zuschauers wird dann kaum verborgen bleiben, dass es sich nicht um mimetisch einwandfreie Wohnzimmerbeleuchtung handelt, sondern zur Zeichenhaftigkeit der Lichtverhältnisse, technische Verhältnisse als Verstärkung hinzutreten.

An dieser Stelle möchte ich Beispiele aus der Theaterlichtgeschichte zur Verdeutlichung ihrer Lichtperformativität befragen. Wagners „zarte[r] rosiger Dämmer“[280] und „zauberhaftes, von unten her dringendes röthliches Lichte“[281] stehen schon nicht mehr für naturalistische Naturnachahmung. Es geht aber um die Darstellung einer bestimmten Atmosphäre, die nicht in der Lichtwirkung allein begründet ist, sondern, die sich aus der fiktiven Textvorlage speist. Als solches illusionsförderndes Licht, bleibt es doch der dienenden Funktion mit Rückbindung an seine 'autoritative' vorgängige Grundlage verhaftet. Der 'rosi-

---

280 Wagner Bd. 2, 4 zitiert bei Baumann, C.-F. 1988, 307.

281 Wagner Bd. 2, 4 zitiert bei Baumann, C.-F. 1988, 307.

ge Dämmer' wirkt also nicht (allein) als direkt-konkreter Lichteindruck, sondern nur im Zusammenhang mit der dramatischen Geschichte. Er muss also als Zeichen verstanden werden, das verstandesmäßig wirken soll und nicht rein wahrnehmungstechnisch/phänomenologisch/körperlich/materiell. Ähnlich gestaltet sich die Situation bei Appia und Roller, trotz ihrer fortschrittlichen Ansichten, das Licht als eigenständig gestaltendes zu verwenden, als ein Element, das Raum erst herzustellen vermag und ihn nicht lediglich erhellt. Es soll nicht Mimesis von Welt erreicht werden, sondern das „innere Wesen aller Erscheinung" durch das Licht getroffen werden, die Lichtfarbe sollte direkten Zugang zu den Zuschauern schaffen und immaterielle Stimmungen wie in Träumen, hervorbringen. Aber auch hier bleibt das Licht inhaltlich-symbolisch rückgebunden an die textliche Vorlage. Trotz seiner wachsenden Autonomie steht es weiter zeichenhaft für die durch den Text auszudrückende, vorgegebene Stimmung. Wenn durch Lichtwirkungen Bilder geschaffen werden, die materiell so auf der Bühne nicht existieren (beispielsweise, die in Kapitel 2 erwähnte vermeintliche Massenszene), wenn sich Räume auflösen scheinen druch sehr helles oder dunkles Licht, hat die Lichtverwendung eindeutig einen performativen Charakter.

Doch auch im Expressionismus bleibt diese noch zeichenhaft rückgebunden, so auch das handelnde Licht in Kokoschkas *Brennendem Dornbusch,* das in einer Szene die einzige Handlung darstellt. Die optische Ebene mag in manchen Fällen zwar eher zum Verständnis beitragen, als der Dramentext, doch schon die Erwähnung von Text und Verständnis weist auf einen 'Bedeutungsauftrag' hin, der das Licht noch bindet und nicht vollends freigibt. Es ist auf das Zusammenwirken mit Raum, Handlung und Figur angewiesen um verstehbar(!) zu werden.

Nicht um in einem vorgängigen Werk begründete Verständlichkeit geht es dagegen in Kandinskys *Gelben Klang*. Zwar liegt auch hier eine vertextlichte Fassung vor, doch liest sich diese eher wie eine Bildbeschreibung oder eine durchgängige Szenenanweisung mit Partitur, denn als Drama. Da es keine semantische Handlung gibt, neben der sichtbaren 'absoluten Handlung' von Licht, Musik und der Bewegung von bunten Figuren, diese also ausschließlich sich selbst darstellen, kann auch das Licht als völlig performativ verstanden werden. Auch hier wirkt es zwar notgedrungen auf der optischen Ebene zusammen mit Raum, Farbe und Bewegung, doch entspringt dieses Zusammenwirken keiner zeichenhaft-inhaltlichen Notwendigkeit zwecks Verständlichkeit, sondern lediglich einer Möglichkeit. Licht und Musik sind hier im Betrachter selbst und selbständig bedeutungserzeugend (auch im Sinne von Fischer-Lichte sind Gefühle bedeutungserzeugend). Ähnlich verhält es sich mit Moholy-Nagys *Licht-Raum-Modulator*. In diesem Fall fehlt eine Textvorlage völlig. Von einer Maschine hervorgebracht, geht es tatsächlich nur und ganz allein um die Wirkung und Wahrnehmung der Lichtspiele. In diesem Sinne liegt eine rein performative Verwendung des Lichts vor. Bei Brecht gestaltet sich die Lichtsituation wieder ganz anders. Sollte das Licht als theatrales Mittel vorgeführt werden, um jede Illusion zu verhindern, geht es aber weniger um das Licht an sich, als um seine Eigenschaft und Aufgabe, Dinge sichtbar zu machen, also im eigentlichen Sinne um die Sichtbarkeit der anderen Elemente (Raum, Körper, Objekte etc.) und nicht um die Helligkeit des Lichts. Insofern wird das Licht wiederum erst im Zusammenwirken mit anderen Elementen bedeutend, sinnvoll und sinnstiftend. Auch Grotowski verwendet das Licht nicht als rein performatives. Doch nehmen seine Vorstellungen von einer Präsenz des Lichts und des Schattens und deren Verständnis als konzentrierte Macht, die Anwesenheit spüren machen will, schon Anleihen an einer performativen Verwendung.

Jedoch bleibt festzuhalten, dass das Licht erst dann, wenn es keine semantische Funktion mehr zu erfüllen hat, die es an die anderen Elemente des Theaters bindet, rein und allein in seiner phänomenologischen Qualität wirksam und wahrnehmbar wird; die Wahrnehmung geht erst dann vollends in der Phänomenologie, im So-sein, in der Materialität des Lichts performativ auf.

Wann immer ein fiktiver Text sich auf einen fiktiven Ort/Raum und fiktive Figuren bezieht, werden diese, da es sie real nicht gibt, durch Bühnenbild und Schauspieler dargestellt, die als ihre Platzhalter fungieren. Das fiktive Licht wird dagegen immer gleichzeitig tatsächliches, reales Licht sein. Was mimetisches Zeichen ist, ist eigentlich nur die Quelle des Lichts (ein Scheinwerfer steht für die Sonne; auch wenn er selbst als vermeintliche Sonne nicht sichtbar gemacht wird, sondern nur das Licht sichtbar wird), wobei bei künstlichem Licht (Kerzenlicht, Schreibtischlampe, Kronleuchter etc.) auch bei der Lichtquelle Signifikat und Signifikant zusammenfallen können.

Für Tageslicht bestünde weiterhin prinzipiell die Möglichkeit, die Aufführung einfach draußen stattfinden zu lassen, was Räume, Figuren etc. nicht leisten können. Selbst in dem glücklichen Fall, dass ein reales geschichtliches Ereignis am Originalschauplatz aufgeführt würde (zum Beispiel der Mauerfall), wäre der Ort niemals derselbe, der er zur Zeit des geschichtlichen Ereignisses war. Selbst wenn Bebauung, Umfeld und Gebäude unverändert wirken, hat die Zeit Veränderungen in der Situation der Raumes und seiner Wahrnehmung geleistet, die mit den originalen Verhältnissen nicht mehr übereinstimmen werden. Außerdem machen die anwesenden Menschen mit ihren Stimmungen, ihrem Verhalten und ihren Bewegungen den Raum mit aus. Und selbst, wenn die Originalakteure noch einmal auftreten würden, wären sie doch nicht dieselben, die sie damals waren, mit ihren speziellen Situationen, Intentionen und Gefühlen. Die Zeit hat sie verändert, deshalb können auch sie nur noch als Zeichen für die damaligen Personen (und Orte) auftreten. Anders das Licht. Abgesehen von Veränderungen des Wetters ist das Licht dasselbe, wie vor 1000 Jahren. Es mag von globalen Dingen wie der Atmosphäre, aber nicht von kulturellen oder psychologischen Größen beeinflusst sein. Es unterliegt nicht geschichtlichen Veränderungen in dem Sinne wie es Orte oder Menschen tun. Das Licht ist damit universal.

Es lässt sich folgendes zusammenfassen: Licht an sich kann nicht zeichenhaft-mimetisch sein. Material- und Bedeutungsebenen lassen sich beim Licht nicht trennen. Licht kann die Abbildfunktion gar nicht leisten. Scheinwerferlicht ist immer in erster Linie Scheinwerferlicht und wird nie alleinig Zeichen für Tageslicht. Eine andere, zeichenhafte Bedeutung tritt zum 'eigentlichen' Licht nur durch Kontextualisierung im Zusammenhang mit anderen Elementen, wie Raum, Objekten, Körpern, Handlung hinzu. Licht kann nur im Zusammenhang bedeuten, während es immer *ist*. Während eine Ansammlung von Pappmaché-Bäumen eindeutig als Wald interpretiert werden können, wird Scheinwerferlicht nicht automatisch als Tageslicht oder sonstiges verstanden, sondern erst in seiner kontextuellen Einordnung. Während die anderen Theaterzeichen die Spaltung von Signifikat und Signifikant innerhalb ihrer selbst vollziehen, liegt eine solche mögliche Spaltung beim Licht außerhalb, sie ist im Kontext bedingt. Soll Licht zum Zeichen werden, müssen andere Elemente kontextuell auf seine Wahrnehmung einwirken. Das Licht als Zeichen oder illusionistische Architektur/Objekt ist dabei stets in einem anderen Sinn anwesend, als es das Licht selbst ist. Licht selbst ist persistierend und unwiderlegbar.[282] Wird das Licht selbstreferentiell verwendet, unabhängig von Mimesis und einer fiktiven Handlung, die etwas anderes darstellen will, wirkt dieses performative Licht seinerseits auf die anderen, gleichzeitig mit ihm zur Verwendung/Anschauung kommenden Elemente ein. Diese zweite Ebene ist prinzipiell auch mit einem zeichenhaften Gebrauch in einer fiktive Handlung mit vorhanden. Auch besteht für das Licht, anders als für andere Theaterzeichen prinzipiell die Möglichkeit, reales Licht anstatt Zeichen für Licht zu verwenden. Daher erscheint das

---

282 Siehe Adcock, C. 1990, 215.

Licht unabhängig von einer möglicherweise zeichenhaften Verwendung immer auch in seinem unabhängigen phänomenalen So-Sein und kann auch in dieser Situation seine performativ-wirklichkeitskonstituierende Wirkung entfalten. In den Qualitäten seiner Helligkeit und Intensität wirkt es - Zeichen oder nicht - unmittelbar auf Körper, Psyche und Wahrnehmung. Man kann sich der Performativität des Lichts also nicht entziehen, ganz unabhängig davon, ob seine *Verwendung* performativ ist. Wie das Licht genau auf Körper, Psyche und Wahrnehmung wirkt, wird in einem späteren Kapitel noch erläutert werden.

Als performatives bringt Licht sich selbst und die visuelle Sichtbarkeit der Aufführung/Situation hervor: „Lightning occupies a crucial place in performance, since it brings into existence visually, connecting and coloring all of the visual elements [..], endowing them with a particular atmosphere."[283] Nach Pavis ist also das Licht überhaupt Bedingung dafür, dass etwas sichtbar in Erscheinung tritt. Es macht empfänglich und aufnahmefähig für das Geschehen[284] und lenkt damit Aufmerksamkeiten. Zudem schreibt er ihm zu Verbindungen und damit auch Trennungen zwischen visuellen Elementen herstellen zu können und ihnen eine bestimmte Atmosphäre und Farbigkeit zu verleihen. Die Farbigkeit und die Helle des Lichts sind es dabei, die Gefühle und Empfindungen evozieren können. Es stellt die Bedingung für die Möglichkeit von Verständnis und Erkennbarkeit[285] und beeinflusst dadurch auf andere Sinnesorgane: „Light is responsible for the degree of comfort and discomfort of listening."[286] Der essentielle Zusammenhang mit anderen theatralen Elementen wird hier erneut deutlich. Licht kann nicht unabhängig von Raum und von Zeit wahrgenommen werden. Es beeinflusst sie und wird von ihnen beeinflusst/hervorgebracht. Aus diesem Grund müssen diese drei Ebenen auch bei *Bridget's Bardo* in ihrem Zusammenhang betrachtet werden.

4.2.3.3 Performativität des Lichts in *Bridget's Bardo*

Das vorangegangene Kapitel erklärt, dass das Licht an sich performativ ist und allein nicht als Zeichen für etwas anderes stehen kann. In dieser puren Präsenz möchte Turrell das Licht zur Anschauung bringen. Soll dieses Licht an sich, in seinem phänomenalen So-Sein be-

283 Pavis, P. 2003, 191.

284 Siehe Pavis, P. 2003, 140.

285 Siehe Pavis, P. 2003, 191f.

286 Pavis, P. 2003, 194.

schrieben werden, muss zunächst auf den Zugriff anderer Elemente und deren Zusammenwirken mit dem Licht verzichtet werden. Was lässt sich also sagen über das Licht an sich? Die eingangs abgehandelte Betrachtung des Lichts in der Malerei soll an dieser Stelle als Hilfskonstruktion für seine Analyse dienen. Es sollte hinsichtlich der Beschreibung und Wirkästhetik hilfreich sein, Vergleiche zwischen dem Licht der Malerei und dem Licht in *Bridget's Bardo* anzustellen.

Dabei ist festzustellen, dass für das Licht im *Bridget's Bardo* - Raum keine Quelle ausgemacht werden kann. Vielmehr verteilt es sich gleichmäßig im Raum und lässt trotz der den Raum durchquerenden Rampe und der Menschen, die sich darin bewegen kaum eine oder keine Schattenbildung erkennen. Der *viewing space* erscheint gleichmäßig ausgeleuchtet. Nichtsdestotrotz leuchtet die 'Stirnwand', also der *sensing space*, auf den die Rampe zuführt, heller. Das Licht scheint von dort auszugehen, doch die Unsichtbarkeit einer Quelle stiftet Unsicherheit. Alles in dem Raum erscheint als pure Farbe. Diese Situation erinnert an die ottonische Malerei mit ihren lichtfarbigen Figuren, die ohne Schatten und Modullierung, in Ermangelung einer Beleuchtungsquelle und in Ermangelung von Beleuchtungslicht aus ihrer farbigen Helle selbst heraus zu leuchten scheinen. Das Fehlen von Kontrasten und eine Farbigkeit, die in einer Alltagssituation nicht anzutreffen ist, also antinaturalistisch ist - so wie sie auch in Turrells Installation wahrzunehmen sind - verweisen in der mittelalterlichen Malerei auf Weltabgewandtheit. Auch die 'Stirnwand' in *Bridget's Bardo* findet mit den einfarbig-gegenstandslosen Bildgründen (oder gar Goldgründen) der mittelalterlichen Malerei eine Parallele. Wie Wolfgang Schöne gezeigt hat, sind diese Bildgründe auf die Phänomene der Fläche und des Raumes hin offen, also unentscheidbar oder ununterschieden und leuchten durch ihr Eigenlicht selbst aus ihrer Eigenfarbigkeit heraus. Die Ununterscheidbarkeit von Fläche und Raum sowie das eigentümliche Leuchten wurden auch für *Bridget's Bardo* beschrieben. Hat der Besucher den *viewing space* der Installation durch den Ausstieg bereits verlassen und blickt noch einmal zurück, erscheint die 'Stirnwand', der Übergang zum *sensing space,* auch tatsächlich als Hintergrund für das 'Bild', das er dann wahrnimmt. Vergleichbar mit gotischen Kirchenfenstern kann konstatiert werden, dass Licht und Dargestelltes zu Einem verschmelzen. Der gesamte Raum und speziell der *sensing space* wirken 'lichtig', durchleuchtet, angefüllt von Licht. Folgt man der Beschreibung Schönes, müsste jenes „zu höchster Potenz gesteigerte Eigenlicht“[287] als göttliches Offenbarungs- und Sendelicht gelten. Jedoch

---

[287] Schöne, W. 1994, 38.

kann für Turrells Installation nicht ein offenbarer heilsgeschichtlicher Hintergrund als zugrundeliegende Kosmologie angenommen werden. Hierauf finden sich im Gegensatz zur figürlichen mittelalterlichen Malerei nicht die geringsten Anhaltspunkte. Was aber bleibt, ist eine mit dem Verstand nicht vollends fassbare geheimnisvolle Wirkung, geht diese doch über alles hinaus, was die alltägliche Wahrnehmung bereithält. Schönes Folgerung für die mittelalterliche Malerei, dass die Farbe das wahrhaft Seiende veranschauliche[288], könnte abseits einer heilsgeschichtlichen Konnotation auch für *Bridget's Bardo* geltend gemacht werden.

In der mittelalterlichen Malerei führen außerdem fehlendes Beleuchtungslicht und fehlender Schatten zu einer 'Enträumlichung'. Dies auf *Bridget's Bardo* zu übertragen, fällt nicht ganz leicht, da man sich offenkundig in einem Raum befindet. Es wurde jedoch auch beschrieben, dass mit der Wahrnehmung innerhalb der Installation ein ungewöhnlicher Eindruck von Räumlichkeit einhergeht, der bis zur Orientierungslosigkeit führt. Die Räumlichkeit wird also auch in *Bridget's Bardo* durch die entsprechende Lichtwirkung zumindest verunklärt. Nach dem Ausstieg aus dem *viewing space* lässt sich dagegen schon von einer gewissen Flächigkeit des Eindrucks sprechen. Ähnlich wie die materialisierte Lichtwand am Übergang zum *sensing space* als plane, feste Fläche wahrgenommen werden kann, verhält es sich mit *sensing* und *viewing space* aus dem Blickwinkel des 'Ausstiegsraums'. Fehlende Schatten und fehlendes Beleuchtungslicht sowie die Rahmung durch die den Ausstieg umgebende Wand führen hier tatsächlich zu einem Eindruck eines flächigen Bildraums.

Leonardo da Vinci bietet Hilfestellung, wenn es um die Erklärung der scheinbar den Raum erfüllenden, alles umgebenden Lichtmasse geht. Was er allseitiges Licht oder Freilicht/Luftlicht nannte, entsteht durch reflektiertes Licht. Wie beschrieben, wurde der *viewing space* mit weißer Farbe, die über besonders gute reflektorische Eigenschaften verfügt, gestrichen. Folglich wird wenig Licht von den Wänden 'geschluckt' und umso mehr in den Raum zurückgeworfen. Da das Licht nicht von einer eindeutigen Quelle zu stammen scheint, wird es ebenso breit reflektiert wie es auftrifft, quasi allseitig. Der *viewing space* wird allein durch Reflexlicht ausgeleuchtet, das zu einem diffusen, einheitlichen und relativ hellen Lichteindruck führt. Für das 16. Jahrhundert hat Schöne beschrieben, dass das diffuse Leuchtlicht im Raum dazu führe,

288 Siehe Schöne, W. 1994, 21.

dass der Eindruck von 'Selbstleuchten' entstehe.[289] Zudem bleibt das Licht ein indifferentes Reflexlicht, das seine Quelle nicht kennt. Es bleibt unklar woher dieses eindrucksvolle Licht stammt, es scheint in eigentümlicher Weise der Kunstwelt Turrells zu eignen, ohne einer Quelle zu bedürfen. Es ist schlicht präsent. Ist bei Schöne eine sinnlich und geistig entzogene Lichtquelle stets Indikator für göttliches Licht[290], muss im Fall *Bridget's Bardo* zunächst auf eine Übersteigung der verstandesmäßigen Fassbarkeit verwiesen werden. Mit ihr geht in der Folge ein Eindruck von Unwirklichkeit einher, als wäre dieses ungekannte Licht von einer anderen Welt. Das Licht beleuchtet dabei nicht den Raum, zeigt ihn nicht, sondern die Installation als Gesamte zeigt sich in ihrem Eigenlicht, parallel zu Schönes Setzung des Sich-Zeigens der Welt im Eigenlicht.[291] Nach Arnheim gibt ein derart gleichmäßig ausgeleuchtetes Feld, wie der Raum in *Bridget's Bardo* keine Anzeichen dafür, seine Helligkeit von Anderswo zu beziehen. Es muss von sich aus lichtig sein, der Leuchteindruck bleibt im Uneindeutigen.

Im Zusammenhang mit Caravaggio wird helles Licht mit (aktiver) Bewegung, Dunkelheit hingegen mit Ruhe assoziiert. In *Bridget's Bardo* ist die Lichtwirkung zwar intensiv (was vermutlich der Farbigkeit, aber auch der starken Reflexion zuzuschreiben ist), das Licht an sich ist jedoch nicht besonders hell. Es handelt sich um eine Zwischenstufe, eine Vermischung von Helligkeit und Dunkelheit, ähnlich der Dämmerung. Das würde bedeuten, dass Aktivität und Ruhe im Licht eigentümlich zusammenfallen müssten. Der empirische Eindruck kann das bestätigen. Die Intensität und Dichte der Farbigkeit wirken präsent und energiegeladen und versinken gleichzeitig in einer unendlichen Ruhe. Dieser Eindruck findet in der Kombination von Caravaggios heller Bewegung und dunkler Ruhe eine einleuchtende Fundierung. Noch adäquater lässt sich diese Lichtwirkung mit der Verschmelzung von Leuchtlicht und Dunkellicht zu einem Helldunkel, zu einem überall anwesenden gemeinsamen Leuchten bei Rembrandt vergleichen. Wie die Lichtquelle im 17. Jahrhundert durch das Reflexlicht ins Bild geholt wurde, scheint auch in *Bridget's Bardo* die unbekannte Quelle in ihrer 'Quellhaftigkeit' durch das Licht im Raum zu *sein*. Wie hinsichtlich der Abdunkelung des Zuschauerraumes im Theater festgestellt wurde, erscheinen helle Dinge oder Räume näher. Es könnte einer derart gespürten Nähe der Helligkeit geschuldet sein, dass sie als so präsent empfunden wird.

---

289 Siehe Schöne, W. 1994, 133f.

290 Siehe Schöne, W. 1994, 179.

291 Siehe Schöne, W. 1994, 132.

Es ist eine intensive Anwesenheit, ein intensives Sein spürbar, das nicht weiter spezifiziert werden kann. Das Licht wird in seiner unmittelbaren substantiellen Ausstrahlung sinnenfällig. Wenn bei Rembrandt das Bildlicht als Quelle des Lichts beschrieben werden konnte, scheint in Übertragung auf *Bridget's Bardo* das Raumlicht selbst Quelle des Lichts zu sein.

Noch genauer kann *Bridget's Bardos* Licht mit dem Vokabular des Bildlichts des 18. Jahrhunderts erfasst werden. Das Reflexlicht erscheint hier, wie auch in Turrells Installation, losgelöst von Körpern und Objekten „ganz der Atmosphäre anheimgegeben“[292]. Der gesamte Raum kann als Träger der Atmosphäre des Lichts beschrieben werden, als „sinnlich-konkreter Lichtäther“[293]. Das Licht ist frei zum 'eigenen Leuchten', und wie für die Malerei des 18. Jahrhunderts typisch, zum eigentlichen Inhalt der Darstellung geworden.

In einer Hinsicht lässt sich das Göttliche von Schönes indifferentem Leuchtlicht doch auch für *Bridget's Bardo* rechtfertigen, denn nach Schönes Verständnis habe der Begriff des Sendens etwas mit Sichtbarwerden, Ereignis, Offenbarung und Wirkung zu tun, während der des Zeigens mit Sichtbarmachen, Vorgang, Handlung und Bewirken assoziieren sei.[294] Die genannten Eigenschaften für das göttliche Sendelicht scheinen auf die Installation durchaus anwendbar. Das trotzdem für Turrells Kunst etwas störende Religiöse gerät aber durch folgende Herleitung aus dem Fokus:

> „Der Umschlag der Lichtausstrahlung an ihrer Quelle vom faßlichen ins unfaßliche Lichtwesen, läßt uns erfahren, daß das Bildlicht über sich hinausweist, bekräftigt die vom anschaulich Gegebenen erregte Empfindung, daß das Leuchtlicht nicht nur die Bildwelt und sich zeige, sondern, daß es in einem eigentlichen Sinne auch auf sich zeige, und führt uns in den Erfahrungsraum der Transzendenz.“[295]

Das Scheitern der menschlichen Wahrnehmungskraft am fremden Licht und seiner rational nicht erfassbaren Herkunft, dieses Überschreiten der körperlichen und geistigen Wesensgrenzen im nicht auflösbaren Unfasslichen, entfalten ihre Wirkkraft allein durch diese biologische Grenzüberschreitung. Durch dieses Umschlagen in ein unfassliches Lichtwesen, kommt eine Grenzüberschreitung in den

---

292 Schöne, W. 1994, 165.

293 Schöne, W. 1994, 165.

294 Siehe Schöne, W. 1994, 182.

295 Schöne, W. 1994, 182f.

Blick, die die überwältigende Kraft, die man als Betrachter vor der großen Fülle des Lichts *Bridget's Bardos* empfindet, abseits von Religion begründen kann.

Das allseitig verbreitete, zu künstlerischer Hochstimmung verdichtete Freilicht des 19. und 20. Jahrhunderts scheint über die Bildgrenzen hinaus zu wirken und durch seine Allseitigkeit scheint der unbegrenzte Raum eigentümlich unfassbar in das Bild einzufallen. *Bridget's Bardo* vermittelt ebenfalls den Eindruck, ein unbegrenzter Innenraum zu sein. Es scheint, als würden seine Außenwände durch das von ihnen reflektierte Licht nicht nur dematerialisiert und dadurch nicht nur selbst zu Licht werden, sondern als ließen sie noch dazu den gesamten unbegrenzten Außenraum in die Installation einfließen. Das Licht scheint über sich hinaus zu scheinen. Es scheint damit eine ganz andere Art von Enträumlichung stattzufinden, nämlich das Zusammenfallen von Raum allgemein, die Reduktion und Konzentration von Raum an sich, von Welt-Raum in diesem Innenraum von *Bridget's Bardo,* so als würde die Kategorie Raum überhaupt hinfällig. In diesem Sinne ließe sich erneut von einer Bildwerdung der Installation sprechen, durch die Konzentration von Raum in einem simultanen optisch-sinnlichen Eindruck, als Engramm, wenn man es so nennen möchte, das in der Folge das Aufrufen als Bild ermöglicht.

Licht und Schatten werden in der impressionistischen Malerei zu Farbe. Ebenso lassen sich im *Wolfsburg Projekt* Licht und Farbe nicht voneinander trennen, denn auch hier erscheint das Licht als farbige Helle. Schöne weist für freie Farbe[296], wie sie auch in *Bridget's Bardo* ansichtig wird, nach, dass diese selbstleuchtend und von unbestimmter Lokalisation ist.[297] Dies hat zur Folge, dass ihre Verortbarkeit und Tiefenbestimmung nicht eindeutig wahrnehmbar sind. Ein ebensolcher Effekt entstehe nach Schöne bei einer wirklichkeitsverlorenen Betrachtung der Farbe eines Gegenstands.[298] Die Phänomene von freier Farbe und wirklichkeitsverlorener Betrachtung bieten eine Erklärung für die unbestimmte Dematerialisierung der Raumgrenzen, welche in der wirklichkeitsfernen Kunstsituation *Bridget's Bardos* nicht mehr in einer bestimmten Entfernung zu verorten sind. Der Betrachterraum wird dadurch einerseits in seiner Ausdehnung unbestimmt und unterstützt den Eindruck, dass der gesamte Raum ein Eins fällt, was für den Be-

---

296 - die nicht an Oberflächen gebunden ist und nicht gezwungen ist an der Oberfläche widerständig zu verweilen -

297 Siehe Schöne, W. 1994, 234.

298 Siehe Schöne, W. 1994, 234f.

trachter zur Entstehung von Orientierungslosigkeit führt. Andererseits erscheint der *sensing space* in seiner Verortung und Tiefe unbestimmt, wirkt gleichzeitig vollkommen zum *Ganzen* hin geöffnet, und gleichzeitig doch als materialisierte Leuchtwand. Es entsteht eine Raumfarbe, die sich als eine in ihm stehende, seiende gebärdet, eine intensive Materialisation des Lichts im leeren Raum, analog der dämmrigen Lichtwirkung in gotischen Buntfensterkirchen.

Die Wahrnehmungsphänomene in *Bridget's Bardo* lassen sich also einerseits auf das Licht, andererseits auf die Farbe zurückführen, die dem Licht inhärent ist und sind somit doppelt abgesichert.

Mit der abstrakten Malerei von Turrells künstlerischem Wegbereiter Rothko kann der nicht naturalistische Farb- und Lichteindruck als Eindruck der Uneindeutigkeit beschrieben werden, der in einem Zwischen verbleibt und weder völlig künstlich, noch naturalistisch ist. Licht und Farbe vermitteln einen Eindruck, der mit keiner lebensweltlichen Lichterfahrung assoziierbar ist. Die Herkunft des Lichts bleibt ungewiss, sein Erscheinungsbild rätselhaft. Auch in Rothkos Licht wurde eine himmlische Herkunft gelesen. Wie bei Turrell gibt es allerdings keine eindeutige Bestätigung dafür. Eine Beschränkung auf religiöse Eigenschaften des Lichts engte seine prinzipielle Offenheit für Bedeutung nur ein. Von Rothkos Vorstellungen über die Lichtverhältnisse im musealen Wahrnehmungsraum kann abgeleitet werden, dass die Leuchtkraft und die unbedingte Präsenz des Lichts trotz seiner eher geringen Helligkeit eben aus den Eigenschaften des Dämmerlichts resultieren. Auf physiologischer Ebene lässt sich dies durch die Verminderung der Zäpfchenleistung im Auge bei gleichzeitiger Steigerung der Stäbchenempfindlichkeit erklären, was die Lichtempfindlichkeit und damit den Leuchtkrafteindruck erhöht.

Von Newman lässt sich der Eindruck überwältigender Präsenz über die Farbe herleiten. Das aggressive Rot kann über das Gesichtsfeld hinausgehend als unmittelbare körperliche Bedrohung wirken. In *Bridget's Bardo* gibt es ein solches Rot zwar nicht, doch der das Gesichtsfeld überschreitende Licht-Farb-Eindruck kann in seinem Betreffen und seiner Präsenz ähnlich wirken wie Newmans Bild. Der Betrachter fühlt sich gegenüber dieser Energie ausgeliefert.

Mit Hilfe der Beschreibungs- und Analysemethoden der Malerei kann zusammenfassend folgendes über *Bridget's Bardo* gesagt werden:

Das (performative) Licht vermittelt den Eindruck eines Eigenleuchtens in dem in seinen Ausmaßen verunklärten Raum. Die Frage nach der Sichtbarkeit oder Unsichtbarkeit der Quelle ist für die Wirkung des Lichts und sein Zusammenwirken mit anderen Elementen zentral. Das gleichmäßig ausgeleuchtete Raum-Feld scheint sein Licht nicht von anderswo zu beziehen. Durch die Unsichtbarkeit der Quelle und durch das Fehlen von Schatten wird auch jeder Hinweis auf die Befindlichkeit einer möglichen Quelle verwischt, 'es' scheint selbst zu leuchten. Zusammen mit der völlig alltagsfremden Situation geht die Wahrnehmung über die Grenzen des Verstehbaren und sinnlich Erkennbaren hinaus. Dadurch entsteht ein Eindruck von Unwirklichkeit, die Installation eröffnet ihre ganz eigene Welt mit eigenen Gesetzen. Eigenlicht ohne Schatten und allseitiges Reflexionslicht enträumlichen den Betrachterraum, indem Grenzen dematerialisiert werden und der gesamte Welt-Raum einzufallen scheint, ein 'infinite innerspace'[299]. Durch die Effekte der freien, an keine Oberfläche gebundenen Farbe scheint das Licht im Raum zu stehen und ihn auszufüllen. Dem Licht wird Dinglichkeit verliehen, es „existiert genauso, wie ein physisches Objekt eine Präsenz hat".[300] Das Licht ist der Atmosphäre zwischen den dematerialisierten Wänden anheimgegeben und existiert dort unabhängig von beleuchteten oder reflektierenden Gegenständen. „Die Verdinglichung des Lichts ist ein atmosphärisches Phänomen, indem die Lichtbrechung an Staub, Sand oder an Wassertröpfchen etc. zu Farbschleiern und Lichtnebeln führt."[301] Es verfestigt sich und lässt Tiefenraum, Oberfläche, leeren Raum und Körper ineins fallen.[302] Im Dämmerlicht fallen Aktivität und Ruhe in einer Präsenz, einer intensiven Gegenwart zusammen. Die Leuchtkraft der Umgebung scheint in diesen Lichtverhältnissen biologisch noch gesteigert. Das vollständige Umgebensein von Licht, das den Gesichtsraum übersteigt, überwältigt in seiner Präsenz. Derart fehlende optische Informationen belassen den Betrachter im Uneindeutigen, in einer unentscheidbaren Zwischenwirklichkeit von Allraum, Außenraum, Innenraum, Fläche, Hell und Dunkel. „Der Raum selbst verändert sich nicht, in der Wahrnehmung jedoch changieren die Dimensionen, sodass der Betrachter selbst zwischen sinnlicher Erfahrung und logischem Wissen [...] schwankt."[303] In einem Nicht-Raum dieser Art muss eine Positionierung misslingen, da Referenzen uneindeutig bleiben.

Die den Betrachter einheitlich umgebende Uneindeutigkeit, das einheitliche Sehfeld, fehlende Sehinformationen und die eigentümliche

299 Siehe Brüderlin, M. 2009, 127.

300 Turrell, J. zitiert bei Kirschner, E. B. 2009, 73.

301 Turrell, J. zitiert bei Kirschner, E. B. 2009, 73.

302 Siehe Turrell, J. zitiert bei Kirschner, E. B. 2009, 73.

303 Kirschner, E. B. 2009, 75.

Ausweitung des Raumes bei gleichzeitiger Konzentration im Innern, werfen den Betrachter auf sich selbst zurück. Er beginnt seine Wahrnehmung (in ihrer Defizienz) wahrzunehmen. In der Identität von Sehen und zu Sehendem wird der Betrachter „potentiell eins mit dem, was er betrachtet"[304], sieht sich folglich selbst beim Sehen zu.[305]

In seiner Eigenschaft visuelle Existenz hervorzubringen, bringt das Licht in *Bridget's Bardo* zunächst sich selbst als existentes hervor, da der leere Raum nichts hergibt, das in Sichtbarkeit gehoben werden müsste, außer seiner Begrenzungen. In dieser 'beleuchtenden' Rolle ist das Licht performativ, indem es nicht nur sichtbar macht, sondern zu allererst überhaupt hervorbringt. Doch auf diesen Raum wirkt das Licht weniger hervorbringend als dematerialisierend und rückt sich selbst dadurch wiederum auch räumlich in den Vordergrund, als wäre Raum Licht. Wird die existenzgenerierende Kraft auf den Betrachter ausgeweitet, muss sich der Betrachter in seiner gegenwärtigen Präsenz erfahren. Das Licht lenkt die Aufmerksamkeit des Betrachters also auf ihn zurück. Die verbindende Kraft des allseitigen Lichts muss weiterhin dazu führen, dass Betrachter, Licht und Raum miteinander verbunden werden. Demnach sollte sich der Betrachter in Einheit mit Raum und Licht erfahren. In der Licht- und Raumwahrnehmung muss der Betrachter sich selbst wahrnehmen, er sollte sich also selbst sehen sehen. Da Raum und Licht entgrenzt, dimensionslos und unergründlich wahrgenommen werden, müsste auch der Betrachter in einer unergründlichen, mit dem Verstand nicht fassbaren Dimensionslosigkeit und Grenzenlosigkeit aufgehen, das heißt mit dem Welt-Raum eins werden. Eine solche Grenzüberschreitung wäre als transzendentale Erfahrung zu werten, die mit einem möglichen Gefühl des Selbstverlusts einhergehend, als durchaus unangenehm erfahren werden kann. All dies sind Gedanken, die sich aus den bisherigen Betrachtungen ergeben. Da nicht allen auf einmal entsprochen werden kann, soll ihre Erwähnung an dieser Stelle genügen und darauf hingewiesen sein, dass spätere Kapitel auf die jeweiligen Fragestellungen zurückkommen werden.

Wie gezeigt wurde, spielt Wahrnehmung in *Bridget's Bardo* speziell und in Performances ganz allgemein eine zentrale Rolle. Ihre Thematisierung lässt den Betrachter in den Mittelpunkt rücken, nicht nur hinsichtlich einer potentiellen Bedeutungserzeugung. Im folgenden Kapitel sollen die beschriebenen Phänomene mittels einer genaueren Unter-

304 Brüderlin, M. 2009, 135.

305 Siehe Brüderlin, M. 2009, 133f.

suchung der Abläufe bei der Licht-Wahrnehmung erklärt werden. Es soll dabei aufgedeckt werden, ob die aus theoretischen Folgerungen generierten Entgrenzungswirkungen auf einer physiologischen und wahrnehmungsphänomenologischen Grundlage gesichert werden können.

4.2.4 Wahrnehmung

Das Kapitel zur Wahrnehmung möchte zunächst die optische Wahrnehmung und die Ganzfelderfahrung beleuchten. Jedoch wird das Licht nicht ausschließlich mit den Augen wahrgenommen, der gesamte Körper wird vom Licht betroffen. Aus diesem Grund werden der optischen Wahrnehmungspsychologie Anmerkungen zur Lichtbiologie vorangestellt. Mit dem Verweis auf den Körper wird endlich auch Merleau-Pontys phänomenologische Wahrnehmungstheorie aufgerufen und zu *Bridget's Bardo* in Beziehung gesetzt werden. Es wird sich zeigen, ob und wie Effekte der Performanzen des Lichts auf diesem Wege aufgeklärt werden können.

4.2.4.1 Lichtbiologie

Der Verweis auf den Körper, wie er in der wahrnehmungspsychologischen Ganzfeldforschung thematisch wird, ist durchaus rückgebunden an die biologische Lichtwirkung. Auch auf diesem Feld gibt Licht nicht nur zu sehen, sondern wirkt massiv auf den Körper ein, wie im Folgenden erläutert wird.

80 bis 90 Prozent der vom Menschen aufgenommenen Informationen sind visueller Natur, nur ein geringer Anteil davon gelangt jedoch ins Bewusstsein. Von dem ins Auge gelangenden Licht werden außerdem lediglich 25 Prozent zum Sehen verwendet. Die restlichen 75 Prozent regeln die Steuerung von Stoffwechsel und Hormonen.[306] Hypothalamus und Hypophyse empfangen Reize des Lichts und sind verantwortlich für Tages- und Nachtrhythmus, Immunreaktionen, Blutdruck, Wachstum, Sexualfunktion und Stressreaktionen. Die infrarote, wärmende Strahlung des Lichts steuert Haut- und Muskeldurchblutung und stimuliert das Thermoregulationssystem, Stoffwechsel, Blutkreislauf, das zentrale Nervensystem und das Immunsystem. Dementsprechend kann ein Mangel an Licht erhebliche körperliche Folgen haben und zu Niedergeschlagenheit, Aktivitätsverlust, erhöhtem Schlafbedürfnis sowie zu Heißhungerattacken führen. Gleichzeitig werden

306 Siehe Pfitzner, M. 2006, 176f.

Vitalität und Lebensfreude herabgesetzt. Ein vollkommener Lichtentzug kann, wie das nachfolgende Beispiel zeigt, sogar tödliche Folgen haben. Als in Massachusetts in den USA ein Heim für Blinde ohne Fenster gebaut wurde, verschlechterte sich deren Gesundheitszustand rapide. Erst nach den ersten Todesfällen und dem nachträglichen Fenstereinbau fand man heraus, dass der Mangel an Licht verantwortlich dafür war.[307] Denn nur Sonnenlicht und spektral ähnliches Licht könne die oben beschriebenen lebenswichtigen Funktionen erfüllen. Konventionelles elektrisches Kunstlicht dagegen führe bei längerem Ausgesetztsein zu Ermüdungserscheinungen, Konzentrationsschwäche und Monotonieempfinden.[308]

Nicht nur das Licht, sondern auch die Dunkelheit spielt eine fundamentale Rolle für den Organismus, da in dieser Zeit viele regenerative Prozesse ablaufen. Wird die Qualität der Dunkelheit durch 'Lichtverschmutzung' verringert, setzt sich zunächst die Effektivität des Schlafs herab, was in der Folge zu Krankheiten und erhöhter Krebsgefahr führen kann.[309]

4.2.4.2 Wahrnehmung im Ganzfeld

Das Licht an sich spielt somit abseits jedweder künstlerischer oder mimetischer Bedeutung für den Menschen und seinen Körper eine fundamental wichtige Rolle. Es ist existentiell lebenswichtig. Einmal mehr ist bewiesen welch weitreichenden Einfluss die Wahrnehmung von Licht hat. Für die Performativität des Lichts bedeutet das, dass es unabhängig von der Art seiner Verwendung im theatralen oder künstlerischen Kontext auch dort seine fundamentale biologische Wirkung entfaltet. Welcher Art diese Wirkung ist, kann diese Arbeit nicht beantworten. Für den gegebenen Zusammenhang sollte die Feststellung der unmittelbaren konkret-direkten Wirkung auf den Körper genügen.

Der Inhalt von James Turrells Kunst ist reduziert auf das sichtbare Licht. Indem das Licht substantiell sichtbar gemacht wird und indem es das alleinig Wahrnehmbare ist, treten eine Reihe von Fragen auf, die die Fähigkeit des Betrachters, überhaupt zu sehen, betreffen. Indem physische Objekte völlig vernachlässigt werden, schafft Turrell den

---

307 Siehe Peetz, K. 2006, 184f.

308 Siehe Peetz, K. 2006, 186.

309 Siehe Peetz, K. 2006, 187f.

direkten Zugang zur Wahrnehmung.[310] Durch die Isolation von Licht, wie sie in der natürlichen Umwelt selten vorkommt, werden Aspekte des Sehens plötzlich thematisch, die sonst als selbstverständlich empfunden werden. Das bloße, direkte Sehen erscheint mit einem Mal als merkwürdig komplexer Prozess.[311] Licht und Visualität müssen dabei als grundlegende Faktoren für die Evolution des Menschen angesehen werden. „The visual control of complex motor acts was almost certainly one of the key factors that led to large brain capacity in the human species."[312] Die Bearbeitung von Objekten unter der Kontrolle der Augen, führte zu einer Steigerung der mentalen Fähigkeiten des Menschen und zu seinen frontal ausgerichteten Augen, die darauf spezialisiert sind auf Dinge zu schauen. Sehsinn und Intelligenz sind damit fundamental verbunden. Das aktive Schauen ist dabei immer ziel- und objektorientiert. Lebewesen sind evolutionär darauf ausgerichtet Dinge wahrzunehmen, die für ihr Überleben wichtig sind. Das aktionslose Sehen, das nicht auf ein Objekt gerichtet ist, kommt in der Natur eher selten vor. In genau solch eine Situation bringt jedoch Turrell seine Betrachter. Optische Wahrnehmung ist darauf trainiert die Bedeutung, den Inhalt von von Objekten reflektiertem Licht zu verstehen. Der Betrachter ist rein biologisch nicht darauf vorbereitet eine solche ‚Turrellsche' Situation angemessen zu 'verstehen', einzuordnen.[313]

„[...] die Wahrnehmung des Menschen funktioniert ausschließlich über das Erkennen von Differenzen. Malewitschs reines weißes Licht schlägt um ins Nichts."[314] Damit benennt Norbert Schmitz zwei für diese Arbeit zentrale Dinge: Sieht der Mensch sich einem homogenen Feld gegenüber, das keine Differenzen bietet, muss seine Wahrnehmung beeinträchtigt werden. Wenn Malewitschs homogen weißes Quadrat ins Nichts umschlägt, so müsste auch das homogene Licht in *Bridget's Bardo* ins Nichts umschlagen, das heißt nicht zu sehen geben, das heißt die Wahrnehmung aushebeln. Tatsächlich ist der Betrachter angesichts der Gleichförmigkeit des ihn umgebenden Lichts irritiert: Das Auge sucht nach Unregelmäßigkeiten und so wird bei entsprechenden Laborversuchen „eine unwillkürliche Blicktätigkeit, die nach Unregelmäßigkeiten der Projektionsfläche förmlich sucht [...], als ob

310 Siehe Adcock, C. 1990, 208f.

311 Siehe Adcock, C. 1990, 218.

312 Adcock, C. 1990, 219.

313 Siehe Adcock, C. 1990, 219 und 221.

314 Schmitz, N. M. 1998, 35.

eine Homogenität des Gesichtsfeldes widersinnig sei"[315] registriert. Ein strukturloser, gleichmäßig das gesamte Sehfeld ausfüllender Raum, der durch seine Homogenität keine Orientierung bietet, wird Ganzfeld genannt.[316] Wenn in solch homogenen Stimulationen alle für den Wahrnehmungsprozess notwendigen Beziehungs- und Unterscheidungskriterien fehlen, reagiert der Betrachter irritiert.[317] Da Turrells *Wolfsburg Project* als eben solcher Lichtraum beschrieben wurde, kann er ebenfalls als Ganzfeld bezeichnet werden. Der Betrachter nimmt also in *Bridget's Bardo* nicht mehr wahr, sondern er 'sieht' nur mehr.[318]

Das homogene Licht bietet der Wahrnehmung dabei nicht genügend Daten, um das Gesehene verbal fassen zu können und die Information als Dinge oder Objekte identifizieren zu können. *Bridget's Bardo* kann nur elementar in wortlosen Gedanken erfasst werden.[319]

> „Tritt man entsprechend nahe an den […] Durchbruch heran, daß seine rahmende Architektur aus dem Gesichtsfeld schwindet, dann verwandelt sich das gestaltlose Licht nach kurzer Zeit in einen Hohlraum, der sich wenig später als substanzvoller Nebel auflöst. Vergeblich versuchen die Augen das nicht vorhandene Gegenüber zu fokussieren. Der Betrachter sieht sich von einem dimensionslosen Farbraum umgeben, angesichts dessen das gegenstandsorientierte Schauen in ein tagtraumähnliches Sehen abgleitet. Turrells romantische Forderung nach einem physischen Erleben von Kunst scheint in diesem Moment eingelöst."[320]

Was Ulrike Gehring hier für einen von Turrells *sensing spaces* beschreibt, lässt sich mit wahrnehmungspsychologischen Untersuchungen untermauern.

Versuche in experimentellen Ganzfeldsituationen in den 50er Jahren des letzten Jahrhunderts haben die wichtigsten Erkenntnisse zu diesem Thema geliefert.[321] „Fehlen die Gestaltreize, wie im homogenen Seh-

---

315 Metzger, W. 1930, 7.

316 Siehe Brüderlin, M. 2009, 123.

317 Siehe Gehring, U. 2006, 33.

318 Siehe Brüderlin, M. 2009, 123.

319 Siehe Adcock, C. 1990, 227.

320 Gehring, U. 2006, 32.

321 Als wichtige Forscher wären Metzger, Koffka, Gibson und Waddell, Miller und Ludvigh, Hochberg, Triebel und Seaman, Miller und Hall, Helson und Judd, Weintraub, Higbee, Jeffers, Chin und Horn und Koomen, Scolnik und Tousey aufzuführen.

feld, kommt es zu Irritationen und Fehlleistungen der visuellen Reizverarbeitung."[322] Probanden beschrieben demnach das Gefühl in einem Lichtnebel zu schwimmen, der sich in unbestimmter Entfernung verdichtet. Die Erlebnisse wurden ebenso als Lichtmeere und vage dreidimensional oberflächenartig beschrieben. In manchen Fällen kam es zu Halluzinationen. Die Entfernung und Lokalisation des Ganzfelds konnte von den Betrachtern kaum akkurat benannt werden, nur, dass der Lichtnebel sich in unbestimmte Entfernung ausdehnt und in seiner Art volumenhaft ist.[323] Dass informationsloses Sehen, ohne eindeutige Anhaltspunkte als räumliches Sehen erfahren wird, spricht dafür, dass es sich beim räumlichen Sehen um eine fundamentale Wahrnehmungsart handelt, die auf der elementarsten Ebene des Sehens angesiedelt ist, zu der der Mensch direkten Zugang hat.[324] Man sieht keinen Raum, aber Licht als Raum. Wahrnehmung von Oberflächen, Objekte sowie Tiefenwirkung existieren nicht in einer Ganzfeldsituation, trotzdem wirkt dieses leere Medium räumlich. „In other words, the fog of light in a Ganzfeld was fundamental; it was space and we could see it directly."[325] Dass das Licht als Substanz erscheint, liegt darin begründet, dass die eigentliche Konfiguration des Raums durch die nicht zu lokalisierenden reflektierenden Oberflächen der Wände undeterminiert ist.[326] Waren die Probanden eine Zeit lang den Ganzfeldern ausgesetzt, erfuhren sie extreme Müdigkeit und körperliche Leichtigkeit. Ihre motorische Koordination und der Gleichgewichtssinn waren verschlechtert, manche fühlten sich schwindelig. Ebenso wurde die Wahrnehmung von Zeit gestört.[327] Alle berichteten von Irritation und Indifferenz sowie von Verunsicherung und Verwirrung.[328]

Es wurde herausgefunden, dass Raum- oder Flächenwahrnehmungen im Ganzfeld von der Helligkeit des Feldes abhängig sind. Mit steigender Helligkeit verdichtet sich das zunächst als Farbnebel wahrgenommene Licht zu einer regelmäßig gewölbten Oberfläche, die den Betrachter umgibt. Dabei erscheint die Oberfläche nicht fest, sondern filmhaft, ähnlich der Himmelswahrnehmung. Mittig gestaltet sich die wahrgenommene Wölbung flach. Wird die Helligkeitsintensität weiter

---

322 Gehring, U. 2006, 39.

323 Siehe Avant, L. L. 1965, 246f.

324 Siehe Adcock, C. 1990, 219.

325 Adcock, C. 1990, 219.

326 Siehe Adcock, C. 1990, 222.

327 Siehe Avant, L. L. 1965, 246f.

328 Siehe Gehring, U. 2006, 39.

gesteigert, führt dies zur Wahrnehmung als Fläche.[329] Je heller also ein Ganzfeld ist, desto weniger räumlich wirkt es und desto mehr weicht es zurück. Hinsichtlich der Helligkeit lassen sich Ganzfeld-Betrachter leicht täuschen und machen unrealistische Angaben. Bei einem Helligkeitswert unterhalb jenem einer Leselampe fühlen sie sich durch fehlende Vergleichswerte schon an der Grenze des Erträglichen und empfinden das Feld als unerwartet hell.[330]

Bei längerer Wahrnehmung einer Lichtfarbe, sinkt deren Farbintensität in der Wahrnehmung ab. Dies führt zu einem Eindruck von Bleichung der Farbe, obwohl diese sich objektiv nicht verändert. Der Grund hierfür liegt darin, dass das Pigment Rhodopsin in den Stäbchen bei der Lichtwahrnehmung gespalten wird und in der Folge Licht schlechter absorbieren kann. Bevor das Stäbchen wieder Licht in elektrische Impulse umwandeln kann, müssen sich die Spaltprodukte Retinal und Opsin wieder zu Rhodopsin synthetisieren. Dieser Vorgang braucht jedoch Zeit. In der Konsequenz sind blassere Lichtfarben, die auf helle Lichtfarben folgen in ihrer Farbigkeit lediglich erahnbar.[331] Es wird also eine Lichtfarbfolge wahrgenommen, obwohl physikalisch keine Änderungen vorliegen. Des Weiteren führt die längere Stimulation des Auges mit einer einzigen Farbe dazu, dass die Farbwahrnehmung völlig aussetzt. Es kann dann überhaupt keine Farbe mehr wahrgenommen werden.[332] Bei Farbwechseln dagegen ist die Wahrnehmung der jeweils folgenden Farbe beeinflusst durch sogenannte 'Nachbilder'. Nachbilder entstehen im Anschluss an eine längere Stimulation mit einer Farbe, als Wahrnehmung ihrer Komplementärfarbe. Dem liegt eine Koppelung von Rot und Grün-Wahrnehmung und Blau und Gelb–Wahrnehmung in den Zäpfchen zugrunde.[333] Daraus ergibt sich eine Erklärung für die komplementärfarbige Wahrnehmung der Durchgangsöffnungen im Eingangs- und Ausgangsbereich *Bridget's Bardos,* wo doch der Betrachter im Innenraum der Installation zunächst völlig einer bestimmten Farbe ausgesetzt ist.[334] Ist das Licht stark farbig, treten zudem Objekte zurück, als würde sie sich in den Hintergrund zurückziehen, ihre Oberflächen wirken filmig, Konturen verschwimmen, Objekte und

---

329 Siehe Avant, L. L. 1965, 247.

330 Siehe Gehring, U. 2006, 43.

331 Siehe Gehring, U. 2006, 35.

332 Siehe Avant, L. L. 1965, 248f. Die meisten Versuchsergebnisse deuten darauf hin, dass Grau als Endstadium jeder Farbadaption wahrgenommen wird.

333 Siehe Goldstein, E. B. 2002, 152-165.

334 Siehe Avant, L. L. 1965, 251.

Grund scheinen zu verschmelzen.[335] Für *Bridget's Bardo* würde dies bedeuten, dass erstens die Rampe, das einzige 'Objekt' im Raum, in der Wahrnehmung mit dem Raum als Hintergrund verschmilzt. Des Weiteren bedeutete dies ebenfalls, dass sich die Betrachterkonturen auflösen und sie ebenfalls in das 'Feld' eingehen. Vielleicht ist damit das Gefühl des Im-Licht-Badens zu erklären, das den Betrachter im ihn allseitig umgebenden Lichtraum befällt. Er geht ein in das Licht, folglich werden Licht und Betrachter zu einem gewissen Grad füreinander durchlässig.

Das eilige Suchen eines Fokus zwecks Orientierung im optischen Feld scheitert. In der Folge werden Wahrnehmungen von Glaskörpertrübungen oder Blutgefäßen des Auges berichtet. Der Betrachter wird sich bewusst über die Unsicherheit darüber, worauf er eigentlich schaut.

> „Das Auge versucht über diese aktive Blickmotorik, die an das Zoomen eines Photoapparates erinnert, die vorherrschende Reizarmut zu kompensieren. [...] Erst wenn das Auge ermüdet, stellt sich ein Ruhezustand ein, der in einem latenten Schielen endet."[336]

Fehlendes propriozeptives[337] Feedback vom optischen System führt zu Orientierungslosigkeit. Im Fehlen von Haltepunkten saugt sich der Raum förmlich um den Betrachter, es wird eine Art Schwund von Raum erlebt.[338] Das heißt der Raum fällt in den Betrachter. Wird gleichzeitig die Wahrnehmung von Raum als Fläche im Ganzfeld berücksichtigt, gelangt der Betrachter damit in eine Art Bild.

Die zunehmende Unsicherheit eindeutige Angaben hinsichtlich Distanzen oder Oberflächenbeschaffenheiten zu machen, führen zu sich steigernden Zweifeln am Wahrgenommenen. Halten diese länger an, übertragen sie sich auf den Betrachter selbst. Er „erfährt, was in der Kunstwissenschaft als Eindringlichkeit bezeichnet wird, nämlich die 'Dimension der erlebten Einwirkung auf das Ich', die weit über die kognitiven Erfahrungen hinausgeht."[339] Ohnehin stehe nach Metzger im Ganzfeld das Empfinden im Vordergrund, nicht das aktive Wahrnehmen struktureller Tatsachen.[340]

---

335 Siehe Avant, L. L. 1956, 250.

336 Gehring, U. 2006, 44.

337 Informationen über die Stellung und Bewegung von Kopf und Gliedmaßen.

338 Siehe Hoormann, A. 1998, 340.

339 Gehring, U. 2006, 40.

340 Siehe Gehring, U. 2006, 43.

Beeinträchtigt wird zudem auch die Wahrnehmbarkeit von figuralen Objekten, insbesondere solche komplexerer Art.[341] Da zudem für ein Scharfsehen ein Mindestkontrast vorhanden sein muss[342], wird „ein Objekt mit geringem Leuchtdichteunterschied [...] für den Betrachter unsichtbar."[343] Hinsichtlich Turrells *Bridget's Bardo* wäre dieses Ergebnis auch wieder interessant für die Art der Wahrnehmung anderer Menschen im Lichtraum. Während oben schon das Licht-Baden mit Gefühlen der Entgrenzung des eigenen Körpers erklärt werden konnte, zielt das Problem der Objekterkennung darauf, dass die Mit-Besucher ebenfalls im Licht aufzugehen scheinen. Damit würde einerseits der Gedanke einer Einheit aller im Licht befördert, so wie es auch schon für die Konzentration des Welt-Raumes im Innenraum beschrieben wurde, andererseits führte eine solche Wahrnehmung gleichzeitig zu einer Isolation und Konzentration des Einzelnen auf sich selbst und damit auf Gefühle eines möglicherweise unangenehmen Zurückgeworfenseins auf sich selbst angesichts der scheinbaren Unendlichkeit der Lichtmassen.

Weiterhin treten Fehleinschätzungen hinsichtlich der Bewegung von Objekten auf. Bei extremen Geschwindigkeiten wurden Bewegungsrichtungen entgegengesetzt zu ihrer tatsächlichen Richtung empfunden, was die optische Desorientierung zusätzlich belegt. Zudem wurden Objektgeschwindigkeiten langsamer eingeschätzt, je unstrukturierter der Hintergrund wurde.[344] In einem völlig unstrukturierten Ganzfeld muss Bewegung also viel langsamer wirken, als sie eigentlich ist. Ist die Wahrnehmung ohnehin schon gebremst durch die Reizarmut, die in deutlichem Gegensatz zur heutigen Alltagserfahrung steht, wird sie in Bezug auf tatsächlich bewegte Objekte noch einmal verlangsamt. In einer extrem strukturlosen Ganzfeldsituation möchte man gar sagen, dass Wahrnehmung auf Dauer gestellt wird.

Die Probleme der Farb- und Objektwahrnehmung, die im Ganzfeld auftreten können, gehen so weit, dass von sogenannten 'blank outs', von völligen Ausfällen des Sehsinns berichtet wird. Probanden waren sich nicht sicher darüber, ob ihre Augen geöffnet der geschlossen seien. Tatsächlich konnte diese subjektiv Wahrnehmung durch den Nachweis von Alphawellen im Gehirn bestätigt werden. Alphawellen treten gewöhnlich bei Abwesenheit visueller Stimulation, das heißt bei ge-

---

341 Siehe Avant, L L. 1965, 252f.

342 Siehe Pfitzner, M. 2006, 178.

343 Pfitzner, M. 2006, 182.

344 Siehe Avant, L. L. 1965, 254.

schlossenen Augen oder Meditation, auf. Eine funktionelle Ähnlichkeit zwischen 'keiner Stimulation' und längerer 'uniformer Stimulation' wurde folglich angenommen.[345] Bei unfokussierbarem Licht, das dem Auge vollkommen indifferente Informationen liefert, kann scheinbar kein retinales Bild existieren. Die Präsenz von Licht wird offenbar einfach nicht anerkannt.[346] Die Unsicherheit über die eigenen Wahrnehmung und das Gefühl geschlossener Augen lenken die Aufmerksamkeit des Betrachters auf sein Inneres, beziehungsweise auf die Vorgänge in seinem Inneren.

> „Weil die Beleuchtungen nicht anstrahlen, sondern allein sich selbst zeigen, weisen sie uns, als Betrachter, fort von den äußeren Phänomenen, sie öffnen sozusagen unser inneres Auge, das gerichtet ist auf diese Verdichtung von Wirklichkeit, in die wir eingetreten sind."[347]

Die Wahrnehmung der äußeren homogenen Umgebung aus Licht führt also dazu, dass der Betrachter, der sich, wie oben belegt, beim Sehen sieht, im Außenraum gleichzeitig seinen Innenraum erschaut. Er stiege also in Turrells *Bridget's Bardo* hinab in sein Inneres, badete darin und erblickte sich selbst. Cohen bestätigt die Vermutung des Zusammenfalls von Innenraum und Außenraum:

> „It is also not uncommon for viewers of Ganzfelds to internalize them: the perceptual distinctions between inner and outer seem to disappear and the Ganzfeld seems to come inside the head."[348]

Turrells Aussage, durch die verstandesmäßige Unfassbarkeit des Lichts Unsicherheit über die Wahrnehmung von innerem oder äußerem Licht herstellen zu wollen ist dazu komplementär.

Das Licht gibt nichts zu sehen, als sich selbst, sogar Raumkonturen werden unsichtbar. Außer den langsamen und subtilen Farbveränderungen bleibt das Sehfeld einheitlich differenzlos. Wahrnehmung wird hier ausgebremst, auf Dauer gestellt.

4.2.4.3 Phänomenologie der Wahrnehmung – Merleau-Ponty

> „Die [...] Strategie der sinnen- und leiborientierten Selbsterkenntnis kommt der einer phänomenologischen Ästhetik denn

---

345 Siehe Avant, L. L. 1965, 256f.

346 Siehe Adcock, C. 190, 220f.

347 Verjux, M. zitiert bei Schwarz, M. 1998, 95.

348 Cohen, W. 1957, 406.

> einer wissenschaftlich objektivierbaren Methode nahe. Deshalb könnte man auf Turrell eher mit Maurice Merleau-Ponty als mit exakten Wissenschaften antworten, wenn er die Entwicklung von den gesehenen Dingen zum Sehen selbst beschreibt."[349]

Dieses Kapitel folgt der Bemerkung Hoormanns und befragt im Folgenden Merleau-Pontys Phänomenologie zur Aufklärung der Wahrnehmungsphänomene in Turrells *Bridget's Bardo*.

Die Problematik, die sich beim Erfassen von *Bridget's Bardo* auftut, die Wahrnehmung, die in Ungewissheit zwischen Fläche und dimensionsloser Tiefe hin- und her springen kann, beantwortet Merleau-Ponty damit, dass was eine Sache *ist* immer von der Perspektive des Betrachters und von der betrachteten Sache zugleich abhängt.[350] In Turrells Installation ist die Sache, die wahrgenommen wird mit dem Licht kein materiell dingfester Gegenstand, sondern dinglich so reduziert, dass es Phänomen sui generis ist, das optische Präsenz hat ohne physisch anwesend sein zu müssen.[351] In dieser Eigenschaft als Offenbarung ohne anderes zu offenbaren, enthüllt es die Weise, in der jeder „Wahrnehmungsakt die Herstellung einer bedeutungsvollen Welt"[352] ist. „Dem solchermaßen selbstpräsenten Licht eignet die synthetische Komplexität, dieses und jenes zugleich sein zu können, als Werdendes zu sein oder als Seiendes zu Werden - wie jede lebendige Identität."[353]

Merleau-Ponty begreift Subjekt und Welt als voneinander Ungetrennte und Wahrnehmung als Vermischung von Subjekt und Welt, so dass eine Unterscheidung zwischen dem, wie etwas erscheint, und dem, was es ist, kaum mehr getroffen werden kann.[354] Subjekt und Objekt, Betrachter und Betrachtetes sind in einem dynamischen Vollzug und ihre wechselseitige Konditionierung koinzidenzhaft miteinander verbunden.[355] Das Subjekt hat durch den Mitvollzug von Welt im Akt der Wahrnehmung Anteil an seiner und ihrer Hervorbringung und kann dementsprechend auf beider Erscheinung Einfluss nehmen. Wahrnehmung ist demnach abhängig von der Perspektive des Betrachters und zeichnet sich aus durch Relationalität, Intentionalität, Hinsicht-

---

349 Hoormann, A. 1998, 358.

350 Siehe Schürmann, E. 2000, 82.

351 Siehe Schürmann, E. 2000, 121.

352 Zajonc, A. 1994, 37.

353 Schürmann, E. 2000, 82.

354 Siehe Schürmann, E. 2000, 51.

355 Siehe Schürmann, E. 2000, 55 und 75.

lichkeit und Pluralität.[356] „Die Welt ist damit nicht nur für jeden von uns je anders, sondern auch für uns selbst immer wieder neu, da erstens wir unserer Identität nach Werdende sind, und da zweitens unsere Umgebung ihre Identität, das heißt Ihr So-Sein stetig verändert."[357] In der Wahrnehmung von Identität realisiert sich somit die Gleichzeitigkeit des Gegensätzlichen.[358]

Für die Wahrnehmung von *Bridget's Bardo* bedeutet dies, dass nicht zwischen einer faktischen, messbaren Wahrnehmung und den uneindeutigen Wahrnehmungstatsachen als Evidenz einerseits, und Illusion andererseits unterschieden werden kann. Vielmehr ist es für das Verständnis, was *Bridget's Bardo* ist, zentral, sein Vermögen beides gleichzeitig zu sein, als „Momente seiner Seins-Entfaltung", „die gleichzeitig Entfaltungen des Sehvorgangs sind"[359] anzuerkennen. Es ist als eine integrierende Einheit von 'actual fact' und 'factual fact' im perceptual (f-)act zusammenzudenken.[360] Wenn Wahrheit nach Merleau-Ponty am 'leibhaften Anhalt' festgemacht werden kann, während dieser bei einer Illusion fehlt[361], bietet in Turrells Fall das Sehen selbst den einzigen leiblichen Anhalt; und das Sehen hat Turrell zufolge seine eigene Wahrheit.[362] In diesem Sinne ist zwischen Wahrheit und Illusion bei Turrell keine Unterscheidung zu machen, da die bestimmte Wahrheit im Sehen selbst liegt. „Für wahr kann nur gelten, was dem Phänomen nah ist."[363] Nun ist das Phänomen bei Turrell seinem Wesen (Identität) nach aber veränderlich. Die Anschauung, die diesen Fluss der Veränderung mitvollzieht, ist der einzige Modus dem Werk in seiner Veränderlichkeit gerecht zu werden. „Dadurch legitimiert sich die Wahrheit der Wahrnehmung vom Werk her."[364] Sehen entspricht nicht einem

---

356 In diesem Sinne ist sie das Gegenteil der Zentralperspektive als festgelegter, beherrschter Welt. Siehe Schürmann, E. 2000, 42.

357 Schürmann, E. 2000, 39.

358 Siehe Schürmann, E. 2000, 40.

359 Schürmann, E. 2000, 80.

360 Siehe Schürmann, E. 2000, 75.

361 Merleau-Ponty verdeutlicht diesen Sachverhalt am Beispiel des von weitem gesehenen großen platten Steins in einem Hohlweg, der sich beim Näherkommen als Sonnenfleck entpuppt. Der Stein wurde nicht im selben Sinne gesehen, wie der Sonnenfleck gesehen wird. „Insofern ist eine Illusion, wie ein Bild, nicht beobachtbar, d.h. mein Leib findet an ihr keinen Anhalt." Merleau-Ponty, M. 1966, 344f.

362 Siehe Schürmann, E. 2000, 76f.

363 Schürmann, E. 2000, 79.

364 Schürmann, E. 2000, 79.

„Dechiffrieren einer eindeutigen Konstellation von Bezeichnendem und Bezeichnetem, sondern einer [...] Erfahrungen des dem Sinnlichen eigenen Sinns."[365]

> „Die Dichotomien von Optik und Narrativität, Syntax und Semantik, Gemaltem und Gemeintem, Sein und Zeigen werden dadurch überboten, daß es keinen Gegenstandswert mehr gibt, dem sich das identifizierende Sehen dechiffrierend nähern und an dem man eine Trennbarkeit von Objekt und Subjekt festmachen könnte."[366]

Damit ist auch das Sehen als performatives charakterisiert, das Bedeutungen sinnlich, das heißt abseits von Zeichen und Bezeichnetem hervorbringt. „Jenseits von Wahrnehmen und Erscheinen kann es keine Fakten geben."[367] Ohne den Rückbezug auf schon Gegebenes, bringt *Bridget's Bardo* neue Sichtbarkeiten hervor, die sinnlich erfahren werden müssen.

> „Das Werk liegt nicht als Objekt vor, sondern existiert gattungsübergreifend in Form von Kräften, energetischen Bewegungen, fragmentarischem Auftauchen und Verschwinden. - Was Merleau-Ponty als notwendige Revision der Ontologie auswies, ist bei Turrell anschaulich erfahrbar als Um- und Aufwertung des Werdens gegenüber dem Sein, des Fragmentarischen gegenüber der Totalität und des Eigendynamischen gegenüber dem Verfügbaren."[368]

Wahrnehmung ist folglich nach Merleau-Ponty zu verstehen als Offenheit auf Erscheinendes, welches gleichermaßen von ihr hervorgebracht und erfahren wird. Als hervorbringende Tätigkeit lässt Wahrnehmung Subjekt und Welt, Wahrnehmenden und Erscheinendes zusammenfallen. Auge, Licht und Phänomen erweisen sich als untrennbar. Als weltverbundende und perspektivische erweist sich Wahrnehmung als Zugang zu den verschiedenen Erscheinungsmöglichkeiten des Lichts in *Bridget's Bardo.* Was phänomenal gegeben und wahrnehmend erschließbar ist, muss als wirklich gelten. „Die Wirklichkeit des Werkes und die Wirklichkeit des Auges haben ihre eigene Tatsächlichkeit als bewirkte und bewirkende Aktualität jenseits der Frage nach Illusionen."[369] Als erkenntnisrelevanter Sinn ergibt sich die

---

365 Schürmann, E. 2000, 81.

366 Schürmann, E. 2000, 122.

367 Schürmann, E. 2000, 121.

368 Schürmann, E. 2000, 122.

369 Schürmann, E. 2000, 132.

sinnenfällige Erlebbarkeit und die Erfahrbarkeit der Einheit von Differentem, die durch die Wahrnehmung erschlossen werden.[370] „Eine zentrale Weise unseres Weltumgangs wird erhellt, indem das Erscheinen des Werkes als das Andere der Wahrnehmung des Betrachters erfahrbar wird."[371]

Mit Merleau-Ponty lässt sich also die hin und her springende Wahrnehmung im Ganzfeld als wesenhaftes So-Sein der Performance an sich und als sinnenhaft sinnhaft erhellen. Auf dieser Grundlage kann jedoch noch weitergegangen werden. Eine Verschränkung von Welt und Subjekt führt nicht nur zur Mit-Hervorbringung von Welt durch das Subjekt, sondern auch zum Einfall von Welt ins Subjekt bzw. deren Verbindung auf einer Ebene, die über die optischen Mechanismen hinausgeht.

Im Akt der Perzeption entsteht Bewusstsein als körperlicher Vorgang. So wie das Subjekt an der Hervorbringung dessen beteiligt ist, was es wahrnimmt, so findet das wahrgenommene Äußere auch Einlass in den Körper des Subjekts. Sein Fleisch ist in einem Geflecht, einem Chiasmus mit dem Fremden, dem Sichtbaren verbunden. Damit konstituiert sich das Subjekt erst im Prozess der Wahrnehmung.[372]

> „Dies besagt: mein Leib ist aus demselben Fleisch gemacht wie die Welt (er ist wahrnehmbar), und dieses Fleisch meines Leibes wird zudem von der Welt geteilt, diese *strahlt* es *zurück*, greift auf es über, und es greift über auf sie (das Empfundene zugleich Gipfel der Subjektivität und der Materialität), sie stehen zueinander im Verhältnis des Überschreitens oder des Übergreifens [...]"[373]

Der Vorgang des Sehens ist also nicht auf das Optische beschränkt, sondern betrifft sinnlich den gesamten Körper. Das sehen ist ein taktiler Prozess. Subjekt und Welt greifen als Bereiche struktureller Offenheit ständig ineinander über.[374] Die prinzipielle Offenheit von Eigenem und Fremden führt zu einem Verständnis des Subjektiven als Interkorporalität. Der Körper ist immer Subjekt und Objekt zugleich und zugleich beides nicht. „Seine Einheit lässt sich nicht schlüssig darstellen."[375] Demnach wird das Konzept des Subjektiven aufgehoben zu-

---

370 Siehe Schürmann, E. 2000, 132f.

371 Schürmann, E. 2000, 133.

372 Siehe Wagner, M. 2003, 78 und 85.

373 Merleau-Ponty, M. 1986, 313f.

374 Siehe Wagner, M. 2003, 74 und 84f.

375 Wagner, M. 2003, 79.

gunsten einer Zwischensphäre.[376] Wenn sich Innen und außen in einer kontinuierlichen Verschlingung gegenseitig durchdringen, dann gehört des Sehende immer gleichsam auch zum Sichtbaren.

> „Das Sichtbare kann mich nur deshalb erfüllen und besetzen, weil ich als derjenige, der es sieht, es nicht aus der Tiefe des Nichts heraus sehe, sondern aus der Mitte seiner selbst, denn als Sehender bin ich ebenfalls sichtbar; das Gewicht, die Dichte, das Fleisch jeder Farbe, jedes Tones, jedes tastbaren Gewebes, der Gegenwart und der Welt kommt dadurch zustande, daß derjenige, der sie erfaßt, sich wie durch eine Art Einrollung oder Verdoppelung aus ihnen auftauchen fühlt, von Grund auf gleicher Art wie sie, daß es das zu sich selbst kommende Sinnliche ist und daß das Sinnliche hinwiederum vor seinen Augen liegt wie seine Doublette oder eine Erweiterung seines Fleisches."[377]

Dem sehenden Körper als gesehener Körper, wird von der Anwesenheit des Anderen eine unsichtbare Seite gespiegelt, die er selbst nicht erfassen kann. Dieses Andere, ein anderer Körper, ein anderes Objekt, muss dem Subjekt als latent Unsichtbares, als Irritation, als etwas Widersetzliches erscheinen. Das unsichtbare Andere ist als Störung anzusehen, die konstitutiv im Eigenen und im Sichtbaren angesiedelt ist.[378]

Mit Lacan kann von einer Präexistenz des Blicks ausgegangen werden: „Ich sehe nur von einem Punkt aus, bin aber in meiner Existenz von überall her erblickt."[379] Durch das Sehen erfasst das Subjekt ein Bild, aber gleichzeitig wird es durch den äußeren Blick selbst ins Tableau gerückt: „Das Bild ist sicher in meinem Auge. Aber ich, ich bin im Tableau."[380] Das Sichtbare muss als verschiebbare Differenz verstanden werden, die Unsichtbares abtrennt. Kunst sollte nun das Sichtbare als eben jene „verschiebbare Abtrennung von Unsichtbarem herausstellen"[381]. Das Unsichtbare, als medial Dazwischenkommendes, ist Bedingung des Sichtbaren und „als produktiver Verlust und Eröffnung von Sehfeldern zu denken."[382] Das Mediale ist also als Spielraum des Sichtbaren und des Unsichtbaren zu verstehen, „der sich als anderer

376 Siehe Wagner, M. 2003, 85.

377 Merleau-Ponty, M. 1986, 152.

378 Siehe Wagner, M. 2003, 74 und 85f.

379 Lacan, J. zitiert bei Wagner, M. 2003, 87.

380 Lacan, J. zitiert bei Wagner, M. 2003, 87.

381 Siehe Wagner, M. 2003, 89.

382 Tholen, G. C. 1995, 63.

Raum der Wahrnehmung zugesellt"[383]. Dass die mediale Struktur selbst ein Teil ihrer Botschaft darstellt, wird erst in einem Störfall deutlich, der die Wahrnehmung auf das Medium selbst richtet.[384]

Wird der Lichtraum in *Bridget's Bardo* nun als das Äußere, Sichtbare angesehen, aus dessen Mitte der Betrachter als gleiches Fleisch eingerollt ist, gewinnt das beschriebene Eintauchen in den Lichtraum eine ganz andere Perspektive, nämlich, als tatsächliches Einssein mit dem umgebenden Raum. In der von Merleau-Ponty beschriebenen Verschlingung von Sehendem und Sichtbaren, geht das fremde Äußere nicht nur wahrnehmungstheoretisch, wie bisher hergeleitet, sondern tatsächlich körperlich in den Betrachter ein. Das würde bedeuten, dass die Erfahrung der Wahrnehmung als unendlicher Innenraum innerhalb des Betrachters hier seine körperliche Begründung erfährt, nämlich derart, dass der äußere, optische unbegrenzt scheinende Raum (und nur in seiner Erscheinung ist er nachgewiesenermaßen wirklich) tatsächlich mit dem Innenraum des Subjekts verschlungen ist, in ihn eingreift und eine räumliche und lichtige Interkorporalität herstellt. Das Subjektive des Betrachters von *Bridget's Bardo* steht nicht gegenüber, neben, gesondert, als dualistisch Abgetrenntes der Installation, sondern das Subjektive stellt sich in der Zwischensphäre von Außen und Innen, von Betrachter und Installation, im Erfassen seiner Erscheinung erst her. Nun gebärdet sich das Sichtbare in Turrells Installation nicht als subjekthaftes oder objekthaftes Gegenüber, sondern als Immaterielles, zwar Anwesendes, doch nicht in dem Sinne körperlich Greifbares. Folglich verschlingt sich das körperhafte Subjekt mit körperlosem Licht und scheinbar körperlosen Raum. Konsequent weitergedacht müsste dies zu einer partiellen Auflösung des Betrachters ins Immaterielle führen, zum Körperverlust. Der Betrachter *wird* folglich das allseitige Licht und der dimensionslos erscheinende Raum, die in ihn einfallen. Somit erhält er dezidiert körperlich eine Ahnung von einer dimensionslosen Endlosigkeit, vom Welt-Raum oder auch vom Nichts, wenn man den wahrnehmungspsychologischen Untersuchungen folgt, die ergaben, dass angesichts des Ganzfelds tatsächlich nichts wahrgenommen wird, da die Wahrnehmung schlicht aussetzt. Befindet sich der Betrachter in einem Zwischenbereich, meint dies ein Zwischen von körperlichem Subjekt und uneindeutiger Wahrnehmung von dimensionslosen Weiten, scheinbaren Materialisierungen und scheinbarem Allraum und Alllicht. Das wahrnehmende Subjekt geht demzufolge in der Zwischensphäre seiner Eindeutigkeit verlustig und

383 Siehe Wagner, M. 2003, 90.

384 Siehe Wagner, M. 2003, 104 und 131.

muss sich als Uneindeutiges dem uneindeutigen Außen Zugehöriges erfahren. Seine Identität wird notwendig infrage gestellt. Andererseits findet hier auch das Gefühl einer völligen Einheit mit Welt und Natur seine Begründung. Fällt das unendlich-dimensionslose, verstandesmäßig unfassbare Große in den Subjektkörper ein, muss dieser sich als klein und begrenzt empfinden.

Das Sichtbare als Abtrennung vom Unsichtbaren wurde in *Bridget's Bardo* so verschoben, dass ein Sehen des eigenen Inneren und die Verbundenheit mit dem Umraum und dem allseitigen Licht für den Betrachter als körperliche Wahrnehmung sichtbar werden. Er wird sich selbst in seiner Wahrnehmung sichtbar, und zwar als der Natur, dem Welt-Raum zugehöriges Element.

Die Tatsache, dass sich der sehende Körper gleichzeitig als sichtbarer im Tableau befindet, hat für *Bridget's Bardo* mehrere Implikationen. In seinem Erblicktsein im Ganzfeldraum, muss er als allseitig und unbegrenzt Erblickter gedacht werden, da ihm das Äußere in seiner Wahrnehmung entsprechend erscheint. In diesem Sinne muss er sich als allseitig und grundsätzlich Aufgehobener im allumfassenden Anderen empfinden, das heißt, in Turrells Sinne, sich als aufgehoben in der Natur und dem Welt-Raum zu erfahren. Diese sind für ihn jedoch nicht sichtbar gegeben. Sein unsichtbar gespiegeltes Anderes, die ihm konstitutive Störung, kann er selbst ohnehin nie erfassen. Nun ist das Andere nicht nur auf dieser Ebene unsichtbar, sondern auch tatsächlich nicht oder nur uneindeutig sichtbar. Es gibt kein Gegenüber, das gesehen werden könnte, der Blick des Betrachters verliert sich in der Endlosigkeit des Ganzfelds, so dass er als Sehender vor allem erblickt wird und damit wiederum seine Autonomie einbüßen muss. Aus diesen Gründen entsteht vermutlich der Eindruck der Überwältigung durch Licht und Farbe sowie das latent unannehmliche Gefühl.

Zuletzt darf nicht vergessen werden, dass der Betrachter tatsächlich im Tableau erblickt wird, nämlich von jenen, die sich nach dem Ausstieg diesem erneut zuwenden und für die sich die gesamte Installation nun als flächig/tiefenräumliches Bild ergibt. In dieser Hinsicht wird Merleau-Pontys Blick ganz direkt für Turrells Werk thematisch. Als solcherart Erblickter, wird der Betrachter gleichsam zum Teil der Performance, zum tatsächlichen Mit-Konstrukteur des 'Schauspiels', das im 'zweiten Teil' der Installation für die 'Aussteiger' noch einmal gegeben wird. Erst zu diesem Zeitpunkt werden sie sich dessen bewusst, dass auch sie tatsächlich Beobachtete, Erblickte waren, solange sie sich im Innenraum von *Bridget's Bardo* aufhielten. Durch das doppelte Erblicktsein, durch das äußere Andere und die 'Aussteiger' könnte das

Empfinden gegenwärtiger Präsenz noch dadurch potenziert sein, dass die Betrachter tatsächlich präsente Teile der Performance sind, und als solche von außen erblickt werden. Demnach erfahren sie sich in ihrer eigenen Präsenz als doppelt Erblickte, die mit ihrer empfundenen Präsenz des Lichtraums ineins fällt. Dass sie sich selbst in ihrem eigenen Sehen sehen erhält hier eine erweiterte Bedeutung. Diese Erfahrung gestaltet sich nicht nur intrasubjektiv, sondern auch intersubjektiv, wenn die Betrachter im nachträglichen Blick in den Lichtraum sich und andere als Erblickte erfahren. Wieder einmal schließt *Bridget's Bardo* Betrachter und Installation zu einer Einheit zusammen. In ihrer chiasmatischen Verschlingung mit den sichtbaren Anderen/Betrachtern wird den 'Aussteigern' ihr eigenes Anderes nochmals gespiegelt. Sie werden mit jenen verbunden und erneuern ihre Erfahrung im Ganzfeld dadurch als gleichzeitig Sehende und Blickende. In der erfahrenen Überwältigung im Ganzfeld erblicken sie nun jene, die die Überwältigungserfahrung in diesem Moment erleben. Es schließt sich ein Kreis aus Sehenden und Erblickten, aus Wissenden und Unwissenden. Gleichzeitig hält der Ausstieg eine weitere ganzfeldartige Erfahrung bereit, indem sich hier Licht- Farb- und Raumeffekte, wie im Inneren von *Bridget's Bardo* wiederholen und die 'Aussteiger' trotz ihres Wissens um die eigentliche Räumlichkeit der Installation, diese nun wiederum als Wechselspiel von Raum und Fläche wahrnehmen.

Mit der expliziten scharfkantigen Rahmung des Ausstiegs, wird der Durchblick in die Installation schon als Bild gekennzeichnet. Doch auch die schon beschriebenen Farblichtmaterialisationseffekte führen zu einer neuerlichen Unentscheidbarkeit zwischen potenziertem (dimensionslosen) Tiefen-Raum und Materialisation des Farblichts als Fläche. Die sich bewegenden Betrachter innerhalb *Bridget's Bardos* sprächen eigentlich eindeutig gegen eine Erfahrung als Bild. Trotzdem erscheint der Durchgang als flächiger Bildschirm.[385] Mit dem Bildschirm wird eine weitere Ebene ausgemacht: die des Bildes. Der Terminus Bildschirm ruft unmittelbar Lacans Bildtheorie auf den Plan. Der Bildlichkeit *Bridget's Bardos* soll sich jedoch etwas später gewidmet werden. Zunächst sollten die Kategorien der Räumlichkeit und Zeitlichkeit untersucht werden, die sowohl für die Einordnung als Performance, als auch für die Einordnung als Bild eine Rolle spielen dürften.

---

385 Die Zeitlichkeit mag in diesem Zusammenhang eine wichtige Rolle spielen. Wie noch zu zeigen ist, zeichnet sich *Bridget's Bardo* durch eine Eigenzeitlichkeit aus, die auf Dauer gestellt ist, so dass auch Prozesse und Bewegung als Gleichzeitigkeiten wahrgenommen werden.

4.2.5 Räumlichkeit

Eine Befragung der Räumlichkeit in *Bridget's Bardo* ist aus zwei Gründen gerechtfertigt. Zum einen ist schon in der Betrachtung des Lichts in Malerei und Theatergeschichte augenfällig geworden, dass das Licht immer in engem Zusammenhang mit dem Raum erklärt wird. Es existiert kaum eine Lichtbeschreibung, die nicht auf die räumliche Wirkung abhebt. Ganz im Gegensatz zu Beschreibungen von Räumlichkeiten, die sehr wohl auch ohne die Berücksichtigung der Beleuchtungsverhältnisse auskommen. Das Licht muss in seiner Erscheinung als auf den Raum angewiesen angenommen werden, es kann nicht außerhalb von Raum wahrgenommen werden. In dieser engen Verschlingung muss ein gegenseitiges Einwirkungsverhältnis angenommen werden. In Pavis Theaterlexikon findet sich diese Annahme bestätigt, wenn er das Licht „at the junction of space and time"[386] angesiedelt sieht. Auch Michael Schwarz sieht die „Wahrnehmung von Lichtphänomenen [...] an Zeit und Raum gebunden"[387]. Zum anderen sollte eine Befragung von Räumlichkeit aufzuklären vermögen, wie es möglich sein kann, dass ein Raum, der offensichtlich architektonisch begrenzt ist, derart 'allräumig' und entgrenzt wirken kann, wie in *Bridget's Bardo.* Die Frage nach der Räumlichkeit stellt sich also allgemein, wie auch konkret. Es muss folglich einen Raumbegriff geben, der die Phänomene in *Bridget's Bardo* integrieren kann, einen, der Raum nicht nur an den objektiv vorhandenen, sondern auch an die Wahrnehmung von Raum koppelt.

4.2.5.1 Gehen in der Stadt

In Kapitel VII des Buchs *Kunst des Handelns, Gehen in der Stadt von* Michel De Certeau entwickelt dieser ein Konzept von Räumlichkeit, das sich durch das Begehen von Spaziergängern erst herstellt. Er verneint einen schon vorgängig existenten Raum und setzt an seine Stelle einen durch Schritte gestalteten, in der Aneignung realisierten Raum, der durch Beziehungen zwischen Positionen ausgemacht wird und dessen so gewebte Grundstruktur sich an keinem Punkt materialisiert und trotzdem real ist.[388] Diese Räume sind unsichtbar, aber blind erfass-

386 Pavis, P. 1998, 197.

387 Schwarz, M. 1998, 83.

388 Siehe Certeau de, M. 1988, 188f. Im Gegensatz zu diesem „Geflecht von beweglichen Elementen", die den Raum darstellen, ist ein Ort als „eine momentane Konstellation von festen Punkten" konstituiert. Certeau de, M. 1988, 218.

bar.[389] Die Hervorbringung von Raum entsteht durch die Auswahl und den Gebrauch, den der Spaziergänger von der baulichen Ordnung macht. Auf diese Weise macht er den Raum zu etwas Organisch-Beweglichem und Veränderlichem.[390] Durch ein im Gehen aktualisiertes Bezugsraster von 'hier' und 'dort', setzt sich das aneignende Ich in ein bestimmtes Verhältnis zum Anderen.[391] Die Totalität eines vorgegebenen Raums wird durch seine körperliche Aneignung in der Nutzung durch Fragmente und Lückenhaftigkeit ersetzt. An manchen Punkten verschwindet die Stadt, an anderen wuchert sie dadurch. Damit werden auch kohärente Bedeutungen verzerrt und zerlegt.[392] Gleichzeitig wird mit dem Hervorbringen des Raumes aber der Ort verfehlt: „Gehen bedeutet den Ort zu verfehlen. Es ist der unendliche Prozeß, abwesend zu sein und nach einem Eigenen zu suchen. Das Herumirren, das die Stadt vervielfacht und verstärkt, macht daraus eine ungeheure gesellschaftliche Erfahrung des Fehlen eines Ortes."[393] Die körperliche Fortbewegung, besonders die einen weiteren Raum umfassende Reisebewegung, steht dabei im Zusammenhang mit fehlenden Legenden, die es ehemals verstanden, Raum herzustellen, der auf das Andere hin geöffnet ist. „Folglich kann man diese Signifikationspraktiken (sich Legenden erzählen) als Praktiken interpretieren, die Räume erfinden."[394] In dieser Raumerfindung müsste der Körper, im Gegensatz zur Bewegung der Reise, in der Aneignung dieser neuen Räume im Raum verharrend stillgestellt gedacht werden.

> „Das Erinnerungswürdige ist das, was von einem Ort erträumt werden kann. Schon im Palimpsest-Charakter des Ortes artikuliert sich die Subjektivität durch die Abwesenheit, die sie als Existenz strukturiert und ihr ein *Dasein** verleiht. Aber wie schon deutlich wurde, äußert sich dieses Dasein nur in der Umgangsweise mit dem Raum, das heißt, in der *Art und Weise wie man zum Anderen übergeht."*[395]

Nicht der Ort selbst, sondern die subjektive Wahrnehmung des Raums in der körperlichen Erfahrung steht im Zentrum des Interesses und im Zentrum dessen, was später in der Erinnerung als Bild vorliegt. Rau-

---

389 Siehe Certeau de, M. 1988, 182.

390 Siehe Certeau de, M. 1988, 190f.

391 Siehe Certeau de, M. 1988, 191.

392 Siehe Certeau de, M. 1988, 195-197.

393 Certeau de, M. 1988, 197.

394 Certeau de, M. 1988, 203.

395 Certeau de, M. 1988, 206f. Hervorhebung im Original.

merfahrung berührt nach De Certeau ohnehin basale Erinnerungen: „[...] *da* zu sein (weil) *ohne* den Anderen, aber in einem notwendigen Verhältnis zum Verschwundenen, bildet eine 'ursprüngliche räumliche Struktur."[396] Mit dieser Setzung hebt De Certeau auf die Erfahrung des Verlassens des Mutterleibes ab und gelangt somit zur Konsequenz, dass der Umgang mit dem Raum als eine Wiederholung einer Kindheitserfahrung zu denken ist, die bedeutet anders zu sein, zum anderen überzugehen.[397]

4.2.5.2 Spacing und Raumsynthese

Einen ähnlichen Ansatz wie De Certeau verfolgt Martina Löw mit ihrer *Spacing*-Theorie. Auch sie denkt Raum abseits des vorgegebenen Container-Konzepts, das Raum als starren, anzufüllenden Leerraum beschreibt. *Spacing* meint dabei einen Prozess des Platzierens von „sozialen [diese können auch materieller Art sein, Anm. der Autorin] Gütern und Menschen in Relation zu anderen Gütern und Menschen"[398] oder auch das Platzieren symbolischer Markierungen. Mit dem *Spacing* geht eine Syntheseleistung einher, die Güter und Menschen zu Räumen zusammenfasst und dabei Wahrnehmungs-, Vorstellungs- und Erinnerungsprozesse einschließt.[399] Räume werden demnach also von Menschen geschaffen, gleichzeitig können diese aber auch Elemente dessen sein, was als Raum synthetisiert wird. Die Konstitution von Räumen ist durch die materiellen Gegebenheiten vorarrangiert. Diese Gegebenheiten können aber nicht für sich wirken, sondern nur in der je vorgefundenen oder hergestellten (An-)Ordnung, die handelnd, platzierend und synthetisierend veränderlich ist.[400] Der Raum materialisiert sich an einem materiellen Ort, der gleichzeitig die Voraussetzung für die Herstellung von Raum und dessen Ergebnis darstellt. Während Räume mit ihren Gütern und Menschen verschwinden, bleiben Orte offen für neue Besetzungen bestehen. Die in einer Positionierung hervorgebrachten fixierten Orte können dann eine symbolische Wirkung entfalten.[401] Schon „die Relationenbildung selbst ist ein primär symbolischer Prozess."[402] So können auch in der Reflexi-

396 Certeau de, M. 1988, 207. Hervorhebung im Original.

397 Siehe Certeau de, M. 1998, 208.

398 Löw, M. 2001, 230.

399 Siehe Löw, M. 2001, 159.

400 Siehe Löw, M. 2001, 160 und 192.

401 Siehe Löw, M. 2001, 198-203.

402 Löw, M. 2001, 228.

on, zum Beispiel in der Wissenschaft, neue Räume entstehen[403] „Die symbolische Komponente einer Handlungssituation ermöglicht es, daß sich institutionelle (An)Ordnungen zu Raumbildern verdichten. Als Bilder werden institutionalisierte Räume dann massenhaft reproduziert."[404] Durch den Rückgriff auf Regeln und Ressourcen im Vollzug des Handelns werden über das Hervorbringen von Räumen Machtverhältnisse ausgehandelt. Indem im Alltag meist habituell gehandelt wird, das heißt eine unbewusste Komponente die Positionierungen leitet, werden bereits vorhandene Strukturen wieder aktualisiert und das System gestützt. Unter diesen Voraussetzungen erscheinen Räume als unveränderlich und können auf diesem Wege als gegeben Hingenommene Macht ausüben. Räumliche Strukturen, in Institutionen[405] eingelagert, können demnach Handeln steuern.[406]

Wahrnehmung als körperliche verstanden, stellt Synthesen her unter der Aktualisierung des ihr eingelagerten Habitus. Damit ist Wahrnehmung als durch Bildung und Sozialisation vorstrukturiert zu verstehen. Gleichzeitig werden wahrnehmend weniger einzelne Dinge, als Dinge in ihrem Arrangement erfasst. Mit Merleau-Ponty kann gesagt werden, dass die „Zwischenräume zwischen Dingen"[407] spürend mit wahrgenommen werden.[408] Wahrgenommen werden folglich oft nicht die (An)Ordnungen, sondern atmosphärische Qualitäten, die ihrerseits wiederum in die Syntheseleistung einfließen.

Schon Einstein hat den Raum als bewegten gedacht, der erst in der Bewegung von Körpern und ihrem Verhältnis zueinander hervorgebracht wird. Das bedeutet, dass Raum sich im Hinblick auf seine Veränderlichkeit in der Bewegung auch auf die Zeit bezieht. Im Prozess der Zeit ist der Raum immer in Bewegung. Ab hier sind Raum und Zeit fundamental miteinander verwoben.[409] Die schneller werdende Verknüpfung einzelner Räume und immaterielle, 'vernetzte' Räume im Cyberspace tragen weiter zur Inhomogenität von Räumlichkeit bei.[410] Ein derart instabiler Raum löst alle homogenen Raumvorstellungen

403 Siehe Löw, M. 2001, 229f.

404 Löw, M. 2001, 193.

405 Als institutionalisiert gelten Räume, die über individuelles Handeln hinaus wirksam fortbestehen. Siehe Löw, M. 2001, 226.

406 Siehe Löw, M. 2001, 170-172.

407 Merleau-Ponty, M. zitiert bei Löw, M. 2001, 195.

408 Siehe Löw, M. 2001, 195f.

409 Siehe Löw, M. 2001, 34.

410 Siehe Löw, M. 2001, 111f.

zugunsten von uneinheitlichen, von Zeit und subjektiver Synthetisierung abhängigen, 'verinselten' Räumen auf. Mit dem uneinheitlichen Raum kann ein Gefühl der Unsicherheit einhergehen, das sich im Verlust von Kontinuitäts- und Konsistenzerleben begründet. [411]

4.2.5.3 Performative Räume

De Certeau und Löw gehen beide davon aus, dass Räume nicht einfach fixiert vorhandene Gegebenheiten sind, sondern durch die körperliche Wahrnehmung und Aneignung durch den Menschen erst hergestellt werden. Somit sind Räume als offene, prozessuale Konzepte zu verstehen, die von den subjektiven Komponenten der Wahrnehmung, Vorstellung und Erinnerung abhängen. Diese Vorstellungen gehen einher mit dem im spacial turn als aus geographischen Gegebenheit und kulturellen Einschreibungen konstituiert verstandenen Raum sowie mit performativen Räumen. Auch die in der Theaterwissenschaft als performativ bezeichneten Räume ermöglichen eine andere Verwendung, Bedeutung und Wahrnehmung als die materiell vorgesehene. In der körperlichen Bearbeitung während einer Aufführung wird erst das Verhältnis zwischen 'Werk' und Zuschauern geregelt und Möglichkeiten für Wahrnehmung und Bewegung geschaffen. Dementsprechend ist Räumlichkeit auch hier veränderlich und Assoziationen, Erinnerungen und Imaginationen lagern sich ihr ein.[412] Da *Bridget's Bardo* bereits als Performance klassifiziert werden konnte, sollten die Raumkonzepte von Löw und De Certeau darauf anzuwenden sein.

Zunächst einmal geben die behandelten Raumkonzepte eine erste Antwort darauf, wie ein offenbar klar architektonisch gefasster Raum in seiner Wirkung grenzenlos sein kann. Die Wahrnehmung seiner Unbegrenztheit kann nun auf die entsprechende Syntheseleistung und das *Spacing* durch den Betrachter und 'Begeher' zurückgeführt werden. Da die Raumstrukturen nach De Certeau unmaterialisiert vorliegen und trotzdem real sind, spielt die architektonische Begrenzung eine marginalisierte Rolle und wird in der Wahrnehmung durch etwas anderes überlagert. Die Erhellung der Problematik in *Bridget's Bardo* über Raumkonzepte allein trifft die Situation aber nicht ganz. Wie gezeigt wurde, hängen Licht und Raum essentiell zusammen. Daher sollte es von weiterem Nutzen sein, Raumverhältnisse einmal dort zu befragen, wo sie akut mit Licht zusammenwirken. Wurde zuvor versucht, das Licht von allen anderen Elementen zu isolieren um ein Ver-

---

411 Siehe Löw, M. 2001, 88f.

412 Siehe Fischer-Lichte, E. 2004, 188-199.

ständnis davon zu bekommen, was Licht *an sich,* als performative Größe ist, sollte es an dieser Stelle wieder mit dem räumlichen Faktor zusammengebracht werden, ohne den es nicht wahrgenommen werden kann. Neben materiellen Gegebenheiten und menschlicher Aneignung sollte das Licht als weitere, immaterielle Komponente, in seiner fundamentalen Angewiesenheit auf Raum Auswirkungen auf diesen haben. In Anlehnung an De Certeaus *Gehen in der Stadt,* könnte der nächtlich beleuchtete Stadtraum Abhängigkeiten von Licht und Raum konkret sinnenfällig werden lassen, bevor sich das nächste Kapitel dem Sonderfall der Verschlingung von Raum und Licht in *Bridget's Bardo* zuwendet.

4.2.5.4 Licht im Stadtraum

Das Licht im Stadtraum scheint zwei grundlegende Funktionen zu haben: Die Herstellung von Sicherheit und die ästhetische Hervorbringung des Nachtraums. Studien haben ergeben, dass nächtliche Beleuchtung hilft, Straftaten zu verringern und so die öffentliche Ordnung aufrecht zu erhalten. Wenn der Raum überblickbar bleibt und genügend Informationen für Synthese und *Spacing* bietet, steigt das Sicherheitsgefühl und Wohlempfinden beträchtlich an. Da Menschen bei ausreichender Beleuchtung abends eher ihre Wohnungen verlassen, trägt Licht dazu bei Isoliertheit zu verringern, Gemeinsamkeit zu schaffen und Kommunikation zu ermöglichen.[413] Es werden durch Licht somit nicht nur Flächen ausgeleuchtet, sondern Lebensräume hervorgebracht.[414] Zudem sorgt das Licht im Sinne von einheitlicher oder hierarchisch unterschiedener Straßenbeleuchtung, Platzbeleuchtung und Hervorhebung bestimmter Punkte für strukturelle Orientierungshilfen. Wegenetze werden so ablesbar und Unterscheidungen von öffentlichem und privatem Raum können deutlich gemacht werden. „Eine eindeutige und überschaubare Umgebung gehört zu den grundlegenden Bedürfnissen des Menschen. Besonders in unbekannten Situationen ist eine klare Struktur des Raumes bedeutsam."[415] Mit einer hinzutretenden Gebäudebeleuchtung werden auch Beziehungen unter den Gebäuden verdeutlicht und Hierarchien sichtbar. Eine intensive Beleuchtung wird dabei mit Größe verbunden.[416] Eine solche Be-

---

413 Siehe Meseberg, H. 2006, 23 und 25.

414 Siehe Deleuil, J.-M./Töllner, M. 2006, 33.

415 Schielke, T. 2006, 138.

416 Siehe Holmes, A./Schmidt, J. A. 2006, 18.

leuchtung fördert die Identifikation mit der Stadt, macht Verknüpfungen sichtbar und bietet Interpretationen an.[417]

Ästhetisch betrachtet, kann Beleuchtung in der Stadt Trübes und Unvorteilhaftes ausblenden, unsichtbar machen.[418] Genauso kann es Unsichtbares sichtbar machen, ästhetisch Wertvolles betonen und die Plastizität von Raum erhöhen.[419] Durch diese nächtliche Überschreibung des Raums mit Licht können Sichtfelder und Blickachsen hergestellt und durch einheitliche oder hervorhebende Beleuchtung Kontinuität beziehungsweise Fokusse geschaffen werden.[420] Durch ansprechende Beleuchtung können Bewegungen von Menschen sogar an solche Orte gelenkt werden, die entlegen sind oder tagsüber unbeachtet, unsichtbar, unangeeignet bleiben. Wo zudem durch warmes, unaufdringliches Licht eine angenehme Atmosphäre geschaffen wird, werden Menschen zum Verweilen angelockt.[421]

Indem Licht in der Stadt Orte markiert und Menschen anlockt, nimmt es maßgeblichen Einfluss darauf, wie Raum angeeignet und hervorgebracht wird, wo dies getan wird, welche Räume betroffen sind und welche in Vergessenheit geraten. Zugleich hat das Licht selbst auch schon Einfluss auf das Hervorbringen von Räumen, indem es sie durch Aneignung im Lichte realisiert und sich zu ihnen positioniert. In der nächtlichen Stadt bringt Licht den Raum hervor, der in der Dunkelheit latent in seiner Struktur oder seinen Merkmalen zugrundeliegt. „Ohne Licht gibt es nachts keinen Raum und ohne Raum gibt es kein Licht."[422] Raum kann nur dann wahrgenommen werden, wenn seine Begrenzungen sichtbar sind[423]. Für die Nachtsituation bedeutet dies, dass es dem Licht obliegt, durch die Markierung von Sichtbarkeitsgrenzen überhaupt die Bedingung der Möglichkeit von Raumkonstitution herzustellen. „Zeitlos und raumlos ist der Nacht Herrschaft"[424] andernfalls.

---

417 Siehe Schmidt, J. A. 2006, 15; Deleuil, J.-M./Töllner, M. 2006, 32; Schmidt, J. A. 2006, 37 und 39.

418 Siehe Schmidt, J. A. 2006, 15.

419 Siehe Narboni, R. 2006, 57; Sachse, R. 2006, 47.

420 Siehe Holmes, A./Schmidt J. A. 2006, 130.

421 Siehe Danler, A. 2006, 64.

422 Holmes, A./Schmidt, J. A. 2006, 128.

423 Siehe Schmidt, J. A./Töllner, M. 2006, 45.

424 Novalis zitiert bei Holmes, A./Schmidt J. A. 2006, 21.

4.2.5.5 Räumlichkeit in *Bridget's Bardo*

Nachdem die Hervorbringung von Raum durch menschliche Aneignung, Wahrnehmung und Synthese und als instabil begründet wurde und das Licht als konkreter, fundamentaler Hervorbringer von Räumlichkeit in der Dunkelheit identifiziert worden ist, soll in diesem Kapitel geklärt werden, wie Räumlichkeit in *Bridget's Bardo* hervorgebracht wird. Welche Beziehungen zwischen den Positionen herrschen in *Bridget's Bardo*, die eine entgrenzte Raumerfahrung ermöglichen? Welche Rolle spielt das Licht bei dieser Positionierung?

Diese Fragen stellen eine Analyse zunächst vor Probleme. Zwar kann der Raum auch in Turrells Lichtperformance als ein in der Aneignung realisierter Raum verstanden werden, der nicht materiell existiert, doch lassen sich die bisher benannten Modi der Aneignung nicht per se auf ihn übertragen. So bietet *Bridget's Bardo* eben keine Auswahl an baulicher Ordnung, die der Betrachter wählen kann. Er wird über die Rampe in den sonst unstrukturierten Raum eingeschleust, kann ihn nur über den einen 'Ausstieg' verlassen und kann sich im Raum selbst nur minimal bewegen und das kaum auf eine Weise, die aufgrund einer differenzierten, materiellen Erfahrung verschiedene Räumlichkeiten hervorbrächte. Es kann innerhalb der Installation kein Verhältnis von 'hier' und 'dort' synthetisiert werden, somit muss es ausschließlich ein einziges 'Hier' sein. Der einzige räumliche Bezug, den der Betrachter herstellen kann, ist der basale Bezug von sich selbst zu einer allgemeinen Räumlichkeit. Dabei entsteht zusätzlich die Schwierigkeit, dass die Struktur des Raumes nicht nur homogen, sondern auch noch verunklärt ist und seine Grenzen nicht eindeutig sichtbar sind. Wenn die Voraussetzung für die Hervorbringung von Raum ein materieller Ort ist, muss in *Bridget's Bardo* mit einem fehlenden eindeutig materialisierten Raum Räumlichkeit an sich fraglich werden. Zwischen dem Lichtnebel, der den Raum erfüllt und dem von den Wänden reflektierten Licht ist kein Unterschied auszumachen, derart, dass Wände und der Zwischenraum, den sie einschließen, als eine 'Masse' oder ein Kontinuum erscheinen. Wände, Decke und Boden werden in dieser Masse somit dematerialisiert, zumindest herrscht aber eine Unklarheit über deren Aggregatzustand, die eine Positionierung zu ihnen kaum ermöglicht. „Da man einen unbegrenzten Farbraum aber nur schwerlich als Raum wahrnimmt, sieht der Betrachter sich einem 'toten Nichts', einem eigenschaftslosen Raum ausgesetzt [...].“[425]

---

[425] Gehring, U. 2006, 127.

Die Konsequenzen dieser Verhältnisse können nur im Umkehrschluss zu De Certeau gefasst werden und müssen dann bedeuten, dass eine verhinderte Positionierung zu einem 'Dort' das Fragmentarische und Wandelbare der alltäglichen Gegebenheiten aushebelt. An ihre Stelle tritt durch das Fehlen eines auszumachenden 'Dort' ein Raum, der nicht aufgrund seiner etwaigen Vorgegebenheit, sondern aus seiner Struktur- und Rasterlosigkeit als totaler erfahren werden muss. Über postmoderne Mittel findet eine Rückkehr zu einem ganzheitlichen Raum statt. Dass es kein bestimmbares 'Dort' gibt, bedeutet aber nicht unbedingt, dass der Raum nicht als Anderer erfahren werden kann. Gerade weil der Raum *Bridget's Bardos* kein Material bietet, zu dem man sich in Beziehung setzen könnte und damit jeder lebensweltlichen Erfahrung von Raum widerspricht, muss er als fundamental anderer erfahren werden. Gleichzeitig fällt dieses fremde Andere - wie im Kapitel zur Wahrnehmung erläutert - in der Syntheseleistung durch die Wahrnehmung in den Betrachter ein und wird als mit ihm identisch erfahren. Geht der Raum im Subjekt auf, kann er nur noch als Eindruck in ihm vorhanden sein, in einer Art impressionistischem Bild. Dass es kein eindeutiges 'Dort' gibt bedeutet auch, dass Positionierungen im Inneren von *Bridget's Bardo* keine unterschiedlichen Räumlichkeiten hervorbringen können. Selbst durch Umherwandern entstehen keine neuen Positionierungen, da man sich scheinbar zu überhaupt keiner festgelegten materiellen Referenz ausrichten kann (noch nicht einmal Schatten) und die Referenzen sich damit auch nicht verändern. Fehlt die Erfahrung der Ortsveränderung und Positionsveränderung durch Bewegung, wird das Konzept von Raum an sich fraglich. Was kann es für ein Raum sein, zu dem ich mich nicht verhalten kann? Eine kaum mögliche Positionierung kann auch keinen fixierten Ort hervorbringen. Der Betrachter befindet sich in einer Art immateriellem Nicht-Ort. Wo ein Nicht-Ort ist, kann schwerlich ein Raum entstehen oder Räumlichkeit erfahren werden. Es entsteht eher ein Eindruck, der sich wahrnehmend zu einem Bild verdichtet. Auch eine symbolische Besetzung muss ohne Ort ausbleiben.

Die einzige Referenz, die den Körper 'bindet', zu der er Entfernungen und Positionen empfinden kann, ist die mittige Rampe. Das einzige Verhältnis, in das sich der Betrachter setzen kann, ist demnach die Position zur Mitte, die Anbindung an oder Entfernung dieser. Indem die Dimensionen nach außen hin aber unbestimmt bleiben, ist auch die Ausrichtung an der 'Mitte' relativ und wohl eher als ein bildliches Verhältnis der Anziehungskraft der Mitte verständlich, also weniger als ein räumliches, als ein energetisches Phänomen. Die Position eines

Objektes in der - überspitzt gesagt - Unendlichkeit, kann nur bedingt einen materiell-räumlichen Wert haben.

Wenn Gehen nach De Certeau bedeutet, den Ort zu verfehlen und abwesend zu sein, müsste die vergebliche Erfahrung von Ortsveränderung im Gehen dazu führen, anwesend zu sein und das Eigene gefunden zu haben. Nun wurde bereits gesagt, dass der Ort als materieller in *Bridget's Bardo* in der Wahrnehmung so nicht existiert. In der Konsequenz führt dies zu einer Erfahrung eines Anwesendseins im entgrenzten Raum, also einer Anwesenheit an jedem Ort und folglich gerade in der Erfahrung des fundamental Anderen, zu einem Einssein mit der Welt. Im Zusammenhang mit De Certeaus Setzung des Reisens als Ersatz für die Raumerschaffung durch Legenden, könnte *Bridget's Bardo* gedacht werden als eben jenes Gegenteil des Ortswechsels im Reisen, als eine Allraum-Erschaffung und damit als - da die Performance nicht sprachlich gefasst ist - visuell gedachte Legende.

Fraglich ist zudem, wie in *Bridget's Bardo* eine Syntheseleistung erbracht werden kann, wenn diese auf Wahrnehmungs-, Vorstellungs- und Erinnerungsprozessen basiert. Dass die Ganzfelderfahrung über die verstandesmäßige Vorstellungskraft hinausgeht, wurde bereits belegt. Erinnerungsprozesse können in einer Situation, völlig abseits der Lebenswelterfahrungen ebenfalls, wenn überhaupt, nur bedingt assoziativ greifen. Die Syntheseleistung bliebe damit an der Wahrnehmung allein haften. Löw versteht Wahrnehmung jedoch als in Sozialisations- und Bildungsprozessen vorstrukturierte. Dass diese Vorstrukturierung in diesem Fall ebenfalls nicht greift, da sich die Wahrnehmung einer völlig neuen Situation gegenüber sieht, die nicht einzuordnen ist, unterstützt die 'Reaktion' auf das Ganzfeld, wie sie im Kapitel zur Wahrnehmung erläutert wurde.

So wie die Vorstrukturierung der Wahrnehmung nicht greift, so kann auch habituelles Handeln in dieser fremden Situation nicht greifen. Und indem es nicht greift, wird dem Betrachter gerade seine Wahrnehmung und sein Handeln bewusst gemacht. Das Sehen des Sehens kann damit auch räumlich hergeleitet werden. Das bewusste Erleben bedeutet aber auch, dass keine Strukturen (es sind zudem keine vorhanden) aktualisiert und bestätigt werden können. Der Raum wird nicht als unveränderlich, unhinterfragt gegeben erlebt und somit kann er, anders als im Alltag, keinerlei Macht über den Betrachter ausüben und sein Handeln nicht steuern. Diese 'Null-Steuerung' angesichts völlig fehlender Strukturen kann folglich zu einer Erfahrung totaler Freiheit oder aber zu einem Gefühl der Unsicherheit führen. Dies ist paradox, wurde doch Unsicherheit als Folge von uneinheitlichen Räumen ausgemacht. Dies ist aber damit zu erklären, dass in *Bridget's Bardo* nicht ein einheitlicher Raum, sondern ein totaler, entgrenzter Raum erlebt wird, der noch weniger Haltepunkte bietet, als der fragmentierte Raum. Im Gefühl der Freiheit ist der Betrachter zwar unsicher auf sich zurückgeworfen, jedoch frei von sozialen, hierarchischen, Bindungen, in völligem 'Naturzustand' steht er sich selbst gegenüber.

Eine Positionierung wird für den Betrachter erst dann wieder möglich, wenn er aus der Performance ausgestiegen ist und vom 'Ausstiegsraum' aus auf den Innenraum von *Bridget's Bardo* zurückblickt. In diesem zweiten Teil der Performance positioniert sich der Betrachter weniger zum zuvor erfahrenen Ganzfeldraum, als zu dem ihn jetzt wieder materiell erfahrbar umgebenden Museumsraum. Wie im Kapitel zur Wahrnehmung dargestellt wurde, sieht er sich dem Innenraum, durch die Ausstiegsöffnung betrachtet, eher als einer Fläche, einem (Bild-)Schirm gegenüber. In dem Verhältnis von 'hier' und 'dort', das nun wieder erfahrbar ist, erscheint der Projekt-Innenraum als das 'Dort', als das Andere, zu dem sich der Betrachter differenzierend in Beziehung setzt. Nach dem Austritt greift mit der wieder möglichen Raumkonstruktion De Certeaus Erfahrung wieder, den Ort verfehlt zu haben. War der Ort in seinem Erleben selbst nicht erfassbar und wird er im Nachhinein als verfehlt erfahren, wird die Behauptung eines Ortes erneut untergraben. In seiner Uneindeutigkeit scheint *Bridget's Bardo* ein Nicht-Ort zu sein, der keinen Raum bietet.

Es kommt hinzu, dass das Gefühl der ungewissen Räumlichkeit und des Nicht-Verortet-Seins im Innenraum aus der Perspektive des Ausstiegsraums quasi gespiegelt wird durch den Blick, der nun von dort auf den Innenraum fällt. Zusammen mit der (Bild-) Schirm-Erscheinung des Innenraums scheint die einzige Verortung der sich im Innern befindlichen Betrachter im Blick der ausgestiegenen Betrachter zu befinden. Durch das Angeblicktsein wird der in Raumlosigkeit sich Befindliche im Auge des Betrachters lokalisiert, als Netzhautbild. Da derselbe Betrachter, der sich zuvor im Innenraum befand, von außen auf diesen zurückblickt, könnte er sich in einer Schleife in seinem eigenen Blick lokalisiert sehen, als Bild von sich selbst. An dieser Stelle soll aber nicht zu weit vorgegriffen werden. Ein späteres Kapitel wird die hier offenbar thematisch werdende Bildlichkeit noch einmal genauer aufgreifen.

Diese theoretischen Betrachtungen, die zu einem All-Raum führen, mögen zugegebenermaßen etwas überzogen wirken. Dennoch sind sie einerseits die konsequente Weiterentwicklung der zu Rate gezogenen Theorien, die in Zusammenhang mit dem Analyseobjekt stehen. Andererseits sollte beachtet werden, dass diese Theoriegebäude nicht in reiner Form für sich wirksam werden, sondern stets zum Beispiel mit dem Bewusstsein vermischt sind, sich in einer ästhetisch-künstlerischen/künstlichen Situation zu befinden und damit nur zu Teilen in ihrer Wirksamkeit Umsetzung finden. Die erfahrungsmäßig beschriebenen Phänomene können sie dennoch erhellen, auch wenn sie nicht in Gänze tatsächliche Umsetzung erfahren.

Wird Turrell zur Räumlichkeit befragt, macht auch er deutlich, dass er nicht an Raumgrenzen interessiert ist:

> „Mich interessiert es, die durch Licht geschaffene Architektur des Raumes zu ergründen und zu erforschen. Raum haben wir meistens unter dem Aspekt des Verschiebens oder Zusammenballens von Formen behandelt. Dabei gibt es ein architektonisches Vokabular, das sich auf den Zwischenraum bezieht, doch das kam nur selten zum Einsatz - es ist eher rhetorisch als konkret. Die Kunst, die ich mache, deckt genau diesen Grund ab zwischen der Form und der Gestaltung von Raum mithilfe von Licht."[426]

Turrell legt sein Augenmerk auf den Bereich, der jenseits von Begrenzungen, zwischen diesen existiert. Es geht ihm nicht um Formen, sondern um das Leere innerhalb oder außerhalb der Form, wobei die Form an sich entbehrlich zu werden scheint. Diese Vorstellung von reinem Raum korrespondiert mit den oben entwickelten Überlegungen zur Auflösung der Raumgrenzen. Das Licht in Turrells Arbeit führt dazu, dass der Raum nur in seinem 'Zwischen' erfahrbar wird. Nicht Entfernungen oder Positionierungen stehen im Zentrum, sondern die ausfüllende Leere, die die Zwischenbereiche bewohnt, wo keine Formen oder Begrenzungen sich befinden. Dieser Bereich nun ist es, der bei Turrell mit Licht ausgefüllt wird und als 'lichtiger' erscheint. In diesem Anfüllen erscheint das Licht materialisiert und massehaft, greifbar. Es besetzt nicht den Raum, es ist im Grunde kein Raum da, der be- oder erleuchtet wird, es geht nicht um den Raum. Der Raum ist da als Matrix oder als Medium, um das Licht zu ermöglichen. Als Medium kann der Raum wiederum nicht räumlich erlebt werden, da seine Ausmaße weder sicher auszumachen sind, noch eine Rolle spielen. In seinem Status des 'Zwischen', oder des 'Dazwischenkommenden' wird er eingeschmolzen auf einen Eindruck, der das materialisierte Licht als unentscheidbare Raum-Fläche dem Betrachter entgegenstellt. Raum scheint an sich abwesend zu sein. Er scheint nur virtuell erfahrbar.

---

426 Turrell, J. zitiert bei Adrews, R. 2009, 151.

Eine Klassifizierung *Bridget's Bardos* als Nicht-Ort und als 'Zwischenraum', wie sie entwickelt wurde, führt zu jenen Räumen, die Foucault als Heterotopien benannt hat.

Heterotopien

Als Heterotopien bezeichnet Foucault wirkliche Orte, die „Gegenplatzierungen oder Widerlager, tatsächlich realisierte Utopien“[427] darstellen, „gewissermaßen Orte außerhalb aller Orte, wiewohl sie tatsächlich geortet werden können.“[428]. Diese Orte zeichnen sich dadurch aus, dass sie einer „Trennung von Außen und Innen nicht gehorchen“[429]. Sie verwischen die Grenzen und betonen die Zwischenräume.

In diesem Sinne kann auch *Bridget's Bardo* als eine Art Heterotopie angesehen werden. Seine Lage im (Museums-)Raum kann zunächst tatsächlich geortet werden, sobald der Betrachter aber den Innenraum der Installation betritt, verkehrt sich dieser tatsächlich zu einem 'Ort außerhalb aller Orte', indem er es ermöglicht, zugleich als Außen- und Innenraum erfahren zu werden und alle lebensweltlichen Möglichkeiten zu Positionierung, *Spacing* und Syntheseleistung aushebelt und in ihr Gegenteil verkehrt. In der Freiheit, Natur- und Welt-Raum-Verbundenheit, die dieser Innenraum als körperlich wahrnehmende und räumliche Erfahrung ermöglicht, könnte er auch als Realisierung einer Ur-Utopie verstanden werden, als Erfahrung des Einsseins mit der Welt. In diesem Sinne fungierte *Bridget's Bardo* als Illusionsheterotopie, die einen vollkommenen, wohlgeordneten Raum als Gegensatz zur ungeordneten, wirren Lebenswelt konstituiert.[430] In jedem Fall aber wird eine Erfahrung ermöglicht, die jeder Alltagserfahrung diametral gegenübersteht. Jede gekannte gesellschaftliche Ordnung findet in diesem Raum keinen Haltepunkt und kann keine Geltung beanspruchen. In diesem Sinne bringt *Bridget's Bardo* nicht nur Zwischenräume hervor, sondern ist an sich schon als Raum und Ort des 'Dazwischen' zu denken.

Das Warten vor der Absperrung, das Anlegen der Schuhüberzieher, die geführte, vorgegebene Bewegungsrichtung und das 'Durchschleusen' durch das Museumspersonal, das nur eine begrenzte Rezeptionsdauer ermöglicht, markiert *Bridget's Bardo* als einen Raum mit be-

---

427 Foucault, M. zitiert bei Brüstle, C. 2009, 124.

428 Foucault, M. zitiert bei Brüstle, C. 2009, 124.

429 Borsò, V. zitiert bei Albert, M. 2009, 94.

430 Siehe Foucault, M. 1992, 45.

stimmten Zugangsbedingungen sowie als Transitraum. Zusammen mit der Tatsache, dass sich der Betrachter dort in einem als 'Dazwischen' charakterisierten Raum befindet, in dem zudem noch völlig andere Bedingungen herrschen, als in der bekannten Lebenswelt, macht *Bridget's Bardo* zu einer Art eigenen, für sich abgeschlossenen Welt mit eigenen Gesetzen, zu einer Art liminalem Raum. All dies sind Merkmale, die Marc Augé dazu veranlassen, Räume dieser Art als Nicht-Orte zu bezeichnen. Zwar versteht er darunter auch ganz konkret Orte wie Krankenhäuser, Verkehrsmittel oder Konsumorte, jedoch zählen auch virtuelle Räume hinzu.[431] Die Dekonstruktion der Kategorie Raum ist damit abermals für *Bridget's Bardo* nachgewiesen.

Passage

Mit dem Transitraum wird die Passage, wie sie in Walter Benjamins *Passagenwerk* analysiert wird, auf den Plan gerufen. Ähnlich der Heterotopie können diese „Räume des Übergänglichen“[432] nach Benjamin als Umkehrung von Innen- und Außenraum gelten.[433] Demnach durchläuft die Passage nicht einen leeren Raum, sondern „sie liegt *in* den Orten, die sie verbindet und zugleich trennt, und liegt ebenso außerhalb dieser, indem sie deren kulturelle Qualitäten im Übergänglichen des eigenen Raumes hybridisiert.“[434] Für *Bridget's Bardo* trifft es zwar nicht zu, dass der Durchgang der Passage in verschiedene Richtungen als Eingang und Ausgang dient, in der Flaneure hin und her wandern. Doch die Betrachter wandern in einer Richtung hindurch und das „diffuse Zwielicht, das zur Entgrenzung von Innen und Außen, Oben und Unten beiträgt“[435] findet sich auch in Turrells *Wolfsburg Project* als Dekonstruktion im 'Dazwischen'. Mit dem Außen und Innen schwinden in der Passage auch andere geometrische Binaritäten und rationale Antinomien. Die Folge ist ein Taumel in Räumen, die zwischen Vernunft und Phantasie, Bewusstsein und Traum sich entgrenzen und zwischen Illusion und Sinnestäuschung changieren.[436] Die Schranken des Bewusstseins öffnen sich hier zum Hinübergleiten in die Welt des Unbewussten und des Traumes.[437] Gegensätzliches,

---

431 Siehe Weiß, S. 2004.

432 Skrandies, T. zitiert bei Albert, M. 2009, 95.

433 Siehe Albert, M. 2009, 95.

434 Skrandies, T. zitiert bei Albert, M. 2009, 95f.

435 Albert, M. 2009, 97.

436 Siehe Albert, M. 2009, 97f und 107.

437 Siehe Albert, M. 2009, 109.

Zweideutiges, Widersprüchliches wird miteinander in Verbindung gebracht und ermöglicht die Überwindung habitueller Werte.[438]

> „Das moderne Individuum erweist sich letztlich als Konzentrat dieses Prozesses, als letzte Grenze in dieser De-Markation zwischen Innen und Außen: Ich selbst bin der Übergang ['passage'] vom Dunkel zum Licht, bin gleichzeitig die Abenddämmerung und die Morgenröte. Ich bin eine Grenze, ein Strich."[439]

Wird *Bridget's Bardo* als eine Art Passage angesehen, hat dies zur Folge, dass die 'Räumlichkeit' nicht nur in der Wahrnehmung synthetisiert wird, sondern, dass in jenem zwielichtigen, unentscheidbaren Innen-Außen-Raum, der sich abseits aller Normen gebärdet, der Raum auch als Hinübergleiten in Traumhaftes und Unbewusstes erfahren wird. Zumal zusätzlich ohnehin Unsicherheit darüber besteht, ob das Wahrgenommene tatsächlich ein äußeres Licht oder ein inneres, imaginiertes Licht darstellt. In der Öffnung zum Imaginären entsteht die Wahrnehmung als vermischtes äußeres und inneres Bild.[440] Es entsteht nicht nur Unsicherheit über das Innen und/oder Außen des umgebenden Raumes, sondern es vermischen sich auch das Innere und das Äußere des Wahrnehmenden, der zwischen diesen Kategorien traumartig nicht mehr eindeutig unterscheiden kann. Seine Umgebung scheint sein eigenes Inneres zu werden, sein Inneres ein Durchgangsort für das wieder zweideutig ihn umgebene Äußere. In seiner *Poetik des Raumes* scheint es Bachelard in bestimmten Augenblicken möglich, dass der Raum der Innerlichkeit und der Raum der Welt „durch ihre 'Unermesslichkeit' zum Einklang gebracht werden"[441] können. Die Unermesslichkeit des Raumes ist mit der Verunklärung seiner Grenzen und seinen Eigenschaften in *Bridget's Bardo* gegeben. Die Unermesslichkeit des inneren Raumes „[...] ist in uns. Sie ist mit einer Ausweitung des Seins verbunden. [...] Sobald wir unbeweglich sind, befinden wir uns anderswo; wir träumen in einer unermesslichen Welt [...]."[442] Demnach scheint ein Bachelardscher Einklang möglich. In *Bridget's Bardo* ist der Betrachter zwar nicht im eigentlichen Sinne unbeweglich, doch befindet er sich erstens in einer traumartig anmutenden Umgebung und kann sich zweitens durch fehlende Blick- und Orientierungspunkte möglicher Bewegungen äußerlich wahrnehmend nicht versi-

---

438 Siehe Albert, M. 2009, 99 und 110.

439 Albert, M. 2009, 111.

440 Bild daher, da Räumlichkeit körperlich nicht erfahrbar ist und wahrnehmungsmäßig unentscheidbar bleibt.

441 Andrews, R. 2009, 159.

442 Bachelard, G. 1964, 184.

chern. Bewegungen bleiben fragwürdig. Er kann sich kaum von Ort zu Ort bewegen, sondern nur *in* einem Ort, der überall gleichartig doch Stillstand vermittelt. Drittens kann mit der Übertragung der Grenzhaftigkeit und der Grenzüberschreitung des 'Dazwischen' auf das Individuum - welches sich selbst dann als Übergang empfindet - die Hervorbringung eines 'Dazwischen' durch das performative Licht nochmals unterstrichen werden. Im 'Dazwischen' der Passage kommt es zu einer imaginierten Durchdringung von Raum und Körper im Licht.[443]

Atmosphären

Der Raum, der nur im 'Zwischen' existiert, führt den Gedanken weiter zur Atmosphäre.

Gernot Böhme definiert eben jenen „eigentümlichen Zwischenstatus"[444] zwischen Subjekt und Objekt, zwischen Umgebungsqualitäten und menschlichem Befinden als Atmosphären. Das *und,* das beide verbindet, das zwischen ihnen liegt, das, wodurch beide aufeinander bezogen sind, eben jenes versteht er als Atmosphäre.[445]

Schon Benjamins Aurabegriff hat klargemacht, dass die Wahrnehmung eines Objektes als Kunstwerk nicht allein durch seine gegenständlichen Eigenschaften geleistet wird, sondern durch ein *Mehr,* das darüber hinausgeht.[446] Böhme weist nach, dass die Aura etwas räumlich Ergossenes meint, das als unbestimmte Gefühlsqualität gespürt wird, indem es in die leibliche Befindlichkeit aufgenommen wird.[447] Dabei gehen Atmosphären von den konkreten Dingen aus. Diese sind keine abgeschlossenen Entitäten, sondern wirken in ihren Qualitäten wie Form, Farbe, Volumen usw. nach außen, sie treten aus sich heraus und strahlen in die Umgebung hinein. Auf diese Weise erfüllen die Dinge den sie umgebenden Raum mit Spannungen und Bewegungssuggestionen. In diesem Hinaustreten und Strahlen sind die Dinge Sphären von Anwesenheit, Wirklichkeit im Raum.[448] In dieser räumlichen Wirkung können Atmosphären als Räume gedacht werden. In diesen räumlich ausstrahlenden Qualitäten werden die Dinge von Menschen wahrgenommen, gespürt. „Was phänomenal gegeben ist, nämlich

443 Siehe Marschall, B. 2008, 74.

444 Böhme, G. 1995, 22.

445 Siehe Böhme, G. 1995, 22f.

446 Siehe Böhme, G. 1995, 26.

447 Siehe Böhme, G. 1995, 27.

448 Siehe Böhme, G. 1995, 31-33.

gespürt wird, ist der menschliche Leib in seiner Ökonomie von Spannung und Schwellung und ferner in seiner Betroffenheit, die sich in leiblichen Regungen manifestiert."[449] Demnach sind Atmosphären das, was in leiblicher Anwesenheit von Menschen gegenüber Dingen oder Räumen erfahren wird. Über die Wirkung von sozialen Gütern und Menschen an einem Ort, fließen diese auch bei Löw als Potentialitäten für Gefühle durch die Wahrnehmung in Synthese und *Spacing* ein.[450] Die leiblichen Regungen, von denen Böhme als Auswirkung von Wahrnehmung spricht, können auch als „ortlos ergossene Atmosphären"[451] gefasst werden, die den Leib in seiner Betroffenheit ergreifen. Atmosphäre ist also die gemeinsame Wirklichkeit von Wahrnehmendem und Wahrgenommenen, als leibliches Spüren im Raum[452], dabei räumlich randlos ergossen und nicht lokalisierbar, also ortlos sowie Gefühlsmächte.[453]

Das 'Zwischen', das in *Bridget's Bardo* wahrgenommen wird, lässt sich demnach spezifizieren als Wahrnehmung einer bestimmten Atmosphäre. Nach Böhme betrifft Wahrnehmung, verstanden als leibliches Bei-Etwas-Sein zunächst immer Atmosphären, als das, was man empfindet, und erst in zweiter Linie die ihnen zugrundeliegenden Dinge und Räume.[454]

Über die Konstatierung der Ästhetisierung der Lebenswelt gelangt Böhme zu der Einsicht, dass die Welt als so inszenierte eine Verdrängung der Realität darstellt. Bei *Bridget's Bardo* handelt es sich um ein Gebilde schon abseits jeder lebensweltlichen Realität, das zudem ausschließlich in der aktuellen Wahrnehmung existiert. Trotzdem hat das Kunstwerk seine eigene, frappierende Wirklichkeit (abseits von Bedeutung). Drittens ist es als Kunstwerk handlungsentlastend (anders als die Erfahrung einer Kirchenraumatmosphäre beispielsweise). Aus diesen drei Qualitäten ergibt sich, dass *Bridget's Bardo* eine eigene abgeschlossene Welt darstellt mit der Aufgabe - nach Böhme - die Sinnlichkeit des Menschen zu entwickeln, sie ihm wieder bewusst zu machen. Durch die ästhetische Erkenntnis soll dem Menschen zugänglich werden, was anderen Erkenntnisweisen unzugänglich bleibt.[455]

---

449 Böhme, G. 1995, 30.

450 Siehe Löw, M. 2001, 204 und 210.

451 Schmitz, H. zitiert bei Böhme, G. 1995, 30.

452 Siehe Böhme, G. 1995, 31 und 34.

453 Siehe Böhme, G. 1995, 29.

454 Siehe Böhme, G. 1995, 15 und 47f.

455 Siehe Böhme, G. 1995, 8-18 und 23.

Mit Böhmes Setzung, dass „Erscheinungen (Bilder) eine gegenüber ihren Trägern relativ selbständige Wirklichkeit und Wirkmächtigkeit haben“[456] und phänomenologische Wahrnehmung das als wirklich erachtet, was sich der Erfahrung aufdrängt[457], stellt die Atmosphäre den einzigen 'Inhalt', das einzig Wahrzunehmende in Turrells *Wolfsburg Projekt* dar. Indem Raumgrenzen sich verunklären, oder gar unsichtbar werden, entschlüpfen sie der Wahrnehmung, die also kaum mehr etwas Materielles zu ihrer Grundlage hat. Das farbige Licht löst sich von seinem 'Träger', den reflektierenden Wänden, die als Trägermedien unsichtbar werden. Zurück bleibt das materialisierte Licht als einzig Wahrnehmbares als Erscheinung, (als Bild). Allerdings wird mit der Verneinung von Raum in *Bridget's Bardo* aufgehoben, was als Voraussetzung von Atmosphären gilt, nämlich ihre Dinggebundenheit. Da Böhme aber Atmosphäre als *den* Gegenstand von Wahrnehmung schlechthin setzt und es auch der Erfahrung des Betrachters in Wolfsburg entspricht (also phänomenologisch wahr ist), muss eine Atmosphäre vorhanden sein. Eine Antwort, die auch Turrell entsprechen würde, wäre, dass es eben das materialisierte Licht selbst ist, das als materiell gewordenes 'Ding' der Atmosphäre zugrundeliegt. Die Atmosphäre liegt also zwischen dem Licht und dem Betrachter.

Das Licht kann offenbar dadurch als materiell erscheinen, dass sein Trägermedium Raum unsichtbar wird. In diesem Sinne ist das Licht zwar räumlich ergossen, aber 'nur' medial wahrnehmbar. Da es immer an Raum gebunden ist, ist es auch nur auf diesem Medium wahrnehmbar, jedoch tritt es, was sonst nicht der Fall ist, mit der Unsichtbarkeit des Mediums in den Fokus. Zudem erscheint es selbst flächig, opak und undurchdringlich, wodurch der Raum in seinen Grenzen nicht nur optisch und wahrnehmungsphilosophisch unsichtbar, sondern ontologisch zumindest fragwürdig wird. Ausgehend von seiner Definition von Atmosphäre als „Einheit der Unterscheidung von Objekt und Stelle“[458] (da Atmosphäre sich erst durch die Besetzung von Stellen durch Dinge realisiert), folgert Luhmann, dass Atmosphäre die „Sichtbarkeit der Unsichtbarkeit des Raums“[459] bezeichnet. Bezogen auf *Bridget's Bardo*, wo das Licht als Objekt jede 'Stelle' 'besetzt', bedeutet dies, dass das, was sichtbar gemacht wird, als Extremfall von Luhmanns Theorie, die totale Unsichtbarkeit des Raums betrifft.

---

456 Böhme, G. 1995, 28.

457 Siehe Böhme, G. 1995, 29.

458 Luhmann, N. zitiert bei Löw, M. 2001, 205.

459 Luhmann, N. 1998, 181.

Indem *Bridget's Bardo* kein 'Ding' zu sehen gibt, sondern als reine Atmosphäre erscheint, wird Turrells Anspruch eingelöst, das Sehen sichtbar zu machen, indem die „leiblich affektive Disposition, in die man hineingerät“[460] als leiblicher Totaleindruck das einzig konkret Wahrnehmbare bildet. In der Wahrnehmung der Wahrnehmung also, liegt zudem eine grundlegende Naturerfahrung, wenn man Böhmes Definition folgt, dass Natur per se als auf Wahrnehmung angelegte an sich aistheton, Wahrnehmbares ist.[461]

Der am Anfang zum Kapitel des Raums stehenden Behauptung, Lichtwahrnehmung sei an Raum und Zeit gebunden, wird bis jetzt nur teilweise entsprochen. Die Betrachtung der Räumlichkeit in *Bridget's Bardo* hat unter Berücksichtigung der Theorien von De Certeau und Löw zur Hervorbringung von Räumlichkeit, von Foucault und Benjamin zu Heterotopie und Passage sowie unter Einbezug von (vor allem) Böhmes Konzept von Atmosphäre ergeben, dass in vorliegendem Falle Raum nur in seiner medialen Funktion als Bedingung der Sichtbarkeit des Lichts Wichtigkeit erlangt, als „Möglichkeitsbedingung für das Erscheinen der Erscheinung“[462], der wahrnehmbare Raum gerade durch das Licht, das er ermöglicht, aber abhandenkommt, in Unsichtbarkeit versinkt und in seinen Grenzen überhaupt nicht mehr zur Debatte steht, weil sich das Licht an sich selbst zeigt und nicht am Raum. Der Raum wird durch das Licht in einem 'Zwischen' erfahren, das Wahrnehmung und leibliche Erfahrung hervorbringt und das sie gleichzeitig konstituiert. Die 'Zwischen-Wahrnehmung' und 'Zwischen-Räumlichkeit' gipfelt in ihrem Aufgehen in einer Atmosphäre, die den Raum noch entschiedener zum Verschwinden bringt. Die Folge dieser Überlegungen ist, dass die Räumlichkeit, da sie hier nicht oder nur uneindeutig erfahren werden kann, zu einer Infragestellung von Räumlichkeit überhaupt führt. Bevor ein Vorschlag gemacht werden kann, was stattdessen wahrgenommen wird, was die Räumlichkeit in der Wahrnehmung also ersetzt, soll der zweite Teil obiger Setzung eingelöst werden: die Befragung der Zeit.

4.2.6 Zeitlichkeit

Zeitlichkeit und Räumlichkeit sind nicht zwei völlig voneinander geschiedene Größen. In der Moderne und besonders in der Gegenwart werden die beiden Konzepte in ihrer Abhängigkeit voneinander the-

---

460 Böhme, G. 1995, 182.

461 Siehe Böhme, G. 1995, 181.

462 Schürmann, E. 2004, 96.

matisch. Im Zusammenhang mit der Erfahrung von gesteigerter Geschwindigkeit in immer neuen Verkehrsmittelerfindungen spricht Virilio von der „'Vernichtung' des Raums“[463] und Heine davon, dass „durch die Eisenbahn [...] der Raum getötet [wird], und [...] nur noch die Zeit übrig [bleibt]“[464]. Seit 1983 wird ein Meter als Strecke gemessen, die Licht in $^{1}/_{299792458}$ Sekunde im Vakuum zurücklegt.[465] „Raum wird jetzt in Zeit gemessen.“[466] Auch Einsteins Denken von Raum als durch Körper und ihre Beziehungen zueinander bewegter, bringt mit dem Faktor der Veränderung die Zeit ins Spiel.[467] Und auch „die Heterotopie erreicht ihr volles Funktionieren, wenn die Menschen mit ihrer herkömmlichen Zeit brechen.“[468]

Musste der Raum aufgrund der vorangegangenen Erörterungen fraglich werden, müsste nun, wenn Raum und Zeit in Abhängigkeit voneinander gedacht werden, die Zeitlichkeit in *Bridget's Bardo* ebenfalls fragwürdig werden. Dies sollte genauer untersucht werden.

Die Erfahrung von Zeitlichkeit in *Bridget's Bardo* scheint vor allem durch das Eintreten und wieder Austreten aus dem Innenraum bestimmt zu sein. Die Zeit, die dazwischen verläuft, ist ebenso uneindeutig erfahrbar, wie es der Raum ist. Mit dem 'Eintauchen' in den Licht-Farb-Raum, befindet man sich in einem Kontinuum, das wenige Anhaltspunkte hinsichtlich des Zeitverlaufs gibt. Der immer gleiche Eindruck des Lichts, das den Betrachter umgibt wird lediglich durch die sublimen, scheinbar zyklischen Farbwechsel strukturiert. In ihrer Wiederkehr und der Langsamkeit der Veränderung an der Schwelle der Wahrnehmbarkeit, wirken sie jedoch weniger strukturierend, als dauernd. Die stetige Wiederkehr scheint sie auf eine Art wieder zu Einem verschmelzen zu lassen. Zudem ist man sich als Betrachter nicht sicher darüber, ob die Farbe sich tatsächlich ändert. Bar jeden Referenzsystems, beginnt man seiner eigenen Wahrnehmung zu misstrauen. Die Farbwechsel bleiben immer zu einem Teil fraglich. Dieses besondere Zeiterleben der subtilen Farbwechsel als einziger Zeit-Referenzpunkt scheint unwirklich, wie in einem Traum. Da die Wahrnehmung immerhin schon auf den Raum bezogen als nicht verlässlich

463 Virilio, P. zitiert nach Berg, J. 2005, 23.

464 Heine, H. zitiert nach Berg, J. 2005, 23.

465 Siehe Auer, G. 1998, 130.

466 Auer, G. 1998, 130.

467 Siehe Löw, M. 2001, 34.

468 Foucault, M. 1992, 43.

erfahren wird, führen die immer komplementär zur Innenraumfarbe sich ändernde Farben des Aus- und Eingang zu weiterer Unsicherheit.

Für die körperliche Wahrnehmung wurde beschrieben, dass die Augen, nachdem sie zunächst sich bewegend einen Haltepunkt suchen, in einem latenten Schielen stillgestellt werden. Selbst auf dieser organischen Ebene lassen sich also kaum Veränderungen wahrnehmen. Kurzum, mit der Unsicherheit über die Farbwechsel, wird auch deren strukturierende Kraft fragwürdig. Die Wahrnehmung von Zeitlichkeit wird völlig verunklärt.

Anders herum ist die immer wieder kippende Wahrnehmung als Raum oder Fläche und die Wahrnehmung von Farbe eine Realisierung der Zeitlichkeit der Wahrnehmung selbst. Veränderlichkeiten in der Wahrnehmung, ob objektiv begründet oder nicht, finden im *Prozess* der Wahrnehmung statt. „Indem die Kunstwerke Turrells nichts anderes mehr thematisieren als die Prozesse des Wahrnehmens und Erscheinens selbst, ist es eben deren Zeitlichkeit, die erscheint und wahrnehmbar wird.“[469] Rezeptionszeit und rezipierte Zeit fallen bei Turrell zusammen, das Licht der Installation existiert nicht als „Gegebenheit im Sinne eines Tatbestandes“[470], sondern nur als Phänomen sui generis, das nur in der Wahrnehmung existiert, als rezipierte Zeit. Es wird also die Zeit selbst, die ästhetisch erlebbar und überhaupt Inhalt der Performance wird.[471] Die Präsenz des Phänomens, zusammen mit der aufmerksamen Wahrnehmung durch den Betrachter, bilden dabei eine Einheit der Gegenwart des Gegenwärtigen.[472] Es wird also Gegenwärtigkeit erfahrbar.

Indem *Bridget's Bardo* nur wahrnehmend sich verwirklichen kann, gilt das wahrnehmende Subjekt als dessen Voraussetzung und damit als die Bedingung der Möglichkeit der Erlebensweise von Zeit. Zeit muss folglich eine relative Größe darstellen. Schon nach Einsteins relativistischer Raum-Zeit-Theorie hat jeder Mensch seine eigene Zeit.[473] Auch Evolutionstheorie und Entwicklungspsychologie machen deutlich, dass von Zeit nur in Bezug auf menschliches Bewusstsein gesprochen werden kann.[474] Auch Kant sieht die Wahrnehmung von Ereignissen in

469 Schürmann, E. 2004, 95.

470 Schürmann, E. 2004, 103.

471 Siehe Schürmann, E. 2004, 96.

472 Siehe Schürmann, E. 2004, 97 und 104.

473 Siehe Mainzer, K. 1996, 44.

474 Siehe Kather, R. 2000, 2. Die objektive, quantifizierte Zeit hat sich erst mit den verschiedenen Messmöglichkeiten von Zeit herausgebildet. Qualitativ

zeitlichen Reihenfolgen als Leistung des Bewusstseins an (allerdings ist die Vorstellung von Zeit bei ihm a priori und nicht erst sich herstellend gedacht).[475] Damit hängt das Zeitempfinden nicht nur von der Dauer äußerer Reize und der Anzahl der Informationen ab, sondern auch von der Intention und der Aufmerksamkeit der Zuwendung durch den Erlebenden.[476] Der Wahrnehmende verknüpft die Ereignisse nach unterschiedlichen Kriterien, Intentionen und Wertungen - auch kultur- und epochenabhängig - und nimmt Zeit je nach Kontext anders wahr.[477]

Für *Bridget's Bardo* gilt demnach, dass unter weitgehender Reizdeprivation, in der das homogene Licht die einzige visuelle Information darstellt, auf der Basis äußerer Einwirkungen kein Bewusstsein von einem bestimmten Zeitverlauf gebildet werden kann. Zwar mag der Kontext der ästhetischen Betrachtung einer Installation im Museum dem Betrachter bewusst sein, doch die abgeschlossene Welt *Bridget's Bardos*, die ihn in ihrer Fremdartigkeit vollkommen umschließt, bietet sich an sich kontextfrei dar. Ohne die Möglichkeit eines Rückbezugs auf Bekanntes, kann der Betrachter zwangsläufig nur offen und erwartungsfrei auf das neue Zeiterleben hin eingestellt sein, dem er haltlos ausgesetzt ist. In seinem Gespanntsein oder seiner Verwunderung darüber, was ihn umgibt und was wohl passieren wird, steht er der Zeit gegenüber oder mitten in ihr. Da keine Veränderungen eintreten, 'wartet' er vergeblich in seiner Offenheit. Es werden ihm keine Signale geliefert, die seinen Zustand beenden oder verändern, alles bleibt gleichförmig. Fest steht, dass wie auch immer geartet, die abgeschlossene Welt in *Bridget's Bardo* ihre eigene Zeitrealität zu haben scheint, die mit der 'äußeren' Zeit nicht korrespondiert. Was Ahrens über eine Arbeit Jürgen Albrechts schreibt, scheint damit auch auf Turrell zuzutreffen:

> „In einer dramatischen Verdichtung des Lichts schärft sich die Konzentration unserer Wahrnehmung. Wir folgen einer anderen Zeit, sobald sich der Blick an die Proportionen dieser ar-

---

erlebte Zeit und quantitativ gemessene Zeit haben sich dann voneinander abgetrennt; das quantitative Maß der Zeit ist von seinem Inhalt losgelöst, während sich qualitatives Zeiterleben stark auf diesen stützt. Erst im Heranwachsen kann Zeit aber überhaupt synthetisiert werden, vorher lebt das Kind nur in der Gegenwart. Siehe Kather, R. 2000, 2 und 11f.

475 Siehe Kather, R. 2000, 13.

476 Siehe Kather, R. 2000, 15.

477 Siehe Kather, R. 2000, 4.

chitektonischen Welt gewöhnt hat. Eine Welt wie im Traum, ein Raum der Vorstellung erschließt sich."[478]

Das kulturbedingte Tempo mit dem wir gewohnheitsmäßig unsere alltägliche Welt wahrnehmen, läuft im *Wolfsburg Projekt* ins Leere. Das Auge ist es gewohnt, nach einer schnellen Abfolge von Bildern zu suchen und ihr zu folgen, doch Turrell kontert mit einer „ruhenden Dauer der Anschauung"[479]. Der Blick ist hier gezwungen sich zu versenken, keine Oberflächen bieten ihm Widerstand.[480] Als solches scheint die Zeit nicht mit den etwaigen Farbwechseln zu vergehen, sondern vielmehr als „Kontinuum eindrücklicher Erfahrung"[481] erlebt zu werden. Die in latentem Schielen stillgestellten Augen korrespondieren mit dieser Setzung. Die eindrückliche Dauer scheint jedoch ebenso mit der Erfahrung von Präsenz, mit der Gegenwärtigkeit von Gegenwart ineins zu fallen. Der Biokinetik der Natur entstammend, ist diese Gegenwart zyklisch, aber instabil[482], also genau wie die Erfahrung des Wahrnehmenden, der sich zeitlich nicht orientieren kann.

Zeit sei nichts, sie bestehe nur infolge der sich in ihr abspielenden Ereignisse. Zeit sei das, worin sich Ereignisse abspielen, definiert Heidegger.[483] Ähnlich argumentiert Aristoteles: „Da bei der Zeit keine festen Einheiten vorliegen, kann man sie nur messen, indem man sie zu Bewegungen in Beziehung setzt."[484] Bewegung und Zeit bedingen sich dabei gegenseitig, ohne Zeit keine Bewegung, ohne Bewegung keine Zeit.[485] Diesen beiden Theoretikern folgend, wäre die Zeit in *Bridget's Bardo* bis zur Unendlichkeit, bis zur Schwelle der Wahrnehmbarkeit verlangsamt, um nicht zu sagen stillgestellt, da die Installation an sich nur ganz sublime, zyklische Veränderungen aufweist. Die einzigen Bewegungen und Veränderungen, die wahrnehmbar sind, sind jene, die der Betrachter an sich selbst erfährt. Damit wird die Erfahrung der Zeit an ihn selbst rückgebunden. Seine eigenen Bewegungen erfährt er wohl zwar in ihrer Sukzession, jedoch in einer Umgebung, die stillgestellt (fast) keine Anzeichen für das Vergehen von Zeit aufweist. Bewegungen in *Bridget's Bardo* scheinen weder für den Raum

---

478 Ahrens, C. 1998, 101.

479 Ahrens, C. 1998, 104.

480 Siehe Ahrens, C. 1998, 104.

481 Ahrens, C. 1998, 104.

482 Siehe Auer, G. 1998, 133.

483 Siehe Heidegger, M. 1989, 7f.

484 Kather, R. 2000, 6.

485 Siehe Kather, R. 2000, 6.

oder seine Erfahrung, noch für die Zeit oder ihre Erfahrung Konsequenzen zu haben. Wenn In-der-Zeit-Sein als leibliche Erfahrung der Bewegung/Veränderung aufzufassen ist, so muss der Eindruck entstehen, als bewege er sich in einer Art Nicht-Zeit, das heißt in einer Zeit, die nicht vergeht, die dauernde Gegenwart zu sein scheint und die seine Körperbewegungen in ihrer Gegenwart kondensiert.

Mit Bergson, für den Zeit reine Dauer darstellt, könnte sich diesem paradox anmutenden Phänomen angenähert werden. Dauer oder *durée* bedeutet für ihn 'erlebte Zeit', ein organisches und qualitatives Geschehen, das nicht wie gewohnt quantifiziert werden kann und sich ebenfalls der intellektuellen Rede entzieht.[486] Wenn er Dauer als „Sukzession ununterschiedener Mannigfaltigkeit" fasst, „deren Momente einander durchdringen"[487], muss auch die Gegenwart eine gewisse Dauer beanspruchen.[488] Da nach Bergson Zeiterfahrung von der subjektiven Wahrnehmung als gelebte Intuition verstanden wird, wird es möglich Gegenwart bis zur Ewigkeit zu dehnen.[489] Zeit scheint nach ihm auf Dauer (still-)gestellt werden zu können. „Es ist unser Ich, das dauert"[490], das scheinbar dauern kann, trotz der neurophysiologisch belegten Begrenzung zeitlicher Integrationskraft auf drei Sekunden, die eine Jetzt-Empfindung nur für diesen Zeitraum ermöglicht.[491] Dem entspricht auch Suarez' Auffassung, dass „alles unveränderlich Beharrende [...] solange nicht nur dem Werden und Vergehen in der Zeit, sondern dem Fluß der Zeit oder - wie er sich stattdessen ausdrückt - der Zeit als sukzessiver Dauer entzogen ist, wenn es auch mit dieser koexistiert."[492] Trotz des offenbaren Fortschreitens der objektiven Zeit, kann 'daneben' Zeit in ihrer Unveränderlichkeit stehen bleiben und als Gegenwärtigkeit erfahren werden. Diese verlängerte Gegenwärtigkeit wird zudem nach Heidegger „nie lang, weil sie ursprünglich keine Länge hat."[493] Wie 'lang' die Gegenwart ist, liegt folglich im Auge des Betrachters. Gibt es keine Anhaltspunkte für den Zeitverlauf, besteht die Bedingung einer Möglichkeit der andauernden Gegenwart, einer stillgestellten Zeit.

---

486 Siehe Meyer, P. M. 1999, 234.

487 Schürmann, E. 2004, 99.

488 Siehe Kather, R. 2000, 16.

489 Siehe Mainzer, K. 1996, 103.

490 Mainzer, K. 1996, 103.

491 Siehe Mainzer, K. 1996, 104.

492 Schmitz, H. 2004, 37.

493 Heidegger, M. 1989, 19.

Selbst wenn Dauer als Zeitverlauf erfahren wird, wird der Betrachter Schwierigkeiten haben dies festzumachen und für sich selbst zu bestätigen. Mit Norbert Elias muss davon ausgegangen werden, dass Zeitbestimmung immer auf ein Bezugssystem angewiesen ist, mit dem eine Sequenz verknüpft werden kann. In der abgeschlossenen Welt *Bridget's Bardos* fehlt aber jeglicher Bezugsrahmen, es können keine 'Meilensteine' errichtet werden. Für die Konstitution eines 'Vorher' und 'Nachher' muss - wie auch schon nach Augustinus - zunächst das Gedächtnis Geschehensabfolgen zusammen ins Auge fassen und verknüpfen können.[494] Was im *Wolfsburg Projekt* ins Auge gefasst werden kann, ist aber nur homogene Gleichförmigkeit, die dem Gedächtnis keine Zusammenschau erlaubt, da das Wahrgenommene als einziger Eindruck gespeichert werden kann, selbst wenn sich dieser zeitlich erstreckt. Innerhalb des Eindrucks ist demnach schwerlich ein 'Früher' oder 'Später' auszumachen. Die Erfahrung des Lichtraums gestaltet sich als ein 'Bild', dessen subtile Farbwechsel am So-Sein des Eindrucks nichts zu ändern vermag, der Farbzyklus scheint in der Erfahrung der Gegenwärtigkeit aufzugehen. Andersherum kommen die vielleicht sukzessive in ihrem Kippen wahrgenommenen Seinsmöglichkeiten der Installation als Fläche oder Tiefenraum tatsächlich simultan vor. Simultanität liegt demnach sowohl in der Wahrnehmung, obwohl sie ihr nicht zugrunde liegt, als auch im Wahrgenommenen, wo sie verkannt wird.

Wenn Zeiterfahrung im Subjekt liegt, wird, so Heidegger, die Frage nach der Zeit auf die Betrachtung des Daseins verwiesen. Er sieht das Dasein als Zeit selbst: „es *ist* in der Weise, sein Da zu sein“[495] und in seinem In-der-Welt-Sein ist das Dasein gelichtet, ist es selbst die Lichtung.[496] Demnach wäre das lichtige Licht in *Bridget's Bardo* endgültig als Präsenz an sich belegt. Zudem ist dadurch der Betrachter als besonders gelichteter und in der stillgestellten Zeit der Gegenwart als affektiv betroffen Seiender, also sich in seiner gegenwärtigen leiblichen Präsenz sich Erfahrener, gesetzt. „Im Zeitraum der Rezeption wird der Anblick des Himmels [in diesem Falle des Ganzfelds] zur ausgedehnten Erfahrung von Anwesenheit – der eigenen Anwesenheit wie auch der des Rezipierten.“[497]

---

494 Siehe Elias, N. 1984, 42-45.

495 Schmitz, H. 2004, 29.

496 Siehe Schmitz, H. 2004, 29.

497 Schürmann, E. 2004, 98.

Indem die Aufmerksamkeit darauf konzentriert ist, was nur in diesem gegenwärtigen Augenblick geschieht, stellt sich Präsenz ein, das heißt reine Aufmerksamkeit für die Gegenwart. Wie gezeigt wurde, ist diese Gegenwart nicht als flüchtiger Moment zwischen Vergangenheit und Zukunft aufzufassen, sondern als Ermöglichungsdauer. Der der Lebenswelt komplementär entgegengesetzte Zustand der Reizlosigkeit, der keine Reaktion erfordert, macht frei zu sich selbst zu kommen, schafft Raum für Spontaneität und Kreativität. In der Gegenwart scheint sich analog zum stoischen Kairos, wie in einem Brennpunkt, der gesamte Welthorizont zu spiegeln, mit dem der Betrachter in vollkommenem Einklang steht und sich als lebendiges Glied des Weltganzen fühlen kann. Die Konzentration auf die Gegenwart kann also statt zu einer Verengung, zu einer Weitung des Realitätsbewusstseins führen.[498] „Ist man wirklich präsent, dann entdeckt man, daß die Gegenwart Vergangenheit und Zukunft enthält, da sie ja in gewisser Weise der Durchgang zwischen beiden ist. So erscheint gerade in der Flüchtigkeit der Gegenwart die ewige Gegenwart des Seins."[499] Durch die zeitliche Synthese von Vergangenheit und Zukunft wird Erlebtes als Einheit erfahren.[500] Wenn Ewigkeit durch raum- und zeitlose Gleichzeitigkeit gekennzeichnet ist[501], kommt *Bridget's Bardo* dem Eindruck von Ewigkeit nahe. Zwar ist es objektiv nicht raum- und zeitlos. Dies weiß auch der Betrachter, doch wenn er sich auf die Ganzfelderfahrung einlässt, wird es ihm durch Schaffung der Voraussetzungen einer raum- und zeitlosen Erfahrung (ohne Perspektive und Sukzession) von Gleichzeitigkeit und Präsenz ermöglicht, trotz besseren Wissens einem Ewigkeits- und Weltzugehörigkeits-empfinden nahe zu kommen. Wenn er sich darauf einlässt, was ihn umgibt, muss es seine Sinne und ihn selbst übersteigen und ermöglicht eine überwältigende Erfahrung von Einheit.

4.2.7 Exkurs: Im Rausch des ... Rituals?

Die Möglichkeit dieses transzendentalen Einheitsempfindens mit der Welt macht eine weitere Ebene auf, die sowohl eng mit dem Licht, als auch eng mit dem Performativitätsdiskurs verbunden ist. Wie schon in der Einleitung bemerkt, wurde Licht schon seit jeher mit Macht und Anwesenheit assoziiert. Des Weiteren sind transzendentale, im Sinne

---

498 Siehe Kather, R. 2000, 8.

499 Kather, R. 2000, 8.

500 Siehe Kather, R. 2000, 16.

501 Siehe Kather, R. 2000, 9.

von rituellen Erfahrungen auch Teil performativer Theorien. Aufgrund dieser doppelten Relevanzstruktur, die die beiden zentralen Kategorien dieser Arbeit mit Licht und Performativität beinhaltet, sollte es nicht versäumt werden, auf mögliche rituelle Wirkweisen *Bridget's Bardos* Bezug zu nehmen. Turrell selbst berechtigt mit seinen Äußerungen über möglicherweise spirituelle Qualitäten seiner Arbeiten zu einer Befragung dieser Ebene in *Bridget's Bardo*.[502]

Für eine potentiell spirituelle Auslegung würden sich die Erfahrung der Vermischung von Innenraum und Außenraum des Betrachters anbieten sowie die zeitliche Erfahrung konzentrierter Gegenwärtigkeit und das Wahrnehmen eines 'inneren Lichts'. So erklärt Turrell, dass das Licht der Dämmerung den Menschen berühre, und aufgrund der Verwandtheit zum Licht in der Höhle das innere Licht erwecke, während direktes Licht entgeistere.[503] Der „'infinite innerspace'"[504], als welcher *Bridget's Bardo* wahrgenommen werden kann, erhält, mit Turrells Interesse für östliches Denken, die Bedeutung einer 'inside-out' Erfahrung, die in der östlichen Denkweise zur Offenbarung mystischer Wahrheiten und zur Überwindung des Zwiespalts von Leib und Seele führt. Das 'Abtauchen' in *Bridget's Bardo* kann so auch als Gang in das eigene Innere verstanden werden, ähnlich des 'inner light', das mit geschlossenen Augen oder im Traum wahrnehmbar ist.[505]

> „Wenn wir uns mit dem Licht befassen, kommen wir in Bereiche, wo Wissenschaft und Kunst, westliche Erkenntnistheorie und östliches Denken - Zen oder buddhistische Ideen - nicht mehr unvereinbare Gegensätze darstellen, sondern sich gegenseitig ergänzen."[506]

Das Licht des Sonnenaufgangs als Wiedergeburt der Welt und als Erlöser kann als eine der ältesten Menschheitsvorstellungen überhaupt gelten.[507] In Tempeln und Synagogen repräsentiert die Öllampe die Anwesenheit Gottes.[508] Nach Kirchmann artikuliert sich an der Frage nach dem Licht nach wie vor grundlegend eine Reflexion über Einheit und Vielheit, Unterscheidendes und Unterschiedenes und Zeitlichkeit und Ursprung. In diesem Sinne stelle es auch immer eine Frage nach

---

502 Siehe Brüderlin, M. 2009, 135.

503 Siehe Weber, P. 2009, 27.

504 Brüderlin, M. 2009, 127.

505 Siehe Brüderlin, M. 129.

506 Turrell, J. zitiert bei Brüderlin, M./Kirschner, E. B. 2009, 105.

507 Siehe Schivelbusch, W. 1998, 24.

508 Siehe Schwarz, M. 1998, 88.

der Selbstverortung des Menschen zwischen Sein, Ewigkeit und Nichtsein hinsichtlich des Ursprungs allen Seins dar.[509] Das Licht fungiere als Ort der Aufhebung von Dichotomien wie Zeit und Zeitlosigkeit, Raum und Unendlichkeit.[510] Die Stunde der Lichtwerdung als Ausgangspunkt aller Zeiten symbolisiere gleichzeitig den Beginn der Differenzierung sowie die Rückgebundenheit an die alles umfassende Ungeschiedenheit des Geschiedenen im Licht der Sonne.[511] Zeit sei dabei als Modus einer Teilungsoperation zu verstehen, so dass Zeit selbst 'Teil' oder 'Abgeteiltes' bedeute, welche in Ritualen an jene 'Ur-Zeit' zurückgebunden werde, als das Ritual erstmals vollzogen wurde. Profane Zeit und Dauer werden sodann im Ritual aufgehoben.[512] Über das Religiöse hinausgehend, sollen es auch historische Zäsuren und Neubeginne vermögen, den profanen linearen Zeitablauf aufzuheben.[513] Diese Vorgänge spielen sich zudem in Räumen ab, die von den Räumen alltäglichen Lebens geschieden sind und in denen sich eine „symbolische Befriedung der [...] Paradoxien und Antagonismen ereignen kann."[514]

Kirchmanns Erläuterungen erscheinen zwar einleuchtend, können aber auf *Bridget's Bardo* schwerlich zutreffen. Sind die Verbindungen von Licht und Macht oder Licht und Schöpfung, wie sie dargestellt wurden, kulturgeschichtlich symbolisch gedacht und steht eine ganze Kosmologie hinter ihnen, gibt das *Wolfsburg Projekt* keinen Anlass dazu das Licht symbolisch zu verstehen. Dass die umfassende Einheit trotzdem empfunden wird, muss anders als symbolisch erklärt werden können. Möglicherweise gibt es einen Teil an Kirschmanns Ausführungen, die nicht symbolisch gestützt ist. Nur was mit biologischer Erfahrung zusammenzudenken ist, ist relevant. Inwiefern kann das transzendentale Einheitsempfinden über ein Konzept von Ritualität nun aufgeklärt werden?

Zur Beantwortung dieser Frage ist vorrangig festzuhalten, dass es sich bei *Bridget's Bardo* um eine ästhetische Erfahrung handelt. Ein Zusammenhang von ästhetischer Erfahrung und Ritual kann nur über Performativität gedacht werden. Rituale lassen sich als Performanzen

509 Siehe Kirchmann, K. 2000, 20f.

510 Siehe Kirchmann, K. 2000, 12.

511 Siehe Kirchmann, K. 2000, 14f.

512 Siehe Kirchmann, K. 2000, 22-25.

513 Siehe Kirchmann, K. 2000, 26f.

514 Kirchmann, K. 2000, 29.

abseits der Alltagswelt verstehen.[515] Richard Schechner findet als formale Übereinstimmungen zwischen beiden den Begriff des 'actual', der mit 'wirklich', 'gegenwärtig', 'effektiv' oder 'eigentlich' übersetzt werden kann.[516] Performance und Ritual stellen demnach eigentliche Handlungen dar, und Wirklichkeit her. Soweit kann Schechners Ansatz von Ritual auf *Bridget's Bardo* übertragen werden, das, indem es nichts als sich selbst zeigt, wirklichkeitskonstituierend wirkt. Auch van Genneps Dreiphasenmodell der Ablösung, Liminalität und Wiedereingliederung[517] kann auf Turrells Projekt projiziert werden. Die Wartephase vor der Absperrung mit Gruppenfindung, Erklärungen und Anlegen der Schuhüberzieher bereitet auf die Lichtinszenierung vor und löst die Besucher langsam vom übrigen Museumsraum ab. Noch stärker wird die Ablösung mit Passieren der Absperrung, die sich hinter der Gruppe wieder schließt. Zu diesem Zeitpunkt sowie mit Betreten der Rampe, befindet man sich auf einem 'Zubringer' in den jetzt als liminal auffassbaren Raum der Performance. Indem die Betrachter hindurchgeschleust werden und nur für eine bestimmte Dauer in diesem Raum verweilen dürfen, bekommt der Innenraums *Bridget's Bardos* den Charakter eines liminalen Übergangsraums. Zudem ist dies der Ort, an dem das 'actual' stattfindet. Mit dem Wiederaustritt in den 'Ausstiegsraum' bleibt der Betrachter mit der Installation zwar noch verbunden, wird aber gleichzeitig wieder in den musealen Raum eingegliedert. Der Ausstiegsraum ist dennoch als weiterer Zwischenraum zu werten, der noch zur Performance gehört, bevor die weiteren Ausstellungsräume sich anschließen.

Was die besondere Rahmensetzung angeht, die für ein Ritual (aber auch für Performance) notwendig ist[518], ist zu sagen, dass durchaus keine Übereinstimmung oder Zustimmung unter den Betrachtern getroffen wird, dass ein Ritual stattfinden soll. Die Übereinstimmung besteht eher darin, dass eine ästhetische Erfahrung im musealen Kontext gemacht werden soll. Diese jedoch wird mit dem Eintritt in den Innenraum *Bridget's Bardos* jäh durchbrochen. In dieser eigenen, den Betrachter völlig einhüllenden Welt gerät der Kontext Museum aus dem Blick. Angesichts dieser völlig andersartigen, symbol- und zweckfreien Situation, kann kaum ein Kontext hergestellt werden. Rein gefühlsmäßig übersteigt er einen ästhetischen Kontext um eine existenti-

---

515 Siehe Rao, U./Köpping, K.-P. 2000, 2.

516 Siehe Schechner, R. 1977, 8.

517 Siehe Rao, U./Köpping, K.-P. 2000, 7.

518 Siehe Rao, U./Köpping, K.-P. 2000, 2 und 6.

elle Komponente. Die Rahmung könnte ganz allgemein lauten: der Alltagswelt und der Routine entzogen als fundamental Anderes.

In diesem abgesonderten Raum sollte nach Turner der Zustand des Liminalen, als Einbrechen fremder, ungezügelter Kräfte, als Rausch, in die soziale Wirklichkeit eintreten.[519] In einer per se künstlerisch künstlichen Situation lässt sich nur bedingt von sozialer Wirklichkeit sprechen. Das Einbrechen fremder Kräfte lässt sich in *Bridget's Bardo* mit der Unfassbarkeit des umgebenden Raumes und der umgebenden Zeit, mit dem scheinbaren Einbruch des Raums in den Betrachterkörper und mit der überbordenden Präsenz des Lichts hingegen durchaus bestätigen. Wenn nach Caillois rituelle Performanzen zugleich das 'Echte' und das 'Gespielte' sind[520], wären es in Wolfsburg der objektiv vorhandene Raum und der phänomenal (nicht) wahrgenommene Lichtraum als materielle Fläche oder dimensionslose Tiefe mit seiner ihm eigenen Zeitlichkeit. In seiner Mehrdeutigkeit und Ambivalenz, die nicht das eine oder das andere, sondern mehreres zugleich und simultan ist, geht der Performanceraum in Wolfsburg mit rituellen Räumen konform.[521] Auch, dass die Wirkmacht von Ritualen nicht an körperlich oder materiell konkreten Größen festgemacht werden kann, sondern dass eine ihnen eigene Virtualität den rituellen Charakter ausmacht, passt zu der gleichsam virtuellen Wahrnehmung von Raum, Zeit und Licht in *Bridget's Bardo*.[522]

Eine transformative performative Kraft, die identitätsbildend wirken kann, kann in der liminalen Phase ebenfalls ausgemacht werden, wenn der Betrachter sich selbst in seiner Präsenz und Weltverbundenheit erfährt und so als physisch und sinnlich 'gereinigt', eventuell mit einer veränderten Wahrnehmung wieder in die Welt hinaustritt.[523] Möglicherweise könnte die Zeiterfahrung der Gegenwärtigkeit sogar mit einer Reaktualisierung der mythischen Schöpfungszeit oder der Zeit der eigenen Geburt in Verbindung gebracht und als Teilhabe an der Ganzheit der ursprünglichen Zeit angesehen werden.[524]

---

519 Siehe Rao, U./Köpping, K.-P. 2000, 4.

520 Siehe Rao, U./Köpping, K.-P. 2000, 4.

521 Siehe Rao, U./Köpping, K.-P. 2000, 9.

522 Siehe Rao, U./Köpping, K.-P. 2000, 10. Mit Virtualität ist hier die gestaltende und hervorbringende Kraft des Wahrnehmungsvorgangs gemeint, sowie die Potenz des Werkes (der Geste, des Raums, des Rituals) auf verschiedene Weisen in Erscheinung zu treten. Siehe Schürmann, E. 2004, 100.

523 Siehe Rao, U./Köpping, K.-P. 2000, 6f und 11.

524 Siehe Schechner, R. 1977, 12.

Um als Ritual eingestuft zu werden, fehlt es *Bridget's Bardo* jedoch an ganz grundlegenden Eigenschaften, angefangen bei der Rahmensetzung, die ganz und gar nicht als Ritual gedacht wird, über das Fehlen einer gemeinschaftlichen communitas- Erfahrung, die die Gemeinschaft erneuert, bis hin zur Produktion gesellschaftlicher Bedeutung und Kommunikation.[525] Zwar wird in der gemeinsamen körperlichen Anwesenheit eine Art Gemeinschaft thematisch, jedoch wirkt die Performance an sich nicht gemeinschaftsstiftend. In der subjektiven Wahrnehmung und Bedeutungszuschreibung bleibt jeder Teilnehmer auf sich allein gestellt. Ohne Symbole, ohne eigentliche Handlung und jenseits kulturgeschichtlicher Rahmung, kommt *Bridget's Bardo* ohne jegliche Kosmologie aus, die eine rituelle Bedeutung hervorbringen könnte. Es fehlt jegliche kulturell vorgegebene Wertefolie, auf deren Basis in der Wiederholung des Rituals die Bedeutung re-aktualisiert würde.[526] Zwar findet bezogen auf das Licht eine Verdichtung und Redundanz (das pure, intensive, alleinige Licht) als Merkmale von Ritualität statt, doch führt diese zu einer einseitigen Intensivierung des Lichts und nicht zur Verschmelzung inhaltlicher Elemente, die über verschiedene sensorische Kanäle zu einem einheitlichen Erlebnis zusammengefasst werden könnte, wie es Tambiah vorsieht.[527] Auch die Akteurstruktur ist einseitig, es gibt keine Offiziellen, die zur Durchführung eingesetzt wurden und das Geschehen beglaubigen und mit Ernst und Sinn erfüllen.[528] Ohne autorisierte Personen und Kosmologien kann kaum ein Glaube an das Wahrzunehmende entstehen, der über das rein Phänomenale hinausginge, es entsteht kein rituelles committment.[529] Es steht für die Betrachter in *Bridget's Bardo* nicht ihre persönliche Integrität, ihr Scheitern oder Gelingen als Person, ihre Kosmologie oder ihr persönlicher oder sozialer Lebensentwurf auf dem Spiel.[530] Konsequenzen sind hier nur ästhetischer Art.

Es schien zunächst so, als ließe sich die Wirkung von *Bridget's Bardo* auf ihre mögliche Verwandtschaft zur Ritualität zurückführen. Die Parallelen zwischen Performances und Ritualen sowie die kulturgeschichtliche Verwurzelung des Lichts in rituellen Situationen haben dies nahegelegt. Tatsächlich können einige formale Übereinstimmun-

---

525 Siehe Rao, U./Köpping, K.-P. 2000, 7.

526 Siehe Rao, U./Köpping, K.-P. 2000, 7.

527 Siehe Tambiah, S. J. 1979, 130 und 163.

528 Siehe Tambiah, S. J. 1979, 16.

529 Siehe Rao, U./Köpping, K.-P. 2000, 19.

530 Siehe Schechner, R. 1977, 24f.

gen gefunden werden, jedoch kann die Lichtperformance keinesfalls, vor allem nicht inhaltlich, als Ritual eingestuft werden. Die Übereinstimmungen *Bridget's Bardos* mit Merkmalen von Ritualität müssen dabei nicht unbedingt verworfen werden. Sie können weiterhin als Verständnishilfe gebraucht werden, auch wenn sie nicht zu einer prinzipiellen Betrachtung als Ritual führen können.

Wenn die Auswirkungen der Installation, wie die auch in Ritualen vorkommende 'wholeness' Erfahrung[531], das Zurückgeworfensein auf 'primitive' basale Erfahrungen, das starke Empfinden von Gegenwart sowie eine Übermächtigung durch eine 'larger-than-life' Erfahrung nicht auf rituelle Prozesse zurückzuführen sind, muss eine andere Erklärung für sie gefunden werden. Symbolische oder kosmologische Erklärungen sind gescheitert. Da die Lichtinszenierung stark auf das subjektive Erleben abhebt und wahrnehmungsphysiologische sowie phänomenologische Prozesse eine große Rolle zu spielen scheinen, könnte eine Erklärung auf dieser Ebene angesiedelt sein.

Walter Benjamin beschreibt eine (profane) Erleuchtung im Zusammenhang mit einem tiefen Versunkensein in die Welt, mit dem Vordringen ins Wesen der Dinge: „Der Leser, der Denkende, der Wartende, der Flaneur sind eben sowohl Typen des Erleuchteten wie der Opiumesser, der Träumer, der Berauschte."[532] Im Versunkensein schließt der Erleuchtete mit den Dingen eine Einheit von Subjekt und Objekt.[533] In Benjamins profaner Erleuchtung spielt offenbar sowohl eine Offenheit auf die Dinge hin, wie auch eine Konzentration in der Versenkung eine Rolle. Damit begründet er die Erleuchtung im Wahrnehmungszustand des Subjekts selbst und nicht auf einer symbolisch-mythologischen oder kosmologischen, jenseitigen Folie.

Mit dem Stillstellen der Augen angesichts des Ganzfelds wurde für *Bridget's Bardo* schon eine Art Versenkung in das Licht angenommen. Wie Brigitte Marschall zudem erläutert, kann der Wahrnehmungszustand durch Lichtverhältnisse rauschhaft verändert werden. Indem reale Parameter der Raumerfahrung und der empirischen Zeit im Licht „verdunsten"[534], macht es verborgene Strukturen sichtbar, die realiter unsichtbar sind.[535] In diffusem Licht erscheinen die Bilder der Wahr-

---

531 Die 'wholeness' Erfahrung meint eine tief empfundene Erfahrung der Ganzheitlichkeit und Einheit mit der Welt.

532 Benjamin, W. 1991, 308.

533 Siehe Marschall, B. 2008, 67.

534 Marschall, B. 2008, 68.

535 Siehe Marschall, B. 2008, 68 und Ahrens, C. 1998, 135.

nehmung ebenso inkohärent, wie im Traum, schreibt sie weiter. Lichtphänomene und optische Sensationen machen nach ihr die Leitbilder des Berauschtseins aus und sind Kennzeichen für das Auftreten von Visionen. Wahrnehmungsveränderungen sind in erster Linie visuelle Phänomene.[536] Mit Lichtvisionen gehe eine gesteigerte sinnliche Wahrnehmung einher[537], vielleicht ähnlich der Konzentration und Offenheit bei Benjamin. Das Licht wirke als immaterielle Droge, die in einer buchstäblichen Reizüberflutung zu mentalen und körperlichen 'Trips' führen kann, die Zeit, Raum und Ratio aufheben.[538] In *Bridget's Bardo* würde sich die Reizüberflutung ausschließlich auf eine Licht-Reiz-Überflutung beziehen, die alle anderen Reize mit überflutet, da ansonsten eine totale Reizdeprivation festgestellt wurde. Akustische Reize, Bewegungsreize, räumlich Reize, Gerüche und so weiter fehlen völlig im *Wolfsburg Projekt,* so dass die Überflutungserfahrung auf dem einen, optischen Sinneskanal besonders eindringlich erfahren wird. „Durch den gezielt hervorgerufenen Zustand der Ekstase findet Wahrnehmung nicht mehr optisch, akustisch oder haptisch statt, sondern auf der Ebene zellulärer Bewusstheit."[539] Für den Stroboskopeffekt beschreibt Marschall den Niederriss physiologischer Schranken zwischen den Hirnregionen, der zu höheren Bewusstseinszuständen führe. Die verstandesgeleitete Kontrolle wird ausgeschaltet, was zur Folge hat, dass die Sinneseindrücke unmittelbar erlebt werden und direkt auf die Psyche wirken. Licht wird so zu einem bewusstseinsbildenen Faktor.[540] Das Licht, das nichts anstrahlt, sondern sich selbst zeigt, weist fort von äußeren Phänomenen, es „öffnet sozusagen unser inneres Auge, das gerichtet ist auf diese Verdichtung von Wirklichkeit, in die wir eingetreten sind."[541] Durch die resultierende Konzentration auf den Körper, die verstärkte Wahrnehmung von Rhythmen wie Puls und Atmung, werden diese innerkörperlichen Vorgänge und Zeitstrukturen auf die Außenwahrnehmung projiziert, „bis ein Gefühl der völligen Übereinstimmung mit dem kosmischen Geschehen eintritt."[542] Entgrenzung wird hier als psychophysische Leiberfahrung verstanden[543], nicht als mythische Erweiterung ins Jenseits. Zwar hat es der Betrachter in *Brid-*

---

536 Siehe Marschall, B. 2008, 67,70 und 72.

537 Siehe Marschall, B. 2008, 70.

538 Siehe Marschall, B. 2008, 67, 70 und 78.

539 Marschall, B. 2008, 78.

540 Siehe Marschall, B. 2008, 79.

541 Schwarz, M. 1998, 94.

542 Marschall, B. 2008, 78.

543 Siehe auch Bruns, M. zitiert bei Gehring, U. 2006, 118.

get's Bardo nicht mit Stroboskopeffekten zu tun, jedoch mit einem die gesamte Wahrnehmung ähnlich beeinflussenden, ganzheitlichen Lichtphänomen, welches die Umwelt in vergleichbarer Weise dematerialisiert und die Wahrnehmung überfordert. Insofern können ähnliche bewusstseinserweiternde Vorgänge für *Bridget's Bardo* angenommen werden. Zudem propagiert Turrell selbst die unmittelbare Erfahrbarkeit seiner Arbeiten.[544]

Wie Marschall zeigt, lassen sich Ganzheitlichkeitserlebnisse durch Licht auch ausschließlich in Bezug auf die Diesseitigkeit erklären. Einen ähnlichen Ansatz verfolgt Gehring, wenn sie nachweist, dass das Erlebnis von Erhabenheit - wie sie es für Turrell bezeichnet - traditionell ästhetisch von etwas ausgeht, das die sinnliche Erfahrung des Menschen übersteigt und daher überwältigend wirkt. Erhaben sei nach Burke, was zu stärksten gefühlsmäßigen Bewegungen führt, angesichts von Schmerz, Gefahr und Tod, aber auch von Größe, Unendlichkeit, Gleichartigkeit, ausgeprägter Helligkeit oder Finsternis.[545] Kants Aussage, dass das Erhabene, im Gegensatz zum Schönen „auch an einem formlosen Gegenstand zu finden [ist], sofern Unbegrenztheit an ihm oder durch dessen Veranlassung vorgestellt und Totalität derselben hinzugedacht wird [...]"[546], qualifiziert das Licht als Grundlage eines Erhabenheitserlebnisses. Besonders, wenn es objektunabhängig und herausgelöst aus seinem funktionalen Kontext erscheint, werde es als erhaben empfunden.[547] Alle genannten Eigenschaften, die als Voraussetzung für eine erhabene Lichtwahrnehmung dargelegt wurden, sind bereits für das Licht in *Bridget's Bardo* nachgewiesen worden. Für Kant existiert das Erhabene jedoch nicht durch den betrachteten Gegenstand an sich, sondern in der Empfindung des Betrachters. Erst ein Gefühl des Ausgeliefertseins führt zum Erhabenheitserlebnis. Damit können starke Verunsicherung, Zweifel über das Bestehende, ein Gefühl von Orientierungslosigkeit sowie Gefühle der eigenen Endlichkeit angesichts des unendlichen - in diesem Fall - Farbraumes sowie ein Scheitern am Unfassbaren einhergehen.[548] Demnach ist Erhabenheit immer nur in Bezug zur eigenen Person zu erfahren, als sinnliche Erfahrung des Subjekts im Diesseits.[549] Auf diese Weise wird die Präsenz im Hier

544 Siehe Gehring, U. 2006, 119.

545 Siehe Gehring, U. 2006, 122f.

546 Kant, I. zitiert bei Gehring, U. 2006, 125.

547 Siehe Gehring, U. 2006, 124.

548 Siehe Gehring, U. 2006, 124-126.

549 Für das 20. Jahrhundert ist eine Ablösung des Sublimen vom Schöpfungsgedanken charakteristisch und führt zu einem anthropozentrischen Selbst-

und Jetzt betont und zum eigentlichen Ereignis erhoben, statt wie im Ritual, auf eine vergangene mythische Zeit zu rekurrieren, die reaktualisiert wird[550]: In seiner persistierenden, unwiderlegbaren Präsenz liegt die unerklärliche Wahrheit und die tiefe Faszination.[551]

Die „anthropozentrische Bestätigung des Hier und Jetzt"[552] ersetzt eine rituelle Erfahrung des Übersinnlichen, Jenseitigen, führt aber zu vergleichbaren Wahrnehmungen und Erlebnissen. Mit dem Selbsterlebnis findet statt des Bezugs auf Kultur und Kosmologie, eine Rückbindung an elementare biologische und (neuro)physiologische Vorgänge im Menschen statt. Die Funktion von Sinnen und Organen wird im Erleben derart in den Mittelpunkt gestellt, dass der Wahrnehmende sich als naturhaftes Wesen im Einklang mit der Welt erfährt. Ein Erlebnis, das in unserer hochzivilisierten westlichen Gesellschaft nicht mehr alltäglich sein dürfte. Der Einklang muss - im Gegensatz zu rituellen Erfahrungen, die die Gemeinschaft stärken sollen - jedoch rein subjektiv individuell bleiben, da der Raum nur je individuell und daher auch immer anders wahrgenommen werden kann. Hergestellt wird das Erlebnis dabei mittels hochentwickelter Technologien in einem hochkulturellen (musealen) Kontext. Nach Turrells Diktum, dass auch Kunstlicht natürlich sei, weil wir es sonst in der natürlichen Lebenswelt Erde nicht herstellen könnten, führte die Natürlichkeits- und Einheitserfahrung zu einem Einschluss auch hochzivilisierter Technologien und Entwicklungen, dies jedoch nur vor dem Hintergrund der stets bestehen bleibenden Herkunft und Rückbindung an die Natur. Die so - durch den vom Menschen, nicht von einer jenseitigen Macht, gestalteten Raum - mitgespiegelte Emanzipation des Menschen gegenüber der Natur wird also dennoch als in Einheit mit der Natur gedacht. Weiterhin macht Turrells Arbeit mit ihrer Emphase der subjektiven Wahrnehmung deutlich, „dass nicht nur das Licht, sondern auch die mentale Substanz real ist."[553] Mit der Konzentration auf das Individuum folgt Turrell, als Kind seiner Zeit, einerseits der Individualisierung der Gesellschaft, andererseits (er-)löst er den Einzelnen aus den so essentiell gewordenen Netzwerken, den Verbindlichkeiten und Verpflichtungen (jenseits organischer oder genetischer Verbindungen) und

verständnis, das die Erfahrung von Erhabenheit als diesseitige Erfahrung begünstigt. Siehe Gehring, U. 2006, 123.

550 Siehe Gehring, U. 2006, 122.

551 Siehe Adcock, C. 1990, 215.

552 Gehring, U. 2006, 122.

553 Brüderlin, M. 2009, 145f.

stellt ihn jenseits kultureller Einflechtungen in seinem Menschsein, in seiner persönlichen, eigenen, einzelnen Verbindung vor/in die Natur.

„Eine *gänzlich* von mythischen Gehalten befreite Form *ästhetischer Gestaltung* aber dürfte es wohl niemals gegeben haben“[554], schreibt Kirchmann. Wenn Mythen in *Bridget's Bardo* nicht symbolisch und kosmologisch anwesend sind, können diese höchstens subjektiv assoziativ auf den Plan treten und trotz der Kontextlosigkeit der Lichtperformance Verbindungen zu Macht- oder Schöpfungsthematiken aufrufen. Diese könnten jedoch zu einem Teil auch durch biologische Notwendigkeiten, lebensweltliche Erfahrungen oder Intuition Begründung finden, schließlich wurde das Licht als existentiell notwendiger Lebensfaktor ausgemacht. Derartige Assoziationen können somit ebenfalls, zumindest zu Teilen, durch diesseitige, körperlich-genetische Bedingtheiten erklärt werden.

4.2.8 Bildlichkeit

Nach diesem Exkurs zum Erhabenheitserleben in *Bridget's Bardo* und seinem Verhältnis zu einer möglichen Ritualität, möchte dieses Kapitel zu der Frage zurückkommen, auf welche Art die Performanz des Lichts *Bridget's Bardos* sich dem Betrachter darstellt. Diesem Abschnitt liegt die These zugrunde, dass sich unter der Negierung von Raumerfahrung und der Stillstellung der Zeit in der Gegenwärtigkeit, trotz der körperlichen Begehung eine Wahrnehmung der Lichtperformance als Bild aufdrängt. Wenn der Betrachter jedoch nicht im Raum ist/nicht räumlich zu fassen ist, wo ist er dann? Im Folgenden soll daher unter Berücksichtigung der bisherigen Erkenntnisse über die Lichtinszenierung in *Bridget's Bardo* sowie unter Einbezug der Blicktheorie nach Lacan, der neueren theaterwissenschaftlichen Beschäftigungen mit Bildlichkeit sowie der kunsthistorischen Bildwissenschaften ein Zugang zu Turrells *Wolfsburg Projekt* als Bild hergeleitet werden. Auf dieser Grundlage soll sich schließlich ein allgemein zu fassender theaterwissenschaftliche Bildbegriff auf der Grundlage des Lichts ergeben.

Grundlegend ist zunächst zu sagen, dass *Bridget's Bardo* eine ausschließlich visuelle Performance darstellt. Im Unterschied zu den meisten Performances fehlen Akteure, eine wie auch immer geartete Handlung, Sprachlichkeit sowie auditive Informationen überhaupt. Der explizite Anspruch der Reizdeprivation bringt es außerdem mit sich, dass selbst auf dem einzig verbleibenden, visuellen Sinneskanal

554 Kirchmann, K. 2000, 33. Hervorhebungen im Original.

die Informationen statisch unverändert bleiben. Die Betonung des statisch Visuellen rückt *Bridget's Bardo* schon in die Nähe einer möglicherweise bildartigen Betrachtung. Die bisherigen Untersuchungen zur Räumlichkeit und Zeitlichkeit haben zudem Ergebnisse zutage gefördert, die mit einer noch genauer zu bestimmenden Bildlichkeit verbunden werden könnten. So wurde *Bridget's Bardo* räumlich als eine abgeschlossene Welt beschrieben, die sich zwischen Vernunft und Phantasie oder Traum, also zwischen Vernunft und Imaginärem, verortet. Der Innenraum ist auf die Phänomene von Raum und Fläche hin offen, materielle Begrenzungen werden als dimensionslose Tiefe wahrgenommen, tatsächlicher Tiefenraum wird kippend als Fläche oder ebenfalls als dimensionsloser Raum wahrgenommen. Die Erfahrung von Räumlichkeit wurde verneint. Eine Verortung oder Positionierung des Betrachters in diesem Nicht-Raum gelingt nicht. Als Eindruck eines einzigen 'Hier', kann Raum nur uneindeutig und virtuell, also der Möglichkeit nach, scheinbar wahrgenommen werden.

Was die Zeitlichkeit betrifft, so wurde diese als in simultaner Dauer stillgestellte Gegenwart oder als Dehnung der Gegenwart beschreiben, die dem Zeitfluss entzogen scheint. Die einzige verlaufende Zeit ist die der wahrnehmenden Betrachtung. Da Zeit selbst als ästhetischer Inhalt *Bridget's Bardos* charakterisiert wurde, die Zeit *Bridget's Bardos* aber stillgestellte Gegenwart ist, kann auch die Zeit der Wahrnehmung nur als gegenwärtige und nicht eigentlich im Zeitverlauf erfahren werden.

Die (virtuelle) Wahrnehmung von Tiefenraum wo eine Fläche ist, der abgeschlossene, gleichsam gerahmte Raum dieser eigenen Welt, die Schwierigkeit der Verortung des Betrachters und die komprimierte, stillgestellte Simultaneität scheinen mit der Erfahrung, die gemeinhin mit Bildern gemacht werden, übereinzustimmen. Es bleibt jedoch die Schwierigkeit und der Widerspruch, dass es sich offenkundig, auch in der Wahrnehmung des Betrachters, dennoch um einen Raum handelt, in dem er sich wahrnehmend befindet. Wie kann der Raum also gleichzeitig ein Bild sein? An dieser Stelle kann Lacans Blicktheorie eine Hilfestellung anbieten.

4.2.8.1 Lacans Diagramme

Lacans Diagramme bieten sich auch insofern an, als sie die Verschlingung von Objektwelt und Subjekt, ähnlich wie es Merleau-Ponty beschrieben hat, wieder aufgreifen, als auch auf den Zusammenfall von Raum Bezug nehmen. Nach Lacan stehen sich in der Wahrnehmung das Subjekt der Vorstellung und der Blick als Objekt gegenüber. Dem Begehren des Menschen nach dem Anderen wird von der Blick-Seite durch ein Zu-Sehen-Geben entsprochen. Das Geschaute zeigt etwas von sich (nicht sich selbst), in dem der Schauende seinen Blick deponieren kann. Gleichzeitig wird das Subjekt vom Blick der Dinge erblickt und macht sich unter diesem Blick zum Bild. Was letztlich gesehen wird, ist damit nicht das Objekt selbst, sondern Projektionen, die Objekt und Subjekt von sich selbst auf einem zwischen sie kommenden Schirm geben. Die Dinge blicken das Subjekt an, gehen ihn an. Im Erblicktwerden durch den Blick, der außen schon da ist, wird das Subjekt auf den Schirm oder ins 'Tableau' gerückt. „Das Bild ist sicher in meinem Auge. Aber ich, ich bin im Tableau."[555] Blicken/gehen die Dinge den Betrachter dagegen nicht an, fällt er aus dem Tableau heraus. Das Subjekt ist im Sichtbaren durch den Blick bestimmt, tritt durch ihn ins Licht, denn „was Licht ist, blickt mich an."[556] Da der Lichtpunkt mit dem Raum im Ganzen verbunden ist, kann er das Subjekt ins Feld des Wahrgenommenseins tauchen.[557] In diesem Moment definiert sich der Körper ausschließlich durch sein Gesehenwerden, der Raum schreibt sich in den Körper ein.[558] „Dieser vom Raum aufgenommene und aufgesogene *Körper* des Sehenden Objekts fungiert in diesem Feld von Licht und Undurchdringlichkeit als jener *Schirm*, auf den Lacan nachdrücklich hingewiesen hat."[559] Alle ins Licht getauchten Dinge, Subjekte und Objekte tragen sich in den Grund des Gesehenwerdens ein und werden dort durch den Schirm ersetzt. Dabei geben die Subjekte und Objekte etwas anderes von sich zu sehen, als sie sind, eine Maske, eine abgelöste Haut. Das Subjekt kann sich dabei „eine Vorstellung von seinem Vorgestelltsein bilden"[560] und damit aktiv umgehen. Dabei bezieht sich das Subjekt stets auf das, was als Ursache des im Blickfeld Anwesenden angenommen wird. Es möchte hinter den Blick sehen.[561] Wenn der Blick als Instrument der Verkörperung des Lichts angenommen wird, dann wird das Subjekt unter dem Licht des Blicks *„photo-graphiert"*.[562] Damit gleicht das begehrende Subjekt einem belichteten Bild.[563] Das eigentliche Sehen ereignet sich also nach Lacan zwischen den Dingen und kommt ohne Fixpunkte des Gegen-

---

555 Lacan, J. 1994a, 65.

556 Lacan, J. zitiert bei Haß, U. 2005a, 73.

557 Siehe Lacan, J. 1994b, 75-79 und Haß, U. 2005a, 73.

558 Siehe Haß, U. 2005a. 71.

559 Haß, U. 2005a, 74. Hervorhebungen im Original.

560 Haß, U. 2005a, 76 und Lacan, J. 1994, 77.

561 Siehe Haß, U. 2005a, 76f.

562 Lacan, J. 1994b, 76. Hervorhebung im Original.

563 Siehe Haß, U. 2005a, 77.

überliegenden aus. Damit werden im Sehen geometrale Dimensionen überwunden und der Betrachter wird räumlich nicht in einer bestimmten Distanz vorausgesetzt. Der Schirm unterläuft also eine sichere Verortung des Subjekts. Die Schnittstelle des Schirms, auf dem Sehen sich ereignet und die zwischen Dingen und Betrachter liegt führt also dazu, dass der Raum seine körperhafte Ausdehnung verliert. Im Licht (des Blicks) zählt nur noch die flächenhafte Projektion.[564] Das Sehen findet so statt als Impression, als ein Sehen, das „nicht von vorn herein auf Distanz angelegt ist."[565] Um die Menschen in ihrem Begehren zu befrieden, kann eine Blickzähmung in Form von Augentäuschung stattfinden, so zum Beispiel in der Malerei. Die Augentäuschung besteht dabei darin, dass sich die Malerei für etwas anderes ausgibt, als sie ist. Sie entzückt den Schauenden „in dem Moment, in dem wir uns durch eine einfache Verschiebung unseres Blicks bewußt werden, dass die Darstellung sich nicht mit dem Blick verschiebt und hier nur Augentäuschung ist."[566] Bild und Schein sind dabei das Selbe. Indem in Kunstbildern hinter den Schein geblickt werden darf, der den Blick als Inszenierung entlarvt, findet der Blick seine Befriedung.

In der ästhetischen Situation von *Bridget's Bardo* stellt die Lichtinszenierung ebenfalls etwas dar, was sie nicht ist: einen ‚raumlosen' und ‚zeitlosen' Allraum. Der Betrachter ist sich der Täuschung durchaus bewusst, da er sowohl den ästhetischen, wie den geographischen Kontext des Museums kennt. In der Konsequenz ist gerade dieses Bewusstsein der Augentäuschung das Lustvolle und Eindrucksvolle an der Performance.

Mit Lacan kann nun auch erhellt werden, wie trotz der offenkundig räumlichen Situation ein Eindruck von Fläche oder das beschriebene Kippen zwischen Flächigkeit und Dimensionslosigkeit stattfinden kann. Indem das Sehen nach Lacan in einem 'Zwischen' stattfindet, das heißt zwischen dem Licht und dem Betrachter, und dieses Sehen sich auch noch auf einem Schirm ereignet, der erstens anderes zu sehen gibt als die Dinge selbst und zweitens räumliche und distanzhafte Ausdehnung negiert, wird das scheinhafte, eigentümlich raumlose Erscheinen von *Bridget's Bardo* als Tableau, als Bild erklärt. Als Impression ist das Sichtbare auf dem Schirm ohnehin nicht auf Distanzen hin angelegt, zeigt aber zudem noch in seiner flächenhaften Projektion eine Unentscheidbarkeit zwischen Raum und Fläche, die schirmhaft notwendig

---

564 Siehe Haß, U. 2005a, 79f.

565 Lacan, J. 1994a, 65.

566 Lacan, J. 1994b, 82.

beide wieder zur Fläche zusammenfallen lässt. Da in *Bridget's Bardo* buchstäblich alles im Licht ist, ist alles im Tableau. Flächenhaft projiziert sich der dimensionslose Allraum als Bild. Als im Licht Stehender wird aber auch der Betrachter ins Tableau gerückt und gibt dort etwas von sich zu sehen. Folglich ist der Betrachter selbst anwesend in dem Bild, das er wahrnimmt. Das ihn (be-)treffende Licht macht ihn dabei selbst zum Bild und ermöglicht es, sich selbst bildhaft als Anderen in der Einheit mit dem unbegrenzten Raum wahrzunehmen. Der Betrachter ist demnach nicht nur nach Wolfgang Kemps und Wilhelm Pinders Verständnis symbolisch im Bild, in dem Sinne, dass er als Betrachter vorgesehen und mitbedacht ist, damit er sich selbst dort identifikativ wiederfindet[567], sondern der Betrachter ist mit Lacan gedacht tatsächlich selbst im Bild und selbst das Bild. Was in den Blick und auch in seinen Blick gerät, ist er selbst. Der Anschluss an Merleau-Ponty und das wahrnehmungsphysiologische Einfallen von Raum in den Körper sowie das Einheitserleben klingen an dieser Stelle wieder an. Lacans Blicktheorie kann sie nun im 'Zwischen' des Tableaus vereinen.

4.2.8.2 Tableaux Vivants - Lebendigkeit der Bilder

In einer theaterwissenschaftlichen Wendung lassen Lacans Begriffe von Schirm und Tableau ein Phänomen anklingen, das Lacans Ausführungen nicht unähnlich ist. Hierbei sei auf Tableaux Vivants verwiesen. Auch bei Tableaux Vivants handelt es sich um eine räumlich Szene, die als Bild erscheint und deren Materialisation durch einen vorgespannten Gaze-Vorhang versinnbildlicht und sinnenfällig gemacht werden soll.

Tableaux Vivants, lebende Bilder, „sind szenische Arrangements von mehreren Personen, die für kurze Zeit stumm und bewegungslos gehalten werden und sich so für den Betrachter zu einem Bild formieren."[568] Die ersten lebenden Bilder, die Gemälde nachstellten - frei komponierte Tableaux gibt es schon seit dem Mittelalter - tauchen im 18. Jahrhundert innerhalb von Theaterstücken in Paris auf. Sie sind daher in Zusammenhang mit einer reliefartigen Regieführung zu sehen, die das Theaterstück im Extremfall als Folge plastischer Einzelbilder auffasst.[569] Auch Statuen oder allgemeine menschliche Affekte wurden als sogenannte Attitüden aufgeführt.

567 Siehe Kemp, W. 1992, 10-23 und Pinder, W. 1994, 54-59.

568 Jooss, B. 1999, 103.

569 Siehe Jooss, B. 1999, 103f.

Die Rahmung der stillgestellten Szene durch die Theaterbühne sowie der vorgespannte Gazevorhang bilden eine Art „'ästhetische Grenze'"[570], die zu einer veränderten Raum- und Illusionsauffassung führen.[571] Ähnlich wie sich in der Renaissancemalerei der zu malende Tiefenraum auf einem vorgespannten Gitternetz flächig abbildet, so dass er genauer auf die Fläche des Bildträgers übertragen werden kann, erscheint auch das räumliche Tableau Vivant 'auf' dem Gazevorhang flächig 'abgebildet'. Hans-Thies Lehmann weist für das Theater Racines Ähnliches nach: Der „bildlose Affekt"[572] wird in stillgestellter Ausstellung sichtbar gemacht. Im Punkt höchster Erregung wird das Geschehen im Tableau arretiert und in eine Folge von einzelnen Momenten zerlegt. Lehmann geht so weit, Racines Tragödie mit einem Historienbild gleichzusetzen, da beide den Verlauf der Zeitlichkeit durch die Darstellung signifikanter Augenblicke, die möglichst viele Elemente simultan präsentieren, im Jetzt bündeln.[573]

Die Pose als Stillstellung von Bewegung vereint Verlebendigung und Mortifikation. Dabei bleibt das Tableau Vivant aufgrund seiner verlaufenden Zeitlichkeit stets ein unscharfes, verwackeltes Bild. Als lebendes Bild ist es zudem im Zwischenraum von Bild- und Performancetheorie anzusiedeln, nur unter Berücksichtigung beider Aspekte wird es angemessen erfasst. Die Bildlichkeit überschattet dabei die lebendige Performanz.[574] Im stillgestellten Zeitverlauf wird die Zeit des Bildes selbst zum Thema. Die Wahrnehmung stellt sogar schon dann auf den Modus von Bildwahrnehmung um, wenn ein Vorgang unendlich langsam stattfindet.[575] Die langsamen Vorgänge werden dabei merkwürdig ungreifbar, weil man in „paradoxer Weise zu viel sehen kann"[576]. Im 'Zu Viel' wird also etwas gezeigt, das doch nicht gesehen werden kann.[577]

Beim klassischen Tableau Vivant kommt es durch gleichzeitige Anwesenheit von einem aktuellen Bild auf der Bühne und seinem vorgestellten malerischen Pendant, zu einer Unentscheidbarkeit von realem

570 Jooss, B. 1999, 112.

571 Siehe Jooss, B. 1999, 109 und 112.

572 Lehmann, H.-T. 1999, 51.

573 Siehe Lehmann, H.-T. 1999, 54 und 59.

574 Siehe Brandl-Risi, B. 2006, 29.

575 Siehe Lehmann, H.-T. 2005, 293.

576 Oberender, T. 2009, 227.

577 Siehe Oberender, T. 2009, 227.

wahrgenommenem und imaginärem erinnertem Bild.[578] Die Überlagerung des Realen durch das Imaginäre kann aber auch stattfinden, wenn es kein vorgängiges Gemälde zur aktuell-realen Darstellung gibt, nämlich indem ein solches schlicht vorgestellt wird.

4.2.8.3 Theater und Bild

Die Aufmerksamkeit für das Visuelle, das in *Bridget's Bardo* auf die Spitze getrieben wird, war in der Theaterwissenschaft abseits der Tableaux Vivants lange Zeit nur schwach ausgeprägt. Angesichts des Augenmerks auf das Ereignis der Aufführung als transitorisches Geschehen (und nicht auf den Text) verwundert dies. Seit dem 18. Jahrhundert wurde das Theater als Ort der Präsentation dramatischer Texte verstanden, wobei der theoretische Fokus auf der Semiotik lag, was zur Folge hatte, dass das Visuelle in den Hintergrund geriet.[579] Jüngst findet auf diesem Gebiet aber - analog zum sogenannten 'iconic turn'[580] - ein Umdenken statt, das mit einem erweiterten Bildbegriff auch jene optischen Vorgänge auf der Bühne zu erfassen beginnt, die nicht durch Arretierung eigens herausgehoben werden. Dabei wird Theater als Bildgenerator par excellence angesehen, der als Phänomen „zwischen einem Sehenden und etwas Gesehenem auftritt"[581]. Als 'Maschine des Sehens' inszeniert es Sichtweisen und legt offen, was passiert wenn geschaut wird, wie das, was gesehen wird, aus dem Prozess heraus erst entsteht.[582] Somit gelten Bilder nicht als Werke, die an die Wand zu hängen sind, sondern vielmehr als Akte.[583] In einer Verschmelzung von 'iconic' und 'performative turn', die auch beim Tableau Vivant schon thematisch wurde, können zum Beispiel auch Körper - in der Einsicht, dass sie kulturell gemachte Körper sind - durch Bewegungen, die kulturelle Spuren enthalten, Körperbilder

---

578 Siehe Wagner, M. 2009, 138.

579 Siehe Balme, C. B. 2003, 42.

580 'Iconic turn' bezeichnet eine Wende in der Kunstwissenschaft, die Vorstellung eines Bildes über das an die Wand zu hängende Artefakt hinaus auszuweiten und vom Trägermedium loszulösen. Er ist auf der Suche nach einer eigenen Wertschätzung und einem eigenen Logos der Bilder. Maßgeblich beteiligt an diesem Diskurs sind Gottfried Boehm und Tom Mitchell. Hans Belting hat zu diesem Thema den Sammelband *Bilderfragen. Die Bildwissenschaften im Aufbruch.* herausgegeben. Siehe Belting, H. 2007.

581 Bleeker, M. 2009, 77.

582 Bleeker, M. 2009, 85.

583 Siehe Jackob, A. 2009, 100.

hervorbringen.[584] Bilder sind im Theater also als Phänomene, nicht als unmittelbar als Ding oder Materie gegeben. Erst im „Vollzug des Theaters zwischen Zuschauer und Schauspielern, zwischen Präsenz und Repräsentation“[585] kommen sie in Erscheinung. Bilder können also als bewegliche und transitorische Phänomene aufgefasst werden, die in ihrem Bildsein niemals abgeschlossen sind, sondern sich in ständiger Bild*werdung* befinden.[586] Außerdem können Bilder im Theater auf das Sehen selbst hinweisen, darauf wie Blickweisen funktionieren, was als Bild anerkannt wird und wie Bilder wirken.[587]

Am Anfang eines theaterwissenschaftlichen Bildbegriffs sowie vom von Gottfried Boehm postulierten 'iconic turn', steht die Abkehr vom Abbild. Bilder bilden die Realität nicht einfach nur ab, sondern bringen unter der produktiven Leistung der Betrachter eine neue Realität hervor.[588] Bilder werden also als „*mit*produzierende Leistung“[589] verstanden. In der spezifischen Situation von Theater, die sich zwischen Zu-Sehen-Geben und Sehen herstellt, entsteht eine Art Blicktausch oder Bildtausch[590]. Der zeitliche Zusammenfall von Realisation und Rezeption der Bilder verortet diese zwischen szenischem Raum und Zuschauer. Der Körper kann demnach nicht nur Bilder hervorbringen, sondern fungiert nach Hans Belting als eigentlicher Ort der Bilder, wo sie aufgenommen und gespeichert werden. Der Körper ist Adressat und Schauplatz der Bilder. Das Bild konstituiert sich folglich nicht nur über das, was zu sehen gegeben wird, sondern ebenfalls darüber, was der Körper des Betrachters wahrnimmt.[591] Das Bild entsteht in einem Zwischenraum von aktuellem Bild und virtueller Bildlichkeit, in den sich der Betrachterkörper leiblich-wahrnehmend einschreibt.[592] In diesem 'Zwischen' vermischen sich reale und imaginäre, äußere und innere Bilder, Sichtbares und Verborgenes, so dass eine sinnvolle Unterscheidung fraglich wird, und Bildlichkeit in diesem Doppelsinn beste-

---

584 Siehe Siegmund, G. 2008, 141 und 144.

585 Jackob, A. 2009, 100.

586 Siehe Wagner, M. 2009, 134.

587 Siehe Jackob, A. 2009, 100f.

588 Siehe Röttger, K. 2009, 71.

589 Röttger, K. 2009, 71.

590 Siehe Jackob, A./Röttger, K. 2009, 9.

591 Siehe Jackob, A./Röttger, K. 2009, 22 und 35f.

592 Siehe Wagner, M. 2009, 134.

hen bleiben muss.[593] Gleichzeitig wird den Bildern der inneren Vorstellungskraft ebenfalls der Status genuiner Bilder eingeräumt.[594]

> „Ein 'Bild' ist mehr als ein Produkt von Wahrnehmung. Es entsteht als Resultat einer persönlichen oder kollektiven Symbolisierung. Alles, was in den Blick oder vor das innere Auge tritt, läßt sich auf diese Weise zu einem Bild erklären oder in ein Bild verwandeln."[595]

Bilder treffen folglich auch Aussagen über denjenigen, der sie wahrnimmt oder fantasiert. Dass sich nach Belting aber scheinbar alles in ein Bild verwandeln lässt, scheint fragwürdig. „Wenn alles Bild ist, ist nichts Bild."[596] Das Sichtbar-Gemachte und die Blickbezogenheit der Bilder müssen gegen das bloß Visuelle abgegrenzt werden.[597]

4.2.8.4 Was ist ein Bild?

Nachdem ein erweiterter Bildbegriff auch transitorische Phänomene mit einschließt, tut sich nun also allgemein und auch im Theater die Frage auf, „unter welchen Bedingungen wir eine bestimmte Schwelle im Sehen überschreiten und dann etwas als Bild wahrnehmen."[598] Reinhardt Brandt stellt einige Eigenschaften von Bildern zusammen, die Alexander Jackob für das Theater nur geringfügig erweitert.

„Bilder sind sichtbar, und Bilder unterscheiden sich von allen sonst sichtbaren Dingen."[599] Bilder lassen sich nicht ertasten oder vorlesen, sind also, anders als ihre Medien, ungreifbar. Des Weiteren unterscheidet sie von den übrigen sichtbaren Dingen, dass sie etwas darstellen, was sie selbst nicht sind, sie sind also (absichtsvoll) inszeniert oder illusorisch. Ein schwarzer Fleck ist demnach auch nicht automatisch ein Punkt: „Was wir sehen, ist nur ein Bild, das räumlich darstellt, was es selbst nicht ist, nämlich besagter Punkt."[600] Bilder haben ihre

---

593 Siehe Levin, D. J. 2009, 265.

594 Imaginative Bilder werden schon von Kant mit der auf Imagination beruhenden Bildproduktion gleichgesetzt. Ein Bild ist für ihn „ein Produkt des empirischen Vermögens der produktiven Einbildungskraft". Kant, I. zitiert bei Schweizer, S. 2004, 50.

595 Belting, H. 2001, 11.

596 Belting, H. 2008, 70.

597 Siehe Belting, H. 2008, 70.

598 Jackob, A. 2009, 104.

599 Brandt, R. 2004, 104.

600 Brandt, R. 2004, 50.

Eigenzeit und einen eigenen Raum, nämlich die in den Bildern vorgestellte Zeit und ihr vorgestellter Raum. Sie bilden räumliche und zeitliche Enklaven. In diesem Sinne, von der Welt ab- oder aus-geschieden, sind Bilder immer in irgendeiner Weise (unsichtbar) gerahmt. Die Rahmung kann beispielsweise auch durch die Konzentration der Akteure in einem Theaterstück erfolgen. In jedem Fall hat der Rahmen die Aufgabe, die Phänomene in eine neue Sichtbarkeit zu heben.[601] Er fügt sie zu einer Einheit zusammen, so dass eine Art Synopsis möglich wird, die das Phänomen als Bild erkennen lässt. Aus der Welt wird eine visuelle Sequenz isoliert, die ins Bild gefasst als Bild gefasst wird.[602] In Bildern wird die Welt verfügbar und überschaubar gemacht. „Ein individueller Rahmen erzeugt Bilder von Bedeutung, die in unsere Lebensgeschichte eingebettet sind."[603] Diese Rahmenbildung wird im Inneren fortgeführt, Bilder in ihren Kontexten rahmen den Menschen innerlich, denn in Bildern kann der Mensch seine innere Welt beherrschen.[604] Brandt geht dabei davon aus, dass der Gesichtssinn nicht automatisch das, was er sieht, als etwas Bestimmtes erkennen kann. Das Erkennen bedarf Kompetenzen, die über die sinnliche Wahrnehmung und Empfindungen hinausgehen. So geben „das Sichtbare und die sichtbaren Bilder [...] einen unmittelbaren Anlass und Gegenstand der Reflexion und der Erkenntnis [...]"[605]. Das Sehen und das Wissen gehen miteinander einher.[606] Bemerkenswert dabei ist, dass oft Bildern mehr Glauben geschenkt wird, als Worten. Die Kontinuität der Erfahrung, biographische/subjektive, kollektive und kulturelle Erinnerung und zusätzliche kontextbezogenen Informationen helfen bei der Einordnung des Gesehenen. Wenn der Betrachter auf diese Weise in einem abstrakten Bild nichts 'erkennen' kann, wendet er sich von der gegenstandslosen Erkenntnis ab und richtet die Aufmerksamkeit auf sich selbst.[607]

Jackob benennt im Wesentlichen die selben Merkmale für ein Bild, ergänzt aber noch um den inszenierten Blick: „Wenn er – z.B. als Zuschauer oder Betrachter – in ein Blickgeschehen mit der Welt eintritt, nimmt er sie in Bildern wahr. Wenn sein Blick inszeniert wird, lässt

601 Siehe Lehmann, H.-T. 2005, 293f.

602 Siehe Belting, H. 2007, 19.

603 Belting, H. 2007, 17.

604 Siehe Belting, H. 2007, 20.

605 Jackob, A./Röttger, K. 2009, 16.

606 Siehe Jackob, A. 2009, 94.

607 Siehe Brandt, R. 2004, 44-54.

sich zudem von Bildern sprechen, die intersubjektiv wahrnehmbar sind."[608] Thematisch wird hier auch eine offenbar willentliche Wahrnehmung der Welt als Bild. Es könnte vermutet werden, dass die Inszenierung, von der Jackob spricht, nicht nur vom Bild selbst ausgehen kann, sondern auch durch den Betrachter, der in einem bestimmten Blickwinkel das Sichtbare absichtsvoll als etwas anderes wahrnimmt, als es tatsächlich ist, geleistet werden könnte. Jackob betont zudem nochmals die körperliche Existenz der Bilder im Betrachter als Gelenkstelle zwischen Bildern und Medien sowie die Verbindung des Sichtbaren mit dem gleichzeitig Abgetrennten oder Unsichtbaren in unserem Blick.[609] Die Aufgabe der Kunst ist es dabei, die Grenzen der Sichtbarkeit zu verschieben. Bilder gehen über das in ihnen dargestellte hinaus, sie verzeichnen einen „Zuwachs an Sein"[610], so dass sich ein Bild nie vollkommen bis zum letzten Rest ausrechnen lässt[611]. Damit wird Bildern neben der Sprache ein eigener Logos zugesprochen.[612] Wie für das Theater, wird von Boehm für Bilder allgemein festgelegt, dass sie sich in der Prozessualität der Wahrnehmung erst herstellen. „Die Schöpfung liegt nicht hinter uns, sie geschieht soeben, vor unseren Augen."[613]

4.2.8.5 Bildlichkeit in *Bridget's Bardo*

Mit der Loslösung des Bildes von seinem Trägermedium und der Verabschiedung des Bilds als Abbild, kann es für ein Verständnis *Bridget's Bardos* fruchtbar gemacht werden. Wenn ein Bild als nicht greifbar gedacht wird und als Akt sich erst im Wahrnehmungsprozess herstellt, kann auch eine transitorische Raum-Licht-Inszenierung wie *Bridget's Bardo* in das Blickfeld von Bildlichkeit geraten.

Möchte man nun die mit Lacan, der Theater- und der Bildwissenschaften erlangten Erkenntnisse auf das Wolfsburger Projekt übertragen ergibt sich Folgendes:

In jedem Fall kann *Bridget's Bardo* mit seiner Verortung im Museum sowie mit seiner zeitlichen und räumlichen Abgeschlossenheit als ästhetisch gerahmtes Phänomen gelten. Eine zusätzliche Rahmung

608 Jackob, A. 2009, 104.

609 Siehe Jackob, A. 2009, 104f.

610 Gadamer H. G. zitiert bei Boehm, G. 1994, 33 und 332.

611 Siehe Jackob, A. 2009, 109.

612 Siehe Belting, H. 2007, 21.

613 Boehm, G. 1994, 335.

ergibt sich durch den eindeutigen Ein- und Austritt in die Performance. Was in *Bridget's Bardo* inszeniert wird ist das Licht. Das Bild ist also nicht nur als Bild nicht greifbar, sondern auch in dem, was es zu sehen gibt, das dem Bild Vorgängige, was hinter dem Blick liegt, tatsächlich nicht greifbar. Wird der Raum als das Ermöglichungsmedium von Licht begriffen, wird auch er merkwürdig un(be)greifbar. Der Blick, der hier inszeniert wird ist keiner, wie er zentralperspektivischen Bildern eignet, zu denen man sich positionieren könnte, sondern der Blick ist allseitig. Wenn nach Lacan erstens vom angeschauten Gegenüber ein Blick ausgeht und zweitens der Blick mit Licht gleichgesetzt wird, so ist einerseits der Betrachter *Bridget's Bardos* von überall her erblickt, andererseits läuft auch sein Blick ins Über-All. Das Licht hat den Betrachter allseitig fest im Blick, gleichzeitig ist jener aber in seinem Blick völlig frei. In einem totalen Aufgehobensein, behält der Betrachter totale Freiheit. Soll Kunst die Grenze zum Unsichtbaren hin verschieben, so tut sie dies mit Turrell tatsächlich, weil sie buchstäblich nichts zu sehen gibt. Der gegenstandslose Blick kehrt sich in sein eigenes Inneres und erblickt dort sein tatsächlich unsichtbares Innenleben. Dieser Vorgang führt zu einer Überschneidung, ja zu einer Kongruenz von innerem und äußerem Bild. Das Bild entsteht in diesem Fall nicht als doppelseitiges von innen und außen, sondern als innen und außen identisches. Wenn Innen und Außen sich gleichen, ist auch das Bild das im 'Dazwischen', zwischen Körper und (Un)Sichtbarem entsteht, jenes selbe.

Gibt sich auf Lacans Schirm das geschaute Objekt als Bild zu sehen, so gibt sich bei Turrell das gesamte Licht auf dem Schirm zu sehen. Es gibt sich zu sehen als etwas, das es nicht ist, nämlich als materielle Fläche, wo Raum ist und als Raum, wo materielle Fläche ist. Der Betrachter kann hinter diesen Blick nicht schauen. Zwar ist ihm wohl bewusst, dass es sich um eine ästhetisch inszenierte Augentäuschung handelt, doch kann er, was dahinter liegt, den eigentlichen Raum, nicht erblicken. Das Licht als materialisiertes bildet dabei gleich selbst schon eine Art opaken Schirm, der sich wie ein Gazevorhang vor das Sichtbare legt, das es zugleich doch auch ist. In jener doppelten Schirmhaftigkeit aber kann das Licht Flächiges und Räumliches bildhaft als immer Flächiges erscheinen lassen. Der Betrachter ist aber selbst im Schirm im Licht, in der flächigen Projektion. Sein Sein im doppelten Schirm enthebt ihn seiner räumlichen Verortung und lässt den Raum im Bild zusammenfallen. Der Schirm als doppelter ist allgegenwärtig, so dass räumliche Erfahrung doch nur im Bild möglich wird. Welchem Blick gibt sich der Betrachter zu sehen? Er gibt sich allseitig zu sehen, ist damit ausgeliefert, den Blicken verfügbar gemacht und festgesetzt im Bild.

Mit seiner stillgestellten, kondensierten Zeit, die nur einen homogenen visuellen Eindruck erlaubt, da die Farb-Veränderungen so langsam von statten gehen, dass sich die Wahrnehmung schon auf Bildlichkeit umstellt, gleicht *Bridget's Bardo* einem Tableau Vivant. Mehr noch, als auf die eigentliche Lichtinszenierung im Innenraum des Projekts, trifft dieser Terminus, der als Einstieg zur Bildlichkeit gedient hat, auf die Wahrnehmung im Rückblick, nach dem Ausstieg zu. An dieser Stelle wird ganz besonders die doppelte Verfasstheit des Projekts auch in seiner Bildhaftigkeit thematisch. Ulrike Gehring hat in ihrer umfassenden Beschäftigung mit seinem Werk, Turrell einen Wiedereinstieg ins Bild attestiert. Dieses Urteil soll an dieser Stelle als Ansatzpunkt dienen. Als Indikatoren für diese Entwicklung gibt Gehring zunächst die 'Rückkehr zum Rechteck' an. Indem Turrell rechteckige, mit akkurat gearbeiteten Kanten versehene Öffnungen in Trennwände schneide, deren Lage in der Wand auch noch jener der bekannten Tafelbilder entspräche, schaffe er eine Situation, in der sich das sich materialisierende Licht wie ein an der Wand hängendes Gemälde gebärde. Der die Öffnung umgebenden Trennwand schreibt Gehring die Funktion eines Passepartouts zu. Zudem vergleiche Turrell selbst die Öffnungen mit Fenstern, was mit Albertis Renaissance-Ideal des Bildes als offenem Fenster korrespondiere. Es ergebe sich eine klassische Figur-Grund-Konstellation sowie in der Rezeption ein binäres Betrachter-Werk-Verhältnis.[614]

Eine ebensolche Situation ergibt sich nach dem Austritt aus *Bridget's Bardo*. Durch die fensterhafte, rechteckige und scharfkantige Öffnung blickt der Ausgestiegene zurück in den Innenraum. Wie bei Gehring beschrieben, scheint sich das Licht an dieser Öffnung als Fläche zu materialisieren. Gleichzeitig gibt es aber noch die schon innen erfahrenen Phänomene zu sehen. Ähnlich wie beim Tableau Vivant, dient die Ausstiegsöffnung als Rahmung, die im Theater die Guckkastenbühne übernimmt. Das materiell erscheinende Licht wird dagegen vergleichbar mit dem Gazeschleier der Tableaux Vivants. Diese scheinbar materielle Fläche gibt gleich eines Schirms oder einer ästhetischen Grenze alles Dahinterliegende, inklusive des auf zweiter Ebene dahinter liegenden Tiefenraums, flächig zu sehen. Sogar die Rampe, die aus dieser Perspektive in der Untersicht ansichtig wird, und als Inbegriff der Verkörperung sowie als Indikator von Tiefenraum gelten müsste, er-

[614] Siehe Gehring, U. 2006, 81-84 und 102.

scheint homogen, schattenlos flächig, wie ein Trapez, das sich nach unten hin verjüngt. Gleichzeitig bewahrt der Durchblick die schon im Innenraum erfahrenen Raum-Fläche-Phänomene. Der Bild-Schirm-Effekt potenziert sich. Zusätzlich treten die nachfolgenden Betrachter mit auf den Plan. Der vormals leere Schirm, der nichts zu sehen gab, wird bevölkert, so wie Tableaux Vivants bevölkert sind. Auf dem Licht-Bild-Schirm ist nunmehr der innere Schirm des materialisierten Lichts zu sehen, der die Besucher in einer doppelten Flächigkeit mit ins Bild aufnimmt. Zwar sind die Betrachter im Innern nicht stillgestellt, doch kann der prozessuale Bildbegriff ihre merkwürdig schattenlosen, damit kontrastlosen und also unräumlichen Bewegungen besonders gut in die Bildlichkeit integrieren. So entsteht für die Ausgestiegenen noch einmal ein wahrhaftiges Tableau Vivant, ein verwackeltes Bild, das sich in seiner lebendigen Flächigkeit zeigt. Auf dem Schirm scheinen Raumtiefe und Bewegungen virtuell, scheinen sie sich doch auf der Wandfläche abzuspielen und nicht in einem Raum dahinter. Für die Besucher im Innenraum ergibt sich aus der Perspektive der Ausgestiegenen eine Figur-Grund-Relation. Von hier aus lässt sich der Betrachter innen innerhalb der Bildgrenzen des im herkömmlichen Betrachter-Bild-Verhältnis wahrgenommenen Wandbilds wieder verorten.

Doch auch bei dieser Betrachtung entsteht das eigentliche Bild nach Lacan auf dem Schirm zwischen Objekt und Betrachterkörper. Was das Sichtbare zu sehen gibt, ist wiederum etwas anderes, als es tatsächlich ist. Es gibt sich als flaches Bild zu sehen und ist doch tatsächlich ein mehrfach potenzierter begehbarer Tiefenraum. Hinter die erste Täuschungsebene können die Außen-Betrachter noch blicken, haben sie schon geblickt, da sie selbst aus dem Bild gestiegen sind, das sie jetzt betrachten. Die endgültige Blickbefriedigung bleibt aber, wie für die Innen-Betrachter aus. Vom Licht (Blick) sind sie jetzt nicht mehr allseitig, sondern in Bezug auf das scheinbare Bild-Objekt frontal erblickt. Nach Lacan können sie sich zwar auf dem Schirm noch immer nicht sicher verorten, doch vermindert das frontale Erblicktsein die völlige Auslieferung an den vormals allseitigen Blick. Durch ihr Wissen um die Verhältnisse des Innenraums, aus dem sie gestiegen sind, in dem sie im Bild waren, können sie sich auf dem Schirm, der sie auch von außen abermals ins Tableau rückt, gedoppelt bildhaft erblicken. Indem sie das Tableau Vivant selbst bevölkert haben, das sie nun abermals als Bild wahrnehmen, sind sie gleichsam doppelt, gesteigert ins Bild gesetzt, im Bild gesetzt. Das Sich-Selbst-Erblicken wird also auch im Außenraum noch einmal, und zwar potenziert, thematisch. Sie rücken in das Bild, in dem sie schon sind/waren. Das Bild lässt sie nicht los.

Auch im Außenraum bleiben die Betrachter in einer Blickfalle gefangen, die der Raum, der die Bedingung für die Materialisation des Lichts an der Ausgangsöffnung stellt, für sie bereithält. Der Ausstieg selbst wird damit zur bildhaften Illusion.

4.3 Zwischenstand

An dieser Stelle wird es Zeit eine erste Zwischenbilanz zu ziehen. Ausgehend von der Ganzfeldwahrnehmung in der Lichtinszenierung *Bridget's Bardo* konnte für jene für die Arbeit konstitutiven Bereiche Wahrnehmung, Räumlichkeit und Zeitlichkeit jeweils ein bestimmter Status des 'Dazwischen' ausgemacht werden. Performatives Licht, wie es nachgewiesenermaßen in *Bridget's Bardo* anschaulich und sinnenfällg wird, führt zunächst zur Verunklärung sonst fixierbarer Größen, die sich in der Folge in einem uneindeutigen 'Zwischen' zu erkennen geben. Das Licht selbst zeigt sich dabei schon als ein Phänomen des 'Zwischen', das zwischen Raum und Zeit siedelt. Abgesehen von der Wahrnehmung nach Merleau-Ponty, die ohnehin für alle wahrgenommenen Phänomen einen Zwischenstatus des Verschlungenseins vorsieht, abgesehen also davon, dass sich alles Wahrgenommene in einem 'Zwischen' befindet, ist das Ganzfeldphänomen an sich auch zwischen Raum und Fläche angesiedelt und scheint weder das eine noch das andere eindeutig zu sein. Die uneindeutigen räumlichen Phänomene im Ganzfeld sowie die Feststellung, dass Licht nicht außerhalb von Raum auftreten kann, hat zur Untersuchung von Räumlichkeit geführt. Als Ergebnis wurde auch Raum als ein Phänomen im unendscheidbaren 'Dazwischen' auf mehreren Ebenen charakterisiert. Als Durchgangsraum, als Passage, als eine Art liminaler Raum, der die Erfahrung von Einheit mit einem Weltganzen mittels eines unmittelbaren Präsenzerlebnisses im diesseitigen Hier und Jetzt eines kleinen Innenraums ermöglicht, siedelt er sich zwischen Innen- und Außenraum an. Mit der Unentscheidbarkeit von Phantasie und Wirklichkeit vermischt er zudem den außen gegebenen Raum mit dem subjektiven Inneren. Ein besonderer Zwischenraum erklärt sich zudem über die Atmosphäre, als das 'Zwischen' von Subjekt und ausstrahlendem Objekt. Als selbst schon strahlendes Licht-Objekt, strahlt es atmosphärisch seine Präsenz und Wirklichkeit in den Raum, die sich mit den sinnlichen Empfindungen der Betrachter zu der Atmosphäre verdichten. Als Durchgangsraum, als Heterotopie, erscheint *Bridget's Bardo* zudem in seinem abgesonderten Zwischenstatus als eine Art Nicht-Raum, in dem sich der Besucher kaum verorten kann.

Die Untersuchung von Raum führte zur Untersuchung der Zeit. Hier konnte festgestellt werden, dass die besondere, von der alltäglichen Lebenszeit abgesonderte Zeit ohne Referenzrahmen und ohne Bewegungsinformationen zwischen Verlauf und Augenblick in einer eigentümlich stillgestellten Dauer, die alles in Gegenwärtigkeit kondensiert, verbleibt. In der Konsequenz haben diese Erkenntnisse zu einer weiteren, nach Lacan, aber auch nach dem 'iconic turn', als genuin im 'Dazwischen' angesiedelten Kategorie geführt: zum Bild. Das zwischen Raum und Zeit siedelnde Licht gebärt das Bild. Nach Lacan bildet sich alles Erblickte inszenatorisch auf einem zwischen Subjekt und Objekt sich konstituierenden Schirm ab. Mittels eines erweiterten, offenen Bildbegriffs - der ein Bild als vom Trägermedium losgelöst, als prozessuales Bild, als Akt begreift - sowie mittels des Tableau Vivants konnte das performative materialisierte Licht als eine Art zweiter Schirm ausgemacht werden. Ihm fügen sich Raum und Bewegung flächig ein und er dient als Rahmung, als Differenz und Inszenierung des Blicks für das damit entstehende Bild. In dem großen Bogen, der von der Fruchtbarmachung der Bildenden Künste für die Untersuchung performativen Lichts bis hin zu dem neuen Bildbegriff geschlagen wurde, wird fast der Schluss nahegelegt, dass dem Licht, durch die Optik der Performativität betrachtet, an sich Bildlichkeit anhaftet. Sollte es also generell der Fall sein, dass performatives Licht zu einer bildlichen Wahrnehmung führt? Hat dann ein solches Bild oder hat das Licht prinzipiell immer mit Zwischenräumen und Zwischenzeiten zu tun?

Zur weiteren Erhellung der Problematik soll das Licht anschließend an einem Gegenstand untersucht werden, der die Bildwerdung von Licht tatsächlich vollzieht. Was die Ebene der Performativität angeht, verschiebt sich der Blickpunkt von Performance-Kunst zur Performativität von Aufführungen im Kunsttheater. Damit geht einher, dass die völlige Abstraktion von *Bridget's Bardo* von Elementen der Handlung, der Figuren, der Sukzession und der verändernden Entwicklung abgelöst wird. Die Wahrnehmung bekommt also etwas 'zu tun', kann sich wieder an eindeutigen Strukturen zeitlicher und räumlicher Art orientieren. Gleichzeitig findet das Geschehen als Gegenüber statt, in einem Raum, den der Betrachter nicht mehr betreten kann. Jedoch wird es nicht um die Aufführung eines Stückes an sich gehen, sondern um Fotografien, die von Stücken hergestellt wurden, und zwar solchen, die die Theaterinszenierungen über die gesamte Dauer der Aufführung langzeitbelichten. In der Be-lichtung kommen die Aufführungen ins Bild. Was auf dieser Ebene aus dem Licht und seiner Konstitution von Raum und Zeit wird, soll das folgende Kapitel erhellen.

5 LANGZEITBELICHTUNGS-THEATER-FOTOGRAFIE - BILDWERDUNG DES LICHTS

Nachdem das vorangegangene Kapitel vermuten ließ, dass performativem Licht ein Bildcharakter anhaftet, sollen in diesem Kapitel anhand tatsächlicher Lichtbilder die Eigenschaften performativen Lichts, insbesondere hinsichtlich seiner etwaigen Bildlichkeit, weiter ausgelotet werden. Als Lichtbild oder „Sonnenschrift"[615] ist die Fotografie für diese Arbeit deshalb von großem Interesse. Sie vollzieht die Bildwerdung des Lichts tatsächlich, indem sich das Licht diesmal auf einem Träger materialisiert, der es als Index auch noch im Nachhinein als ehemals substantiell existentes belegt. Das Licht scheint in der Fotografie durch Einschreibung also explizit materielles Bild werden zu können. Der indexikalische Charakter von Fotografien ruft zudem das Thema der Erinnerung auf. Der Faktor Zeit, der mit der Erinnerung in Spiel kommt, wird in den Langzeitbelichtungen noch auf ganz andere Weise thematisch. Dass sie nicht einen einzelnen Moment aus dem Geschehen herausgreifen, sondern es in seinem Verlauf speichern, hat weitreichende Implikationen auf Wirkung und Wahrnehmung dieser Bilder. Die Überschreibungen, wie sie durch die lange Belichtungszeit im Foto ansichtig werden, korrespondieren wiederum mit Mechanismen der Erinnerung. In diesem Sinne ist dieses Kapitel als Scharnierstelle und Übergang zu Kapitel 6 zu verstehen, welches sich später dezidiert mit dem Licht und dem Erinnerungsbild auseinandersetzen wird.

Zunächst werden jedoch die Langzeitbelichtungstheaterfotografien hinsichtlich ihrer Räumlichkeit, Zeitlichkeit und Wahrnehmungsqualitäten untersucht werden. Eine Befragung der Rolle des Mediums der Fotografie wird dann zu Theorien der Nachträglichkeit weiterführen, die sich letztlich einem lebendigen Bildbegriff öffnen wird.

5.1 Die Fotografien

Aljoscha Begrich und Jo Preussler haben während des Theatertreffens 2007 Langzeitbelichtungen von den Inszenierungen gemacht, die auf der Hauptbühne gegeben wurden, wie Stemanns *Ulrike Maria Stuart*[616],

615 Sontag, S. 2008, 152.

616 Aljoscha Begrich/Jo Preussler: *Ulrike Maria Stuart,* Farbfotografie zur Theaterinszenierung von Nicolas Stemann, Berlin 2007. Aus: Cronometrio. Flüchtige Totale. Langzeitbelichtungen von Theateraufführungen zum

Kriegenburgs *Die schmutzigen Hände*[617] oder Gotscheffs *Der Tartuffe*[618]. Von der Regieloge aus, etwas vom zentralperspektivischen Augpunkt nach links oben gerückt, haben sie die Aufführungen jeweils vom Löschen des Saallichts bis zum Verstummen des Applauses durchgehend belichtet.[619] Entstanden sind Bilder aus dem Blickwinkel der Totalen, die die Dauer der Aufführung in einer Fotografie komprimieren. In der Folge werden die Bewegungsabläufe in verschwommenen bis verschwindenden Choreographien nachgezeichnet. Langsame oder häufiger ausgeführte Bewegungen lassen sich wie an einer Zeitspur durch den Raum und durch verschiedene Zeiten nachvollziehen. Andere sind nur schemenhaft sichtbar oder erahnbar, einige verschwinden gänzlich im Licht. Figuren oder Ausstattungselemente, die länger still standen, schreiben sich deutlicher in das Bild ein. Trotzdem ist alles, was sich während der Aufführung jemals bewegt hat nur geisterhaft in der Fotografie repräsentiert. Bühnenareale, die eine durchgehend helle Beleuchtung erfahren haben, gehen gar völlig im Licht auf und verzehren, überblenden, absorbieren gleichsam die Konturen von Figuren und Gegenständen in ihrem intensiven - über die Zeit entstandenen - Leuchten im Bild.[620] Das Bild verzehrt sich gleichsam selbst in der verlängerten Darstellung der Anwesenheit durch das/im Licht. „Im Zentrum der Bühne, in der die meisten Handlungen sich einschrieben, ist daher am wenigsten sichtbar."[621] In der Überbelichtung vielfältiger Ereignisse gehen die eigentlichen Ereignisse unter.[622] Nichts ist mehr

---

Theatertreffen 2007, S. 3. Internetquelle www.cronometrio.com, eingesehen am 15.11.2009.

617 Aljoscha Begrich/Jo Preussler: *Die schmutzigen Hände,* Farbfotografie zur Theaterinszenierung von Andreas Kriegenburg, Berlin 2007. Aus: Cronometrio. Flüchtige Totale. Langzeitbelichtungen von Theateraufführungen zum Theatertreffen 2007, S. 2. Internetquelle www.cronometrio.com, eingesehen am 15.11.2009.

618 Aljoscha Begrich/Jo Preussler: *Der Tartuffe,* Farbfotografie zur Theaterinszenierung von Dimiter Gotscheff, Berlin 2007. Aus: Cronometrio. Flüchtige Totale. Langzeitbelichtungen von Theateraufführungen zum Theatertreffen 2007, S. 2. Internetquelle www.cronometrio.com, eingesehen am 15.11.2009.

619 Siehe Begrich, A./Preußler, J. 2004, 1f.

620 Ähnliche interessante Ansätze finden sich bei Hiroshi Sugimoto, der Kinoleinwände über die Dauer der Filme belichtet und schließlich nur ein weißes Rechteck erhält; außerdem bei Arbeiten Michael Weselys, der mit Expositionszeiten über mehrere Monate oder gar Jahre den Fortschritt auf Berliner Baustellen und damit die Veränderung des Stadtbilds belichtet.

621 Begrich, A./Preußler, J. 2004, 7.

622 Siehe Begrich, A./Preußler, J. 2004, 9.

eindeutig sichtbar, die Referenten verschwinden in der Zeit. Statt Inhalten, die in der Zeit verschwimmen, wird in der Langzeitbelichtung die der Aufführung eigene Gesamtstruktur herausgestellt. Der sukzessive Ablauf indessen, verkürzt sich auf ein Simultanbild und verbirgt damit die Ordnung des zeitlichen Ablaufs.

Auch die Schauspieler bleiben nurmehr als gesichtslose Hüllen, als Bewegungsträger bestehen. Körper werden in der Bannung des Verlaufs entmaterialisiert und ihre Bewegungen als „fluide Trajektorien"[623] sichtbar. In der Folge wirken die Fotografien wie intensiv lichtige Traumbilder, wie sie aus keiner Sehgewohnheit bekannt sind. Es entstehen Lichtstreifen und Lichtflächen magischen Charakters. Obwohl die Bilder kaum etwas Konkretes zeigen, ist ihnen anzusehen, dass sie mehr beinhalten, als auf den ersten Blick wahrzunehmen ist. Sie scheinen voll mit Information. Diese Potentialität erschöpft sich in der Sichtbarkeit reinen Lichts. Dass nichts Eindeutiges wahrnehmbar und doch potentiell viel in ihnen enthalten ist, öffnet die Fotografien auf genauso viele Bedeutungsdimensionen, auf Polysignifikanzen, die Raum für individuelle Imagination bieten.

Diese allgemeine Beschreibung trifft auf alle Fotografien gleichsam zu. Um eine konkrete Vorstellung über die Darstellung des Lichts in diesen Bildern zu ermöglichen, soll eines herausgegriffen werden, welches das allgemein Beschriebene besonders sichtbar macht.

5.1.1 *Ulrike Maria Stuart* von Nicolas Stemann – Eine Bildbeschreibung

Die Langzeitbelichtungsfotografie zu Nicolas Stemanns *Ulrike Maria Stuart* entstand am 16. April 2007 zwischen 20:04 Uhr und 22:02 Uhr.

Das Foto teilt sich in zwei Hälften: Im unteren Drittel ist ein eher dunkler Streifen mit bunten Flecken zu sehen, die oberen zwei Drittel werden mittig von einem hellen Quadrat gebildet, welches von der Oberkante der Fotografie etwas angeschnitten und seitlich wiederum von zwei fast schwarzen Streifen flankiert wird. Die Bildschärfe nimmt deutlich zur horizontalen Mittelachse hin ab, während die Helligkeit in diesem Bereich eindeutig zunimmt. Im unteren Bilddrittel sind die Oberkörper und Köpfe der Zuschauer einigermaßen deutlich auszumachen. Wo sie nur als farbige Flecken erkennbar sind, ist dies ein Zeichen dafür, dass sich die Zuschauer wohl mehrmals bewegt haben. Der obere Bildteil gibt ebenfalls recht scharf das Bühnenbild des Hin-

---

623 Begrich, A./Preußler, J. 2004, 6.

tergrunds als rotes Halbrund mit RAF-Logo wieder. Doch schon hier scheint das Bild von mehreren vertikalen und horizontalen Lichtbändern durchkreuzt, die die rote Farbe verblassen lassen. Links des Logos zieht sich ein breiter weißer Streifen über die rote Fläche, horizontal ist sie im unteren Drittel durch gelbe Lichtfäden durchkreuzt, die die Wölbung der Hintergrunds mitzuvollziehen scheinen. Sie könnten von einer Drehung des Hintergrundbildes stammen, welches offenbar als gelbe Punkte sichtbar werdende Glühlampen trägt. Vor oder unter diesem roten Hintergrund - dies ist auf der Bildebene nicht endgültig zu entscheiden, wenn man die Inszenierung nicht kennt - werden sechs gleißend weiße Streifen sichtbar, die nach unten hin länger werden. Es könnte sich um eine Treppe handeln - was dem tatsächlichen Bühnenbild entspräche - aber auch um eine breite. Beleuchtete, senkrechte Bande. Auf diesen Lichtstreifen sind schemenhaft drei Figuren zu erkennen. Hellere und dunklere Flecken vor dem roten Hintergrund lassen zudem vermuten, dass sich auch dort zeitweise Schauspieler befunden haben. Im Vordergrund der Bühne - oder flächig gesprochen, unter der Lichtbande – lässt sich kaum etwas deutlich erkennen. Sichtbar wird eine Figur in hellem Anzug, die offenbar mehrmals gleichzeitig am Bühnenrand steht. Ansonsten ist außer einigen Lichtflecken, vertikalen und horizontalen Streifen und Schemen sowie ein paar gelben Punkten nichts eindeutig wahrzunehmen. Wenn diese auch sichtbar werden, so sind sie doch immer auch wieder von anderen Lichtflächen oder vertikalen oder horizontalen Steifen durchkreuzt. Es scheint, als ließe ein weißer Schleier an einigen Stellen den dunklen Boden durchscheinen, während er sich an anderen Stellen zur Undurchsichtigkeit verdichtet. Es hat den Anschein, als würde Licht vom Bühnendach regnen, wenn in manchen Bereichen das Licht von einer vertikalen Struktur durchzogen scheint.

Die horizontalen Lichtstreifen lassen auf Bewegungen schließen, während deutlicher Wahrnehmbares Verharren und Stillstand suggeriert. Dass eine Figur mehrmals aufzutauchen scheint, zeigt ihre verschiedenen Positionen während des Stücks, lässt sie sich im Bild aber als Vermehrfachte selbst begegnen. Wo das Licht am hellsten ist, gibt es am wenigsten zu sehen. Sind die Zuschauer im dunklen Parkett relativ deutlich erkennbar, bestehen die Bühnenrampe sowie die Treppe ausschließlich aus weißem Licht, das Figuren und Bewegungen nur erahnbar macht.

Im Gesamten wirkt das Bühnenrechteck wie ein herausgeschnittenes Bild aus einer anderen Welt. Noch ‚traumhafter' scheint das Foto zu Kriegenburgs *Die schmutzigen Hände,* welches wirklich nichts zu sehen gibt, als eine blaue Bodenfläche mit weißen Sprenkeln sowie grüne, graue, schwarze und weiße vertikale Lichtstreifen. Beide Bilder wirken als flächige Tore zu einer Traumwelt.

Um genauere Aussagen treffen zu können und an das Untersuchungsschema des ersten Analysegegenstands anzuschließen, sollen im Folgenden Räumlichkeit, Zeitlichkeit und Wahrnehmung der Theaterfotografie untersucht werden.

5.1.2 Räumlichkeit

Mit De Certeau und Löw wurde in Bezug auf *Bridget's Bardo* gesagt, dass Räumlichkeit erst durch die Zusammenkunft von sich positionierenden und wahrnehmenden Subjekten mit den spezifischen materiellen Gegebenheiten entsteht. Im Verlauf der Aufführung können so jeweils verschiedenen Räume durch die Positionierung der Schauspieler zueinander, durch die Ausrichtung an Ausstattungselementen sowie durch ihre Bewegungen immer neu entstehen. In der Langzeitbelichtung sind die verschiedenen Räume nun jedoch komprimiert, Ausstattungsgegenstände manchmal nur schemenhaft erkennbar oder ganz im Licht verschwindend. Die Schauspielerkörper sind unscharf und in ihrer kompletten Bewegungsmustern gleichzeitig dargestellt, und doch nicht eindeutig sichtbar. Abgesehen davon, dass die Bewegungsmuster kaum sichtbar nachvollzogen werden können, hat dies doch zur Folge, dass der Betrachter der Langzeitbelichtung in der Unschärfe und dem Fluss die jeweiligen Positionierungen kaum rekonstruieren kann. Des Weiteren sind durch die lange Belichtungszeit überhaupt keine Schatten sichtbar, was die Präsenz von Körpern und Objekten weiter untergräbt.[624] Zudem entsteht das Paradox, dass ein Körper im Bild durch die komprimierte Zeit auch sich selbst begegnen kann.[625] Verständlicherweise wird ein Nachvollzug von räumlicher Positionierung dadurch verhindert. Eine Raumkonstitution durch den Bildbetrachter kann im Nachhinein der Aufführung aufgrund fehlender Sichtbarkeit und Eindeutigkeit sowie zeitlicher Überlagerung also nicht geleistet werden. Alle Räume, die die Aufführung hervorgebracht hat, erscheinen gleichzeitig übereinander oder besser gesagt untrennbar ineinander. Durch dieses Ineinander der Verlaufsform, lassen sich die in der Fotografie enthaltenen sämtlichen Positionierungen und Räumlichkeiten nicht einzeln betrachten, sie entschlüpfen

624 Siehe Belting, H. 2001, 191. Belting wertet die Präsenz von Schatten als sichtbaren Beweis für die Anwesenheit eines Körpers, der notwendig als Voraussetzung für Schatten gegeben sein muss.

625 Siehe Begrich, A./Preußler, J. 2004, 3.

dem Blick und verschwimmen mit der bildinhärenten Bewegung. Der (Tiefen-)Raum wird an keiner Positionierung erkennbar, räumliche Referenzsysteme scheinen in der zeitlichen Überschreibung haltlos, der Raum stürzt ein. Wo räumliche Positionierung verhindert wird, entsteht wie in *Bridget's Bardo* eine Art Nicht-Raum. Es kommt zu einer Verflachung oder einem Zusammenfall von Vorder- und Hintergrund, zur Verflachung von Volumen und damit zur Verkürzung des Raums zur Fläche.[626] Was sonst in tiefenräumlicher Perspektive wahrnehmbar wäre, erscheint durch das Verfließen von Formen und Größen nurmehr auf der vertikalen Achse verschoben. Kann (Tiefen-) Räumlichkeit in einem Bild ohnehin - auch auf Lacans Schirm, aber besonders sinnenfällig in einem Gemälde - nur imaginär auf der Fläche dargestellt werden, so schwindet in den Langzeitbelichtungen auch dieser imaginär wahrnehmbare Tiefenraum und scheint ersetzt durch Farb-Licht-Flächen.

Dagegen entsteht eine ganz andere Tiefenräumlichkeit, nämlich eine, die sich zeitlich erstreckt. Oder wie die Fotografen es selbst ausdrükken: „Obwohl die Transformation nur in der Fläche stattfindet, zeigt sie eine Tiefe im Raum der Zeit."[627] Die sich in der Zeit der Aufführung hervorbringenden Räume schichten sich in der Langzeitbelichtung zu einem Simultanraum auf. Der Betrachter müsste folglich in die Tiefe des Bildes dringen, um den verschiedenen Raumschichten zu begegnen. Damit leitet die Befragung des Raumes automatisch über zur Zeitlichkeit des Bildes.

5.1.3 Zeitlichkeit

Zeitlichkeit stellt, der Terminus besagt es bereits, die eigentliche crux der Langzeitbelichtungen dar. Wie sich aus der Befragung der Räumlichkeit ergeben hat, ist sie auch bildlich für diese maßgebend.

In Gemälden wird gemeinhin zwischen der Zeit des Malens des Bildes und der Zeit, die das Bild inhaltlich darstellt, unterschieden. Im Falle der Fotografie fallen diese beiden Zeiten zusammen. Was die inhaltliche Zeit der Langzeitfotografien angeht, entsteht die Situation, dass die Zeit, die während der Aufführung wahrgenommen wird und die die Länge der Aufführung, ihren Rhythmus, ihre Geschwindigkeit und ihre Längen betrifft, in der Zusammenschau der gesamten Zeit nicht mehr erfahren wird. Anders als dies beispielsweise im Falle einer Vi-

---

626 Siehe Begrich, A./Preußler, J. 2004, 9.

627 Begrich, A./Preußler, J. 2004, 9.

deoaufzeichnung geleistet werden könnte. Trotzdem beinhalten die Langzeitfotografien ebenso wie eine Videoaufzeichnung die gesamte Länge der Aufführung. Werden im Video dabei die einzelnen Bilder aneinandergereiht, verdichten sich diese in der Fotografie zu einem einzigen, zu einer „flüchtigen Totalen“[628] der Zeit. Die einzelnen Bilder können nicht mehr „auf eine Zeit-Linie geschnürt werden“[629], daher lässt sich „die Vergangenheit nicht mehr linear nachzeichnen“[630]. Es entsteht, wie hinsichtlich des Raums, auch eine Schichtung der Zeit. Sowohl simultane Ereignisse, als auch die zeitliche Aufeinanderfolge gerinnen im Bild. Es hat eine Zeitlichkeit ohne Fortschritt, die nur Gegenwart ist. Die Zeiten stürzen ineinander. Im Bild ist die gesamte Zeit der Aufführung aufgehoben in einer Materialität, die so nie berührbar war und ist, die merkwürdig ungreifbar scheint und die Aufführung dem Betrachter trotzdem näher bringt.[631] Aus diesem Blickwinkel bieten die Fotografien verglichen mit Videoaufzeichnungen, die in der Reproduktion des flüchtigen, sich entziehenden Verlaufs verbleiben, einen Mehrwert.

Dass die Zeit der Aufführung auch in diesem einzigen Bild vergeht, machen die in der Unschärfe liegenden Bewegungen sichtbar. Wie bei *Bridget's Bardo* nachgewiesen wurde, gilt Bewegung als Indikator des Vergehens von Zeit. Da im Bild aber alle Bewegungen simultan erfolgen und gleichsam in ihrer Sukzession stillgestellt sind, wird die Zeitlichkeit unbestimmt. Es wird damit nur sichtbar, dass eine unbestimmbare Zeit im Bild vergeht, dass es heterogene Zeiten vereint und dass diese Zeiten vergangene sein müssen, da sonst von ihnen noch kein Bild vorliegen könnte. Innerbildlich fehlt abgesehen von der Behauptung von Bewegung an sich durch die Unschärfe, jegliches Bezugssystem, das eine bestimmte, festgelegte Zeitlichkeit hervorbringen würde. So lassen sich Bewegungen zu keinem Referenten in Bezug setzen, da sich alles im Fluss befindet, im Immer-schon-Entschwinden mögliche Bezüge mit schwinden und keine Ursache-Wirkungs-Prinzipien im gleichzeitigen Blick ausgemacht werden können.

Als Voraussetzungen für das Empfinden von Zeitlichkeit wurde ebenso das Vermögen des Gedächtnisses, Geschehensabfolgen zusammen ins Auge zu fassen, identifiziert. Nur in der Zusammenschau einzelner Augenblicke oder Erlebnisse kann etwas als 'früher' oder 'später' emp-

---

628 Siehe Bickenbach, M. 2007, 1.

629 Beilenhoff, W. 1998, 136.

630 Beilenhoff, W. 1998, 136.

631 Siehe Begrich, A./Preußler, J. 2004, 2.

funden werden. Obwohl die Langzeitfotografien im Grunde genau dies tun, nämlich die Abfolgen der Aufführungen zusammen in den Blick zu nehmen, in einen Blick nehmen, lässt diese Zusammenschau gerade keine 'früher'-'später'-Konstitutionen zu. Im Gegenteil, die verschiedenen Zeiten stehen anachronistisch beieinander, sie schichten sich in einer nicht zu bestimmenden Reihenfolge, nämlich in keiner Reihenfolge, sondern in einer heterogenen Einheit. Werner Oeder gebraucht hierfür den prägnanten Begriff der „Nichtlinearität des Belichtungsvorgangs“[632]. Es entsteht in der Gegenwart des Bildes eine Synthese von Vergangenheit und Zukunft, die sich nicht trennen lässt, sondern nur einheitlich erlebt werden kann. Bergsons Zeitbegriff der „Dauer als Sukzession ununterschiedener Mannigfaltigkeit, deren Momente einander durchdringen“[633] scheint auch hier zu greifen. Anders als bei Turrell resultiert die Ununterschiedenheit in diesem Fall nicht daraus, dass die dargestellten Augenblicke tatsächlich ununterschieden wären, sondern daraus, dass ihre Mannigfaltigkeit gerade in der Durchdringung der Momente in der Langzeitbelichtung zu einem Bild verschmelzen, das ununterschieden ist.

In der Gegenwärtigkeit des Bildes kann „die Wahrnehmung des Jetzt auf die vollständige Länge der Theatervorstellung ausgedehnt werden.“[634] Der zeitliche Verlauf „implodiert in einem flachen Punktbild“[635]. Die Langzeitbelichtung beschleunigt die Aufführung im Bild bis zum totalen Stillstand und entschleunigt ihre Wahrnehmung damit bis zum Äußersten.[636] Im Bild hat der Betrachter das Gefühl, die Zeit selbst zu erblicken.[637] Wie bei Turrell, wird auch hier die Zeit zum eigentlichen ästhetischen Thema. Dabei ist es nicht einfach die Zeit, die thematisch wird, sondern ihre Dauer, die lange Zeit ihrer der Stillstellung, die als frappierender Gegensatz der schnellen Bildwahrnehmung des Alltags steht und die Einstellung des Auges auf schnelle Wahrnehmung konterkariert. Die Wahrnehmung wird auf Dauer (still-) gestellt. Die Langzeitbelichtungen können nicht, wie Malereien oder Schriften von links nach rechts gelesen werden. Eine 'Entzifferung' der Einschreibung des Lichts kann nur in der Versenkung in das Bild gelingen, die sich Schicht für Schicht in das Licht einarbeitet. Aus psy-

632 Oeder, W. 1990, 259.

633 Schürmann, E. 2004, 99.

634 Begrich, A./Preußler, J. 2004, 3.

635 Begrich, A./Preußler, J. 2004, 9.

636 Siehe Begrich, A./Preußler, J. 2004, 7f.

637 Siehe Begrich, A./Preußler, J. 2004, 10.

chologischer Sicht ist Wahrnehmung ein aktiver Erkenntnisprozess.[638] Das Auge dringt dabei in die Bildfläche ein um das Dargestellte abtastend fühlend nachzuvollziehen.[639] Da der Betrachter räumlich uneindeutige Informationen im Bild vorfindet, kann er sich nur zeitlich Schicht für Schicht in das Bild eintasten. Es lässt sich also nur kontemplativ 'lesen', fordert Dauer ein. Durch seinen eindringenden archäologischen Blick gerät der Betrachter hier wiederum - abgesehen von einer schirmhaften und intersubjektiven/interobjektiven Teilhabe am Bild - ins Bild.

Mit dieser Feststellung der Blickführung wird das Thema der Wahrnehmung berührt. Das folgende Kapitel wird sich demnach mit Fragen des Blicks auseinandersetzen.

5.1.4 Bild-Wahrnehmung

Ganz allgemein betrachtet, machen die Langzeitbelichtungen etwas sichtbar, was der Theaterzuschauer niemals in dieser Form sehen könnte. Die von der Kamera eingefangenen Bewegungen sind so lang, dass sie „die Norm des menschlichen Blicks sprengen“[640]. Die Gesamtschau der Vorstellung macht auch die langsamste und gedehnteste Choreographie sichtbar, die jedem Zuschauer sonst entgehen muss. In diesem Sinne wird die Kunst dem Anspruch gerecht, die Grenzen der Sichtbarkeit zu verschieben: die Fotografien machen sichtbar, was sonst unsichtbar bleiben müsste, und zwar in der Komprimierung von Zeit, in einem 'langen Blick'. Das mechanische Bild fördert dabei ein „Optisch Unbewusstes“[641] zutage, wo „an die Stelle eines vom Menschen mit Bewusstsein durchwirkten Raums ein unbewusst durchwirkter tritt“[642]. Dass sich die Dinge in das Bild einschreiben, garantiert ihnen jedoch nicht ihre Sichtbarkeit. „In der potentialen Sichtbarkeit liegt auch die Möglichkeit des erneuten Verschwindens.“[643] Sie sind also nicht immer sichtbar, doch stets potentiell im Bild vorhanden. Obwohl sie eine potentiell erhöhte Sichtbarkeit bieten, erfährt sich der Betrachter den Bildern gegenüber als verunsichert und orientierungslos. Das potentielle 'Mehr' verwischt in der Zeit und kann keine Fix-

---

638 Siehe Tunner, W. 1999, 57.

639 Siehe Tunner, W. 1999, 46f.

640 Begrich, A./Preußler, J. 2004, 5.

641 Benjamin, W. 1977, 50.

642 Benjamin, W. 1977, 50.

643 Begrich, A./Preußler, J. 2004, 4.

und Kontrastpunkte bieten, die ein erkennendes Sehen benötigt. Die Vorstellungen über die wahrnehmbare Wirklichkeit werden unterlaufen oder überboten und nehmen so den Charakter eines Traumbildes oder Phantasiebildes an. Auf dieser Ebene führt also auch die Fotografie zu einer Ansiedlung des Bildes zwischen Realität und Traum in einem Zwischenraum.

Weiter oben war davon die Rede, dass die Positionierung der Kamera etwas herausgerückt aus dem Augpunkt der Zentralperspektive vorgenommen wurde. Diese Bemerkung impliziert, dass die Darstellung der Bühne im Bild den Gesetzen der Zentralperspektive folgt, was an den Fotografien verifizierbar ist. Nach Ulrike Haß „scheint das Paradigma der Perspektive von vorn herein mit dem Dogma der Sichtbarkeit im intersubjektiven Raum verknüpft."[644] Dies bedeutet, dass bei der Konstruktion eines Bildes oder (Bühnen-)Raums, die sich an einem Fluchtpunkt ausrichtet, der Betrachter als Gegenüber des Fluchtpunkts immer schon mitgedacht wird. Fluchtpunkt und Augpunkt des Betrachters stellen dabei eine gegenseitige Spiegelung dar, so dass der Betrachter in den Blick gerät (in den Blick seiner selbst, der im Fluchtpunkt zurückgeworfen wird, oder in den Blick des im Bild Inszenierten). Als Folge erlebt sich der Betrachter, dessen Blick im Fluchtpunkt enthalten ist, nicht nur im Tableau, wie dies schon mit Lacan nachgewiesen wurde, sondern gleichsam von einer außerhalb des Bildes oder dahinter liegenden Macht als zu einem Objekt Degradierten im Tableau erblickt, beobachtet, kontrolliert, festgesetzt.[645] Der aus dem Fluchtpunkt auf den Betrachter Blickende hat dabei stets die Macht, da er selbst nicht gesehen werden kann.

Da es sich auch bei den fraglichen Langzeitbelichtungen um zentralperspektivische Darstellungen handelt, müsste ein ebensolcher Mechanismus greifen, der den Betrachter auf dem idealen Standort gegenüber des Fluchtpunkts vor dem Bild fest verortet und somit über ihn bestimmt. Bei den Fotografien Begrichs und Preußlers liegt die Sache jedoch anders. Dabei spielt die aus dem Distanzpunkt gerückte Kamera - die sich somit dem direkten Blick aus dem Fluchtpunkt entziehen würde - nur eine marginale Rolle. Folgenreicher stellt sich die zeitliche Verdichtung in diesem Zusammenhang dar. Da es sich in der Sukzession um je verschiedene Bilder handelt, die durch eine raumzeitliche Bildschichtung in der Fotografie zu einem verdichtet werden, pluralisieren sich ebenso die Blicke im Bild. Diese Vervielfältigung ist

644 Haß, U. 2005a, 83.

645 Siehe Haß, U. 2005a, 277 und Bryson, N. 2001, 137f.

dabei weniger als Intensivierung und Verstärkung des Blicks zu denken, sondern vielmehr als Staffelung der Blicke in Raum und Zeit, die den Betrachter in ihrem Fluss und ihrer simultanen Veränderlichkeit eben nicht mehr sicher verorten können. Indem er sich nicht mehr *einem* vorgegebenen Bild gegenübersieht, sondern einem Angebot aus heterogenen, prozessualen, verdichteten Sichtbarkeiten, die verschiedene aber unentscheidbare Blickangebote bereithalten, verliert die vormalige Prägnanz des festen Blicks ihre Macht über den Betrachter.

In dem Sinne, in dem nach Lacan Blick ist, was Licht ist, wird der Blick ohnehin räumlich und zeitlich auf die gesamte Bildfläche und ihre geschichtete Tiefe aufgefächert. Das Bild, das auf dem Schirm zwischen Fotografie und Betrachter entsteht, müsste ebenso - nicht aus tiefenräumlicher Ausdehnung, sondern - aus raum-zeitlichen Schirm-Schicht-Staffelungen bestehen, also aus mehreren Schirmen übereinander, so wie die Fotografie mehrere Schichten in sich vereint. Als quasi dem eigentlichen Foto vorgeblendete Schirm-Schichten sollten diese für die Wahrnehmung durchdringbar sein, so dass sie in die Zeitschichten eindringen und in dem Bild - sofern sie die Aufführung gesehen haben - Vertrautes wiedererkennen kann: Vertrautes weniger was den Referenten, sondern vielmehr was die im Bild aufgehobene Zeit als „mimetische Energie“[646] angeht. Das mimetisch energetische Potential wird aber auch für Betrachter wahrnehmbar, die das Bild nicht mit Erinnerungen an die Aufführung verbinden können, nämlich dadurch, dass das Licht an sich als Scharnier zwischen Damals und Jetzt fungiert, das die Zeit nicht nur ver-rückt, sondern auch für den Nicht-Kenner ein längeres Damals zu einem einzigen, also konzentriert energetischen Jetzt aufschichtet. Es ist die erstaunliche Zeitlichkeit selbst, die in den Langzeitfotografien ästhetisch thematisch wird.[647] Es kann als Aufgabe des Betrachters angesehen werden, selbst aktiv in die angebotene, vielschichtige Matrix einzudringen, sie zu durchdringen und den Sinn, den die Bilder verweigern auszustellen, für sich selbst herzustellen. Des Weiteren sollten die verschiedenen Schirme als verschiedene Blickangebote mit unterschiedlichen Blicken den Betrachter auf verschiedenen Ebenen unterschiedlich *angehen,* derart, dass er aus den Schichten seinen individuellen Blick wählen kann, der ihn ins Tableau rückt. Die individuelle Imagination wird durch den polysignifikanten pluralen Blick gefördert und gefordert. Der Zeitfluss im Bild schließt also keine Augenblicke aus und verzichtet mit vielfältigen Blickangeboten auf einen herrschaftlichen Impetus.

---

646 Barthes, R. zitiert bei Beilenhoff, W. 1998, 118.

647 Siehe Beilenhoff, W. 1998, 114f.

5.2 Bildwerdung des Lichts im Foto – ein performativer Akt

Entgegen den Möglichkeiten, die der Bildbegriff nach dem 'iconic turn' und nach der Analyse *Bridget's Bardos* eröffnet, Bilder als prozessuale Akte unabhängig von einem Medium zu verstehen, handelt es sich bei Fotografien zunächst um Bilder, die an ein Medium gebunden sind, Artefakt werden. Doch können und sollen auch sie hier von ihrem Medium losgelöst betrachtet werden. Im Sinne Lacans müssten Fotografien schließlich nichts anderes sein, als die chemische Fixierung des Schirms in einem bestimmten Ausschnitt, da im Tableau oder im Bild sein nach Lacan schon bedeutet vom Licht getroffen zu sein, fotografiert zu sein. An dieser Stelle soll erläutert werden, auf welche Art und Weise das Licht in den Langzeitbelichtungen performativ und materiell ist, ohne von der Materialität des Fotopapiers zu sprechen.

Aus der Perspektive der Fragestellung dieser Arbeit, geht es in den Langzeitbelichtungen weniger um das Licht, das in den fotografierten Aufführungen etwas in einem bestimmten Kontext auf eine bestimmte Art und Weise beleuchtet, sondern um das Licht, – das prinzipiell das selbe ist, jedoch aus einem anderen Blickwinkel, dem performativen, betrachtet – das sich dem Trägermedium einschreibt, also um das Licht, welches im Raum 'steht', ihn materiell in seiner Leere füllt, um das 'Leuchtlicht', als Emanation des Lichts auf dem (nachträglichen) Schirm. In diesem Sinne stellt das Licht die Möglichkeit und den Modus dar, in dem sich die Welt abbildet/einschreibt. „[Fotografien] bilden das Reale dadurch ab, das sie es ins Licht setzen."[648] Dabei sind es nicht die Dinge, die ins Bild kommen, sondern ausschließlich das Licht, das von ihnen reflektiert wird. Zudem werden die Dinge und ihr Kontext, und damit der Kontext des Lichts, in der Verwischung über die Zeit unlesbar. Das Licht stellt sich damit als pures, inhaltsloses, selbstreferentielles dar, das nichts zu sehen gibt, als die Intensitäten seines Materials. Eine Fotografie ist also als Licht-Performanz zu verstehen, als ein Ins-Licht-Treten, in dem das Licht als präsent als *da* sich einschreibt. Damit geht es weniger um die Repräsentation des Referenten im Bild, als um die Funktion des fixierten Materials Licht als performatives Scharnier zwischen Damals und Jetzt. Es ist das Licht, das im Bild über die Zeit 'reist', das Zwischenzeiten und Zwischenräume überbrückt und sie gleichzeitig zusammenfallen lässt. Die Funktion des Licht-Bildes liegt also in der „Perspektive der Zeit. Aller-

[648] Belting, H. 2008, 76.

dings nicht in Form einer simplen Evokation von Vergangenheit“[649], sondern im Erstaunen über die mnemische Energie im Wiedersehen der Strahlen von Damals.[650]

Ins Licht setzen bedeutet dabei gleichzeitig, dem Blick zuführen, verfügbar machen. Im Fall der Langzeitbelichtungen werden die Bilder in dem Sinne verfügbar, dass sie etwas über die Dauer seiner Existenz hinaus fixieren und indem sie einen Anblick bieten, der die Möglichkeiten des Auges übersteigt. Bei Turrell wurde neben Lacan von einem Schirm gesprochen, der sich aus dem materialisierten Licht, das den Raum erfüllt, konstituiert. Im Foto schreibt sich dieses zeitlich erstreckende, performative, materielle Licht in einem prozessualen Akt einer weiteren Art dazwischenkommenden Schirms ein, der jetzt Film heißt. Die Chemikalien, die (auf) das Licht treffen, führen zu einer materiellen Materialisation, wo bislang eine phänomenologische Materialisation thematisch geworden ist. Wird das Bild vom Medium gelöst betrachtet, ist es jedoch in der selben Weise materiell, wie bei Turrell, auf einem Schirm aus Licht. Der materielle Unterschied, den das Fotopapier macht, ist, dass das Licht-Schirm-Bild nicht nur im Moment der Wahrnehmung existent ist, sondern über diese hinaus konserviert werden kann. Das Licht wird derart konserviert, dass seine Strahlen auch den späteren Betrachter noch im Nachhinein treffen können. Wobei die Langzeitbelichtungen einen Sonderfall darstellen, in dem das Licht der Wahrnehmung zeitlich anders geartet ist, als das Licht des nachträglichen Bildes. Die prozessuale Simultanität hat keinen Referenten, sie kann nur in der Erinnerung als immaterielles Bild festgehalten werden. Diese Problematik wird im Zusammenhang mit dem dritten Analyseobjekt nochmals aufgerufen werden. Im folgenden Abschnitt ist die konservierende Eigenschaft des Lichtbilds Thema.

5.2.1 Das Foto als Dokument

> „Denn nicht das 'Lebendige' der Photographie (ein rein ideologischer Begriff) hat für mich Bedeutung, sondern die Gewissheit, daß der photographierte Körper mich mit seinen eigenen Strahlen erreicht und nicht durch eine zusätzliche Lichtquelle.“[651]

Als materielles Material konservierte Lichtstrahlen vermögen nach Roland Barthes für das So-Gewesen-Sein oder das Da-Gewesen-Sein

649 Beilenhoff, W. 1998, 116.

650 Siehe Beilenhoff, W. 1998, 116f.

651 Barthes, R. 1985, 92.

des Referenten zu bürgen. Von dem Bildobjekt, das einmal da gewesen sein muss „sind Strahlen ausgegangen, die mich erreichen, der ich hier bin“[652]. Die Zeit, die inzwischen vergangen sein mag, ist dabei nicht von großer Bedeutung, die im Lichtbild gespeicherte Zeit scheint einem elliptischen Sprung zu gleichen: das Licht ist jetzt hier, es trifft den Betrachter erneut, als eine Haut. Die Fotografie gilt Barthes demnach als eine Emanation des Referenten, dessen unmittelbare Ausstrahlung eben die Filmoberfläche berührt hat, die der Betrachter jetzt erblickt.[653] In diesem Sinne kann die Fotografie als Zeitspeicher gelten; was jedoch nicht ganz unproblematisch ist.

Als Abdruck verstanden, wird die Fotografie mit Totenmasken in Verbindung gebracht.[654] Sie wird in diesem Zusammenhang als Ablösung der Abformung des Abwesenden (Toten) durch Ablichtung geltend gemacht.[655] In diesem Sinne stellen Fotografien das, was sie zeigen immer zugleich als Abwesendes dar, löschen den Referenten durch seine Bildwerdung förmlich aus. Auf dem Bild wird man Objekt, „ganz und gar Bild [...], der Tod in Person“[656], für die anderen verfügbar. In Barthes Augen befindet sich die Fotografie damit außerdem in unmittelbarer Nähe zum Theater; erstens was die Vermittlung des Todes betrifft, die im Theater mittels des geschminkten, maskenhaften Gesichtes, das die Darstellung von etwas Abwesenden übernimmt, thematisch werde[657], zweitens durch die Bedingung der unmittelbaren Ko-Präsenz von Referent und Fotograf, die für die Entstehung eines Bilds notwendig ist.[658] Die durch die notwendige Mitanwesenheit des Fotografen, der das Bild als Beweis herstellt, verbürgte Präsenz des Referenten, wird in der Betrachtung des Bildes erneuert. Die Fotografie hat also „etwas mit Auferstehung zu tun“[659], sie ist das Vergangene und das Wirkliche zugleich, etwas Wirkliches, das man nicht mehr berühren kann, das aber in dem was es zeigt gewiss ist.[660] Das punctum, das nach Barthes eine nicht analytisch zu fassende, empfindliche

---

652 Barthes, R. 1985, 91.

653 Siehe Barthes, R. 1085, 90f.

654 Siehe Arnheim, R. 2004, 44; Barthes, R. 1985, 23; Belting, H. 208, 74f.

655 Siehe Belting, H. 2008, 73.

656 Barthes, R. 1985, 23.

657 Siehe Barthes, R. 1985, 41.

658 Siehe Barthes, R. 1985, 95.

659 Barthes, R. 1985, 92.

660 Siehe Barthes, R. 1985, 97.

Stelle des Fotos darstellt, das Zufällige, das den Betrachter besticht[661], kann eben diese Zeitlichkeit des Bildes sein, das reine, eher bestätigende, als wiedergebende „Es-ist-so-gewesen"[662]. Es geht weniger um eine Kopie der Wirklichkeit des Objekts, als um um eine zeitliche Zeugenschaft, um eine Emanation des Vergangenen.[663]

Da aber Fotografien nicht nur das objektiv vor ihnen Daliegende reproduzieren, sondern auch das, was der Fotograf darin sieht und schließlich das mit sichtbar wird, was der Betrachter darin sieht, ist diese Aktualisierung nicht so einfach. Die physische Realität trifft im Foto zusammen mit der schöpferischen Kraft des Menschen und kann in diesem Sinne wieder nur in einem 'Zwischen' gedacht werden. Sie trägt damit der Wirklichkeit Rechnung, drückt aber andererseits die Qualitäten menschlicher Erfahrung aus.[664] Der Mensch verleiht dem Ganzen Seele, misst ihm eine Bedeutung bei.[665] Die Kamera baut also ein abgeleitetes Verhältnis zur Gegenwart und Vergangenheit auf[666], stellt das Wirkliche auf neue Weise zur Verfügung[667]. Dies hat jedoch zur Folge, dass das hergestellte Bild in der Betrachtung immer jeweils den Blick des Anderen, des Fotografen aktualisiert. Das schon vorgängig existente Bild, erfährt durch seine Fixierung im Foto eine Unterwerfung unter einen weiteren Blick, den der Kamera, oder des Fotografen. Wer den Schirm im Foto materialisiert, materialisiert schließlich etwas, was zwischen ihm und der Welt mit einem Teil von ihm selbst entstanden ist. Zusammen mit der Aktualisierung des im Bild durch die Zentralperspektive enthaltenen Blicks, entsteht so eine doppelte herrschaftliche Blickordnung: eine bildimmanente, inhaltlich-innere und eine nochmals von außen angetragene, inszenierende, die des fixierten Schirms. Nach Susan Sontag ist der Fotograf folglich derjenige, der Vergangenheit erfindet[668].

Besonders augenscheinlich wird dies in solchen Situationen, in denen es die Technik vermag, Dinge sichtbar zu machen, die es sonst nicht gäbe, die in der realen Zeit kein Mensch wahrnehmen könnte, wie beispielsweise Langzeitbelichtungen oder Ultra- Kurzzeitbelichtungen

---

661 Siehe Barthes, R. 1985, 36.

662 Barthes, R. 1985, 105.

663 Siehe Barthes, R. 1985, 9.

664 Siehe Arnheim, R. 2004, 423, 11 und 32.

665 Siehe Arnheim, R. 2004, 424.

666 Siehe Sontag, S. 2008, 159.

667 Siehe Sontag, S. 2008, 166.

668 Siehe Sontag, S. 2008, 69.

von fliegenden Gewehrkugeln. Realität und das Sehen werden durch neuartige Blickmöglichkeiten wie diese neu definiert[669]. Fotografien stellen also unabhängige Realitäten, eigene Wirklichkeiten dar, die nicht unbedingt der Wahrnehmung der Realität entsprechen. In der Konsequenz können Fotografien nicht so sehr ein Werkzeug der Erinnerung darstellen, als eine Erfindung oder einen Ersatz dieser Erinnerung. Sie können Erinnerung als eine Art Gegen-Erinnerung sogar blockieren.[670] „Eine Fotografie ist nur ein Fragment, dessen Vertäuung mit der Realität sich im Laufe der Zeit löst. Es triftet in eine gedämpft abstrakte Vergangenheit, in der es jede mögliche Interpretation [...] erlaubt."[671] Mehr noch: statt ein Ereignis aufzubewahren, im Bild einzufrieren und damit der Flüchtigkeit zu entreißen, betont der erstarrte, herausgegriffene Moment das Verfließen der Zeit noch.[672]

Eine derart konstruierte Vergangenheit kann nur in Splitterstücken vorliegen, aus denen keine Kontinuität mehr hervorgeht. Im „bevorzugten Augenblick"[673], der in einer bestimmten Perspektive, zu einem bestimmten Zeitpunkt, in einem bestimmten Ausschnitt abgelichtet wird, kann nie das gesamte Ereignis repräsentiert werden, im Gegenteil, eher wird es in seiner Wirkung verändert. Wenn die Vergangenheit in solchen bevorzugten Augenblicken vorliegt, die als Fotografien die eigentliche Erinnerung blockieren, dann wird Erinnerung zum Herrschaftsbereich. Wer die Macht hat zu entscheiden, welche Bilder im kulturellen Gedächtnis zirkulieren, bestimmt somit, was erinnert wird. Dass diese Macht von Bildern ausgeübt werden kann, belegt Sontag ebenfalls: „Das Foto ist in einem solchen Maße zur wichtigsten visuellen Erfahrung geworden, daß es inzwischen Kunstwerke gibt, die produziert wurden, um fotografiert zu werden."[674] Damit bringt Sontag zum Ausdruck, dass die Aneignung von Welt heute vor allem im Bild stattfindet. So hat die Sichtbarkeit der Bilder, einschließlich des Unsichtbaren, das sie ausschließen, also die Umverteilung des Sichtbaren, immer etwas mit einer Politik der Wahrnehmung zu tun.

669 Siehe Sontag, S. 2008, 149.
670 Siehe Barthes, R. 1985, 102.
671 Sontag, S. 2008, 73.
672 Siehe Sontag, S. 2008, 21.
673 Sontag, S. 2008, 23.
674 Sontag, S. 2008, 143.

5.2.2 Das Foto als Bild

Von der Warte des eigenständig Realen aus, welches Fotografien produzieren, indem sie eben nicht lediglich eine Kopie oder ein Abbild der Wirklichkeit herstellen, gelangt die Betrachtung zurück zum Bildbegriff des 'iconic turn', der mit den Langzeitbelichtungen Begrichs und Preußlers verbunden werden kann. Wie im Anschluss deutlich werden wird, unterlaufen deren Theaterfotografien durch die lange Belichtungszeit einige der im obigen Kapitel über Fotografie getätigten Aussagen.

Laut Arnheim sind technische Erfindungen immer zugleich „Antworten auf geistige Bedürfnisse der Zeit“[675]. Analog müsste auch die Theaterlangzeitbelichtung - zwar nicht als technische Erfindung, jedoch als technische Umsetzung - einem geistigen Bedürfnis entsprechen. Eine Momentfotografie, als fragmentarisches Bild und willkürlicher Ausschnitt, kann ein Bild einer Aufführung, insbesondere angesichts der zunehmenden Verdichtung, Beschleunigung und medialen Pluralisierung auf der Bühne, nur unzureichend vermitteln. Eine adäquate Speicherung von Aufführungen im Bild, die nicht räumlich und zeitlich fragmentiert sind, fordert eine andere Methode. Mit der Langzeitbelichtung haben Begrich und Preußler eine Methode gefunden, die die Aufführungen in ihrer Totalität wiedergeben kann und damit den Bedürfnissen der Zeit vermutlich besser entspricht. [676]

> „Im Unterschied zum posenhaften herkömmlichen Theaterfoto schafft das Theaterbild einen Ausdruck der Inszenierung. In seiner gedehnten Form hat es einen gesteigerten Anspruch auf Repräsentation, da es den Charakter der Bewegung zeigt, sei sie flüssig oder statisch, und den Stil der Inszenierung verinnerlicht.“[677]

Der Auslöser zerreißt in diesem Falle eben nicht die Zeit und lässt Bewegung erstarren, sondern hält die Kontinuität, die Prozesshaftigkeit, das Hervorgehen des einen aus dem anderen, wenn auch anachronistisch oder heterochronistisch, aufrecht. Es wird kein bevorzugter Augenblick und Ausschnitt aus dem Kontinuum geschnitten. Der „kalte Blick der Kamera, leidenschafts- und intentionslos aus einer Totalen“[678], setzt die Sichtbarkeiten so, dass möglichst wenig Unsichtbarkeiten bleiben. Es findet eine doppelte Pluralisierung des Blicks

---

675 Arnheim, R. 2004, 36.

676 Siehe Begrich, A./Preußler, J. 2004, 1.

677 Begrich, A./Preußler, J. 2004, 8.

678 Begrich, A./Preußler, J. 2004, 2.

statt: einmal auf der Ebene des Dargestellten, das in der Schichtung keinen zentralperspektivischen Blick erlaubt und zweitens auf der Ebene des Herstellers, der keinen bevorzugten Augenblick wählt. Das Bild kristallisiert zu einem energetischen Gesamtbild[679], das vor allem die Struktur und nicht den Inhalt wiedergibt. Die Fotos wollen nicht Abbild sein, täuschen keine Echtheit vor, da der Eindruck, den sie vermitteln mit dem menschlichen Auge nicht wahrnehmbar ist. Das Abgelichtete wird kaum als Objekte im Bild verfügbar, oft sind sie als abgeschlossene gar nicht erkennbar. Als eine Art Traumbilder ohne Schatten entschlüpfen sie einer Feststellung und sind trotzdem in einer prozessualen Emanation des Lichts *da*. Auch in diesem Fall wird das Foto Mahnmal des Vergänglichen, der Unwiederholbarkeit des Verlaufs. Jedoch wird die Abwesenheit hier nicht mit einem starren Dokument belegt. Das Foto kann in dieser Form auch nicht als Ersatz und Blockade von Erinnerung fungieren, da es alle Momente des Ereignisses - aus dem Winkel der Totalen vielleicht sogar mehr, als ein einzelner Zuschauer von seinem Platz aus sehen könnte - beinhaltet. Die starre Perspektive wäre hier der einzige Kritikpunkt, doch wird sie wieder wett gemacht durch die Pluralisierung von Raum und Zeit, die Zwischenräume anbietet.

Um den Bogen zurück zum Anfang des Kapitels zu schlagen, kann an dieser Stelle festgehalten werden, dass als Reaktion auf geistige Bedürfnisse die Langzeitbelichtungsfotografie einen neuen visuellen Code lehrt. Die Vorstellung davon, wie etwas wahrgenommen werden kann wird erweitert. Eine Möglichkeit, die Dinge anders in den Blick zu nehmen, nämlich in ihrer zwar undeutlichen aber kontinuierlichen Prozessualität und Schichtung, wird ermöglicht. Damit kommt Subjektives und Heterogenes in einen Blick, der plural, statt herrschaftlich ist. Zudem wird die Wahrnehmung verlangsamt, auf Dauer gestellt. Möglicherweise wird so einem Bedürfnis heilsamer Ruhe in einer schnelllebigen Welt Rechnung getragen sowie einem Bedürfnis nach individueller Verwirklichung und individueller Teilhabe am Diskurs.

5.2.3 Nachträglichkeit der Licht-Schichtung

In dem Sinne, in dem die Langzeitbelichtungen eigene Wirklichkeiten darstellen, reifen sie zu einer solchen heran in einem Modus der Nachträglichkeit. Sie stellen dabei nicht einfach nur Momentaufnahmen eines Ereignisses dar, um das es eigentlich geht, sondern erhalten selbst den Status eines Akts, der etwas Neues hervorbringt. Es geht

---

[679] Begrich, A./Preußler, J. 2004, 12.

weniger um eine Dokumentation eines ursprünglichen Ereignisses, als darum „das Erfahrungspotential der Dokumente selbst zu erschließen."[680] Laut Bormann ist die ursprüngliche Erfahrung der Präsenz ohnehin nur im Entzug fassbar: „Das Ereignis befindet sich offensichtlich weder gänzlich 'hier und jetzt' noch 'fort und damals'; es wird schon im Vollzug der Wahrnehmung selbst zu einem Objekt von Wissen und Erinnerung. [...] Wahrnehmung und Erinnerung wären dann die (un-)eigentliche Szene der Aktion, gegenwärtig und vergangen zugleich."[681]

Ähnliches schildert Stefan Schweizer für Tableaux Vivants, die nicht mehr nach einer Vorlage eines Gemäldes gebildet werden, sondern selbst eine Vorlage für ihre Vervielfältigung als Fotografie darstellen. Ihr eigentlicher Sinn entfaltet sich damit erst in der Nachträglichkeit. Damit wurde auch ihnen der Rang einer selbständigen Gattung zugestanden.[682] In der medialen Differenz, die zwischen Aktion und Dokumentation entsteht, wird laut Bormann im Gegensatz zum ursprünglichen Ereignis, die Imagination des Betrachters stärker aktiviert.[683] Das 'Dokument' stellt somit eine ganz eigene Art der Erfahrung her und lässt der Darstellung im Bild, auch im Falle der Fotografien, ein Zuwachs an Sein zukommen.[684]

Das Dokument ist also erstens qua Kontinuität stiftender Erinnerung schon Teil der Wahrnehmung und damit berechtigter Teil des Ereignisses. Zweitens stellt das Dokument in der Nachträglichkeit, von Imagination durchtränkt, ein eigenes Erfahrungspotential dar.

Für Begrichs und Preußlers Theaterbilder konnte dieser Zuwachs durch die Nachträglichkeit schon in der Sichtbarmachung des sonst Unsichtbaren identifiziert werden. Tatsächlich ist im schwindenden Verlauf der Vorstellung, im zwangsläufigen Entzug des je vorhergehenden Bildes eine simultane Zusammenschau nicht möglich. Die Langzeitbelichtungen dagegen halten nicht diesen sich je schon entziehenden Verlauf fest (wie es eine Videoaufzeichnung täte), sondern gewähren in jedem Moment der Belichtung jedem neu sich in die Silberschicht einschreiben Bild die Bezugnahme (im Gegensatz zu Entzug) auf das je vorherige sowie auf alle vorherigen. Diese Überschreibung geschieht nicht in dem Sinne, dass ein Bild die vorherigen aus-

680 Bormann, H.-F. 2001, 410.

681 Bormann, H.-F. 2001, 403.

682 Siehe Schweizer, S. 2004, 91f.

683 Siehe Bormann, H.-F. 2001, 408.

684 Siehe Begrich, A./Preußler, J. 2004, 12.

löscht, sondern indem es sich als neue Schicht in sie einfügt, so dass ein neues Bild entsteht, das schlussendlich in einem kompletten Bild der Aufführung gipfelt. Mit jeder Schicht verändert sich das, was zuvor da war. Es findet eine Umschreibung des abgelichteten Ereignisses statt, weiter noch, eine Fortschreibung, indem das sich Ereignete 'weiterverwendet' wird für etwas Neues.

5.2.3.1 Nachträglichkeit in der Psychoanalyse

Das Konzept von Nachträglichkeit und Schichtung, das in den Langzeitbelichtungen thematisch wird, lässt sich zusammendenken mit einem sehr ähnlichen Konzept, das die Psychoanalyse vom psychischen Apparat des Menschen entwickelt hat.

„Freud verwendet 'Nachträglichkeit' in Verbindung mit sich zeitlich überlagernden seelischen Eindrücken und deren Bearbeitung. Frühe Erinnerungsspuren sind durch spätere Erlebnisse einer permanenten Umordnung unterworfen."[685] Der psychische Apparat entsteht demnach durch Aufschichtung von Erlebnissen und deren nachträglicher Umschrift und Neubelegung von Sinn durch die jeweilige Schicht neuer Eindrücke. Wird eine Schicht der Erinnerung aufgerufen, wird sie neu bearbeitbar. Die Vergangenheit gestaltet sich in der Erinnerung also vielschichtig.[686] Die Umschriften verknüpfen die aktuellen mit den früheren Erfahrungen und stellen so ein Bewusstsein für die eigene Vergangenheit her.[687] Äußere Eindrücke sind dabei nicht als wertfreie Kopien zu verstehen, sondern sind immer schon mit den ihnen verbundenen Emotionen und Bedeutungen belegt. Das Bewusstsein für Vergangenheit ist demnach eine subjektive Konstruktion, die mit den tatsächlichen Ereignissen nicht eins zu eins übereinstimmen muss und daher 'fehlerhaft' sein kann. Die permanenten Umschriften und Bezugnahmen auf Vorgängiges führen zudem zu einer engen Einbindung von aktuellen Erfahrungen in die schon konstruierte Vergangenheit, so dass neue Eindrücke von alten nicht trennbar sind.[688] Die jeweilige Erinnerung an Ereignisse ruft diese außerdem nicht immer in der 'Reinform' der Speicherung ab, sondern belegt sie wiederum mit aktuellen Interessen, Absichten und Zielen zum Zeitpunkt des Erinnerns.[689] Erlebtes wird also subjektiv modifiziert wahrgenommen, man

685 Wyss, B. 2007, 333.

686 Siehe Kreuder, F. 2002, 107.

687 Siehe Wyss, B. 2007, 333.

688 Siehe Schacter, D. L. zitiert bei Kreuder, F. 2002, 11.

689 Siehe Kreuder, F. 2002, 11.

könnte auch sagen, im Zwischenraum von Ereignis und Wahrnehmendem und durch jede neue Erfahrung und/oder Erinnerung wiederum verändernd überschrieben. „Wie bei der Traumarbeit sind die Bilder Gegenstand steter Verschiebung, Verdrängung und Affektverkehrung, einer 'Umschrift' im Sinne der Freudschen Nachträglichkeit."[690] Da Freud sich insbesondere bei Traumapatienten mit Nachträglichkeit beschäftigte, spricht er auch von 'Deckbildern', die alte Motive, altes Erinnerungsmaterial verkennen oder vergessen.[691] Auf diese Weise kann ein scheinbar harmloses Bild als nachträgliche Reaktion auf eine Verletzung, die verkannt bleibt, Unbehagen oder Angst auslösen.[692] Was im psychischen Apparat Wirksamkeit erlangt, sind also nicht nur die Eindrücke an sich, sondern auch die nachträgliche Umarbeitung selbst, als Reinterpretation, wird in eigener Weise wirksam. Die ge-schichtete Vergangenheit ist also immer nur als Entwurf zu denken, der sich im Prozess entwickelt. Besonders prädestiniert für Umarbeitungen sind dabei solche Ereignisse, die im Augenblick des Erlebens nicht vollständig in das Erfahrungssystem und die Bedeutungszusammenhänge integriert werden konnten. Die Erinnerungsarbeit von traumatisierten Menschen stützt sich denn auch darauf, alle Eindrücke, die nicht integrierbar waren von Neuem zu durchleben und mit dem 'heutigen Blick' in einer nachträglichen Umarbeitung sinnvoll in die Vergangenheit einzufügen.[693]

5.2.3.2 Nachträglichkeit in den Fotografien

Das psychoanalytische Verständnis der Nachträglichkeit nutzbar machend, kann die Schichtung der Eindrücke in den Langzeitbelichtungen als ebensolche ständige Umschreibungen, Überschreibungen oder Fortschreibungen der Bilder gedacht werden, wie sie offenbar in der Erinnerung stattfinden. Es ist dabei die Überschreibung selbst, die aus den Stücken etwas Neues entstehen lässt. Nichtsdestotrotz können die Theaterbilder, bezogen auf Menschen, die die Aufführung als Ereignis tatsächlich gesehen haben, als Versinnbildlichung ihres Gedächtnisses gelesen werden. Eines Gedächtnisses, das nicht einzelne Kopien einspeichert, sondern in einer ständigen Bearbeitung das Alte mit dem Neuen verknüpft und daraus ein immer anderes Bild herstellt, das nicht die pure Sukzession speichert, sondern in dem jede Sukzession

690 Wyss, B. 2007, 343.

691 Siehe Wyss, B. 2007, 344.

692 Siehe Wyss, B. 2007, 335.

693 Siehe Laplanche, J./Pontalis, J.-B. 1982, 314-317.

die Veränderung des Vorherigen bedeutet. Zudem sind es insbesondere Bilder, die gegenüber einfachen Verlaufsformen ein besonderes Erinnerungspotential aufbieten. Nach Barthes liegt dies in der „mnemische[n] Energie, die sich im fixierten Licht aufspüren lässt“[694]. Gedächtnismäßig aufbewahrte Ausdruckswerte in Bildern müssen als sinnvolle geistestechnische Funktion beschrieben werden.[695] Jeff Wall begründet dies mit der gegenüber dem Film gesteigerten Intensität von Bildern, die aus der Stillstellung der Bewegung resultiert.[696] Wird Erinnerung in Bildern im Gedächtnis abgelegt, kann sie auch nur über bildhafte Vergegenwärtigungen oder neue bildhafte Eindrücke wieder bearbeitet werden. Dazu der Romanautor Viktor von Scheffel: „Nur die bildhafte [...] Vergegenwärtigung ist in der Lage, die Vergangenheit zu beleben.“[697]

5.2.4 Lebendigkeit der Nachträglichkeit als Tableau Vivant

Erneut ergibt sich ein Konzept von Bild, das als Akt den Prozess, den offenen Verlauf einschließt. Liegt das Foto-Bild hier tatsächlich als Artefakt vor, gibt es doch ein Bild zu sehen, das sich als Photo-graphie auf einem Schirm, einem Tableau zeigt, welches all das zeigt, was ins Licht gerückt wurde. Das tatsächlich von der Bühne gerahmte Bild gibt das Geschehen nun nicht hinter/auf einem Gazevorhang zu sehen, sondern auf einem Schirm aus materialisiertem Licht, das realiter auf dem Fotopapier Material geworden ist. Unscharf, verwackelt, aber in der Bewegung lebendig, bündelt die Langzeitbelichtung alle Ereignisse der Aufführung im simultanen Jetzt des Bildes und generiert so eine andere Form geschichtlicher Präsenz, analog jener, die das ursprüngliche Tableau Vivant mittels der Aktualisierung vom Gemälden hervorbrachte. Ähnlich wie für Turrells *Bridget's Bardo* nachgewiesen, führt das performative, materialisierte Licht auch im Rahmen der Langzeitbelichtungsfotografien zu einem Verständnis der Bilder als lebendige, als eine Art Tableaux Vivants. Es wurde diesbezüglich auch für die Fotografien nachgewiesen, dass die Zeit als stillgestellter Zeitverlauf, selbst zum Thema des Bildes wird. Der Prozess der Einschreibung und Umschreibung des Lichts ist hier wichtiger, als das Bild als Produkt. Erneut wird der Blick auf das Bild auf Dauer gestellt. In diesem Sinne ist die Langzeitbelichtungstheaterfotografie als eine Art umgekehrtes,

---

694 Beilenhoff, W. 1998, 118.

695 Siehe Schweizer, S. 2004, 63.

696 Siehe Wall, J. zitiert bei Belting, H. 2001, 233.

697 Scheffel, V. zitiert bei Schweizer, S. 2004, 86.

doch auch zwischen Stillstellung und Lebendigkeit verortetes, Tableau Vivant zu verstehen. In diesem Falle geht es nicht um die Wahrnehmung von etwas Lebendigem als Bild, sondern um die Wahrnehmung des Lebendigen im Bild oder des Bildes als Lebendiges. Lebendig wird es nicht nur durch das Einfangen von Bewegungen über einen längeren Zeitraum, sondern besonders durch die räumlichen und zeitlichen Spielräume oder Zwischenräume, die es der Wahrnehmung und Erinnerung im Gegensatz zur Momentfotografie eröffnet: durch den pluralen Blick, der die Vergangenheit des Bildes nachträglich als geschichtete sichtbar macht und nicht auf dem panoptischen Überblick verharrt, den der Kamerastandpunkt eigentlich bezeichnet, öffnet es die Bilder für die Imagination sowie für eine ständige nachträgliche Fortschreibung. Eine Gewissheit über das Vergangene kann in solchen Fotografien zwar nicht erreicht werden, doch will ein Bild, das in der Überschreibung der Nachträglichkeit eine eigene Wahrheit hervorbringt, dies offenbar gar nicht mehr. Zweitens wird dadurch eine Öffnung zum Vielschichtigen hin gewonnen, das den subjektiven Blick im Bild potentiell miteinbezieht. Ein solches, offenes Bild kann nur durch die prozessuale Materialisation des Lichts als Schirm erreicht werden.

5.3 Zwischenbelichtung

Die Langzeitbelichtungstheaterfotografien werden gebildet von einer Aufschichtung selbstreferentiellen, performativen, sich als Schirm materialisierenden Lichts, von einer Emanation in der Nachträglichkeit. Nicht die Dinge oder die Welt werden abgelichtet, sondern das Licht selbst schreibt sich der Silberschicht als Medium ein, die den Schirm verfestigt. Ist die Analyse von *Bridget's Bardo* vom Licht ausgegangen und beim Bild angelangt, so wurde in diesem Kapitel umgekehrt verfahren: vom fertigen Bild ausgehend, wird zurück auf das Licht verwiesen. Die Vermutung, dass Licht und Bildlichkeit auf irgendeiner Ebene zusammenhängen könnten, hat sich erhärtet. Es ist als performative Leistung des Lichts zu werten, dass die durchscheinenden und doch materiellen schichthaften Überschreibungen in die Möglichkeit der Sichtbarkeit gehoben werden. Als Folge ist das, was sichtbar wird, weniger als Inhalt und Raum zu sehen, sondern als Strukturen und Intensitäten auf den flächigen, übereinanderliegenden Schirmen. Dabei ist der Prozess des Einschreibens des Lichts wichtiger als das Produkt Fotografie. In der Überblendung der Schirme entsteht ein simultaner Raum des 'Zwischens', einer Zwischenwelt oder Traumwelt, der in der realen Wahrnehmung so nicht existiert. Das Bild verortet sich zwischen Index und Imagination. Die vielen Räume übereinander setzen ein Potential von Veränderlichkeit und Prozesshaftigkeit frei, in deren 'Zwischen' der sichtbar gewordene Raum flächig existiert. 'Zwischen' den Raumschichten wird durch die Überschreibung ein 'Surplus' hervorgebracht, das es real nicht gibt. Die Zeitlichkeit dieser Darstellung komprimiert eine Dauer von über einer Stunde in einem prozesshaften, aber stillgestellten Jetzt-Bild. Der Blick wird auf Dauer gestellt, die Gegenwärtigkeit über die Dauer der Aufführung gedehnt. Der Blick wird zwischen Stillstand und Verlauf auf Dauer gesetzt. Das Licht-Bild an sich materialisiert sich nun nicht mehr nur auf einem dazwischenkommenden Schirm, sondern ebenfalls auf dem dazwischenkommenden Medium. Dieses Bild an sich ist wiederum als ein 'Dazwischen' charakterisiert. Als jenes 'Dazwischen' bringt es auch am Beispiel der Langzeitbelichtungen ein Bild hervor, das nicht Abbild, sondern prozessualer Bild-Akt ist, in dem sich das Licht aktiv über die Zeit einschreibt, das einen Blick inszeniert, der von der Realität unabhängige Wahrheit ist, der heterogene Zeiten und Orte vereint und für Subjektives offen ist. Das Bild ist nicht nur als Artefakt ein 'Dazwischen', sondern konstituiert sich zusätzlich erneut während der Betrachtung der Fotografien zwischen Bild, Medium und Körper des Betrachters. Insbesondere, wenn der Betrachter das Stück kennt, wird eine Ebene hin zur Imagination und Erinnerung geöffnet, in deren Zwischenraum sich das Bild der Inszenierung ansiedelt. Der Betrachter ist aufgerufen, selbst aus dem Blickangebot Sinn zu generieren, indem er die Zeit- und Raumschichten durchdringt.

Schon die geisterhafte Anmutung und die Schattenlosigkeit der Langzeitbelichtungen lassen sie als halb anwesende, halb abwesende, flüchtig imaginäre Traumbilder oder Erinnerungsbilder erscheinen. Das Licht dieser Bilder führt als Scharnier zwischen Damals und heute auf die Spur des Gedächtnisses. Schichtung und Nachträglichkeit, wie sie in den Langzeitbelichtungen durch die Aufschichtung von Lichtintensitäten sinnenfällig und im psychischen Apparat der Psychoanalyse thematisch werden, heben ab auf ein Bildverständnis, das mit subjektiver Erinnerung in Verbindung steht und das deshalb als nicht abgeschlossen, immer in Umschichtung und Überschreibung begriffen gedacht werden muss. Als geschichtetes und stets veränderliches ist das Bild im Grunde - trotz des Fotopapiers - nicht lokalisierbar, so wie das Gedächtnis nicht lokalisierbar ist. Das Langzeitbelichtungsbild tritt so als ein Modell des Gedächtnisses auf. Die Bildherstellung mit und durch Licht führt also zu Bildern, die nicht nur im 'Zwischen' von Dargestelltem und subjektiver Wahrnehmung entstehen, sondern auch nachträglich noch einmal zwischen Dargestelltem und Erinnertem, zwischen Wahrnehmung und Umschreibung sich neu hervorbringen.

Der Bildbegriff öffnet sich mit dem Licht weiter für die Dimension von Erinnerung und Vergangenheit und die damit verbundene Unabgeschlossenheit (bezüglich Bedeutungszuschreibungen und Wahrnehmungsmöglichkeiten) durch nachträgliche Umarbeitung und Aufschichtung. Ein Bild ist nurmehr nicht nur etwas Prozessuales, subjektiv Wahrgenommenes, sondern ein noch nachträglich prozessual veränderliches Bild. Der Bildbegriff ändert sich nicht nur derart, dass jetzt etwas anderes als zuvor als Bild betrachtet werden kann, sondern auch dahingehend, dass herkömmliche Bilder andere Darstellungsmodi wählen. Der Blick, der inszeniert wird, ist kein festgelegter, sondern ein scheinbar aktuellen Bedürfnissen entsprechender offener, heterogener, pluraler, durch das Subjekt mitbestimmter Blick. In der aktiven Wahrnehmungsarbeit des Subjekts entsteht dann ein ganz individueller, partieller Blick. Die Vergangenheit der Aufführung wird damit als unregelmäßige denkbar und sinnenfällig, als eine Vergangenheit „jenseits jeglichen Über-blicks“[698], obwohl die Langzeitbelichtungen doch gerade einen zeitlichen und räumlichen Überblick zu schaffen scheinen. Zusätzlich findet eine als heilsam beschriebene Verlangsamung der Wahrnehmung statt, die zu einer konzentrierten Versenkung und damit zur Selbstwahrnehmung des Betrachters, also zum Rückbezug in die Konzentration auf sich selbst führt. Im 'Zwischen' von Bewegung und Stillstand sowie durch die Materialisierung auf einem flächigen Schirm, sind die Langzeitbelichtungen wiederum als eine Art Tableaux Vivants, als sich stetig in Veränderung befindliche Bilder, anzusehen.

Die Performanzen des Lichts bringen erneut ein 'Zwischen' hervor, führen wie in *Bridget's Bardo* zu einer Stillstellung der Zeit und einem auf Dauer gestellten Blick. Sie stellen auch hier eine lebendige Bildlichkeit her, die nicht mehr unabhängig von Erinnerung gedacht werden kann. Wie gezeigt, werden Bilder immer abhängig - nicht nur vom gegenwärtigen Zustand des Betrachters sondern auch - von schon Erlebtem und in der Erinnerung gespeichertem wahrgenommen und so immer wieder überschrieben, sowohl was die neuen Bilder, als auch was die schon 'abgespeicherten' Bilder angeht. Die subjektiv kreative Leistung des Betrachters bei der Bildhervorbringung spielt folglich eine doppelte Rolle.

Das Kapitel zur Langzeitbelichtungsfotografie kann als Wegbereiter für das folgende Thema, bzw. als Scharnier zwischen den Lichtperformanzen Turrells und den folgenden Lichtperformanzen angesehen

---

698 Kreuder, F. 2002, 108.

werden. Haben die Fotografien, die ja schon Licht-Bilder sind und damit eine Kausalkette von performativem Licht zu Bildlichkeit nur rückwärts, gleichsam im Nachhinein nachvollziehen können, haben sie doch eine wichtige und anschauliche Erklärungsarbeit leisten können. Sie haben zum Verständnis davon beigetragen, wie das performative Licht Überschreibungen im doppelten Sinne - im Bild, wie im Gedächtnisbild – leisten, initiieren oder vorantreiben kann. Gleichzeitig ist deutlich geworden, dass das so verwendete Licht offenbar aktuellen Bedürfnissen gerecht werden kann, Heterogenes zu vereinen und den je subjektiven Blick mit subjektver Interpretation und Bedeutungshervorbringung einzubeziehen, das heißt, für jeden ein anderes Bild möglich zu machen und trotzdem alle Sichtweisen in einem Bild zu integrieren. Das Scharnierkapitel hat eine Verbindung hergestellt von einem immateriellen Licht-Bild in absoluter Gegenwart zu einem materiellen Licht-Bild als nachträgliche Emanation.

Was hier schon anklingt, nämlich die Verbindung von Licht und Geschichte im weitesten Sinne, soll im kommenden Abschnitt Thema sein. Darin wird gezeigt werden, wie performatives Licht über die Herstellung von Zwischenräumlichkeiten und Zwischenzeitlichkeiten ein aktuelles Bild herstellt, das Erinnerung modifizieren kann. Dabei wird es sich nicht um ein Bild-Artefakt handeln, wie im Falle der Fotografie, die als Index schon direkt mit der Vergangenheit in Verbindung steht, sondern um eine performative Situation, eine cultural performance. Die kulturelle Ebene erweitert das Feld zugleich über das Individuelle hinaus, hin zu kollektiver Erinnerung.

6 *MÁQUINA HAMLET* – EINE CULTURAL PERFORMANCE

Die Untersuchung der Langzeitbelichtungsfotografien diente dazu, über die tatsächliche, materielle Bildwerdung des Lichts und durch die nur in dieser Form tatsächlich anschaulich werdenden Überschreibungen, auf die Spur des Gedächtnisses zu führen. Mit Hilfe der Fotografien konnten die Überschreibungen in einer Art fixiert sichtbar gemacht werden, wie sie kein anderes Bild zu sehen geben kann, da das 'Festhalten' des alten Bildes, auf oder in das sich ein neues einschreibt, weder vom Video/Film, noch durch die imaginären Erinnerungsbilder oder Malerei in dieser indexikalischen Form geleistet werden kann. Die Fotografien aktualisieren mit der notwendigen Fixierung jedoch eine Bindung an ein Medium, die der Bildbegriff nach dem 'iconic turn' sowie der Bildbegriff des Theaters hinter sich gelassen haben. Doch diese Leistung der Anschaulichkeit konnte das Licht nur in Verbindung mit jenem fixierenden Medium erbringen. Wenn es dennoch eine dem Licht eigene Eigenschaft sein sollte, Überschreibungen im Zusammenhang mit Bildlichkeit leisten zu können, und wie im Zusammenhang mit *Bridget's Bardo* angenommen, das Licht mit einem neuen, offenen Bildbegriff in Verbindung steht, so müsste die Überschreibungsleistung des Lichts auch in ebensolchen prozessualen, von Medien gelösten Bildsituationen - wenn auch weniger anschaulich - möglich sein. Da es in einem solchen Fall weniger um Überschreibungen eines aktuell hervorgebrachten Bildes mit dem nächsten gehen kann, da diese sich in der Wahrnehmung, immer schon entziehen[699] und die Thematisierung der Nachträglichkeit unmittelbar zum Aufruf von Erinnerungsbildern geführt hat, muss es sich in einer Situation von aktueller Licht-Bild-Hervorbringung um Überschreibungen handeln, die sich auf frühere Erinnerungsbilder beziehen. Diese Folgerung soll in diesem Kapitel an einem Theaterstück, welches in besonderem Maße als cultural performance gelten kann, überprüft werden. Die argentinische Fassung von Heiner Müllers *Hamletmaschine* durch die Objekttheatergruppe *El Periférico de Objetos* (UA 1995 Buenos Aires) bietet sich zu diesem Zweck besonders an. Sie vereint eine inszenatorisch augenfällig wichtige Rolle des Lichts mit der Thematisierung von Erinnerung und Geschichte des Landes. Insofern die argentinische Ver-

---

699 - und somit in der Wahrnehmung immer schon gleich überschriebene sind, die als *ein* Eindruck wahrgenommen werden, und nicht erst ein abgeschlossenes, erinnertes Bild hervorbringen, das durch ein nächstes überschrieben werden könnte -

gangenheit sich problematisch und konfliktreich gestaltet, die gegenwärtigen Bedingungen instabil und unsicher sind und zudem der Übergang von den festgefügten und einschränkenden Verhältnissen der Diktatur hin zu einer weit größeren Freiheit und der damit einhergehenden plötzlichen Fülle an Möglichkeiten, wird im Zuge der Erinnerungsthematik auch die Frage nach nationaler und individueller Identität aufgerufen. Dieses für die Inszenierung und das Land gleichsam zentrale Thema kann im Horizont dieser Arbeit höchstens gestreift werden. Auch die Rolle der Puppen, die in diesem Objekttheaterstück eine ganz zentrale Verwendung finden, kann nur angedeutet werden. Ich habe mich an anderer Stelle bereits eingehender mit der Problematik von Körper - Puppe - Erinnerung - Identität in *Máquina Hamlet* auseinandergesetzt.[700] Das Thema wird in dem Rahmen, indem es die Untersuchung des Lichts in dieser Bearbeitung der *Hamletmaschine* betrifft, aufgegriffen werden. Zunächst soll in den Blick genommen werden, welche Relevanz Heiner Müllers Stück für die Gruppe *El Periférico de Objetos* haben kann und wie diese damit umgeht. Eine anschließende Befragung der lateinamerikanischen Geschichte sowie des Umgangs mit der nationalen Erinnerung, bietet eine gute Hintergrundfolie für die Funktion des Lichts im Stück sowie für die zu belegende Erinnerungs-Überschreibungsarbeit des Lichts, die darauf folgen soll. Die Rolle des Theaters als möglicher Erinnerungsort soll dabei mit berücksichtigt werden. Es wird herauszustellen sein, inwiefern das Licht es in diesem abgesteckten Rahmen leisten kann, über die Herstellung einer weiteren Zwischen-Räumlichkeit und einer weiteren Zwischen-Zeitlichkeit eine Verbindung zur Vergangenheit herzustellen und über eine Licht-Bildlichkeit Erinnerungsarbeit zu fördern. Da dieses Kapitel als zweite Ergänzung zum Thema performativen Lichts gedacht ist, wie es in *Bridget's Bardo* aufgekommen ist, kann es nur in dem Umfang behandelt werden, in welchem es in diesem Rahmen bleibt.

6.1 *Máquina Hamlet* von *El Periférico de Objetos*

Um einen Zugang zum Hintergrund der Lichtverwendung in der Inszenierung der argentinischen Bearbeitung der *Hamletmaschine, Máquina Hamlet* zu gewinnen, sollen zunächst Ansichten und Zielset-

700 Meine Hauptseminararbeit *Die Puppe und das Publikum. Neuverhandlung argentinischer Identität in Máquina Hamlet* von 2008 bearbeitet diese Thematik.

zung der Theatergruppe mit dem Heiner Müller-Text und seinen Implikationen in Zusammenhang gebracht werden.

6.1.1 *El Periférico de Objetos*

Die Obejkttheatergruppe *El Periférico de Objetos* hat sich zum Ziel gesetzt ein Puppen-/Objekttheater für Erwachsene zu etablieren, das den Blick dezentralisiert und eben jenes in den Blick zu rücken, was im gesellschaftlichen Diskurs keinen Ort hat. Gemäß der Namensgebung der Truppe soll das Periphere und das Objekthafte in den Mittelpunkt gestellt werden. In einer Absichtserklärung eines der Gründungsmitglieder, Daniel Veronese, wird dies deutlich:

> „Buscábamos la posibilidad de decentralizar la mirada en el teatro de objetos, salir de códigos muy establecidos en esa disciplina casi destinada por completo al teatro para niños."
>
> „Wir haben im Objekttheater die Möglichkeit gesucht den Blick zu dezentralisieren, die etablierten Codes dieser Disziplin zu verlassen, die fast vollständig vom Theater für Kinder bestimmt ist."[701]

Die Tatsache, dass sie mit Objekten arbeiten, führt über die herkömmliche Vorstellung von Puppentheater als Marionettentheater hinaus, zu einer Arbeit von betonter und anderer Körperlichkeit, zu ihrer Destruktion und Rekonstruktion als Objekt.[702] Die Präsenz des Körpers im Hier und Jetzt wird als Ausgangsbasis seiner Bearbeitung genommen. Seine Behandlung als Objekt macht dabei die Ebenen von Manipulation, Unterwerfung und dem inhärenten Gewaltpotential auf.[703] Das mit der Manipulation implizierte manipulierende Subjekt erweitert das Themenspektrum hin zu Macht, Zentralität und Hegemonialität. Das Periphere, als zweiter Bestandteil des Gruppennamens, schwingt als Gegensatz zu der Manipulationsthematik stets mit. Dabei geht es darum „über das Obszöne zu arbeiten, über das, was nicht gezeigt werden kann oder darf"[704] und damit Dinge in den Blick zu rücken und einen Dialog über sie zu produzieren, die die Gesellschaft nicht sehen möchte, vor denen sie flieht.[705] Auf diese Weise wird das Theater zu einem politischen Ort, an dem die Alltagswelt übertreten werden und

---

701 Veronese, D. 2000, 1. Übersetzung der Verfasserin.

702 Siehe Wehbi, E. G. 2007 zitiert bei Dupré, J. 2010, 236.

703 Siehe Alvarado, A. 2007 zitiert bei Dupré, J. 2010, 186 und 196.

704 Tantanian, A. 2007 zitiert bei Dupré, J. 2010, 216.

705 Siehe Wehbi, E. G. 2007 zitiert bei Dupré, J. 2010, 232.

neue Realitäten enthüllt werden können. Indem der Zuschauer durch unbekannte Bilder überrascht wird, soll das Etablierte aufgebrochen werden, um über den durch das Neue möglichen tiefgründigeren gefühlsmäßigen Zugang einen Dialog zu ermöglichen.[706]

Mit der *Hamletmaschine* haben *El Periférico de Objetos* einen Klassiker gewählt, mit dem sie das Publikum bei etwas Bekanntem abholen können, um von dort aus das Stück in einer Relektüre zum Peripheren, zu einer unbekannten Erfahrung hin zu überschreiten.[707]

6.1.2 *Hamletmaschine*

Welche Eigenschaften qualifizieren das Stück des deutschen Autors Heiner Müller für den peripheren Blick, den die Argentinier von *El Periférico de Objetos* anstreben? Im Folgenden soll diese Frage untersucht werden, indem das formale und inhaltliche Potential der *Hamletmaschine* hinsichtlich der Zielsetzung der Gruppe ausgelotet wird. Der Untersuchung des Textes folgt ein Blick darauf, wie die Objekttheatergruppe mit diesem umgeht, wie sie ihn umsetzt und für ihre argentinischen Zuschauer in ihrem Sinne nutzbar machen kann.

6.1.2.1 Heiner Müllers Text

An dieser Stelle soll keine vollständige Inhaltsangabe des Stückes erfolgen, sondern jene formalen und inhaltlichen Aspekte sowie Bedeutungsebenen herausgestellt werden, die für die Absichten von *El Periférico de Objetos* relevant sind.

Formale Aspekte

Die *Hamletmaschine* setzt sich aus den fünf Teilen *Familienalbum, Das Europa der Frau, Scherzo, Pest in Buda Schlacht um Grönland* und *Wildharrend/In der furchtbaren Rüstung/Jahrtausende* zusammen. So zusammenhanglos und unergründlich diese Überschriften auf den ersten Blick anmuten mögen, so offen, fragmentarisch und collagehaft gestalten sie sich auch inhaltlich. Nach Vlado Obad bietet für Müller „die Darstellung der Welt, in der wir leben, historisch keine Voraussetzungen mehr […], denen noch mit einer einheitlichen, geschlossenen Form

---

706 Siehe Wehbi, E. G. 2007 zitiert bei Dupré, J. 2010, 233., Veronese, D. 2000, 9 und Veronese, D. 2007 zitiert bei Dupré, J. 2010, 206f.

707 Siehe Veronese, D. 2000, 9f.

ästhetisch beizukommen wäre."[708] Dementsprechend ist das Fragmentarische als Widerstand zu verstehen, an dem sich die widersprüchliche Wirklichkeit, in der sich nichts mehr von selbst verstehe, abarbeiten und überprüfen müsse, im Sinne eines Sich-der-Wirklichkeit-Stellens.[709] Mit der Fragmentarisierung wird das Ausdrucksvermögen der Sprache angezweifelt, die Wirklichkeit zu fassen. Es entstehen „Textmaschinen" mit „verschlüsselter Semantik", die „klüger als der Autor"[710] sind und es kommt zu einer Ablösung von Sprache überhaupt durch eine Flut von Bildern.[711]

Bildlichkeit

Aus der fragmentarischen Form, die mit einer verschlossenen Semantik und also mit einer Polysignifikation einhergeht, ergibt sich eine Betonung von Bildlichkeit. Diese scheint ein prinzipielles Interesse Müllers darzustellen, nimmt er doch mit einem anderen Text, Bildbeschreibung, explizit Bezug auf diese. Generell verwendet er in seinen Texten formale Strukturen, wie sich verselbständigende Prosatexte, Demontage von eindeutigen Figuren sowie „surreale Passagen, die den dramatisch vorantreibenden Konflikt scheinbar suspendieren und in eine erstarrte Szenerie wandeln"[712]; Stillstellung also, in einer akausalen, unbewussten Zeitordnung, die Abläufe parallel setzt und Zeit und Raum nicht unbedingt logisch verknüpft. Handlung, Rollen, Drama werden dekonstruiert, das Subjekt dezentriert und in Widersprüche verstrickt und die Texte somit durch die Erosion des dramatischen Gefüges eher in „die Nähe zum bewegten Tableau"[713] gerückt, eines paradoxen Tableaus, das lineare Zeit aufhebt.[714]

Von besonderem Interesse in der Zusammenkunft von verschlossener Semantik und Bildlichkeit, ist das Traumbild. Als unbewusstes, rätselhaftes Bild ohne Grammatik und mit einer uneinholbaren Komplexität[715] wird diese Art Bild für Heiner Müller explizit relevant: „Mich hat immer die Erzählstruktur von Träumen interessiert, das Übergangslo-

708 Obad, V. 1990, 157.

709 Siehe Obad, V. 1990, 160 und 164.

710 Obad, V. 1990, 160.

711 Siehe Obad, V. 1990, 158-164.

712 Lehmann, H.-T. 2005, 64.

713 Lehmann, H.-T. 2005, 64.

714 Siehe Lehmann, H.-T. 2005, 63-65.

715 Siehe Hahn, B. 2005, 79f.

se, die Außerkraftsetzung von kausalen Zusammenhängen."[716] Durch Verschiebung und Verdichtung werden Gedanken Freud zufolge in Traumbilder übertragen, die Widersprüchlichkeiten und Alteritäten als Gleichzeitigkeit darstellen können ohne eine 'entweder-oder'-Entscheidung zu erfordern.[717] Die auf diese Weise erwirkte Simultaneität von unaufgelösten Antagonismen führt zu keiner selbstsicheren Wahrnehmung, sondern zu beständiger Infragestellung.[718] Auf formaler Ebene operiert Müller also mit uneindeutigen, unauflösbaren Polysignifikationen, die keine Antworten liefern, sondern vielmehr eine Reihe von Fragen aufwerfen. Der Zuschauer wird in die Pflicht genommen, seinen eigenen Kampf mit dem Material auszutragen, um so für sich Bedeutung zu rekonstruieren, wie nur „der Träumer selbst die verrätselten Bilder seines Traumes entschlüsseln"[719] kann.

Inhaltliche Aspekte

Auf inhaltlicher Ebene sind es drei Aspekte von Heiner Müllers Text, die für *El Periférico de Objetos* relevant sind. Zunächst ist es die Thematik der Frau als Opfer von Herrschaft und Geschichte, verkörpert in der Figur Ophelias, die für die Absichten der argentinischen Gruppe fruchtbar zu machen ist. Mit ihr wird einerseits die allgemeinere Problematik aller von der Geschichte Unterdrückten aufgerufen sowie andererseits ein Geschlechterdiskurs der Minderwertigkeit und Unterdrückung des Weiblichen aufgemacht. Hamlets Absage an die eigene Mutter wird symptomatisch für die Leugnung einer Herkunft aus dem Weiblichen, dem Schwachen, dem Schmutzigen. Im Kontrast dazu steht die Frau im Sinne der Frauenbewegung gleichzeitig für die Motive von Revolution und Befreiung. Die als *anders* und minderwertig gebrandmarkte Frau macht deutlich, dass nur durch eine *andere* politische Praxis die Probleme der Geschichte (welche eben auch zur minderwertigen Position der Frau geführt haben) gelöst werden können. Im selben Atemzug wird aber ebenfalls klar, dass die Handlungsmöglichkeiten der Schwachen der Gesellschaft beschränkt sind.[720]

Als zweiter wichtiger Aspekt kommt mit der Figur Hamlet die Ohnmacht des Intellektuellen, beziehungsweise der Kunst hinsichtlich der Einflussnahme auf die Veränderung von Geschichte und des Aufhal-

---

716 Müller, H. 1992, 298.

717 Siehe Hahn, B. 2005, 79-81.

718 Siehe Haß, U. 2005b, 6.

719 Hahn, B. 2005, 80.

720 Siehe Girshausen, T. 1978, 39f. und Weber, R. 1978, 88 und 93.

tens der Zerstörung ins Spiel. Sie thematisiert das Scheitern rationaler Lösungen zur Durchbrechung des Gewaltkreislaufs und das Scheitern des Intellektuellen an der für ihn unauflösbaren widersprüchlichen Realität. Sein Scheitern führt ihn gleichsam wieder, wenn auch unfreiwillig, der Geschichte der Gewalt zu.[721] An dieser Stelle verschränkt sich die inhaltlich widersprüchliche, unauflösbare Realität mit der undurchdringlichen, fragmentarischen Form.

Aus den beiden ersten Aspekten ergibt sich die Thematik des Verhältnisses von Subjekt und Geschichte. Unterdrückung und Gewalt machen deutlich, dass „es [...] notwendig [ist], die Subjektivität in politische Aktionen einzubringen."[722] Statt der Resignation und des Rückzugs in die Privatheit, statt Isolation, Verzicht auf Verantwortung, um nicht denken zu müssen, statt den gleichgültigen, ausführenden, nicht hinterfragenden, stumpfen Status einer Maschine anzunehmen, ist Partizipation nötig, ein Tätig-Werden zur selbstbestimmten Gestaltung von Geschichte durch aktives Mitprägen der politischen Praxis.[723] In diesem Sinne geht es auch wieder um die Reflexion des Intellektuellen und seine Rolle sich „verändernd in den Geschichtsprozess ein[zu]bringen [...] und ästhetische Produktion neu zu begründen [...]"[724], eben jener Anspruch, den auch *El Periférico de Objetos* verfolgen. Die aktive Teilnahme des Subjekts an Geschichte verleiht den Ereignissen eine subjektive Dimension, die die Prozesse des Alltags mit einbezieht.[725] Damit wird die Ablösung von einer oberflächlichen Geschichte der Heldentaten und des Fortschritts erreicht, die den individuellen Menschen zum Objekt der Vorgänge degradiert.

Der Engel der Geschichte

Die Ebene des Textes, die sich mit einer veränderten Geschichtsschreibung befasst, ist damit bereits angesprochen. Die formale Fragmentierung, der Zweifel an der Sprache, die Betonung von Bildlichkeit, die inhaltliche Widerständigkeit sowie die Forderung nach subjektiver Teilhabe an Geschichte, gehen einher mit einem Geschichtsmodell der Diskontinuität und Brüchigkeit.[726] Durch die Absage an die „bürgerli-

---

721 Siehe Girshausen, T. 1978, 33 und 39 und Alvarado, A. 2007 zitiert bei Dupré, J. 2010, 184f.

722 Girshausen, T. 1978, 43

723 Siehe Girshausen, T. und Weber, R. 1978, 42f.

724 Weber, R. 1978, 91.

725 Siehe Girshausen, T. 1978, 116f.

726 Siehe Girshausen, T. 1978, 28.

che Festlegung auf die heroische Oberfläche"[727] wird gleichzeitig der Fortschrittsgedanke verneint. Als Konsequenz kann Geschichte nicht mehr als zeitliche Chronologie aufgefasst werden, sondern implodiert zur Gleichzeitigkeit.[728] Geschichte muss als Konstruktion sichtbar und verständlich gemacht werden, die zugleich den gegenwärtigen Zustand als produzierten und damit als nicht zwangsläufig hinzunehmenden, da veränderlichen herausstellt: „Vermittelt in der Realität selbst können deren [die der Geschichte, Anm. der Autorin] Entstehungsbedingungen und -schwierigkeiten einsehbar, wie auch ihre möglichen Entwicklungsperspektiven abschätzbar gemacht werden."[729] Die bewusste Erkenntnis und Einsicht in die 'Gemachtheit' von Geschichte ist Voraussetzung dafür, aus ihr lernen zu können und damit den Gewaltkreislauf zu durchbrechen.[730] Müllers Geschichtsmodell stützt sich auf Walter Benjamins 'Engel der Geschichte'. Anders als dieser, der mit offenen Flügeln und dem Blick zurück in die Vergangenheit gerichtet, vom Sturm des Fortschritts getrieben nur die Katastrophen der Vergangenheit zu sehen bekommt[731], wird Müllers 'Glückloser Engel', den Blick in die Zukunft gerichtet, von den Trümmern der Vergangenheit eingeholt.

> „Die Last der geschichtlich aufgetürmten Trümmer [muss] abgebaut werden – und mit ihnen auch jene Ängste und Verdrängungen, die immer wieder verhinderten, sich der Widersprüchlichkeit der ganzen Geschichte zu stellen – um sie *loszuwerden.*"[732]

Wie Benjamin wehrt sich auch Müller gegen die Geschlossenheit und Abgeschlossenheit des Geschichtsbegriffs.[733] Der Engel „beschreibt eine Denkbewegung, die Widersprüchliches in Paradoxa verbindet, im Bewusstsein, darüber hinausgehen zu können."[734]

Diese starke Betonung von Geschichtlichkeit im Text Heiner Müllers, legt nahe, dass diese auch für *Máqina Hamlet* von *El Periférico de Objetos* eine zentrale Rolle spielt. Im Folgenden wird die Relevanz der *Hamlet-*

727 Girshausen, T. 1978, 115.

728 Siehe Iversen, F./Servos, N. 1978, 126.

729 Girshausen, T. 1978, 115.

730 Siehe Iversen, F./Servos, N. 1978, 126.

731 Siehe Ricœur, P. 2004, 767f.

732 Hörnigk, F. 1990, 132. Hervorhebung im Original.

733 Siehe Hörnigk, F. 1990, 128.

734 Inauen, Y. 2001, 60.

maschine sowie die Bedeutung des Umgangs mit Geschichte für Argentinien dargelegt werden.

6.1.3 Die Inszenierung durch *El Periférico de Objetos*

Zunächst spielt bei der argentinischen Aufmerksamkeit für Heiner Müller seine Nähe zu Brecht eine Rolle, den man dort sehr gut kennt.[735] Auf dieser prinzipiellen Nähe ergibt sich die Bedeutung der *Hamletmaschine* für *El Periférico de Objetos* aus der ähnlichen Motivation beider, durch einen peripheren Blick etablierte, herrschende (Macht-) Verhältnisse aufzulösen, um Veränderungen herbeizuführen, die dem Subjekt eine Stimme geben.[736] Dabei kommt den Argentiniern die offene, abstrakte Form des Müllerschen Textes zugute, die sich leicht auch auf andere konkrete Situationen übertragen lässt. Müllers Andeutungen auf die deutsche und sozialistische Geschichte, bieten in der Abstraktion auch *El Periférico de Objetos* Anknüpfungspunkte zu ihrer Geschichte: „Müller spricht in seinem Text auch von uns."[737] Sie übertragen das allgemeine Muster der passiven Haltung der Intellektuellen auf ihre argentinische Geschichte. „Der Text ist von einer geradezu perversen Intelligenz über die Gewalt des 20. Jahrhunderts. Über dieses Ausmaß der Gewalt, das andauert."[738]

> „Wir haben [...] versucht Bilder zu finden, die für uns relevant sind, den Text auf eine sehr freie Art und Weise zu behandeln."[739] „Wir versuchen uns in die Inszenierung einzubeziehen, so wie er [Heiner Müller, Anm. der Autorin] sich in seinen Text einbezieht. Wir sagen, dass auch wir uns überflüssig fühlen."[740]

In der Zusammenschau von Peripherem und Obszönem, ist die Folgerung für die Inszenierung von *Máquina Hamlet,* darin die Auseinandersetzung mit der Gewalt und des Horrors des 20. Jahrhunderts im Zusammenhang mit der eigenen Geschichte anzugehen.[741] Analog zu

---

735 Siehe Massuh, G. 2007 zitiert bei Dupré, J. 2010, 210f.

736 Siehe Wehbi, E.G. 2007 zitiert bei Dupré, J. 2010, 228 und 232f. und Veronese, D. 2007 zitiert bei Dupré, J. 2010, 208f.

737 Veronese, D. 2007 zitiert bei Dupré, J. 2010, 204.

738 Tantanian ,A. 2007 zitiert bei Dupré, J. 2010, 218.

739 Alvarado, A. 2007 zitiert bei Dupré, J. 2010, 185.

740 Alvarado, A. 2007 zitiert bei Dupré, J. 2010, 193.

741 Siehe Tantanian, A. 2007 zitiert bei Dupré, J. 2010, 216.

Müller soll dabei das weibliche Andere den Wandel, wenn auch durch Zerstörung, bringen.[742]

Da die zerbrochene Dramaturgie und die fragmentarische Form bis zum Zeitpunkt der Aufführung von *Máquina Hamlet* in Argentinien unbekannt war, kann sich die periphere Wirkung dieses völlig neuen Blicks besonders intensiv entfalten.[743]

6.1.3.1 Bildbeschreibungen

Die Bilder, die *El Periférico de Objetos* für sich zum Text Heiner Müllers finden, entfernen sich zunehmend von diesem und verstärken damit die Fragmentarisierung und Widersprüchlichkeit immer mehr. Im ersten Teil *Familienalbum* folgt die visuelle Umsetzung dem Text noch ganz konkret: Mit Babypuppen werden die Vergiftungsszene, die Prozession mit dem Sarg, die Begegnung mit dem Vater, mit Horatio und der Mutter nachgestellt. Ihr rammt die Hamletpuppe das Schwert zwischen die Beine, während eine lebensgroße Heiner Müller-Puppe die gesamte Zeit passiv neben dem Geschehen weilt. Im zweiten Bild geht es ausschließlich um Ophelia. Als einzige Figur, die von einem Menschen verkörpert wird, kniet sie in einem roten Kleid, mit Sonnenbrille, aufs engste von einem Käfig - ihrem Heim – umschlossen, in der Mitte der Bühne. Im Dunkel schleichen nur erahnbare animalische Kreaturen um sie herum, kratzen an ihrem Käfig, geben ihr eine Zigarette und zerren sie schließlich aus ihrem Gefängnis hinaus in die Dunkelheit des Hintergrunds. Das Bild *Scherzo* zeigt den Tanz einer Babypuppe, sowie einer Formation männlicher, lebensgroßer Puppen mit weißen Kleidern, zusammen mit ihren Spielern. Diese Vorstellung beobachten Ophelia und die Heiner Müller-Puppe vom Rand der 'Tanzfläche' aus. Bis auf die Müller-Puppe tragen alle Rattenmasken. Nach dem Tanz findet eine fingierte Publikumsauslosung statt, die eine zuvor unter den Zuschauern drapierte Puppe gewinnt. Der Gewinn besteht aus einem brutal ausgeführten Kopfschuss. Das folgende Bild besteht aus einer Doppelung der Zuschauersituation. Mit dem Rücken zum Publikum werden die lebensgroßen Puppen scheinbar vor eine Kinoleinwand gesetzt. Während der 'Film' undeutlich und dunkel Gewaltszenen aus der nationalen Vergangenheit, begleitet von der, sonst monoton ruhigen, nun aber immer hektischer werdenden Off-Stimme sowie sich steigerndem Fliegerlärm zeigt, werden die Zuschauer-Puppen einer nach der anderen gewaltvoll von ihren Plät-

742 Siehe Alvarado, A. 2007 zitiert bei Dupré, J. 2010, 192.

743 Siehe Wehbi, E.G. 2007 zitiert bei Dupré, J. 2010, 228.

zen gerissen, zusammengeschlagen und weggeworfen. Im Anschluss wird die Heiner Müller-Puppe exponiert auf einen Stuhl gesetzt und systematisch demontiert, bis einer der Spieler letztendlich Müllers Gummimaske und den Rest des Holzkorpus an der Bühnenrückwand an den Haken hängt. Im letzten Bild sitzt Ophelia wieder reglos und frontal zum Publikum ausgerichtet auf einem Stuhl, während neben ihr in einem großen Puppenspielerkoffer mit kopflosen Barbiepuppen das bisherige Geschehen erneut durchgespielt wird. Eine abermalige Wiederholung mit einer noch kleineren Kiste und noch kleineren Püppchen verhindert Ophelia, indem sie die Szene anzündet.

Während des gesamten Stücks wird der Text von einer Stimme aus dem Off gesprochen, losgelöst von den lebenden oder künstlichen Figuren, später auch losgelöst vom visuellen Geschehen überhaupt. Das Wort Handlung wird an dieser Stelle absichtlich vermieden, zeigen sich die Szenen doch eher starr, monoton, homogen, einförmig. Wo es Bewegung gibt, ist diese entweder sehr langsam, wild-unkontrolliert, oder sich zyklisch-monoton wiederholend. Eine voranschreitende Handlung sowie ein sich eindeutig erschließender Sinn, sind jedoch nicht auszumachen. Das Geschehen wirkt wie lose zusammengefügte surreale Traum- oder Erinnerungsfetzen.

Im Gesamten wirkt die Inszenierung unheimlich und verstörend. Über weite Teile der Inszenierung ist eine unheilschwangere zusammenhanglose Musik aus einzelnen Tönen zu hören. Die Babypuppen mit abgesägtem Schädeldach, die mit unschuldigen Gesichtern und Kinderkörpern furchtbare Gewaltszenen spielen tun ihr Übriges zur unheimlichen Stimmung. Die allumspannende Düsternis, die später noch Thema sein wird, steigert die verstörende Wirkung noch; alle Elemente der Inszenierung sind einer unheimlichen Unbestimmtheit anheimgegeben.

Dass *El Periférico de Objetos* für sich relevante Bilder finden wollte, impliziert, dass die Verwendung der Puppen eine national zentrale Thematik aufmacht. Sie verweist darauf, dass die Verhandlung von Körperlichkeit in der Geschichte des Landes eine wichtige Rolle gespielt hat und/oder noch immer spielt. Die spanische Eroberung, Militärdiktaturen und eine schwierige Demokratisierung unter kapitalistischen Vorzeichen haben sich auf intensive Weise in die Körper eingeschrieben. Für die Konstitution von Identität in der Vergangenheit, aber auch für die heutige Identität auf Grundlage des Umgangs mit der Vergangenheit, spielen diese Einschreibungen eine prominente Rolle. Während die Themen Körper und Identität im Rahmen dieser Arbeit nur gestreift werden können, kann eine mit diesen Kategorien eng verbundene Befragung der Vergangenheit des Landes wertvolle Hinweise für die spätere Analyse des Lichts und der schon als wichtig angesprochenen Bildlichkeit liefern.

6.2 Argentinische Geschichte - Geschichte des Körpers und der Unsichtbarkeit

Viele Länder Lateinamerikas teilen eine ähnliche Geschichte von Eroberung, Minderwertigkeit und Gewalt. Ein ganzer Kontinent wurde von Erfahrungen dieser Art geprägt, weshalb Argentinien meist im Verbund mit anderen Ländern betrachtet wird und auch betrachtet werden kann. Die Geschichte und Formen ihrer Erinnerung soll die Betrachtung später auf den Pfad der Erinnerungs-Bilder führen.

6.2.1 Conquista

Die Eroberung Lateinamerikas durch die Spanier im 16. Jahrhundert und die anschließende Kolonisierung stellen die wahrscheinlich folgenreichsten Ereignisse der argentinischen Geschichte dar. In diesem Akt der Enteignung, Zerstörung und Vergewaltigung eines ganzen Kulturkreises liegt die Wurzel eines Selbstverständnisses der Argentinier als minderwertige Rasse. Mit der Erfahrung des Fremden gehen die Europäer um, indem sie es mit mit den „Ideenkomplexen des eigenen Sinnhorizonts besetz[en] und bewerte[n]"[744] und als *anderen* Teil ihrer Kultur einverleiben. „Das zugleich europäisch und männlich gedachte Eigene gilt als alleiniger Maßstab bei der Beurteilung fremder Realität."[745] Durch die Verfügung über das Fremde in eigenen Begriffsschemata, wird die eroberte Kultur herrschaftlich untergeordnet.[746] Der koloniale männliche Blick erblickt im Anderen das schwache Weibliche, das Leidende und Passive. Die naturverbundenen Ureinwohner werden gemäß der im aufklärerischen Denken wurzelnden Überwindung der Natur durch den Logos in eine marginale Position gedrängt.[747] Was sie an Kulturleistung bereits geschaffen hatten, wurde gewaltsam durch Zerstörung zum Naturzustand zurückgeführt und somit den Indios die Urheberschaft über ihre Kultur entzogen.[748] „Die

744 Hölz, K. 1998, 25.

745 Hölz, K. 1998, 9.

746 Siehe Hölz, K. 1998, 7.

747 Siehe Hölz, K. 1998, 9 und 16-22.

748 Siehe Hölz, K. 1998, 74.

kulturelle Sprache der Eingeborenen ist zum Schweigen verurteilt."[749] Der patriarchale Machtdiskurs besetzt seine Welt mit dichotomen, wertenden Bezeichnungen, die das geistig Rationale und das Natürliche, Subjekt und Objekt, Selbst und Anderes, Mann und Frau voneinander trennt. Die Eroberer sind dabei nicht nur in den als weiblich gedachten Kontinent gewaltsam eingedrungen[750], sie haben sich genauso die einheimischen Frauen angeeignet, woraus die sogenannten Mestizen mit der Brandmarkung der illegitimen Geburt hervorgehen. Sie werden von keiner Seite voll anerkannt.[751] Während die Indios, die vorwiegend in den überlieferten Gemeinschaftsordnungen weiterlebten, den eher in Städten lebenden Mestizen als lügnerischen und ausbeuterischen Menschen misstrauen, grenzen sich die Spanier von ihnen, wie auch von in Lateinamerika geborenen Spaniern, den *criollos* als pauschal Minderwertigen ab, da das örtliche Klima eine Degeneration des Wachstums und eine Qualitätsverminderung der Person zur Folge habe.[752] Im selben Atemzug gilt auch die männliche eingeborene Bevölkerung als weiblich und schwach.[753] In der Folge prägt sich den Eroberten über Generationen im kollektiven Bewusstsein ein Selbstverständnis der Makelhaftigkeit ein, das mit Miderwertigkeitskomplexen und einer 'Sklavenmoral' einher geht. Als sexuell vereinnahmte bleibt den Lateinamerikanern eine verletzte Identität. So wie die Eroberer ihre männliche Subjektstellung nur in hierarchischer Distanzierung aufrecht erhalten können, kann der Lateinamerikaner ein Bild von sich selbst nur in Abgrenzung zum kolonialen Subjekt definieren, was ihn aber gleichzeitig schon in die Peripherie drängt.[754]

6.2.2 Patriotischer Diskurs im 19. Jahrhundert

In der Anfangszeit der Unabhängigkeit von Europa gehen die lateinamerikanischen Staaten auf die Suche nach einer noch unbekannten eigenen Identität, indem sie sich aus der kolonial aufgeprägten Objektrolle zu befreien suchen.[755] Das patriarchalische Schema können sie indes kaum abstreifen. In allen Versuchen der Umdeutung zum Subjekthaften bleiben sie der kolonial etablierten dichotomen Spaltung

749 Hölz, K. 1998, 74.

750 Siehe Röttger, K. 1997, 224.

751 Siehe Zea, L. 1985, 26.

752 Siehe Janik, D. 1994, 57 und 63.

753 Siehe Zea, L. 1985, 26.

754 Siehe Hölz, K. 1998, 22 und 27.

755 Siehe Zea, L. 1985, 11.

verhaftet. Auch die sexuierten Mechanismen wirken mit einer gesellschaftlichen Wertabstufung je nach 'Europäisierungsgrad' fort[756], so dass die *criollos* als Nachkommen der Spanier die Macht in Händen halten[757]. Die spanische Sprache, die den Eingeborenen ehemals die Bezeichnungspraxis raubte und sie zu bezeichneten machte sowie die spanische Tradition, spanische Einrichtungen und Rechtsvorstellungen bleiben erhalten.[758] Versuche der Beschäftigung mit der indianischen Vergangenheit scheitern an einer übertriebenen Verherrlichung und einer tiefe Kluften von Unterschieden überspielenden Konstruktion von gemeinsamer Geschichte zwischen Kreolen und Indios. Dies geht so weit, dass die Kreolen selbst als Unterworfene erscheinen, so dass die Anstrengung als propagandistisches Mittel der Machtübernahme durch die Indios gelten muss.[759] Hinzu kommen im Zusammenhang mit der Bildung neuer Nationalstaaten gewaltsame Aufstände sowie Bauern- und Guerillaaufstände, denen die Streitkräfte gewaltsam begegnen. Der Kampf gegen die Subversion dient schließlich in nahezu allen Staaten als Rechtfertigung für die Errichtung repressiver Militärdiktaturen.[760]

6.2.3 Militärdiktaturen

Die Jahre von den 1930ern bis 1983 sind in Argentinien Jahre der Instabilität und geprägt von erneuter Unterdrückung und Gewalt. Gewaltsame Machtergreifungen und Umstürze durch das Militär, Kontrolle, Zensur, Repressionen, Misshandlung, Folter, Verschwindenlassen und Willkür sind Schlagworte die den Zustand des Landes in dieser Zeit beschreiben. Das Volk wird passiv gehalten, muss sich ohnmächtig erfahren. Jede 'falsche' Meinungsäußerung und jeder Widerstand werden bestraft.[761] Dabei macht sich das Militär wiederum geschlechtliche Dominanzschemata zur Herrschaftssicherung zunutze[762]: Sie generieren ihren Machtanspruch aus dem Bild der blutenden 'madre patria', eines „'schwachen' gesellschaftlicher Körper[s]“[763], der von seinen subversiven Kindern verraten und zugrunde gerichtet wird. Nur das

756 Siehe Hölz, K. 1998, 10.

757 Siehe Janik, D. 1994, 65f.

758 Siehe König, H.-J. 1991, 361.

759 Siehe König, H.-J. 1991, 362-369.

760 Siehe Straßner, V. 2007, 21.

761 Siehe Straßner, V. 2007, 21 und 75-78.

762 Siehe Röttger, K. 1997, 223-225.

763 Röttger, K. 1997, 224.

heroische Militär, der männliche, starke Körper, rein, glatt, kontrolliert, kann diese passive Mutter retten. Es inszeniert sich in aggressiver Sichtbarkeit. Durch die Aufführung von Ordnung in Paraden, soll Ordnung hergestellt werden. Öffentliche Plätze stehen so unter der Kontrolle des Militärs und sichern ihm die Aufmerksamkeit des Volkes. Spektakel der offenen Konfrontation mit Gegnern dienen der Abschreckung und Machtdemonstration, die es über die Kontrolle von öffentlichen Bildern noch weiter ausbauen kann.[764] Der eigentliche Kampf gegen die 'Subversion' findet jedoch in den innersten Eingeweiden des Landes verdeckt und gefährlich statt. Meist sind private Orte Schauplatz des Geschehens. Das Militär dringt auch in diese letzten Zufluchtsräume ein und stülpt sie nach außen um. Der Kampf gegen das weiblich Schmutzige richtet sich also gegen das weiblich gedachte Private, gegen Frauen, und manifestiert sich in der Verweiblichung männlicher Gefangener, deren Körper zu penetrablen, penetrierten, erniedrigten Körpern transformiert werden. Als Ziel der militärischen Übergriffe wird die gereinigte Mutter, die „'gesäuberte Gesellschaft'"[765] angestrebt. Das Weibliche ist damit ambivalent besetzt, es gilt als schmutziger, verwahrloster und also minderwertiger Naturzustand, der zu überwinden ist, und gleichsam auch mit dem Bild der Mutter Erde als heimatlicher, familiärer Boden, der die Sehnsucht nach dem Ursprung verkörpert.[766]

6.2.4 Demokratie/Postautoritäres Argentinien

Die Zeit nach den Diktaturen ist geprägt von schnellen und häufigen Regierungswechseln, das Land bleibt instabil. Zwar avanciert es in den 1990er Jahren zum größten Nahrungsmittelproduzenten der Welt und zum Musterland des Neoliberalismus, doch fällt der auf geliehenem Geld basierte Aufschwung in sich zusammen und führt zu hoher Verschuldung, Inflation und Arbeitslosigkeit. Es herrschen Armut und Verzweiflung.[767]

An diesen groben Eckpunkten argentinischer Geschichte lässt sich schon ablesen, dass dass das Selbstverständnis des Landes auf problematischem Boden steht. Lang andauernde Fremdbestimmung, Erniedrigung und Entmündigung sowie eine erzwungene Schwäche und

---

764 Siehe Taylor, D. 1994, 275.

765 Röttger, K. 1997, 225.

766 Siehe Röttger, K. 1997, 223-225 und Taylor, D. 1994, 275-283.

767 Siehe Film *Rotes Blut und schwarze Spiele – Theater und Politik in Argentinien.* Hermsen, W. 2002. ZDF.

Passivität und das daraus folgende allgemeine gesellschaftliche Misstrauen, die ambivalente Bedeutung zentraler kultureller Topoi, ambivalente Gefühle und ein gestörtes Verhältnis zu einem Vaterland, welches als eigenes kaum erfahrbar war, müssen in ein Identitätsbild integriert werden. Hinzu kommt die in der mestizischen Mischkultur verkörperte Abhängigkeit von Europa, die stets an die erniedrigende Aneignung des Landes erinnert. Eine heilsame Abgrenzung von Europa wird durch diese enge Verflechtung verhindert.

Angesichts dieser ambivalenten, kompliziert verflochtenen Vergangenheit sollte es von Interesse sein, zu untersuchen, auf welche Art und Weise mit ihr umgegangen wird, welche Strategien zur Bewältigung angewandt werden und wie die Vergangenheit in die jeweilige Gegenwart und ihr Selbstbild integriert werden kann.

6.3 Dunkelheit von Vergangenheit - Erinnerung - Gedächtnis

Laut *El Periférico de Objetos* beschäftigt sich *Máquina Hamlet* mit der argentinischen Vergangenheit. Daher sollte der argentinische Umgang mit Vergangenheit für die Wirkweise der Inszenierung, in diesem Falle insbesondere jene des Lichts, von Bedeutung sein. An der Art und Weise des Umgangs mit ihrer Geschichte, ob und wie sie aktiv be- und verarbeitet wird, in welcher Form sie öffentlich präsent ist - auf der politischen Agenda, in Medien und Kulturbetrieb - lässt sich ablesen, ob sie in ein fruchtbares Verhältnis zur Gegenwart gesetzt werden kann und damit Identitätsbildung unterstützt oder ob die geschichtliche Erfahrung von Schuld, Minderwertigkeit und Gewalt im Verborgenen unbewusst und unreflektiert weiterwirkt, auf diese Art die Gegenwart beherrscht, und eine gelungenen Identität behindert.

6.3.1 Erinnerung in der Vergangenheit

Während der Kolonialisierung und der Militärdiktaturen wurden sämtliche Versuche der Aufarbeitung der Geschichte der Gewalt untergraben, eine öffentliche Beschäftigung mit diesem Thema vermieden. Haben es die Eroberer verstanden schon allein über die Sprache, die als Niederschlag des sozialen Gedächtnisses einer Gesellschaft gelten kann, die Habitus, Bräuche und Normen speichert und zur Selbstvergewisserung der sozialen Identität dient, die Identität zu untergraben, indem sie ihnen die ihrige aufzwangen[768], wird Geschichte während der Militärdiktatur totgeschwiegen. Während ein Junta-Führer behauptet Geschichte gehöre ihm[769], bestätigt das Volk die Unterdrückung von Erinnerung und Bewältigung:

> „Die Diktatur hat das Denken verboten. Die Kritik, oder eine Meinung zu haben, das existierte nicht. Wir sind nicht daran gewohnt, offen darüber zu reden, was wir denken."[770]

> „Ich bin während der Diktatur geboren worden. In meiner Familie wurde Geschichte vertuscht. Sie existierte einfach nicht."[771]

Geschichte wurde also verdrängt und dem Vergessen anheim gegeben. Dabei stellt sich die Frage, wie unter solchen Umständen ein Zusammenleben gelingen kann,

> „wie [...] diejenigen, die gefoltert wurden, und diejenigen, die gefoltert haben, in dem selben Land miteinander leben [können]? Wie ein Land heilen, das durch Unterdrückung erstarrt ist und wo die Furcht, offen zu sprechen, noch überall spürbar ist? Und wie gelangt man zur Wahrheit, wenn das Lügen zur Gewohnheit geworden ist? Wie sollen wir die Vergangenheit am Leben erhalten, ohne ihr Gefangener zu werden? Wie können wir vergessen, ohne Gefahr zu laufen, dass sich alles in Zukunft wiederholt?"[772]

Die Schwierigkeit von Vergessen und Erinnern mach deutlich, dass eine Bearbeitung der Vergangenheit dringend notwendig ist. Eine offizielle Beschäftigung mit Vergangenheit fehlt, doch versuchen die *Madres de la Plaza de Mayo* und die *H.I.J.O.S* auf eigene Faust durch öffentliche Veranstaltungen, Kundgebungen und einfache Präsenz diese Leerstelle sichtbar im öffentlichen Raum zu besetzen. „Only by beeing visible could they be politically effective."[773] Ihre öffentliche Anwesenheit, die die ihnen auferlegte passive Mutterrolle für ihre Zwecke gezielt umdeutet und instrumentalisiert, ruft sichtbar eine andere, periphere Version der Vergangenheit auf und unterläuft damit die offizielle Version des Militärs. Die Rückeroberung des durch das Militär besetzten öffentlichen Raums geht dabei einher mit der Sicht-

768 Siehe Serna de la, J. R. 1985, 42f.

769 Siehe Taylor, D. 1994, 286.

770 Figueroa, J. zitiert in Atzpodin, U./Stillmark, A. 1997, 274.

771 Gonzáles, C. zitiert in Atzpodin, U./Stillmark, A. 1997, 274.

772 Straßner, V. 2007, 21.

773 Taylor, D. 1994, 286.

barmachung dessen, was Militär und offizielle Geschichte verdeckt hielten. Der individuelle Schmerz, die Wut und der Terror, den das öffentliche Organ des Militärs durch den Eingriff in den privaten Raum auslöste, wird von den *Madres* und *H.I.J.O.S* in ein kollektives Widerstandsprojekt gewandelt und somit in eine politische Identität transformiert.[774] Die Körper der Mütter versinnbildlichen die Leerstelle ihrer verschwundenen Kinder. Sie treten mit ihrer zirkulären, egalitären, kommunikativen und informellen Bewegungen in öffentliche Konkurrenz zum stringenten und geradlinigen Auftreten des Militärs und destabilisieren das sichtbare Feld der Bilder.[775]

Erst in unserem Jahrhundert nimmt die Auseinandersetzung mit den politischen, gesellschaftlichen und kulturellen Strukturen der Kolonisierung Formen an, die ein Bewusstsein dafür schaffen, dass die Mentalitäten und das Verhalten von Herrschenden und Beherrschten in dieser 'Tradition' geprägt und damit geschichtlich hergestellt sind.[776]

6.3.2 Erinnerung in der Gegenwart

Die nach den Militärdiktaturen entstehenden Regierungen verstehen sich demokratisch und rechtsstaatlich und wollen einen höheren Standard erfüllen. Auch auf Seiten der Gesellschaft und der Opferorganisationen wird die Forderung nach einer Aufarbeitung der Vergangenheit im Sinne von juristischen Konsequenzen, Verantwortungsübernahme und bewusster Erinnerung immer lauter.[777] Die Strategie der Mehrzahl der Regierungen besteht in Verdrängung.[778] Engagierter zeigen sich nur der erste demokratisch gewählte Präsident Alfonsín und insbesondere Kirchner. Neben justitieller Aufarbeitung kommt es unter ihnen erstmals zu einer Memorialkultur und einer künstlerisch-ästhetischen, wie wissenschaftlichen Auseinandersetzung. Trotz vielfältiger Widerstände können viele Verbrechen und Opfer-Schicksale aufgeklärt und eine Entschädigungspolitik etabliert werden sowie auf Seiten des Militärs eine Aussetzung der Generalamnestie erwirkt werden, die das Militär angesichts der aufgedeckten „Systematik des argentinischen Staatsterrorismus“[779] offiziell diskreditiert. Dies führt

---

774 Siehe Taylor, D. 1994, 287 und 292-295.

775 Siehe Taylor, D. 1994, 296-299.

776 Siehe Janik, D. 1994, 8.

777 Siehe Straßner, V. 2007, 22.

778 Siehe Straßner, V. 2007, 147f.

779 Straßner, V. 2007, 148.

sogar zur Einsicht des Militärs nicht rechtfertigbare Menschenrechtsverletzungen begangen zu haben und dass nur Wahrheit und Gerechtigkeit eine Möglichkeit böten, die Vergangenheit zu überwinden.[780]

6.3.2.1 Schweigen - Geschichte - Identität

Dass erst in jüngster Zeit mit der Aufarbeitung argentinischer Geschichte begonnen wird, impliziert, dass die offizielle Geschichte gemäß dem dominanten Diskurs lange als natürlich betrachtet wurde und damit ihre Konstrukthaftigkeit nicht durchschaut wurde. Die Menschen konnten so aus ihrer Geschichte nicht lernen und trugen stattdessen die Last ihrer Trümmer und damit verbundene Ängste weiter mit sich.[781] Der Argentinier muss sich demnach als in seiner Person und in der Gesellschaft gespalten erfahren, als illegitimer Bastard, schuldig durch den von außen auferlegten Mangel und schamerfüllt, da er zu der Welt seines Vaters keinen Zugang hat.[782] Die periphere Geschichte bleibt bis in die Gegenwart ein blinder Fleck, eine Leerstelle. Der offizielle Diskurs vermochte es nicht die Erfahrungen der Mehrheit und des Einzelnen zu repräsentieren. Denn:

> „Bei der Einspeicherung von Gedächtnisinhalten bewahren wir keine wertfreien Schnappschüsse früherer Erlebnisse auf, sondern auch Bedeutungen, Empfindungen und Gefühle, die uns die Erlebnisse vermittelt haben. [...] Sie sind keine Kopien dieser Ereignisse, vielmehr komplexe subjektive Konstruktionen aus eingespeicherten Erfahrungsbruchstücken, die in Natur und Textur, Quantität und Qualität von den Ereignissen differieren, auf die sie sich beziehen."[783]

Zusammen mit der Tatsache, dass gegenwärtige Erinnerungen und Ereignisse nicht trennbar sind von solchen, die früher passiert sind[784], bedeutet dies, dass einerseits zwei Menschen niemals die selbe Erinnerung, die selbe Vergangenheit haben und dass zweitens eine unbearbeitete Vergangenheit dazu führt, dass die Traumata der Vergangenheit sich mit den gegenwärtigen Unheilserfahrungen vermischen. In einem solchen Fall verdammt der Halt, den der Lateinamerikaner in seiner Geschichte sucht, ihn dazu sich selbst zu negieren. Um sich als Eigenes zu erfahren, muss er sich von Europa distanzieren, wird da-

---

780 Siehe Straßner, V. 2007, 147-149.

781 Vgl. S. 193f.

782 Siehe Zea, L. 1985, 14f. und 25.

783 Kreuder, F. 2002, 11.

784 Siehe Schacter, D. L. zitiert bei Kreuder, F. 2002, 11.

durch aber gleichsam an den Rand der westlichen Kultur gedrängt und verliert seine Geschichte.[785] Der dominant westliche Diskurs ist einer, von dem er sich befreien und an dem er gleichzeitig teilhaben möchte. Das Misstrauen, das in dieser sogenannten *conflict society* gegenüber Offiziellen, aber auch gegenüber den Mitmenschen gewachsen ist[786] behindert eine gelingende Identität genauso, wie die aufgrund der vielen Lügen verlorene Glaubwürdigkeit der eigenen Urteilskraft.[787] Eine Geschichtsschreibung sollte sich also nicht auf *eine* offizielle Version beschränken, sondern die individuelle Verschiedenheit mit berücksichtigen und ihr Raum geben.

> „Hier drückt die Vergangenheit in Gestalt von rivalisierenden Ansprüchen und Verpflichtungen weiterhin auf die Gegenwart, […] dem abstrakten Begriff *der* Geschichte [stehen] viele unterschiedliche Gedächtnisse gegenüber, welche jeweils ihr Recht auf gesellschaftliche Anerkennung einfordern."[788]

Die Beschäftigung mit der Vergangenheit ist folglich auch für das heutige Selbstbild essentiell. Indem das Heterogene mitbedacht wird, wird ihm die Möglichkeit der Auseinandersetzung eingeräumt, die ein unkontrolliertes traumaartiges Fortwirken auf die Gegenwart verhindert.

Einem solchen mitbedachten individuellen Gedächtnis, wird der Geschichtsdiskurs immer mehr gerecht.[789] Die Denkweise der Postmoderne versucht eben diese Integration von Vielheit, jenes gleichberechtigte Nebeneinander von Verschiedenem.

6.3.3 Der Diskurs der Postmoderne

Ob die allgemeine Erosion sozialer Gefüge und die schwer lastende Heterogenität der westlichen Welt in einem Bedürfnis nach Einheitlichkeit den postmodernen Diskurs hervorgebracht haben, oder ob dieser die Aufmerksamkeit für eben solche Problematiken erst erhöht und sie ins Zentrum der Gesellschaft stellt, die postmoderne Denkweise kommt wie gerufen, das gesteigerte argentinische Bedürfnis nach Geschichtsaufarbeitung und Identitätsfindung zu bearbeiten. Nach Lyotard erwächst der Diskurs der Postmoderne in jedem Fall aus einer

---

785 Siehe Serna, de la, J. R. 1985, 34.

786 Siehe Straßner, V. 2007, 154f.

787 Siehe Film *Rotes Blut und schwarze Spiele – Theater und Politik in Argentinien.* Hermsen, W. 2002. ZDF.

788 Kreuder, F. 2002, 9. Hervorhebung im Original.

789 Siehe Kreuder, F. 2002, 9.

„erosion of belief in these forms, which he calls 'metanarratives', that formerly provided legitimacy for a wide variety of cultural norms, procedures and beliefs.“[790]

Dass jener für den Umgang Lateinamerikas mit seiner Vergangenheit zentral ist, zeigt sich durch das Aufkommen postmoderner Züge in lateinamerikanischer Literatur schon bevor die Postmoderne in den 80er Jahren zum dominierenden Kultur-Diskurs wird.[791] Gleichzeitig fällt die Postmoderne zeitlich mit einem gesteigerten Interesse für Geschichte zusammen[792], was sich an einer Historisierung der literarischen Landschaft in Argentinien ablesen lässt. War die Identitätsthematik seit jeher Thema der Autoren, zeigt sich durch die Dekonstruktion der europäisch-dominanten Lesart der Geschichte in der Literatur[793] eine Intensivierung dieser Tendenz sowie eine Emanzipation von Europa.

Wesensmerkmal des Diskurses der Postmoderne ist die Integration von Vielfältigkeiten, die nicht in einer glatten Einheitlichkeit mündet, sondern in der Kopräsenz von Verschiedenstem, nicht in einem neuen Stil, sondern in einem tumultuösen Nebeneinander aller Stile. Sie ermöglicht die Verkörperung von Heterogenem, Hybridem, Fragmentarischem und Synchronem.[794] In Bezug auf den geschichtlichen Postmodernismus, kann im Falle Lateinamerikas auch von Postkolonialismus gesprochen werden. Dieser reflektiert sowohl den Diskurs der Peripherie, als auch jenen des Zentrums und baut damit Hierarchien ab. Durch die Rekodifikation und Reinterpretation von Vergangenheit wird die etablierte Geschichte mit ihren Irregulartäten, Widersprüchen und Willkürlichkeiten entlarvt und ein Dialog zwischen Andersartigem etabliert, der Diversität einbezieht, nicht ausgrenzt.[795] Dieses Verständnis von Geschichte führt zurück zum Geschichtsbegriff Benjamins und Müllers, die ebenfalls das Subjekt, also das Periphere im Zentrum sehen und den zentralistischen, linearen Blick auf Vergangenheit ablehnen.

Vor diesem postmodernen Horizont, sind es mit Literatur und Theater die Künste, die die Macht haben, „das Unsagbare, Unsichtbare, das Vergessene und Ausgegrenzte gleichwohl paradoxerweise zum Aus-

---

790 Siehe Carlson, M. 2004, 151.

791 Siehe Kohut, K. 1997, 10 und Toro de, A./Toro de, F. 1999, 11.

792 Siehe Kohut, K. 1997, 20.

793 Siehe Toro de, A./Toro de, F. 1999, 10.

794 Siehe Kohut, K. 1997, 13 und 19.

795 Siehe Toro de, A./Toro de, F. 1999, 10.

druck zu bringen [...].“[796] Diese Leistung erfolgt nicht nur über sprachliche Annäherung, sondern insbesondere auch durch körperlich-performatives Ausagieren, das Abwesendes und Vergessenes in Bildern und mitfühlender Körperlichkeit entstehen lässt, in der Form wie es die *Madres de la Plaza de Mayo* geleistet haben. Was unsichtbar und unsagbar ist, entzieht sich jedem rationalen Zugang. Die Form der performativen Inszenierung muss also fragmentarisch und asemantisch sein. „Als Diskurskritik ist die Kritik der Macht und Gewalt nur im Bewusstsein ihrer Ambiguität formulierbar [...]“[797], woraus folgt, dass der Angelpunkt der kritischen Auseinandersetzung nicht in der Präsentation einer gegenteiligen Idee liegt, sondern in der Mehrdeutigkeit und Komplexität, die einen Spielraum eröffnet.[798]

Der Postmodernismus wird also nicht nur einem Bedürfnis nach peripherer Geschichte gerecht, sondern darüber hinaus auch noch der Notwendigkeit der inneren Kontroverse des Landes Ausdruck zu geben und Gegensätzliches in einem Diskurs zusammenzudenken.[799]

6.4 Theater-Bilder des Erinnerns

In den letzten Kapiteln ist deutlich geworden, dass der Körper bei der Vergangenheitsbewältigung eine zentrale Rolle spielt, da die Geschichte der Gewalt sich ganz besonders dem Körper eingeschrieben hat. Ebenso führte eine körperlich und geschlechtlich konnotierte Theatralität zu einer problematischen Identitätsbildung. Von dieser Warte aus gesehen, muss es auch Theatralität sein, die Identität anders konstruieren oder eine bestehende Identität bearbeiten kann. In analogem Sinne kann die bildhaft abgelegte Erinnerung nur über neue Bilder wieder belebt und in nachträglicher Überschreibung verändert werden.[800] Theaterarbeit sollte demnach in der Lage sein, einen Beitrag zu einem gelungenen Selbstbild und einer geglückten Identität zu leisten. Als Ort kulturellen Gedächtnisses eignet ihm dabei die Möglichkeit zur Verhandlung von Geschichte und Erinnerung.

In der öffentlichen Selbstinszenierung der *Madres de la Plaza de Mayo*, der *Abuelas* und *H.I.J.O.S.* wurde durch ihre Performance traumatische

---

[796] Roloff, V. 2000, 180.

[797] Roloff, V. 2000, 191.

[798] Siehe Roloff, V. 2000, 191.

[799] Siehe Zea, L. 1985, 29.

[800] Vgl. S. 181.

Erinnerung als kollektives Trauma öffentlich aufgeführt.[801] In dieser Form der Weitergabe traumatischer Erinnerung nutzen und verändern sie das gemeinsame Archiv und Repertoire kultureller Bilder.[802] „Memory, as the Abuelas' exhibit makes clear, is an active political practice."[803] Durch aktive Beteiligung lässt sich also mit Erinnerung arbeiten. Indem im Theater die Erinnerung öffentlich gemacht wird, lässt sich auch dort - wenn auch nicht so direkt, wie in den selbstinitiierten Protestmärschen - der persönliche Schmerz in Energie für kulturellen Wandel umpolen.[804] Angesichts dessen, dass die größte Kontinuität der argentinischen Geschichte im Verschwinden von Körpern und Erinnerung liegt[805], sollte eine theatrale Erinnerungsarbeit ebenda ansetzen, die Leerstellen wieder evozieren und in den Blick bringen. Um dem hegemonialen Machtdiskurs zu entkommen und der Subjektivität der Erinnerung Rechnung zu tragen, müssen Formen gefunden werden, die „nicht den Anschein der Wiederherstellung von Erinnerung erwecken, sondern die Apriorien, die Unabschließbarkeit und die Flüchtigkeit von Erinnerung mit thematisieren [...]."[806]

> „Instead of providing resistant political 'messages' or representations, [...], postmodern performance provides resistance precisely not by offering 'messages', positive or negative, that fit comfortably into popular representations of political thought, but by challenging the process of representation itself, even though it must carry out this project by means of representation."[807]

Die theatrale Erinnerungsarbeit sollte von Offenheit und Abstraktion geprägt sein, die der Unfassbarkeit, Wandelbarkeit und Subjektivität von Erinnerung gerecht werden.

6.4.1 Erinnerung in *Máquina Hamlet*

Nach dieser allgemeineren Grundlage kann nun untersucht werden, wie innerhalb der Inszenierung von *Máquina Hamlet* mit Vergangenheit und Erinnerung umgegangen wird. Der Text Heiner Müllers bietet

801 Siehe Taylor, D. 2003, 164f.

802 Siehe Taylor, D. 2003, 187.

803 Taylor, D. 2003, 180.

804 Siehe Taylor, D. 2003, 168.

805 Siehe Röttger, K. 1997, 213.

806 Kreuder, F. 2002, 17.

807 Carlson, M. 2004, 155.

schon einen guten Ausgangspunkt, was Abstraktion und Offenheit angeht. Die Bilder, die *El Periférico de Objetos* im Kontrast und im Widerspruch dazu aufführen, verstärken die Polysignifikation und Unabgeschlossenheit noch. Eine Kohärenzherstellung muss auf beiden Ebenen sowie in ihrer Kombination scheitern, eindeutige Bedeutungen gibt es nicht. Die gesamte Inszenierung scheint aus Fragmenten zu bestehen, für die es kein Ganzes gibt, die nicht wieder zusammengesetzt werden können. Somit ist der Zuschauer gezwungen, subjektiv Bedeutung herzustellen, die sich nicht auf seinen Verstand gründet, sondern auf sein Gefühl.

> „Veía [el público, Anm. der Autorin] la obra con su estómago, la escuchaba con su pecho. [...] No entendía quizás su totalidad, pero sentía la obra."[808]
>
> Es [das Publikum, Anm. der Autorin] hat das Stück mit seinem Magen gesehen, es mit seiner Brust gehört. [...] Es hat vielleicht nicht seine Totalität verstanden, aber es hat das Stück gefühlt."

In den folgenden Abschnitten soll der Zusammenhang von visuellem Eindruck, Gefühl und Erinnerung befragt werden. Auf welche Weise werden Erinnerungen evoziert? Gemäß des Fokus dieser Arbeit, wird dabei von der Rolle des Lichts bezüglich dieser Vorgänge ausgegangen werden.

6.4.2 Im Licht der Erinnerung

Im Zusammentreffen von Licht und Vergangenheit oder Erinnerung kommt es, wie das Kapitel zu den Theaterfotografien deutlich gemacht hat, zu Überschreibungen. Es sollte angenommen werden können, dass die Überschreibung auch in der Inszenierung von *Máquina Hamlet* thematisch wird. Verständlicherweise kann sie nicht in jener augenscheinlichen Form sichtbar werden, wie dies die Langzeitbelichtungsfotografien ermöglichen. Es könnte aber durch das performativ-theatrale Geschehen zu einer Überschreibung von individuellen Erinnerungsbildern kommen. Wie die Befragung der psychoanalytischen Nachträglichkeit ergeben hat, stützt sich die Erinnerungsarbeit von traumatisierten Menschen, wie sie mit den Lateinamerikanern und ihrer schwierigen Vergangenheit aller Vermutung nach vorliegen, darauf, besonders die Eindrücke, die nicht in die Geschichte integrierbar waren, neu zu durchleben und mit dem 'heutigen Blick' nachträg-

---

808 Veronese, D. 2000, 10. Übersetzung der Verfasserin .

lich umarbeitend sinnvoll in die Vergangenheit einzufügen.[809] Was verdrängt werden musste, kann als nicht integrierbarer Inhalt eingestuft werden. Um eine Umarbeitung zu ermöglichen, müssten gespeicherten Eindrücke jedoch erst wieder aufgerufen werden, da sie aufgrund der jahrelangen Verschweigung, Verdrängung und Sanktionierung vermutlich nicht aktuell abrufbar vorliegen, sondern eher in tieferen, unbewussteren Erinnerungsschichten abgelegt sind. Angesichts der Bedeutung des Lichts für Überschreibungsvorgänge in der Fotografie soll untersucht werden ob und wie auch in der cultural performance von *El Periférico de Objetos* das Licht in ähnlicher Weise Überschreibungs- und damit Erinnerungsarbeit leisten kann.

6.4.3 Das Licht in *Máquina Hamlet*

Bevor das Licht der Inszenierung in einer genaueren Beschreibung erfasst wird, ist vorauszuschicken, dass aufgrund der fehlenden Handlung des Stückes, seiner Fragmentarisierung und Asemantik das Licht in keiner Situation eine narrative, mimetische oder dienende Funktion innehat. Vielmehr zeigt es sich als mit allen anderen theatralen Elementen der fragmentarischen Inszenierung Ebenbürtiges. Es bedeutet nichts, sondern wirkt unmittelbar auf Körper, Raum und Zeit ein. Mit dem Fokus auf die Materialität des Lichts als gleichwertiges Bühnenelement scheint sogar der Inhalt dessen, was es zeigt nebensächlich zu werden. Was die Qualität des Lichts angeht, lässt sich für das gesamte Stück eher ein Dunkel, denn eine Beleuchtung konstatieren. Absolute Dunkelheit wechselt sich ab mit Dämmerlicht oder fragmentarisch-schlaglichtartiger Beleuchtung, wobei auch hier der Lichtwert, wenn auch blendend durch den kalten Ton, eher einen Dunkelwert darstellt.

Im ersten Bild ist fast alles dunkel. Zunächst wird nur der Sarg spärlich beleuchtet, so dass kaum erkennbar ist, was sich im Licht zeigt. Dann wird ein diagonal von links oben nach rechts unten führender Lichtstrahl an die Bühnenrückwand geworfen. In ihm materialisiert sich ein Streifen der nackten Ziegelwand. Derselbe Lichtstrahl scheint auf der rechten Bühnenseite die lebensgroße Müller-Puppe zu treffen, gleichzeitig wird diese jedoch von oben erhellt. Ansonsten wird ein Kopf unter erahnbar vielen Köpfen beleuchtet. Hintergrund und Seiten der Bühne sind völlig finster, nur zusammenhanglose Fragmente stehen in hartem, unerbittlichem Licht. Bevor die Gewaltszene auf und um den kleinen Sarg herum etwas heller als diffus ins Licht kommt, wird es

[809] Vgl. S. 180f.

noch einmal ganz dunkel. Einer der Schauspieler wirft mit Hilfe einer Kerze Schattenfiguren an die Rückwand.

Im Zuge des Umbaus zum nächsten Bild, wird es zuerst wieder ganz düster, direkt im Anschluss wird es etwas heller als zuvor im ersten Bild. Ein weiterer Lichtstrahl lässt nun auch die obere Ecke der linken Seitenwand erkennen, der hintere Teil der Bühne wird sichtbar. Dann wieder totale Dunkelheit für *Das Europa der Frau.* Nur Ophelias Käfig ist schwach von oben beleuchtet, alles andere versinkt im Dunkeln. Die schleichenden Kreaturen sind kaum erahnbar, werden erst in unmittelbarer Nähe Ophelias sichtbar.

Im Bild *Scherzo* zeigt sich erneut der diagonale Lichtstreifen an der Rückwand. Die Szene wird nun von einzelnen Spots erhellt, Lichtflekken entstehen auf dem Boden. Der Wortgebrauch Spot ist dabei irreführend, handelt es sich doch um kaltes, graues Licht, das eher einen Dunkelwert als einen Lichtwert darstellt. Der letzte Lichtkreis über der erschossenen Puppe verzehrt sich bis zur völligen Dunkelheit.

Es bleibt im vierten Bild einige Momente dunkel, während schon die Off-Stimme zu hören ist: *„Yo no soy Hamlet“*. Die linke Ecke zwischen Rück- und Seitenwand wird etwas heller, während sich auf der Bühne 'Schatten' zum Aufbau bewegen. Die Kinosznene ist fast völlig düster. Die Projektionen an der Rückwand geben ein wenig Licht, doch auch die projizierten Bilder scheinen lichtlos dunkel in ihrer Farbigkeit und sind nur undeutlich zu erkennen. Bei der Demontage der Müller-Puppe fällt erneut Licht von oben auf diese Szene, während der Rest der Bühne in Dunkelheit versinkt. Der Spot selbst scheint verschattet, es braucht einige Anstrengung, um etwas sehen zu können.

Auch das letzte Bild zeigt nur Ophelia in 'dunklem Licht'. Wenn die beiden Spieler mit dem großen Koffer kommen, wird auch dieser dämmrig beleuchtet. Den hellsten und intensivsten Lichtwert scheint das Feuer zu spenden, als Ophelia den Tisch entzündet.

Die Vorgänge und Objekte sind in diesem dämmrigen, 'dunklen' und fragmentarischen Licht oft nicht genau zu erkennen. Die Puppen sind in manchen Szenen nur schwerlich von den Spielern zu unterscheiden, insbesondere im ersten Bild. Die Sicht ist brüchig. Es gibt niemanden, der alles sehen könnte, es gibt Vorgänge, auf die kein Licht fällt[810]. Die Szenen wirken eher wie aus einem Traum gegriffen, denn als Realität. Zudem ist die Beleuchtung ebenso statisch, wie die Bühnenereignisse,

---

810 Siehe Arpes, M. 1998, 9f.

es gibt kaum Bewegung und Veränderung, die Bilder scheinen stillzustehen.

6.4.3.1 Auswirkungen auf die Räumlichkeit

Mit Löw und De Certeau wurde Raum als hergestellter und herzustellender charakterisiert. Da der Zuschauer hier, anders als in der Rezeptionssituation bei *Bridget's Bardo* auf einem Stuhl 'festsitzt', kann er den szenischen Raum nicht durch seine eigenen Schritte ermessen und herstellen. Er kann aber versuchen durch *Spacing* und Synthetisierung Positionierungen von und zwischen der Bühne, ihren Elementen, den Spielern und den Puppen herzustellen. Diese sind jedoch nur möglich für jene Elemente, die sichtbar sind, oder solange sie sichtbar sind. Wenn sie nicht zu (ver-)orten sind, können sie auch nicht positioniert werden.

Schon im ersten Bild wird deutlich, dass eine eindeutige Raumherstellung unter den genannten Sichtbedingungen schwierig ist. Dass die Figuren zudem nicht selbst sprechen, sondern die Stimme immer aus dem Off kommt, verhindert auch eine akustische Verortung. Die Beleuchtung des einzelnen Kopfes unter scheinbar vielen Köpfen vermittelt zwar die Information, dass sich an dieser Stelle des Raumes Köpfe befinden, es ist jedoch nicht vollends auszumachen, wie viele und bis wohin sich diese Gruppe an Köpfen erstreckt. Genauso erschwert die Dunkelheit der Hinterbühne erstens eine Abschätzung der Entfernung der Körper zur offensichtlich teilweise materialisierten Rückwand, zweitens wird die Größe des Raums überhaupt durch die Dunkelheit verunklärt. Der dunkle 'Abgrund' hinter der Gruppe aus unbestimmt vielen 'Köpfen' deutet eigentlich einen Raum zwischen ihnen und der Rückwand an, dabei scheint sich jedoch das beleuchtete, materialisierte Mauerfragment in seiner Helligkeit nach vorn zu drängen und die vor ihm liegende Dunkelheit ein Stück weit zu überblenden, so dass sie paradoxerweise zu verschwinden scheint. Doppelt paradox scheint, dass sich die Mauer im Lichte des hellen Streifens zwar deutlich materialisiert, dabei jedoch in der sie umgebenden Dunkelheit ungreifbar bleibt. Somit führt dieser Streifen eher noch weiter zu einer Verunklärung der Raumverhältnisse, da er die Mauer nicht gleichzeitig als Wand wahrnehmbar werden lässt. Zu den Seiten der Bühne hin fehlen sämtliche visuelle Informationen, so dass die Ausdehnung des Raumes völlig unklar, bestenfalls erahnbar ist. Das Gefühl, dass da irgendein unermesslicher Raum ist, von dem man nicht weiß wie groß er ist, was er verbirgt und was dort stattfindet, ist beunruhigend. Die fragmentarische Beleuchtung einzelner Stellen zerschneidet den Raum. Er wird nicht mehr als Ganzes erkennbar, sondern als zerstückelter mit einzelnen Lichtinseln, die nichts miteinander zu tun zu haben scheinen. Sie scheinen sich aus dem Raum herauszulösen und räumlich und zeitlich auf je anderen Ebenen angesiedelt zu sein als das Dunkel und als die anderen Lichtinseln. Die räumlichen Ebenen vervielfältigen sich und doch ist keine an einem bestimmten Ort erfassbar. Sie scheinen in einem Zwischenraum ohne Verankerung zu schweben. Das Ganze wird brüchig, unfassbar und in der unfassbaren Fragmentierung, die jede Kohärenz untergräbt, beunruhigend. Ebenso beunruhigend ist die Unsicherheit darüber, wie viele Körper sich um den einzelnen Beleuchteten scharen und die Unentscheidbarkeit darüber, ob es sich dabei um Puppen oder Menschen handelt. Interessant ist auch, dass die Größe des anfänglich dämmrig beleuchteten Sargs überhaupt nicht auszumachen ist. Wird er später heller beleuchtet und erscheint im Kontext mit den Puppen und ihren Spielern, ist seine kleine Größe überraschend.

Im Zusammenhang mit der nächtlichen Stadtraumbeleuchtung wurde schon klar, dass ein Mindestmaß an Helligkeit notwendig ist für eine eindeutige, sichere Wahrnehmung, und dass alle Beleuchtungsniveaus, die darunter liegen, Unsicherheit und Unwohlsein erzeugen, und zwar derart, dass die Menschen solche Orte in der Stadt meiden. Die Beleuchtung der Bühne könnte in ähnlicher Weise auf das Befinden der Zuschauer wirken, mit dem Unterschied, dass diese der Situation ausgesetzt sind, sie nicht meiden können.

Der kalt und trotzdem nur 'dunkel erleuchtete' Käfig Ophelias soll sich dem Text nach in einem „enormous room“ befinden. Tatsächlich ist das Licht des Käfigs die einzige optische Referenz, der Raum um ihn herum könnte tatsächlich uferlos sein. Da seine Dimensionen aber nicht auszumachen sind (der Zuschauer aber natürlich um die ungefähre Größe des Theaterraums weiß), könnte er das Gegenteil von enorm, nämlich eng begrenzt sein. Der Gegensatz von gefangener Enge und endloser Freiheit drumherum scheint ohnehin nicht zu funktionieren. Erstens scheinen die gleichsam aus dem Nichts auftauchenden, umherschleichenden 'Rattengesichter' Ophelias 'Heim' unheimlich zu bedrängen, zweitens scheint es durch die Dunkelheit selbst erdrückt. Die unermessliche dunkle Leere wirkt weniger wie ein Freiraum, als wie eine schwere, schwarze Masse, so als wäre das 'dunkle Licht' tatsächlich Material geworden, das Ophelia von allen Seiten bedroht; als wäre es nicht der Käfig, sondern die dunkle Masse, die sie einzwängt. Ähnlich der Ganzfeldsituation bei Turrells Installation scheint das dunkle, visuelle Informationen entbehrende Feld *Máquina Hamlets* ebenso als Tiefenraum, wie auch als materialisierte

Masse wirken zu können. Ophelia selbst scheint angesichts dieser Verhältnisse unbeweglich erstarrt und orientierungslos. Bewegung ist ohne Koordinaten auch nicht möglich. Gleichzeitig schützt die Sonnenbrille sie vor dem erdrückenden schwarzen Licht.

Wenn man Turrell Glauben schenkt, sollte das grau-dämmrige fragmentierte Licht in *Scherzo* den Zuschauer auf einer tiefen Ebene ansprechen: „Das Licht der Dämmerung berührt den Menschen, [...], es ist dem Licht in der Höhle verwandt, es erweckt das innere Licht."[811] Doch das Dämmerlicht gleicht in diesem Fall nicht dem warmen Licht der Sonne, sein Farbwert ist eher kalt. Sollte dieses Dämmerlicht dennoch direkt menschliche Gefühle ansprechen, wären dies im Zusammenhang mit der beunruhigenden Raumsituation eher unangenehme Gefühle. Wichtig scheint jedoch zu sein, dass dieses Licht auf direktem Weg, ohne Umwege über den Verstand oder die semantische Verständlichkeit zu nehmen, einen Zugang zum Körper und zur Gefühlswelt eröffnet. Wird bei Turrell ein 'inneres Licht' angesprochen, müsste im Falle *Máquina Hamlets* ein dunkles, unheimliches inneres Licht angesprochen werden.

Analog zu Turrell wird dann eine Entscheidung darüber schwierig, ob man ein inneres, oder äußeres Licht sieht. Da die Menschen in Argentinien aufgrund ihrer geschichtlichen Erfahrung ohnehin ein hohes Misstrauensniveau, sowohl gegenüber Fremdem, also äußeren Eindrücken, als auch gegenüber Eigenem, also dem individuellen Urteilsvermögen, aufweisen, wird diese Unentscheidbarkeit und Unsicherheit noch erhöht. Hinzu kommt, dass die Vorgänge im Dämmerlicht und noch mehr in der Dunkelheit gar nicht eindeutig wahrnehmbar sind. Als Zuschauer weiß man nie genau, was vor sich geht, sowohl inhaltlich, als auch visuell. Der surreale Charakter der Beleuchtung lässt zudem keine Assoziation mit der realen Alltagswelt zu. In jedem Fall führt diese Unsicherheit von den ohnehin undeutlichen visuellen Vorgängen fort, und hin zur Hinterfragung der eigenen Wahrnehmung. Diese rückbezügliche Bewegung lässt den Zuschauer sich selbst in den Blick geraten.

Es entsteht in der Aufführung von *Máquina Hamlet* auf keiner Ebene ein eindeutiger Raum. Schon der dramatische Raum ist weitgehend unmarkiert hinsichtlich einer geographischen, sozialen und individuellen Bedeutung. Er könnte alle Orte gleichzeitig und zugleich keinen einzigen konkreten Ort darstellen. In Text und Bildern wird er zugleich zu Dänemark, Budapest, Argentinien, zu Straße und Heim, Kino,

---

811 Turrell, J. zitiert bei Weber, P. 2009, 27.

Tanzsaal, Universität der Toten, zum Gefängnis und zu unendlichen Weiten, zu eigenem und fremdem Raum. Diese vielschichtige Verschränkung lässt keine genaue Zuordnung zu, sie bleibt ein mehrdeutiges Zeichen, das sich nicht auflösen lässt, ein gefühltes Überall, das zugleich auf den Alltagsraum ausweitbar ist, sich also über die Bühne hinaus trägt und den Zuschauer mit einschließt. Eine Ausweitung des Raumes findet ebenso auf der visuellen Ebene statt: Wo durch fehlende visuelle Informationen - in der Umkehrung des lichtigen Ganzfeldes von *Bridget's Bardo* - keine Raumgrenzen erkannt werden können, scheint der gesamte Außenraum, auch jenseits der Theatermauern in den optischen Eindruck einzufließen. Als Eindruck eines Zusammenfalls des allseitigen Welt-Raums im Innenraum der Inszenierung kommt es erneut, wie schon in *Bridget's Bardo,* zu einer Überlagerung und Unentscheidbarkeit von Innen- und Außenraum. Was sich auf der Bühne abspielt, bleibt nicht auf ihr, sondern trägt sich hinaus in die Welt des Zuschauers. Demnach ist der Raum der Inszenierung nicht nur selbst aus Zwischenräumlichkeiten bestehend, sondern im Ganzen schon ein Raum des 'Zwischens' von begrenzter Kunstwelt und allräumiger Lebenswelt. Szenischer und theatraler Raum bleiben also ebenfalls uneindeutig. Die fragmentarischen, unsicheren oder fehlenden Informationen, die das Licht hinsichtlich der Räumlichkeit schafft, unterlaufen die Konstitution eines kohärenten Raumeindrucks durch *Spacing* und Synthese. Was objektiv im selben Raum stattfinden müsste, wird durch das Licht auf unterschiedliche Ebenen verteilt, die den Raum zerschneiden. Die unterschiedlich 'gelichteten' Ebenen können sich paradox verschieben, so dass, was räumlich hinter etwas ist, optisch vorrücken kann. Die Raumausmaße sind oft schlicht nicht wahrnehmbar. Eine Orientierung und Positionierung fällt in einem Raum, der nicht erfasst werden kann schwer. Kann der Zuschauer weder sich selbst, noch die Bühnenfiguren und -elemente positionieren, hinterlässt dies auf körperlicher und geistiger Ebene ein ungutes Gefühl von Orientierungslosigkeit. Sowohl dramatisch, als auch szenisch bleibt Unklarheit darüber, wo man sich eigentlich befindet. Da das Licht unmittelbar die Gefühlswelt des Zuschauers ansprechen kann, kommt es zusammen mit der Unsicherheit über die räumlichen Verhältnisse und deren Surrealität zu einer Vermischung zwischen innerem und äußerem Licht, zwischen inneren und äußeren Räumen.

Die durch das Licht hergestellte uneindeutige, unerfassbare Räumlichkeit kann so Erinnerungsräume aufrufen, die in ihrer Gestaltung dem szenisch erlebten Raum ähneln: Der Raum, den die Conquista weggenommen hat, der als Raum der Väter für das Periphere nicht mehr zugänglich war, Erinnerungen, die keine eindeutigen Orte haben, da es sie an Verschwundenes erinnern, an etwas, das im Verborgenen stattgefunden hat, wofür es keine eindeutigen Orte gibt, da sie unsichtbar bleiben mussten. Was erinnert wird, hat also keine genaue visuelle Entsprechung, gebärdet sich eher als Leerstelle, die die Gewalt in den Körpern hinterlassen hat. Was bleibt, ist weniger ein Raum, als ein Gefühl von Orientierungslosigkeit und Unheimlichkeit, weil der Raum sich der Erinnerung entzieht.

Der Raum ist folglich nur über sein 'Zwischen' erfahrbar, über die Atmosphären, die seine im Verborgenen liegenden Elemente ausstrahlen, über die Zwischenräume, die sich zwischen unsichtbaren oder verunklärten Raumgrenzen herstellen und die das Licht als Dunkel- oder Hellwert als Stellvertreter für die Leerstelle besetzt. Der undeutlich wahrnehmbare, kaum erfassbare Ort, der zu einer scheiternden Synthese von Raum führt, ermöglicht aber noch das Spüren von Anwesenheitssphären als unbestimmte Gefühlsqualität. Was undeutlich und unsichtbar bleibt, tritt aus sich heraus, strahlt durch seine Qualitäten über sich hinaus in die Umgebung und wird als Spannung wahrnehmbar. Diese Art Energie wird vom Licht aufgenommen, das es zum Betrachter weiter trägt. Die leibliche Anwesenheit des Menschen ist Voraussetzung für diese Art der Wahrnehmung, die das 'Zwischen' von Subjekt und Objekt betrifft. Die entstandene Spannung nimmt das Subjekt in seine leiblichen Befindlichkeiten auf und erzeugt Potentialitäten für Gefühle. Über die unbewusste, nicht steuerbare Gefühlsebene baut diese Atmosphäre eine Verbindung zu den Bildern der Erinnerung auf. Diese gemeinsame Wirklichkeit von Wahrnehmendem und Wahrgenommenem, als leibliches Spüren im Raum, ergießt sich räumlich randlos, ist nicht lokalisierbar und ortlos wie Gefühlsmächte.[812]

Hinzu kommt, dass der Zuschauer durch die spärliche Beleuchtung und verschiedene gleichzeitig stattfindende Vorgänge nicht das gesamte Geschehen im Blick behalten, sondern nur ein Teil des Bühnenvorgangs mitverfolgen kann. Mit De Certeau erhellt sich die Realität für den Zuschauer nur in diesem Bereich der Rezeption sowie in und mit der Rezeption, während der 'Rest' außerhalb seiner persönlichen Realität ist.[813] Der Zuschauer ist derjenige, der dem Raum die für ihn sichtbaren und wichtigen Zeichen attribuiert und ihn als seinen eigenen Raum erfahren kann.

---

812 Vgl. S. 125f.

813 Siehe Kreuder, F. 2002, 108.

Raum konstituiert sich in *Máquina Hamlet* zwischen visuellem Eindruck und aufgerufenen inneren Räumen, die ebensolche uneindeutigen Leerstellen darstellen, wie das Bühnengeschehen. Sie bieten keine konkreten Räume an, da man jetzt wie damals nichts eindeutig sieht. Das Licht stellt den Raum in der Wahrnehmung also im 'Zwischen' von Vergangenheit, Erinnerung und gegenwärtiger Wahrnehmung her. Die Dunkelheit der Szene und die Dunkelheit der Erinnerung fallen ineins.

6.4.3.2 Auswirkungen auf die Zeitlichkeit

Eine uneinheitliche, inkohärente Räumlichkeit kann konsequenterweise keine kohärente Zeitlichkeit erzeugen. Brüche und Sprünge zwischen den uneindeutigen Raumebenen führen zu Brüchen und Sprüngen sowie zu Uneindeutigkeiten in der Zeit. Mit dem Fehlen einer fortlaufenden Handlung scheint das Fehlen einer fortlaufenden Zeit einherzugehen. Dadurch wird jedoch nicht unbedingt der Akzent auf die Wahrnehmung der Zeitlichkeit der Rezeption gelegt. Vielmehr scheint die Zeit mit jedem Bild von Neuem zu beginnen, während sie im Bild selbst stillzustehen scheint. Starres, surreales Licht, starre, unintelligible Bilder und kaum Bewegung: Es gibt keine Anzeichen für vergehende Zeit, die visuelle Ästhetik ähnelt der eines Bildes. Die Szene bietet kein lebensweltlich bekanntes Referenzsystem, das ein Gefühl für den Zeitverlauf vermitteln könnte. Wo Text und Bild nicht übereinstimmen, wird auch die Zeit brüchig. Sie scheint zwei Zeitlichkeiten zu folgen, oder aber keiner. Der fragmentarische Raum fällt als kohärentes Referenzsystem aus, so auch der Text. Fortschritt und Voranschreiten gibt es nicht, nur den zyklischen Neubeginn von Stillstand, ein simultanes Nebeneinander statt eines Nacheinanders.

Auch auf der Grundlage des Textes stellt sich die Zeitlichkeit nicht eindeutig dar. Müller nimmt durch verschiedenste Zitate von sich selbst, Dostojewski, Elliot, Hölderlin, Luther und der Bibel[814] Bezug auf verschiedene Zeitlichkeiten und Sinnebenen und verschränkt diese miteinander. *El Periférico de Objetos* bezieht mit seinen auf die argentinische Gegenwart und Vergangenheit bezogenen Bildern noch weitere Zeitebenen ein. Der dänische Hamlet von Shakespeare steht neben der deutschen Geschichte, die Geschichte des Sozialismus neben der argentinischen Geschichte von Gewalt und Schweigen sowie neben der Kritik am gegenwärtigen Kapitalismus. Die unterschiedlichen Zeiten fallen ineinander, werden eine undurchdringliche Zeitlichkeit ohne

---

814 Siehe Durán, A. o.J., 3.

Fortschritt. Alle Zeiten werden gegenwärtig gemacht und nebeneinander gestellt. Die Vergangenheit wird dabei nicht abbildhaft imitiert, da jede Referentialität und jeder Zusammenhang ausbleibt. Eine zirkuläre Geschichtsauffassung wird thematisch, wenn am Ende im kleinen Koffer-Puppentheater das gesamte Stück nochmals nachgespielt wird. Die Geschichte wiederholt sich. Sie wird zurückgeholt in die Gegenwart um sie dort neu zu leben, um auf sie einzuwirken und um sie zu verändern. Ophelia, Sinnbild für das Opfer und das weibliche Andere macht dies deutlich durch ihr Eingreifen, das den Gewaltkreislauf durch Zerstörung durchbricht. Die neue Realität, die im gegenwärtigen Nebeneinander der Zeiten entsteht, kann nicht in dem Sinne *verstanden* werden. Sie kann nur emotional über den Bauch und die Brust gefühlt werden. Das macht sie für jeden Zuschauer zu einem subjektiv-emotionalen, unverwechselbar eigenem Bild, welches die Fragmente auf je eigene Weise miteinander verbindet.

Die einzige Zeitebene, die entsteht, ist eine synchrone Gegenwart, die jeder Betrachter anders konstruiert und die von ihm abhängig ist. Die die Leiblichkeit direkt ansprechenden Lichtwerte sowie die Art der Räumlichkeit, die sie herstellen, erwirken auf ganz basaler, nicht steuerbarer Ebene die Aktualisierung der Zeit der Vergangenheit. In der Sinnlichkeit der Erfahrung - und nicht bloß des Zurückdenkens - angesichts der Wiederkehr der Geschichte der Gewalt, der nun ein visuelles Bild gegeben wird, wo vorher Stillschweigen und Verdrängung herrschte und das durch die Wiederkehr der Undeutlichkeit und Unsicherheit den Erinnerungen ähnlich wird, wird durch das Abzielen auf Affekte und Emotionen eine unwillkürliche Erinnerung an Gefühle provoziert , die zuvor zu stark waren und daher so stark unterdrückt werden mussten, dass eine Lücke an ihrer Stelle geblieben ist.[815] Es findet von der Gegenwart aus eine Öffnung zu den unbewussten Inhalten des Gedächtnisses statt, welche traumgleich Widersprüchliches nebeneinandersetzen können und in denen Logik und Chronologie aufgehoben sind.[816] Damit wird durch das Aufrufen verdrängter Erinnerung die Vergangenheit in die Gegenwart gebracht. Wie die fortschrittslose Gegenwart der Theaterinszenierung, kann auch in der Vergangenheit kein Fortschritt erinnert werden. Die Zeit in der Erinnerung steht mit dem verschwinden von Personen still, es gab keine Entwicklungen in den Fällen, keine Aufklärung, keine Informationen, kein Abschied durch Trauer etc. Die Geschichte birgt nur immer wieder Wiederholung von Gewalt. Die stillgestellte Gegenwart ruft die

---

815 Siehe Inauen, Y. 2001, 48, 67 und 213.

816 Siehe Inauen, Y. 2001, 61.

stillgestellte Zeit der Vergangenheit auf, die Stillstellungen fallen ineinander. Im Zusammenfall wird die unbearbeitete Geschichte durch ihre Rückkehr in der sichtbaren Geschichte bearbeitbar. Die Zeitlichkeit stellt sich in *Máquina Hamlet* her zwischen der Zeit der Vergangenheit, der Zeit der Erinnerung und der Zeit des erneuten Aufrufens in der Gegenwart.

6.4.3.3 Wahrnehmung eines Lichtbilds – Dunkelkammer der Erinnerung

Um die Implikationen der Wahrnehmung zu erhellen, soll erneut auf die Blickkreuzung zurückgegriffen werden, wie sie Lacan beschrieben hat. Zunächst einmal wäre nach Lacan der Zuschauer als von der Bühne aus erblickt zu denken. Als Erblickter wird er zugleich Teil des Tableaus, Teil des Dargestellten auf der Bühne und damit Mitbetroffener. Als Betroffener geht ihn das Dargestellte in ganz besonderer Weise an, lässt es doch seine eigene Vergangenheit wiederkehren, und zwar in einer Form, die tatsächlich sichtbar macht, und an den Puppen auch sichtbar machen kann, was zuvor verheimlicht wurde, unsichtbar war, worüber nicht gesprochen werden durfte, weil die offizielle Vergangenheit eine andere war. Der Blick spiegelt ihm und ihn in seine eigene periphere Geschichte, die er zuvor nicht sehen konnte oder durfte. Gleichzeitig spiegelt er ihm auch seine eigene Passivität und sein maschinenhaftes Funktionieren und klagt ihn im Angehen an. Im Erblicktsein wird er Teil des Dramas, die Bühnenereignisse werden seine eigenen Ereignisse, seine eigene Aktualisierung von Geschichte, nicht etwas, das außerhalb von ihm liegt. Der Zuschauer ist durch seine konkrete Betroffenheit aufgefordert sich mit sich selbst in seiner Geschichte auseinanderzusetzen.

Jedoch kommt nach Lacan nur in den Blick, was im Licht ist. Unter den gegebenen Lichtumständen kann der Zuschauer nur fragmentarisch oder undeutlich in den Blick geraten. Auf diese Weise kann der gegenüberliegende Blick den Zuschauer nicht völlig erfassen, ihn nicht vollends im Tableau festsetzen. Damit ist auf der visuellen Wahrnehmungsebene eine Offenheit erreicht, wie sie dem Geschichtsbegriff Benjamins und Müllers entspricht. Es wird nicht etwas Abgeschlossenes auf Lacans Schirm gezeigt, sondern etwas, das Lücken und Freiräume lässt. Diese Lücken haben eine doppelte Relevanz. Ein Schirm kann in der Wahrnehmung nur dadurch entstehen, dass der Sehende etwas von sich zu sehen gibt, was Teil des Tableaus wird. Da der Blick des Gegenübers ihn nur fragmentarisch trifft, kann gefolgert werden, dass dem Sehenden besonders viel Freiraum gegeben wird, sich selbst mit in das Tableau einzufügen. Gleichzeitig besteht der durch das Geschehen betroffene Teil der Zuschauers selbst nur aus fragmentarischen, lückenhaften Erinnerungen, aus Leerstellen, die das Unsichtbare erinnern. Indem sie ge- oder betroffen werden, durch das was gesehen wird, geht es sie an. Das auf dem Schirm Sichtbare kommt jedoch nicht in festgelegten Distanzen ins Bild, da diese sowie der Raum, auf der Fläche des Schirms verflachen. Dies ist zunächst als weitere Begründung für die Schwierigkeit der Raumwahrnehmung zu werten, bedeutet aber gleichzeitig, dass auch das Subjekt in diesem Tableau keine sichere Verortung hat. Seine Position wird fragwürdig, da er sich selbst als Teil des flächigen Tableaus vor Augen hat. Im Sich-selbst-fragwürdig-Werden, wird die Aufmerksamkeit auf sich gelenkt, wodurch etwaige nicht in die individuelle Geschichte integrierbaren Teile thematisch werden. So kommt nicht nur das Subjekt mit ins Tableau, sondern auch seine Leerstellen der Erinnerung. Das Verdrängte tritt hervor, wird Teil der Wahrnehmung.[817]

> Erinnerung als Vergegenwärtigung „[...] wird nicht nur wiederbelebt, er nimmt das Verdrängte so wahr, als ereignete es sich in eben dem Moment vor ihm. Es materialisiert sich und wird dadurch auch zu einer äußeren Realität, die nicht mehr als Hirngespinst abgetan werden kann, sondern direkte Konfrontation bedeutet."[818]

Siehe dazu ebenfalls die These Schürmanns:

> „Die These lautet, dass Wahrnehmung den Zusammenfall von Ich und Welt, Denken und Sehen, Allgemeinem und Besonderem darstellt, der deswegen in besonderer Weise wahrheitsfähig und erkenntnishaft ist, weil er als dynamischer Nach- und Mit-Vollzug der pluralen Vorkommensweise der Phänomene den im Sinnlichen verkörperten Sinn zu realisieren imstande ist. Der Begriff 'realisieren' transportiert dabei schon die Bedeutung von 'Verwirklichung' als einen wirklichkeits-stiftenden Akt."[819]

Es geht nicht nur um ein Zurückdenken, sondern um das echte Sich-Ereignen von Wiederkehr des Vergangenen.[820] Es wird präsent durch das Zusammenfallen des vergangenen Moments mit der Gegenwart.[821]

---

817 Siehe Inauen, Y. 2001, 69.

818 Inauen, Y. 2001, 48.

819 Schürmann, E. 2000, 17f.

820 Siehe Inauen, Y. 2001, 48.

821 Siehe Inauen, Y. 2001, 52.

Die Dunkelheit der Szene und die Dunkelheit der Erinnerung fallen so ineins, durchkreuzen oder überschreiben sich auf dem Schirm der Wahrnehmung. Innere und äußere Bilder scheinen untrennbar eins zu werden, ineinanderzufallen, so dass kaum entscheidbar bleibt, welche Teile von außen angetragen werden und welche aus dem Inneren der Erinnerung stammen. Durch die sensorische Deprivation in der Dunkelheit der Bühne und also der Unsicherheit über die Realität der Darstellung wird das Innen-Außen Verhältnis der Bilder weiter verunklärt. „Da nun der Realitätsglaube (nach Freud) an die Wahrnehmung durch die Sinne geknüpft ist [...]"[822] findet aber eine Bekräftigung und Bestätigung der individuellen Vergangenheit statt. Durch das neuerliche, nicht-rationale Hervortreten der verschütteten Erinnerung, kann eine Bearbeitung stattfinden.

> „Erinnerung als Wiederholung der Vergangenheit gibt es nur als abweichende. Die verschiedenen Wiederholungen, die sich aus Müllers Relektüren ergeben, 'wirken als solche nur durch den Zwischenraum, der sie auseinanderhält.'"[823]

Durch die Wieder-Holung wird etwas anderes lesbar gemacht, nämlich jenes, was dazwischen steht und verdrängt wurde.[824] Vergessenes wird der Geschichte entrissen und lässt eine Offenheit entstehen, die es ermöglicht „in andere Ebenen des historischen Gewebes, des Ge-Schichteten vorzudringen."[825] Im Vor-Augen-Führen von dunkler, erahnter, verschwiegener Wahrheit von Gewalt, werden Erinnerungen und Emotionen gelöst. Die während der realen Schrecken der Geschichte erfahrenen, vermutlich intensiv gelebten Gefühle werden so noch einmal heraufbeschworen, wenn nicht direkt ausgelöst. Auf diese Weise resultiert eine aktive, nochmals körperlich miterlebte Beschäftigung mit der Vergangenheit.

Was die Dunkelheit angeht, tritt mit Lacans Theorie ein Problem auf. Die Untersuchung der Räumlichkeit hat ergeben, dass die Unermesslichkeit und Unabschätzbarkeit, das Nicht-Wissen, das den im Dunkel liegenden Raum betrifft, durchaus konstitutiv ist für die Möglichkeit der nicht-rationalen Erinnerungsprovokation über den direkten körperlichen Weg. Doch nach Lacan kommt im Umkehrschluss seiner Verbindung von Licht und Blick, nicht ins Bild, was nicht vom Licht getroffen wird. Kann also das Dunkel seine Wirkung gar nicht entfal-

---

822 Inauen, Y. 2001, 48.

823 Inauen, Y. 2001, 88.

824 Siehe Inauen, Y. 2001, 89.

825 Inauen, Y. 2001, 29.

ten? Da Lacan über die Dunkelheit keine expliziten Aussagen macht, würde ich vorschlagen sie über einen Umweg doch noch ins Tableau zu holen, um so der zentralen Rolle der Unsichtbarkeit in der Geschichte Argentiniens gerecht zu werden. Demnach würde ich das Dunkel nicht als vollkommene Abwesenheit des materiell vorgestellten Lichts verstehen wollen, sondern - ähnlich wie es Schöne für die Malerei beschrieben hat - von einer Abwesenheit des Helligkeitswerts ausgehen. Auf diese Weise wäre das Dunkel nicht einfach ein leerer Raum, sondern entsprechend der Dunkel-Erfahrung und Wirkung im Bild *Das Europa der Frau* in *Máquina Hamlet,* ein Material, das die dimensionslose Leere ausfüllt, so wie das Licht in *Bridget's Bardo* als den Raum zwischen den nicht wahrnehmbaren Wänden füllendes erachtet wurde. Für Turrells Installation wurde dann angenommen, dass das den Betrachter materiell umgebende Licht auch als Material wahrgenommen werden kann und sich zu einer Art Schirm verdichtet. Wenn nun in gleicher Weise für die dunklen Lichtwerte in *Máquina Hamlet* ebenfalls phänomenologische Materialität angenommen würde, könnte es sich in analoger Weise zum Schirm verdichten und selbst seine Dunkelheit im Tableau zu sehen geben. Dass die strukturlose Dunkelheit, die keine Sehinformationen bieten kann, zumindest räumlich partiell einem Ganzfeld ähnlich wird, kann die These der Materialisierung als Schirmfläche, bzw. ein Hin-und-Her- Kippen zwischen dimensionslosem Tiefenraum und Flächigkeit nur unterstützen. Auf diese Weise käme das Dunkel als Leerstelle mit ins Bild. Der unheimliche, fragmentarische Dämmer inklusive seines Dunkels geht den Zuschauer an, er wird in das surreale Bild von im Dunkeln stattfindender Gewalt, Tod, Machtlosigkeit und Passivität 'hineinfotografiert'.

Hinsichtlich des Themas der Fotografie kann noch ergänzt werden, dass die Puppen, als eine Art Ur-Fotografie, als Abdrücke und Spuren von Menschen, mit ihrer Darstellung des Abwesenden beziehungsweise der Toten, eine weitere Leerstelle ins Spiel bringen. Die Präsenz dieser Toten kann als „konstante Gegenwart des Vergangenen" verstanden werden, das „unwillkürlich aus der Verdrängung hervorbricht."[826] Mittels Merleau-Pontys Theorie der Intersubjektivität und Taktilität des Sehens und der Objekttheatertheorie könnte hier eine weitere wichtige Ebene aufgemacht werden. An dieser Stelle werde ich mich jedoch darauf beschränken, auf die mögliche Verflechtung vom Puppenkörper sowohl mit dem Spielerkörper, als auch mit dem Zuschauerkörper hinzuweisen, die zu einem dezidierten körperlichen

[826] Inauen, Y. 2001, 48.

Miterleben der tatsächlich dargestellten Gewalt, Tod, Ohnmacht und Passivität führt.

Bei der Kategorie Körper möchte ich indessen noch einen Moment verweilen. Wie deutlich gemacht wurde, ist die Geschichte Lateinamerikas eng mit Konzepten von Körperlichkeit verwoben. Die Geschichte hat sich förmlich in die Körper eingeschrieben, was am Mestizentum ganz besonders deutlich wird, aber auch am Verschwinden von Körpern und deren Beschweigen sowie an einer Art Kastration, die zur Verweiblichung führte. Die Performances der *Madres de la Plaza de Mayo* spielten erneut mit Körperlichkeit, indem sie mit den als Leerstellen gedachten Körpern den öffentlichen Raum besetzten und damit den kulturellen Bildpool veränderten. „Geschichtliche Erfahrung hat sich mit einer Authentizität, die Sprache nicht fassen kann, in den Körper eingeschrieben. Damit birgt er ein Erinnern, das unabhängig von ihm - auf rein rationaler Ebene - nicht existiert."[827] Erinnerungsarbeit muss also auf der irrationalen Ebene des Körperlichen ansetzen.

Körper und Bilder gehören spätestens nach Beltings Bildanthropologie so eng zusammen, dass es außerhalb des Körpers keine echten Bilder zu geben scheint. Angefangen bei der Betonung der sinnlichen Wahrnehmung, über das Entstehen des Bildes zwischen Sichtbarem, Medium und Körper, bis hin zum körperlichen Ablegen der Bilder im Gedächtnis, ist er immer als Voraussetzung mit im Spiel. Auch für die Wahrnehmung der cultural performance *Máquina Hamlet* bildet der Körper, und zwar in ganz besonderer Weise, die Voraussetzung der Wahrnehmung. Die Bilder entstehen nur in einem 'Zwischen', sie entstehen wahrnehmend also auf der Grundlage von schon Vorhandenem, schon Erlebtem.

> „Nun stellt das wahrnehmende Subjekt keine *tabula rasa* dar, wenn es in eine Aufführung kommt. Es hat vielmehr in seiner Lebensgeschichte bereits eine Fülle von Bedeutungen erzeugt, an die es sich erinnert. Entsprechend ist davon auszugehen, daß auch die 'erste' Wahrnehmung während einer Aufführung bereits ihrerseits von vorher erzeugten Bedeutungen erzeugt wird [...]"[828]

Im Falle *Máquina Hamlets* trifft eine Inszenierung, die das Körperlich-Sinnliche betont - nicht nur durch die Puppen, sondern auch durch das unmittelbar auf den Körper wirkende Licht und die Körperverunsicherung durch die unklaren Raumverhältnisse - auf eine Matrix dezidiert

827 Inauen, Y. 2001, 60.

828 Fischer-Lichte, E. 2004, 264.

körperbetonter Erinnerung auf der sie nur wahrgenommen werden kann. Zudem kann das immaterielle Erinnerungsbild nur über die Körperebene wieder aufgerufen werden. Da der hohe Grad der Abstraktion und der semantischen Unverständlichkeit keinen rationalen Zugang ermöglicht, muss die Inszenierung auf der sinnlich-perzeptiven Ebene allein wirksam werden, ihre Wirkung also direkt auf den Körper übertragen. So wird es möglich, das Dargestellte auf eine Art wahrzunehmen, die über die direkte körperliche Ebene Erinnerungen weckt, die verschüttet waren. Dieser Vorgang ist besonders intensiv, da die verschüttete Erinnerung ebenfalls eine dezidiert körperliche ist. Der Körper ist indes einziger Ort der Bilder, da die Verbrechen für die Betroffenen keinen Ort haben, sie fanden unsichtbar statt. Der Körper als Ort der Bilder erfährt damit eine Bedeutungssteigerung auf der Ebene der Erinnerung. Es entstehen nicht nur Bilder in der Wahrnehmung mit dem, durch den und im Körper, Körper wird zugleich Schauplatz des Erinnerns und Vergessens, Schauplatz der Geschichte.[829] Ohne Körper ist (subjektive) Geschichte nicht zu denken.

Das fragmentierte Wieder-Erleben der Vergangenheit schafft es mit Offenheit und Abstraktion der Unabgeschlossenheit, Wandelbarkeit und Subjektivität von Erinnerung gerecht zu werden sowie gleichzeitig eben durch die Fragmentierung in besonderem Maße Erinnerung zu provozieren, die genauso bruchstückhaft ist. Sie liefert die Bestätigung dafür, dass die persönliche Erinnerung keine Einbildung ist, sichert damit das Selbstwertgefühl und die Identität ab und gewährleistet eine Teilhabe am Diskurs.

Dass das Dargestellte eben kein kohärentes Bild vermittelt, sondern Vergangenheit im Modus der Offenheit wieder erlebbar macht, stellt den Konstruktcharakter der etablierten Geschichte heraus. Das Fragmentarische sensibilisiert durch seine offensichtlich konstrukthafte Geschichtsmodell-Alternative auch für den Konstruktcharakter des offiziellen Geschichtsbegriffs. Indem er durch die gleichzeitige Bestätigung der persönlichen Erinnerung durchschaut werden kann, wird die Verbindlichkeit des offiziellen Geschichtsbilds gebrochen und der peripheren Sichtweise integriert.

Wichtig ist in diesem Zusammenhang auch, dass Aufmerksamkeit sich besonders dann herausbildet, wenn die sinnliche Wahrnehmung mit ihren natürlichen, sicheren und zuverlässigen Codes scheitert.[830] Von der Aufmerksamkeit für die Art und Weise der Geschichtsschreibung

---

829 Siehe Inauen, Y. 2001, 62

830 Siehe Bleeker, M. 2009, 87.

aus, kann das bisher unhinterfragte, natürlich anmutende, etablierte Modell infrage gestellt werden.

6.4.3.4 Bildlichkeit im Licht der Erinnerung

Die verschlüsselte Semantik der 'Textmaschinen', die zu einer Flut von Bildern führen und die die Sprache ablösen sollen[831], legen es nahe die Bildlichkeit, die immer wieder angesprochen wird, nochmals genauer zu untersuchen. Da Sprache und Text nicht durchschaubar sind, sollen es Bilder sein, die in den Fokus geraten.

Müller verfolgt diesen Ansatz schon dadurch, dass er seine fünf Teile der *Hamletmaschine* nicht Akte, sondern Bilder nennt. Ebenso wurde deutlich, dass abgesehen von einer abwesenden semantischen, voranschreitenden Handlung, die Bilder *El Periférico de Objetos* unabhängig vom Text existieren. Nicht nur inhaltlich entfernen sie sich immer mehr von ihm, auch ist die auditive Ebene durch den Off-Sprecher technisch und formal vom visuellen Geschehen getrennt. Zudem gibt es auch auf der optischen Ebene kaum Bewegung im Spiel. Oft sind die Szenen statisch gestaltet, zeigen nur sehr langsame Bewegungen oder solche, die durch ihre ständige Wiederholung und Multiplikation den Eindruck von Stillstand oder Erstarrung vermitteln. Das statische Licht und Dunkel tragen weiter zum Eindruck der Stillstellung des Visuellen bei. Da kaum ein kohärenter Raum synthetisiert werden kann, werden auch Bewegungen nicht als im Raum voranschreitende verständlich. Auf der Ebene der Zeitlichkeit wurde ebenfalls eine Stillstellung in der Wiederholung konstatiert, die eher zu einem Nebeneinander von Verschiedenem, als zur Erfahrung einer Sukzession führt. Diese Bündelung der Ereignisse in einem Jetzt ineinandergestürzter unlinearer Zeiten sowie die Rahmung der Vorgänge durch die ästhetische Inszenierung und die Aufführung auf einer Bühne, die fragmentierte Blickinszenierung, vom Alltag unabhängige Zeit und Raum und die Verschiebung der Grenze des Sichtbaren hin zu zuvor Unsichtbarem, charakterisieren die Bühnenvorgänge als prozessuales Bild. Die Materialisation von Licht und Dunkel auf einem Schirm und die mit ihnen verbundene inkohärente (Tiefen-)Raum-Wahrnehmung tragen weiter zur Bildlichkeit bei. Der Schirm zeigt einen veränderlichen Bildeindruck zwischen Statik und Lebendigkeit, wobei die geringe Bewegung, die dargestellte Gewalt, die Passivität und die Verkörperung der Leerstellen der Toten durch die Puppen eher leblos anmuten. Die eigentli-

[831] Siehe Obad, V. 1990, 158-164.

che Lebendigkeit der Bilder liegt an anderer Stelle. Diese wird mit der Erinnerung aufgerufen.

Erinnerung und Bild stellen eine enge und fruchtbare Verknüpfung dar, wie Paul Ricœur und Aleida Assmann versichern:

> „Ohne Zweifel hat eine Erinnerung in dem Maße, wie sie sich vergegenwärtigt das Bestreben, in einem Bilde zu leben […]."[832]
> „Individuen und Kulturen bauen ihr Gedächtnis interaktiv durch Kommunikation in Sprache, Bildern und rituellen Wiederholungen auf"[833]

Auch Jackob und Röttger haben Bildern schon eine besondere Erinnerungskraft zugeschrieben.[834] Dabei sind diese besonders für solche Erinnerungen zentral, an die keine sprachliche Verarbeitung heranreicht, insbesondere hinsichtlich traumatischer und vorbewusster Erfahrungen. Dem ist jedoch hinzuzufügen, dass ein Trauma eine körperliche Einkapselung von Erfahrung bezeichnet, die sich einer Rückholung eher versperrt.[835] Bilder weisen laut Assmann eine höhere Unmittelbarkeit auf als Sprache, zeichnen sich aus durch Intransparenz, eine irreduzible Ambivalenz und durch den unmittelbaren Niederschlag von Affekten oder Unbewusstem.[836] Bilder scheinen daher für die beschwiegenen, verdrängten Gewalterfahrungen, die ein hohes Maß an Emotionalität aufweisen, die adäquate Form des Wieder-Erinnerns darzustellen. Ihr ambivalenter und intransparenter Charakter qualifizieren sie zudem als probates Mittel der postmodernen Geschichtsauffassung. Ähnlich der Funktion eines Tableau Vivants kommt es mit dem real sichtbaren Bild zur Aufrufung eines schon einmal gesehenen, immateriell im Gedächtnis vorhandenen Bild, und in der Folge zu einer Überschreibung beider, so dass der immaterielle Eindruck vom materiellen nur schwer zu trennen ist. Über *imagines agentes*, wirkmächtige Bilder, die durch ihre affektgeladene Eindruckskraft besonders erinnerungsstark sind, kann ein Aufrufen der verdrängten Vergangenheit über den Kanal der Emotionalität gelingen.[837] Solche Bilder sind mehr als die Wiederholung eines bestimmten Motivs, „die Durchschlagskraft der Bilder umfasst[...] ihre energetische

832 Ricœur, P. 2004, 90.

833 Assmann, A. 2009, 19.

834 Siehe Jackob, A./Röttger, K. 2009, 7.

835 Siehe Inauen, Y. 2001, 30.

836 Siehe Assmann, A. 2009, 220.

837 Siehe Assmann, A. 2009, 222.

Reaktivierung."[838] Da die fraglichen Bilder in hohem Maße durch ihren Licht- beziehungsweise Dunkelcharakter geprägt sind, kann die Energetik der Bildlichkeit durch die lichtinhärente Energie, durch seine Intensität und Eindringlichkeit in der körperlichen Wirkung potenziert werden. Bilder, Gefühle und Erfahrungen der Vergangenheit, die nicht in ein kohärentes Selbstbild integriert werden konnten, werden so wieder-gelebt und erhalten eine zweite Chance auf Geschichte. Diese Art Bilder bergen im Gegensatz zu Schrift oder Sprache laut Schneider ein gewaltiges Potential:

> „Als Möglichkeiten, als Register des Potentiellen, existieren sie in keiner astronomischen Zeit, sondern in einer dauerhaften Zeit des Wartens, eines Wartens mit der Möglichkeit der Aktualität. [...] Von dieser Zeitlosigkeit des Potentiellen her wird die Bemerkung plausibel, dass die Handlung beliebig ist, dass das Potential der Erinnerung *explodiert*, also nicht in Sequenzen abläuft, sondern in einer nach allen Zeitrichtungen ausufernden Gleichzeitigkeit hervorbricht."[839]

Es ist vor allem die Erfahrung des Bildes in der Aktualität, die sein Potential verwirklicht:

> „[...] nur aus dem Aktuellen lässt sich durch den Nullpunkt des Moments hindurch das Totenreich des Kontingenten erschließen. Daher ist es die Explosion eines Speichers, denn ein Bild ist ein Speicher."[840]

Das Bild kann in sich mehrere heterogene Möglichkeiten von Schichtungen synchron speichern, während das Sprachliche den Kanal der sequenziellen Ordnung durchschreiten muss.[841] Es ist also in ganz besonderer Art und Weise der Bildlichkeit zu verdanken, dass die Inszenierung eine postmoderne Geschichtserfahrung ermöglicht. Das Bildprogramm läuft nämlich nicht auf eine bestimmte Deutung oder Lesart hinaus, nicht auf das Freilegen einer verborgenen Sinnschicht, sondern darauf, die Assoziationsfähigkeit des Zuschauers in Gang zu setzen, mit einem unbekannten Ziel.[842] Die Bilder die durch den Prozess des Erinnerns in Gang gesetzt werden, verweigern sich wiederum

---

838 Assmann, A. 2009, 226.

839 Schneider, M. 2005, 114.

840 Schneider, M. 2005, 114.

841 Siehe Schneider, M. 2005, 114.

842 Siehe Balme, C. 2009, 280.

jeglicher Feststellung in einem fixierten Bild. Was entsteht sind lebendige Bilder.[843]

6.4.4 Licht und (kollektive) Erinnerung - Überschreibungen

Es lässt sich zusammenfassen, dass die Wirkung des Lichts in der Inszenierung von *Máquina Hamlet* über das direkte Auftreffen auf den Körper sowie über die Räumlichkeit und die Zeitlichkeit die es herstellt, dazu beiträgt, eine Historiographie aufzumachen, die es abseits jeglicher mimetischer Darstellung historischer Ereignisse versteht 'Assoziationsnetze' zu bilden, in die der Zuschauer seine sowohl von ihm als auch von der Theatergruppe unkontrolliert aufkommenden Erinnerungen, die 'Wiederkehr des Verdrängten', einspannen und somit der 'unterirdischen', subjektiven, peripheren Geschichte Raum geben kann.[844]

> „Der Diskurs des offiziellen Gedächtnisses und der verordneten Geschichtsschreibung mit den darin fixierten Bildern und Vorstellungen wird zugunsten von nicht kontrollierbaren Momenten aufgegeben werden, in denen das Unbewußte hervordringt. In ihnen sind Traum, Rausch, Glücksbegehren und die Imagination die treibenden Kräfte. Anarchische Energien kommen zum Tragen und brechen den gültigen Diskurs auf, legen die Leere hinter dessen Masken bloß."[845]

Mit der subjektiven Füllung der vorgegebenen Matrix der Erinnerung, entstehen die relevanten sich bewegenden Bilder der Inszenierung gleichsam erst im Rezeptionsakt, nicht schon auf der Bühne selbst.[846] Die durch das Licht unterstützte und mit hergestellte Bildlichkeit, die Raum, Zeit und sich selbst in einem 'Zwischen' verortet, ist sowohl auf der Ebene visueller Wahrnehmung, als auch auf der Ebene der Erinnerung durch ein explosives, energetisches Potential heterogener Synchronität gekennzeichnet und wird so zur Schlüsselfunktion der Evokation und Bearbeitung verschütteter Erinnerung. Durch derartige tumultuöse Licht- und Dunkelbilder wird auf vielleicht beunruhigende Weise keine Gewissheit über das Vergangene zugelassen[847], doch wird eine befriedigende und die Erinnerung befriedende Teilhabe an Geschichte ermöglicht, die Trümmer abbaut und mit der Gegenwart ver-

---

843 Siehe Inauen, Y. 2001, 215.

844 Siehe Kreuder, F. 2002, 141.

845 Inauen, Y. 2001, 214.

846 Siehe Kreuder, F. 2002, 146.

847 Siehe Kreuder, F. 2002, 148.

söhnbar ist. Zudem stellt diese Ungewissheit den heilsamen Entzug von Kontrolle über die auftauchenden Bilder, Erinnerungen, Ge-Schichten und Bedeutungen her. Entsprechend des angestrebten postmodernen Denkens, keine eindeutigen, festgeschriebenen und damit einseitigen Bedeutungen vorzugeben, kann weder *El Periférico de Objetos* in seiner Inszenierung die Bedeutung des Stückes für den Zuschauer kontrollieren, noch kann in analoger Übertragung auf die Ausweitung der individuellen Erinnerungsarbeit auf die kollektive Erinnerungsarbeit, ein etablierter Geschichtsbegriff das Aufkommen peripherer Bedeutungen unterbinden.

„Maurice Halbwachs (1941) oder Jan Assmann ([2]1997) sprechen [...] davon, dass sich das Gedächtnis an Orten orientiert."[848] Wahrnehmung und Erinnerung zielten auf ein Arrangement von Orten und platzierten Elementen.[849] Auch Paul Ricœur wertet Erinnerungen an gemeinsam mit anderen besuchte Orte als besonders eindrücklich.[850] Orte, die im Zusammenhang mit einer peripheren argentinischen Geschichte erinnert werden könnten, existieren jedoch nicht. Was erinnert werden sollte, fand an unsichtbaren Orten statt, oder hat Nicht-Orte erzeugt, die Verbrechen wurden abgestritten und damit jegliche ortsgebundene Existenz ihrer Grundlage enthoben. Es gibt also keine Orte, die der Erinnerung auf die Sprünge helfen könnten. Jene Orte sind durch Leerstellen besetzt. Das bedeutet erstens, dass wenn der Ort eine Leerstelle ist, der Erinnerung nur durch eine weitere Leerstelle geholfen werden kann, zweitens, dass diese Leerstelle einer Bearbeitung bedarf. Dass das Licht in *Máquina Hamlet* leerstellenhafte Räume und Zeiten herstellt, wurde bereits gezeigt. Wie eine Bearbeitung der Leerstellen stattfinden kann, kann mit dem Konzept der Nachträglichkeit erklärt werden.

Da das Erinnern stets rekonstruktiv von der Gegenwart ausgeht, stellt es zum Zeitpunkt seiner Rückrufung immer schon unweigerlich eine Verschiebung dar.[851] Sich-Erinnern bedeutet einen Transformationsprozess. Wird nun das Erinnerungsbild durch die Wahrnehmung der mit Potential aufgeladenen, offenen Bilder der Geschichte aufgerufen, geht dieses Bild der Erinnerung schon mit dem neuen, sinnlich wahrgenommenen Bild einher. Die Erinnerung erfolgt auf der Matrix dieses sichtbaren Bildes. Im Moment der Erinnerung wird das vormals ver-

---

848 Löw, M. 2001, 199.

849 Siehe Löw, M. 2001, 199.

850 Siehe Ricœur, P. 2004, 188.

851 Siehe Assmann, A. 2009, 29.

drängte Bild, welches aus Leerstellen besteht, also ein leeres Bild ist, mit dem Bild einer Leerstelle überschrieben, welches die Inszenierung zu sehen gibt. Indem sie die Leerstellen als Bild explizit sichtbar macht, werden die leeren Stellen im Zuge ihrer Erinnerung durch eine sichtbare Leerstelle überschrieben. Die Leerstellen werden nicht gefüllt, sondern hervorgehoben. Dadurch bergen sie die Möglichkeit Geschichte wieder-zu-denken und in der Überschreibung neu zu interpretieren. Indem das inszenierte Bild zu sehen gibt, was vorher unsichtbar war (das Periphere, das Brüchige), kann die leere Erinnerung bearbeitet werden, so dass sie für das Subjekt sinnvoll in sein Selbstbild und sein Gedächtnis integriert werden kann. Der Bühnenraum selbst wird transformiert zu einem Innenraum oder Gedächtnisraum[852], der sich an die Stelle der Leerstelle im Gedächtnis setzt. Erst dadurch erhält die Leerstelle überhaupt ein Bild. *Máquina Hamlet* setzt die Vergangenheit bildlich um und ermöglicht so eine aktive Erinnerung. „Man muss die Toten ausgraben, wieder und wieder, denn nur aus ihnen kann man Zukunft beziehen."[853] Das nachträgliche Wieder-Erleben oder Wieder-Kehren gibt der Vergangenheit ihre Möglichkeit wieder.[854] Erst in dieser Nachträglichkeit, vom Standpunkt der Gegenwart aus, kann das Erinnerungsbild als ein neues, verändertes, nun sichtbares, aus der Verdrängung zurückgeholt werden. Die Überschreibung während der Wahrnehmung des sichtbaren Bildes dort, wo eine Leerstelle war, sichert dem neuen Bild als sichtbarem einen Platz in der Erinnerung der eigenen Geschichte, der keine Verdrängung erfordert. „Das reflexive Moment des Gedächtnisses kulminiert im Modus des Wunsches schließlich im Wiedererkennen des eigenen Selbst."[855] Das bedeutet, dass die Reintegration der sichtbaren Erinnerung ein Stück bewusst gewordenes Selbstbild darstellt, das die Identität vervollständigt.

Wahrnehmung und Erinnerung sind leibliche Prozesse. Da zudem in diesem Fall der einzige Ort der Erinnerungsbilder der Körper ist, muss die Überschreibung im Körper oder körperlich stattfinden. Die immaterielle Erinnerung kann nur über den Körper wieder aktiviert werden. Die sinnliche Wahrnehmung der Bilder ist ein erster Schritt in diese Richtung. Da jene Bilder durch ihre Fragmentarisierung, ihre Brüchigkeit, Unheimlichkeit und Unfassbarkeit konkret körperliche Gefühle wie Orientierungslosigkeit oder auch direkt die verdrängten Gefühle

---

852 Siehe Inauen, Y. 2001, 66.

853 Müller, H. 1991, 31.

854 Siehe Didi-Hubermann, G. 2008, 66.

855 Ricœur, P. 2004, 762.

von Angst, Horror und Passivität auslösen, wirken sie zusätzlich zu ihrer ohnehin gegenüber der Sprache gesteigerten Unmittelbarkeit auf den Körper ein. Im Wieder-Erleben wird diesen Gefühlen ein Grund und Raum zum Ausleben gegeben, so dass auch sie anerkannt und in die Identität integriert werden können. Geschichte wird vom subjektiven Körper symbolisch wieder-vereinnahmt. „Der Wechsel der Bilderfahrung drückt auch einen Wechsel der Körpererfahrung aus [...]“[856], weshalb mit den neuen Bildern auch eine von Erniedrigung, Verweiblichung, Passivität und Gewalt geheilte Körperlichkeit einher geht. Denn „[d]er Wechsel der Bilderfahrung drückt auch einen Wechsel der Körpererfahrung aus, weshalb sich die Kulturgeschichte des Bildes in einer analogen Kulturgeschichte des Körpers spiegelt.“[857] Zudem repräsentiert der natürliche Körper „auch einen kollektiven Körper und ist also auch in diesem Sinne der *Ort der Bilder*, aus denen Kulturen bestehen.“[858]

Von der individuellen Gedächtnisarbeit aus kann auch das kollektive Gedächtnis aktualisiert werden. Aus vielen Individualgedächtnissen zusammengesetzt, führt jede individuelle Arbeit am Gedächtnis zu einer Änderung des kollektiven Gedächtnisses. „Kulturelle Überlieferung wird individuell erinnert und verstanden, um dann in neuer Gestalt wieder ins Kollektive einzugehen.“[859] Wird in einem öffentlichen Erinnerungsprozess, wie dem einer cultural performance, vielen Gedächtnissen ihre periphere Möglichkeit gegeben, dann machen verschiedene Blicke Verschiedenes der Geschichte sichtbar und es entsteht auch auf kollektiver Ebene eine Erinnerung, die Kopräsenz von Heterogenem, Fragmentarischem und Synchronem vereint und das dem Land über seine schwierige Vergangenheit hinweg helfen kann.[860] Als Ort der Verschmelzung von Innen und Außen wird auch der Körper in seiner sozialen Dimension und seiner Bedeutung für das kollektive Gedächtnis deutlich.[861] Das Bild kann in seinem Doppelsinn als untrennbar inneres und äußeres Bild, als Begegnung der äußeren Bilder mit dem Potential innerer Bilder[862] auch auf dieser Ebene angesiedelt werden. Die in dem Theaterstück öffentlich gemachte Erinne-

---

856 Belting, H. 2001, 23.

857 Belting, H. 2001, 23.

858 Belting, H. 2001, 59. Hervorhebung im Original.

859 Inauen, Y. 2001, 74.

860 Siehe Inauen, Y. 2001, 78.

861 Siehe Wagner, M. 2003, 91.

862 Siehe Belting, H. 2001, 11.

rung kann so zu einer Umpolung des aufgerufenen Schmerzes in kulturellen Wandel führen. Der kulturelle Raum der Sichtbarkeit der Bilder wird dann durch die Bilder *Máquina Hamlets* aktualisiert, welche Offenheit ermöglichen, Subjektives einschließen und doch ein kollektives Bild darstellen, indem Verschiedenes in einem Nebeneinander existieren kann. Sie stellen keine Wiederherstellung von Erinnerung dar, sondern thematisieren ihre Flüchtigkeit und Unabgeschlossenheit und können damit auch als kollektives Bild der Unfassbarkeit, Wandelbarkeit und Subjektivität von Erinnerung Rechnung tragen, indem sie eine unregelmäßige Geschichte jenseits jeden Überblicks ermöglichen.

Solche Erinnerungsbilder vermitteln ein Geschichtsverständnis des anachronistischen, nicht teleologischen Standpunkts, in dem sich heterogene Zeiten, vergangene und gegenwärtige palimpsesthaft schichten.[863] Dieses gleichzeitige Potential kann nur in Bildern dargestellt werden, die nicht wie die Sprache durch den Kanal einer sequenziellen Ordnung gebracht werden muss. Durch immer neue 'Belichtungen', die durch Wahrnehmung und Erinnerung stattfinden, werden schon vorhandene Bilder überschrieben. Damit sie nicht völlig von einem neuen Bild abgedeckt werden, muss jedes Bild und jedes neue Bild als diskursiv lichtig-transparentes gedacht werden, in der Weise, wie es die Langzeitbelichtung anschaulich gemacht haben. Mit der Vorstellung der Wahrnehmung der Sichtbarkeit mittels eines lacanschen Schirms auf oder in dem Dinge in den Blick und damit ins Licht geraten und der auch als aus materialisiertem Licht bestehend gedacht werden kann, können jene bildhaften Überschreibungen verständlich gemacht werden. Da sich Bildwahrnehmung immer nur unter der Voraussetzung eines wahrnehmenden Subjekts ereignen kann, als 'Zwischen' von Subjekt und Welt, liegt es in der Einstellung des Wahrnehmenden, das Sichtbare in der Optik eines Bildes wahrzunehmen. „Alles, was in den Blick oder vor das innere Auge tritt, lässt sich auf diese Weise zu einem Bild klären oder in ein Bild verwandeln."[864] Indem er mit einem inszenierenden Blick, der eine Rahmung mit eigener Zeitlichkeit und Räumlichkeit herstellt, das performative Licht als zu einem Schirm verdichtetes auftreten lässt, kann dieser Schirm alles auf, in oder hinter ihm liegende als Bild zu sehen geben.

863 Siehe Didi-Hubermann, G. zitiert bei Brändle, I. 2007, 95.

864 Belting, H. 2001, 11.

6.5 Ge-Schichte(n) im Licht

Máquina Hamlet von *El Periférico de Objetos* sollte aufgrund seines Anspruchs Geschichte zu bearbeiten, dahingehend befragt werden, ob und wie es darin, ähnlich der Lichtbildüberschreibungen in den Langzeitfotografien, zu möglichen lichtinduzierten Erinnerungsüberschreibungen kommen kann.

Zusammenfassend ist zu sagen, dass das Licht in *Máquina Hamlet* zunächst einen undeutlichen, fragmentarischen, unermesslichen bis unsichtbaren Raum schafft, was durch seinen Ausfall als Referenzsystem zu einer ebenso uneindeutigen Zeitlichkeit führt, die alle Vorgänge in der Gegenwart stillzustellen scheint. Das dämmrige, dunkle, fragmentarische und/oder harte Licht stellt nicht nur Räumlichkeit und Zeitlichkeit her, sondern wirkt auch unmittelbar auf den Körper ein. Zusammen mit der sinnlichen Wahrnehmung der unklaren Raumverhältnisse entstehen im Zuschauer auf der Grundlage seiner biologischen und sozialen Reaktion auf Lichtverhältnisse Gefühle von Unsicherheit, Unwohlsein, Ausgesetztsein und Machtlosigkeit. Diese so irrational geöffneten Assoziationsnetze, die Atmosphären zwischen den unsichtbaren oder uneindeutigen Elementen sowie die angesprochene Gefühlsebene verursachen ein Wieder-Erleben der Gefühle der Vergangenheit. Die mittelbar durch die Lichtverhältnisse stillgestellte Zeit wiederum, die als heterogen-synchrone Jetzt-Zeitlichkeit ein geschichtliches Nebeneinander zeigt, erwirkt zusammen mit der hinsichtlich Bewegung, Entwicklung und Handlung statischen Inszenierung Bildpotential. Eine Optik auf das Licht, beziehungsweise auf das Dunkel als materialisierten Schirm unterstützt diese Bild-zu-Bild Evokation von Erinnerung zusätzlich. Durch seine körperliche Wirkung und die von ihm hergestellte Raum-Zeit sowie die energetische Bild-zu-Bild Evokation, gelingt es dem performativen Licht zum Aufrufen des verdrängten immateriellen Erinnerungsbildes beizutragen, welches im Vorgang der Erinnerung, der durch die aktuelle Wahrnehmung ausgelöst wird, mit der Wahrnehmung zusammenfällt. Das durch das Licht aufgerufene Erinnerungsbild ist in der Wahrnehmung des dargestellten Bilds schon überschrieben. Es entsteht erst im Rezeptionsakt zwischen aufgerufener Erinnerung und aktueller Wahrnehmung. Wenn Wahrnehmung und Erinnerung gleichzeitig gegenwärtig sind, kann eine Bearbeitung des Vergangenen auf der Grundlage des Wahrgenommenen und andersherum stattfinden. Die aufgerufene Leerstelle wird im Modus der Wahrnehmung der Sichtbarkeit ihrer Inhalte mit eben dieser sichtbaren Leerstelle überschrieben. Aus dem heutigen Blick, der der peripheren Geschichte Raum und Sichtbarkeit gibt, können die verdrängten Inhalte bewusst wieder gelebt werden und in dieser An-Erkennung in die Vergangenheit integriert werden. Sie müssen nicht weiter 'unterirdisch', unbedacht, abgestritten weiter brodeln. So kann ein neues Bild der Erinnerung entstehen, eine neue Schicht, eine Bearbeitung des Erinnerungsbildes, das die Sichtbarkeit der zuvor verdrängten Leerstellen gewährleistet. In *Máquina Hamlet* hilft das Licht-Bild, wenn auch anders als die Fotografien, die Verbindung zur Vergangenheit über die Erinnerung wiederherzustellen, um sie umzuschreiben. Die von der Performance angebotenen Bilder, die zur Erinnerungsevokation im Wieder-Erleben und damit zu Überschreibung führen, treffen keine Aussagen, sie sind polysignifikant, lassen Raum für die persönliche Geschichte, indem sie selbst nur die Leerstelle als sichtbare anbieten, sie aber nicht mit Inhalt füllen. Die Bilder der Performance werden denen im Gedächtnis zunächst ähnlich gemacht, damit diese geöffnet werden können, um sie auf direktem Weg - durch Merleau-Pontys Funktionsweise des Chiasmus oder Lacans Ins-Tableau-Kommen über den Schirm - über den Körper zu bearbeiten, wo sie sich zuvor eingeschrieben hat. Mit dem zeitlichen und örtlichen Nebeneinader im Fragment gelingt ein postdramatisches Geschichtsbild, das Kopräsenz von Verschiedenem, tumultuöses Nebeneinander, Heterogenes, Fragmentarisches, Synchrones vereint. Die Erinnerung selbst als immaterielle Bildherstellung findet in einem 'Zwischen' von damals Erlebtem, Erinnertem und jetzt Wahrgenommenen auf der Ebene des Körpers statt. Da bei jedem Rückerinnern eine andere Wahrnehmungs- oder Realitätssituation vorliegt, verändert sich das Vergangene mit jedem Rückruf weiter. Stets im 'Zwischen' von Jetzt und Damals verbleibend, ist Erinnerung nie abgeschlossen. Zusätzlich wird im Falle der argentinischen Geschichte auch noch etwas erinnert, das sich nurmehr als ein 'Zwischen' fassen lässt, nämlich eine Leerstelle zwischen verdrängter Erinnerung und Vergessen, aus atmosphärischen, gefühlsgebundenen Qualitäten zwischen den Dingen und Menschen, die unsichtbar bleiben.

7 ZUSAMMENFASSUNG & FAZIT

Die offenbar zentrale Bedeutung und Macht, die das Licht kulturell, biologisch und physiologisch innehat, hat den Anstoß gegeben seine Rolle als performative Größe in inszenierten Kontexten jenseits einer dienenden oder zeichenhaft-mimetischen Funktion zu untersuchen. Obwohl dem Licht aus dem entsprechenden Blickwinkel immer auch eine performative Funktion zugesprochen werden kann, wurde dieses im theatralen Kontext lange nicht nur nicht performativ gebraucht, sondern auch nicht als performativ betrachtet. Hinzu kommt, dass so lange es im Kontext einer mimetischen Handlung steht, zunächst immer narrativ verwendet wird. Demnach geben erst Aufführungen, die nicht einen vorgängigen Sinn realisieren wollen, oder solche die asemantisch sind Aufschluss über eine performative Rolle von Licht. Da künstlerische Performances Entwicklungen neuerer Art darstellen, und (deshalb?) auch hier der wissenschaftlichen Betrachtung eine geringe Aufmerksamkeit auf performatives Licht attestiert werden muss, liefern theoretische Arbeiten in diesem Bereich nur wenige Hinweise zur Analyse von Licht.

In der Kunstgeschichte scheint das Interesse an performativer Lichtbetrachtung größer zu sein. Die Begründung hierfür könnte darin liegen, dass die Malerei das Licht nur mittelbar im Zusammenhang mit der Materialität der Farbe und des Bildgrunds begreifbar macht und somit die, wenn auch vermittelte, Materialität des Lichts immer schon mit im Blick haben muss. Insbesondere seit dem Aufkommen der abstrakten Malerei, die das Bildlicht nicht mehr in einem erzählerischen Kontext gebraucht, werden die performativen Qualitäten des Lichts auch in seinen physikalischen Eigenschaften thematisch. Aus der Befragung der Malereigeschichte konnten schließlich Analyseinstrumentarien zur Betrachtung des performativen Lichts gewonnen werden.

Um einen 'freien Blick' auf das Licht zu gewinnen und seine Analyse zu vereinfachen und zu verdeutlichen - da das Licht in künstlerischen Schaffensprozessen oft nur marginal Verwendung findet - wurde es in dieser Arbeit an drei Beispielen untersucht, die das Licht auf ihre je besondere Weise in den Mittelpunkt rücken beziehungsweise ihm eine auffällige, augenfällige, sinnenfällige und essentielle Funktion zuweisen. Als erstes Analyseobjekt diente die Lichtinstallation *Bridget's Bardo* von James Turrell. Mit Hilfe der aus der Malereigeschichte gewonnenen Instrumente sowie der Performativitätstheorie konnte das von Turrell geschaffene, als materiell und aussagelos behauptete Licht als performatives bestätigt werden. Die weitere Untersuchung führte zu der Erkenntnis, dass das performative Licht eine zentrale Rolle hinsichtlich der Hervorbringung von Raum und der damit einhergehenden Konstruktion beziehungsweise Erfahrung von Zeit spielt.

Als Ergebnis der Analyse von Räumlichkeit und Zeitlichkeit hat sich ergeben, dass das performative Licht eine Räumlichkeit und Zeitlichkeit des 'Dazwischen' herstellt. Es bleibt in diesem 'Zwischen' für den Betrachter unentscheidbar, ob das Sichtbare eine Fläche oder ein dimensionsloser Tiefenraum ist. Die Wahrnehmung kippt entsprechend des Ganzfeldeffekts hin und her und muss schließlich in diesem 'Zwischen' verbleiben. In der Konsequenz ergibt sich ein Zwischenstatus von Innen- und Außenraum, da der Raum dem rationalen Verständnis nach - welches durch die Wahrnehmung im 'Zwischen' jedoch ausgehebelt wird - ein Innenraum sein müsste, gleichzeitig aber qua Einfall des Welt-Raums - durch die durch das materialisierte Licht dematerialisierten Wände - als Außenraum erscheint. Auch auf einer zweiten Ebene kommt es zur Überschneidung von Innen und Außen: Durch die fremde Unwirklichkeit des Sichtbaren sowie durch die Unmöglichkeit seiner rationalen Durchdringung, kommt es zu einer Unentscheidbarkeit darüber, ob der Wahrnehmungseindruck ein von außen gegebener oder aber ein innerlicher ist. Zudem hat sich herausgestellt, dass der Raum keine Referenzgrößen für Bewegung bereithält, was zu Schwierigkeiten bei der Verortung des eigenen Körpers im Raum und infolgedessen zu Schwierigkeiten hinsichtlich einer Raumsynthese führt. Es entsteht so der Eindruck einer Art Nicht-Raum.

Hinsichtlich der Zeitlichkeit der Performance herrscht, ebenfalls aufgrund fehlender Referenzsysteme und Bewegungsindikatoren, der Eindruck als stehe sie still. Der Verlauf der Zeit scheint stillgestellt und im Blick auf das Ganzfeld auf Dauer gestellt. Eine gedehnte Gegenwartserfahrung setzt sich zwischen Vergangenheit und Zukunft. Zwischen Eingang und Ausgang der Installation scheint es keine Zeitlichkeit zu geben.

Der Einbezug von Lacans Theorie der Diagramme, nach welcher der Sehende das Sichtbare auf einem flächigen Schirm erblickt, welcher Distanzen untergräbt, hat zu der Vermutung geführt, dass das materialisierte Licht in seiner Dichte und Substanzhaftigkeit ebenfalls als eine Art Schirm fungieren könnte, auf dem die Dinge flächig ins Bild kommen. Da der Betrachter auf diesem Schirm auch immer etwas von sich selbst zu sehen gibt, kommt es erstens dazu, dass er selbst das einzig differenziert Wahrnehmbare in *Bridget's Bardo* darstellt. Weil er sich der Herkunft der Erscheinungen aus einem Außen oder aus seinem Innern nicht sicher sein kann, erblickt er zweitens in der Versenkung in das Licht *Bridget's Bardos* insbesondere sich selbst. Die Übersteigung der Wahrnehmungskraft durch das Licht des Ganzfelds hat in der Untersuchung außerdem zur Erklärung eines Erhabenheitsgefühls, wie auch eines Gefühls der Einheit des Sich-Selbst-Wahrnehmenden mit dem Welt-Ganzen geführt.

Am Ende des Kapitels stand - intensiviert hervorgerufen durch die Thematisierung der neuerlichen Rückwendung zur Installation nach deren Verlassen - die Vermutung, performativ verwendetes und wahrgenommenes Licht könnte per se in einem Zusammenhang mit Bildlichkeit stehen. Als unterstützend hierfür konnte die Fruchtbarmachung der Malereigeschichte für die Untersuchung des performativen Lichts ausgemacht werden.

Anhand der Untersuchung der Langzeitbelichtungs-Theaterfotografien sollte jene letztgenannte Vermutung mittels der in den Fotografien vollzogenen tatsächlichen Bildwerdung des Lichts weiter erhellt werden. Es konnte nachgewiesen werden, dass das Licht, indem es sich über längere Zeit auf dem Trägermedium materialisiert, zu einem geschichteten Bild einer gedehnten Gegenwart führt. Aufgrund der zeitlichen Schichtung mehrerer Räume übereinander sowie der Verunklärung der Örtlichkeit und ihrer Elemente im Zeit-Fluss des Lichts, werden Raumsynthesen innerhalb des Bildes auch hier derart erschwert, dass kaum ein kohärenter Raumeindruck hergestellt werden kann. Die flächige Darstellung auf dem Licht-Schirm der Fotografie operiert zudem nicht mit festgeschriebenen Distanzen, was den Raum ohnehin - als im Fluss der Zeit unverortetem jedoch in besonderem Maße - nicht-räumlich und flächig erscheinen lässt. Des Weiteren wurde festgestellt, dass der in den Schichtungen potenziert gestaffelte Blick es trotz der zentralperspektivischen Darstellungsweise nicht vermag den Betrachter vor dem Bild zu verorten. Vielmehr macht das Bild plurale Blickangebote, die den Betrachter auffordern aus dem unsemantischen, abstrakten Bild seinen eigenen Sinn durch einen subjektiven Blick zu verwirklichen. Diskursiv vorgestellte Leerstellen zwischen den Schichtungen bieten zudem Raum, um den eigenen Blick darin zu deponieren. Eine Blicköffnung findet noch auf einer zweiten Ebene statt, wo eine herkömmliche Fotografie den Blick festsetzen würde: Die Länge der Zeit, die ins Bild kommt, verhindert das Herausreißen eines 'bevorzugten Moments' und wählt zudem keinen bevorzugten Ausschnitt des Bühnengeschehens. Der Betrachter ist als der Aufführung Nachgeordneter also nicht auf einzelne festgesetzte Ansichten angewiesen, sondern wird des Gesamteindrucks der Aufführung gewahr. Dieser verwehrt sich jeder inhaltlichen Festschreibung, vielmehr gibt er eine formal-ästhetische Matrix vor, in die jeder Betrachter seinen eigenen Inhalt frei einfügen kann.

Unter dem Vorzeichen der Nachträglichkeit wurde das Foto als Dokument sowie als Erinnerungsbild thematisch. Dem im Bild gespeicherten Licht wurde als Index ein Zeitsprung attestiert, der durch seine Emanation in der aktuellen Wahrnehmung ein Wieder-Getroffen-Werden durch das Licht evoziert. Die Zeitlichkeit des Bildes zwischen Verlauf und Stillstellung, zwischen Vergangenheit, Wiederkehr im Bild und Wieder-Wahrnehmung, öffnet für das wahrnehmende Subjekt eine Zeitschneise des 'Zwischen' in der Gegenwärtigkeit, in die es sich wahrnehmend einbringen kann. Ohnehin ist der Betrachter durch die Wahrnehmung auf Lacans Schirm schon mit im Tableau. Über diese Optik gerät er stets sich selbst ins Bild und in den Blick. Die Langzeitbelichtungen bieten durch ihre in Gegenwärtigkeit gedehnte Zeitlichkeit sowie durch ihre Zwischenräumlichkeit ein großes Potential um den Betrachter mit seiner subjektiven Sicht zu beherbergen, ihm seinen Blick und damit Kontrolle über das Bild einzuräumen. So kann auch die Lebendigkeit dieser Bilder nicht nur den in ihnen gespeicherten Bewegungen, sondern insbesondere der Unabgeschlossenheit in der Wahrnehmung zugeschrieben werden. In diesem Sinne sind die Fotografien als Aktualisierung verlaufender Bilder in stillgestellter Raffung auf besondere Weise als Tableaux Vivants zu betrachten.

Zudem hat die Untersuchung der Langzeitbelichtungen ergeben, dass mittels des Lichts nicht nur Bilder der jetzt-zeitigen Wahrnehmung, sondern auch geschichtete und fixierte fotografische Bilder der Erinnerung entstehen. Mit Hilfe der psychoanalytisch gefassten Nachträglichkeit konnte ihre Rolle als Modell des Gedächtnisses, welches alte Bilder mit neuen überschreibt und neue auf der Grundlage der alten einspeichert, herausgestellt werden. Auf diese Weise ergibt sich für jeden Betrachter ein je eigenes Bild. Dies impliziert, analog zu Lacan, dass das Bild erst im Akt der Wahrnehmung, und nicht schon auf dem Fotopapier existiert. Am Modell der Fotografien konnten die Überschreibungen als sich dazufügende erklärt werden, die die alten Bilder nicht verdecken, sondern in einem neu hergestellten Bild erhalten. Langzeitbelichtungen wurden damit als Modus der Erhaltung der Sichtbarkeit aller Bilder herausgestellt, im Gegensatz zu den sich in Videoaufnahmen und Wahrnehmung je schon entziehenden Bildern. Dies impliziert, dass Wahrnehmung schon immer auf Erinnerung angewiesen sein muss, um den Verlauf des Geschehens nicht als einzigen Entzug zu erfahren.

Das Licht der Langzeitbelichtungen hat also zu einer lebendigen Bildlichkeit der Überschreibung geführt, deren Zwischenräume und -zeiten Platz für eine subjektive Bedeutungsstiftung lassen. Zusätzlich wurde mit der Nachträglichkeit die Ebene der Erinnerung eingezogen.

Diese Thematik wird in den Fotografien zwar ansichtig, kann in ihnen jedoch nicht völlig erklärt werden. Ihnen kam daher in erster Linie eine Rolle der Veranschaulichung zu, die einen Übergang vom prozessualen, nicht festgeschriebenen Wahrnehmungsbild *Bridget's Bardos* zu einem ebensolchen, immateriellen Erinnerungsbild schafft. In diesem Sinne wurde anschließend anhand der cultural performance *Máquina Hamlet* von *El Periférico de Objetos* untersucht, welche Rolle das Licht hinsichtlich von Erinnerung spielt.

Mit *Máquina Hamlet* kam eine cultural performance in den Blick, die es sich mit einer Bearbeitung des Stückes *Hamletmaschine* von Heiner Müller explizit zum Ziel gesetzt hat, auf die Geschichte ihres Landes zu rekurrieren. Wie dargestellt wurde, zeichnet sich diese durch lang andauernde Gewalt, Erniedrigung, Unterwerfung, Verweiblichung und Passivität aus, die in der Erinnerung unbearbeitete, verdrängte oder von außen unterdrückte Leerstellen hinterlassen haben. Die Untersuchung des performativen Lichts in *Máquina Hamlet* sollte in Erfahrung bringen, auf welche Art und Weise das Licht zur Bearbeitung der Erinnerung beiträgt.

Durch die Analyse des performativen Lichts konnte für *Máquina Hamlet* erneut festgestellt werden, dass es Räume und Zeiten hervorbringt, die sich in einem Zwischenbereich bewegen. Als fragmentierte Größen siedeln sie ganz allgemein zwischen Vergangenheit, erneuter Darstellung und Wahrnehmung durch den Betrachter. Weiterhin gebärdet sich der Raum auch in diesem Beispiel zwischen verschiedenen Zeitdimensionen und räumlichen Tiefendimensionen und springt in der Wahrnehmung des Dunkels analog zum Ganzfeldeffekt zwischen der Wahrnehmung als Fläche und jener als dimensionslosen Raum, der den Außenraum in den Theaterinnenraum einfallen lässt. Fallen Innen- und Außenraum derart ineins, tragen sich alle Ereignisse der Bühne gleichsam in den Welt-Raum ein, sind alle Bühnenereignisse auch potentiell Lebensweltereignisse.

Scheint die Verlaufszeit der Darstellung auch hier in einer 'gelängten' Gegenwart stillgestellt zu sein, verschieben sich die Zeitebenen der Vergangenheit, Gegenwart und Erinnerung als Zeitexplosion oder Einsturz der Zeit in der Aktualität.

Der Fokus, den Stück und Inszenierung auf das Visuelle legen sowie die Statik, Stillstellung und Fragmentarisierung auf inhaltlicher und formaler Ebene stellen die Wahrnehmung auf Bildlichkeit ein. Es konnte gezeigt werden, dass das düstere, nur uneindeutig Wahrnehmbare und unintelligible Bild den Eigenschaften der Erinnerung, die keine Orte kennt, stillgestellt ist und nur eine düstere, verdrängte Leerstelle von unguten Gefühlen bezeichnet, ähnlich ist. Über diese Bild-zu-Bild Evokation können verdrängte Erinnerungen zurückgeholt und aktualisiert werden. Der Zusammenfall von aktuellem Dunkelbild und Dunkelbild der Erinnerung, von rational nicht auflösbaren jetztzeitigen Leerstellen und Leerstellen der Erinnerung, macht ein Wieder-Erleben der Gefühle der Vergangenheit möglich und damit gleichzeitig eine Bearbeitung von nun 'erinnerter Erinnerung' in der oder während der Wahrnehmung. Dies bedeutet, dass die verdrängten Leerstellen einen Platz an der Oberfläche erhalten, wo sie als dunkle Leerstellen ansichtig und erinnerbar sind. Sie werden nicht mit Inhalt ausgefüllt, sondern als Leerstelle erhalten und bekräftigt.

Dem Bild eignet dabei ein Potential, das der Sprache abgeht. Es kann als simultane, anachronistische Darstellung von Heterogenem Erinnerungs- oder Energiepotential in alle Richtungen gleichzeitig entladen und folglich mit oft sprachlich nicht fassbaren Eindrücken der Erinnerung korrespondieren. Als energetisches Bild spricht es auch dezidiert die Körperlichkeit mit seinen emotionalen Reaktionen an. Da alle Bilder als körperliche verstanden werden müssen (da sie in einem 'Zwischen' von Dargestelltem und körperlich-sinnlicher Wahrnehmung entstehen), muss der Körper an deren Hervorbringung und Erinnerung miteinbezogen sein/werden. Dies ist eine Eigenschaft, die angesichts einer von körperlich erfahrener Gewalt, Unterdrückung etc. geprägten argentinischen Geschichte sowie dementsprechend körperlich gespeicherten oder eingeschriebenen Erinnerungen besonders adäquat ist. Was als Erinnerung sprachlich nicht fassbar ist, muss über den Körper, das heißt über Gefühle aktualisiert werden. Dies bedeutet, dass eine Evokation von Erinnerung über asemantische und gefühlsmäßige Kanäle laufen muss. In *Máquina Hamlet* spielen diesbezüglich dementsprechend insbesondere die Atmosphären und Intensitäten als zwischen den ohnehin nicht eindeutig sichtbaren Materialitäten und Figuren ergossenen die Hauptrolle.

Mit Lacans schirmhafter Bildlichkeit und Merleau-Pontys interkorporalen *Chiasmen* und Taktilitäten kommt der Zuschauer zudem selbst ins Bild und nimmt sich als betroffen und teilhaftig an der Darstellung, die Darstellung als seine eigene Geschichte wahr. Das sich materiell substanzierende Dunkel unterstützt als eine Art lacanschen Schirms eine flächige Darstellung mit uneindeutigen Distanzen im Modus des Bildes und schafft es unter Einbezug der Dunkelstellen des Bildes das Uneindeutige und die Leerstellen im Bild zu integrieren. Über seine Distanzlosigkeit kann dieses Bild entfernte Räume oder Zuschauer direkt ins Bild holen.

Inhaltliche und formale Fragmentierung, Heterogenität und Bedeutungsoffenheit schreiben zudem keine inhaltlich neue Geschichte, sondern bieten eine formale, leerstellenhafte Matrix an, die jeder Zuschauer in subjektiver Eigenbeteiligung zu füllen hat. In dieser Weise entsteht mit dem performativen Licht eine Bildlichkeit, die entsprechend des postmodernen Diskurses ein simultanes Nebeneinander heterogener Wahrnehmung, Erinnerung und Geschichte erlaubt, die alle Zeiten bildlich nebeneinander oder aufeinander schichtet.

Die öffentliche Bearbeitung subjektiver Leerstellen führt zudem zu einer kollektiven Veränderung des Geschichtsbildes und kann somit auf eine ganze Nation und ihr Selbstverständnis Einfluss nehmen.

Das aus dem performativen Blickwinkel untersuchte Licht, hat in allen drei Beispielen - welche zudem als drei verschiedene Arten von Performance gefasst werden können: Performancekunst, theatrale Performance und cultural performance - zu einer uneindeutigen, offenen, heterogenen Wahrnehmung geführt. Indem das performative Licht hervorbringend auf Raum und Zeit einwirken kann, kann es, insbesondere wenn es inhaltlich kontextlos, beziehungsweise bedeutungsoffen verwendet wird, Wahrnehmungsbereiche des 'Zwischens' eröffnen, welche eine Entscheidung hinsichtlich Bedeutung und Sinn dem jeweiligen Betrachter und seinem subjektiven Blick überlassen. Gleichzeitig scheint das sich materialisierende Licht als eine Art lacanschen Schirms wirken zu können, das Dinge bildlich-flächig zu sehen gibt und Distanzen zur Fläche sowie Zeit zu Stillstand auflösen kann. Über eine Optik, die Licht materiell fasst und als Schirm begreift, kann performatives Licht also Bildlichkeit herstellen. In allen drei Beispielen hat das Licht zu lebendigen Bildern, zu Tableaux Vivants mit oder ohne vorgängige Vorlage geführt. Die Lebendigkeit liegt dabei weniger in ihrer Bewegtheit, als in ihrer subjektiv je anders möglich werdenden Wahrnehmung, ihrer Unabgeschlossenheit, ihrer ständigen Überschreibung und Bedeutungsoffenheit. Die derart hergestellten Bilder bieten nur eine formale Matrix an, statt festgelegte 'wahre' Inhalte zu präsentieren. Trotz des Bezugs der Fotografien auf die jeweilige Aufführung sowie der Bilder *Máquina Hamlets* auf Bilder der Vergangenheit, beziehungsweise der Erinnerung, sind sie nicht als Abbilder einer vorgängigen Wahrheit zu verstehen, sondern bringen sich in einem prozessualen Akt selbst als Bilder erster Ordnung hervor und schaffen damit in ihrer Eigenwertigkeit eine völlig neue Sichtbarkeit.

Vom puren materialisierten Licht - welches Raum als Medium nutzt, über das es sich hinwegsetzt, indem es das Medium im tatsächlichen Wortsinn ausblendet, und welches als flächiges Bild ansichtig wird -, über das geschichtete Foto-Bild - welches die Bildwerdung des Lichts tatsächlich vollzieht, den Prozess der Einschreibung anschaulich mit einschließt und trotz medialer Fixierung ein offenes Bild ohne Referent ist -, hin zur tatsächlichen Überschreibung des durch performatives Licht ausgelösten Erinnerungsbildes, schafft eben jenes performative Licht eine Verbindung zwischen heterogenen Zeitebenen, setzt sie in der Gegenwart anachronistisch nebeneinander und führt damit zur Möglichkeit einer Bildbearbeitung im Zwischenraum. Diese postmodern offene Bildkraft des Lichts ist also nicht nur in aktuellen, sondern auch in erinnernden, also speziell subjektiv konnotierten Wahrnehmungskontexten nutzbar zu machen. Den Untersuchungsergebnissen nach sollte es den Eigenschaften des performativen Lichts zuzuschreiben sein, dass sowohl eine bildliche Wahrnehmung, als auch eine Umarbeitung von Erinnerungsbildern durch deren Evokation über die Wirkung des Lichts im 'Dazwischen', über Atmosphären, Intensitäten und körpergebundene Emotionen bei gleichzeitiger inhaltsloser Offenheit geleistet werden kann.

Es wäre zu fragen, ob dieses Vermögen des performativen Lichts eine allgemeine Eigenschaft darstellt, welche auch in anderen künstlerisch-inszenatorischen oder gar außerhalb des künstlerischen Kontexts in der Lebenswelt Anwendung finden könnte, um auch dort eine Wahrnehmung zu ermöglichen, die das Subjektive in seiner Unabgeschlossenheit mit einschließt und subjektiv bedeutsame Bilder herstellt, welche das Gefühl der Teilhabe an der Welt stärken.

Gerade in der heutigen Zeit, in der wir ständig von einer Vielzahl von Bildern umgeben sind, sollten sie eine zentrale Rolle bezüglich unseres Verhältnisses zur Welt spielen. Es wurde außerdem belegt, dass wir uns die Welt in Bildern aneignen, sie uns durch Bilder verfügbar machen. Nach Sontag wird sogar das Nachdenken über eine Unterscheidung zwischen Bild und Realität, Original und Kopie immer weniger plausibel.[865] Mit Belting ist die Sichtbarkeit eine Eigenschaft der Welt, welche sich in Bildern ereignet.[866] Aufgrund der körperlichen Verfasstheit von Bildern sind wir als Sichtbare an diesen Bildern beteiligt. „Das Visuelle dagegen ist“, nach Belting, „ein stets verfügbares Erzeugnis der Technologie und gehört einer Parallelwelt der falschen Präsenz an. Hier werden für uns Phänomene visualisiert, statt dass wir sie selbst sehen.“[867] Da wir gerade von solchen Bildern verstärkt umgeben und

865 Siehe Sontag, S. 2008, 171.

866 Siehe Belting, H. 2007, 18.

867 Belting, H. 2007, 18.

dadurch vermutlich von jener Art zu sehen geprägt sind, kommt es darauf an, unser Sehverhalten aufrechtzuerhalten, um weiterhin an der Sichtbarkeit der Welt in Bildern teilhaben zu können.

Laut Schechner unterstellen die *Performance studies*, dass wir in einer postkolonialen Welt leben.[868] Wie gezeigt wurde, kann das Postkoloniale analog zum Postmodernen als simultanes Nebeneinander verschiedener Stile, von Heterogenem und Peripherie und Zentrum verstanden werden, welches eben jene Freiräume für die subjektive Blickweise einräumt. Gleichzeitig bedeute Performance 'zwischen'.[869] Schechners Setzungen stimmen mit den Befunden über die Wirkweise des performativen Lichts überein. Zusätzlich kommt Maaike Bleekers Auffassung des Performativen als Dekonstruktion einer Perspektive[870] mit dem nicht festgelegten, offenen Blickangebot, das den Bildern aus Licht attestiert wurde, überein. Folglich könnte es durch das Licht geleistet werden, Bilder der Welt in einer subjektiven Sehaktivität herzustellen, die Teilhabe ermöglicht. Damit steht die Frage im Raum, ob das Bild als nicht-abbildhafter Akt, das sich dem performativen, materialisierten Licht als Schirm prozessual einschreibt, möglicherweise eine angemessene Bildwerdung von Welt in der Zeit der Postmoderne darstellt, wo Verschiedenes gleichwertig nebeneinander stehen kann, nicht eine Wahrheit durch das Herausgreifen eines Moments privilegiert ins Zentrum rückt und das Unsichtbare und Periphere nicht ausgeschlossen werden. Schließlich garantiert das performative Licht als Bild-Schirm eine offene, im Werden begriffene Bildlichkeit, die das Unsichtbare durch ihre schirmhafte Nähe zu Lacan - immer mit einschließt.

Die Untersuchungen dieser Arbeit haben jedoch ergeben, dass Visuelles nur dann als Bild gelten kann, wenn es in irgendeiner Form inszeniert ist, seinen eigenen Raum und seine eigene Zeit hat sowie durch eine Rahmung vom übrigen Visuellen isoliert ist. Ermöglicht dieser Bildbegriff auch Ungreifbares, Prozessuales und Nicht-Abbildhaftes als Bild zu verstehen, so markiert er jedoch auch Hürden für das Etablieren eines licht-bildlichen Blicks auf die Welt. Das Potential der integrativen Offenheit des Licht-Bild-Schirms kann nur eingelöst werden, wenn der Blick auf die Welt ein in irgendeiner Weise inszenierter ist. Da eine solche Inszenierung und Rahmung in der Visualität der Lebenswelt nicht einfach gegeben ist, kann sie nur im Auge des Be-

868 Siehe Schechner, R. 1998, 360.

869 Siehe Schechner, R. 1998, 360.

870 Siehe Bleeker, M. 2009, 80.

trachters hergestellt werden. Sollte es also möglich sein, dass der Betrachter durch eine willentliche Wahrnehmungsentscheidung seinen Blick auf eine 'performative Optik' umstellen kann, welche einen von ihm gewählten und für ihn sinnigen Ausschnitt bewusst herauslöst, um ihm durch Flächigkeit und Stillstellung auf dem substantiell wahrgenommenen Licht-Schirm einen eignen Raum und eine eigene Zeit zu geben, so könnte eine Wahrnehmung von Welt als unabgeschlossenes Bild gelingen. In einem bewussten Akt müsste dann aber das Licht in seinen performativen Eigenschaften wahrgenommen werden, so dass es sich vom Inhalt, also von den Dingen löst und als purer Licht-Schirm ansichtig wird. Ein solcher Prozess könnte ähnlich Schönes Beschreibung der Möglichkeit reiner Farbwahrnehmung ablaufen, welcher durch eine willentliche Entscheidung zur Versenkung oder zum Sich-Einlassen auf den Farbeindruck ablaufen. In gleicher Weise kommt es durch die Einstellung der Augen während der Wahrnehmung *Bridget's Bardos* auf 'latentes Schielen' zu einem bildhaften Lichteindruck. Sollte diese Art der willentlichen Wahrnehmungsumstellung gelingen, würde damit ein heterogener Zugang zur Welt ermöglicht, der Peripherem und Subjektiven Raum gibt, den Körper wieder mit einbezieht und die Möglichkeit eines Gefühls der (körperlichen) Teilhabe an der Welt zusichert, da diese unter jenem Blick die eigene Welt schon gleich ist. Zugleich wird über diese Bildlichkeit ein nur körperlich und gefühlsmäßig fassbares Potential aktualisiert, welches den Betrachter - auch durch die Offenheit für Überschreibungen - mit seiner Vergangenheit und also mit sich selbst vereint. In dieser Weise würde die bildliche Wahrnehmung der Lebenswelt zu einem Bild führen, dessen Inhalt die Positionierung des Selbst zum Lebensraum darstellt, welche sich als Raumkonstruktion und Selbstverortung als Selbstvergewisserung im Bild formuliert. Möglicherweise kann somit, vor dem Hintergrund allseitigen Beklagens von Sinnverlust, Individualisierung und der Erosion sozialer Gefüge, auch eine neue, heterogen gefasste Einheit mit Mitmenschen und Welt ermöglicht werden. Zudem könnte dieser andere Blick auf die Welt einen anderen Blick auf Bilder etablieren, welcher sich bewusst nicht durch die festgeschriebenen Blickangebote technischer Bilder vereinnahmen lässt. Wie und ob die Übertragung auf lebensweltliche Bildwahrnehmung tatsächlich möglich und gültig ist, kann diese Arbeit jedoch nicht beantworten.

Damit steht am Ende dieser Arbeit ein durch performatives Licht gebildeter prozessualer Bildbegriff, welcher in postmodernem Sinne Heterogenes, Anachronistisches und Fragmentarisches in einem 'tumultuösen' Nebeneinander vereint, Unsichtbares mit einschließt, der subjektiven Komponente Raum gibt, sie der Welt teilhaftig werden lässt und prinzipiell unabgeschlossen ist. Dieser Bildbegriff kann für jedwede - auch theatrale - Performance geltend gemacht werden und bietet zudem das Potential einer Übertragung auf die Lebenswelt.

8 LITERATURVERZEICHNIS

Adcock, Craig E. (1990): *James Turrell. The art of light and space*. Berkeley, Los Angeles, Oxford.

Ahrens, Carsten (1998): Im Licht des Lichts. Spektren des Mediums in der zeitgenössischen Kunst. In: Schwarz, Michael (Hg:): *Licht und Raum: elektrisches Licht in der Kunst des 20. Jahrhunderts.* Köln. 98-117.

Albert, Mechthild (2009): Zur (De-)Konstruktion von Außen- und Innenräumen in der Literatur. Die Pariser Passagen in Louis Aragons Paysan de Paris. In: Csáky, Moritz/Leitgeb, Christoph (Hg.): *Kommunikation – Gedächtnis – Raum. Kulturwissenschaften nach dem 'Spatial Turn'*. Bielefeld. 93-111.

Alonge, Robero/Bonino, Guido Davico (Hg.) (2000): *Storia del teatro moderno e contemporaneo.* Vol. II (Il grande teatro borghese. Settecento-Ottocento), Torino.

Alvarado, Ana (2007): Interview mit Johanna Dupré. In: Dupré, Johanna (2010): *Spiele des (Un)Sichtbaren – Performativität und Politik der Wahrnehmung im argentinischen Gegenwartstheater.* Marburg. 183-202.

Andrews, Richard (2009): Bauen mit Licht. Wahrnehmung und architektonischer Raum. In: Brüderlin, Markus/Kirschner, Esther Barbara (2009) (Hg.): *James Turrell. The Wolfsburg Project.* Kat. Ausst. Kunstmuseum Wolfsburg 2009-2010. Osterfilden. 150-167.

Arnheim, Rudolf (2004): *Die Seele in der Silberschicht. Medientheoretische Texte. Fotografie – Film – Rundfunk.* Frankfurt am Main.

Arpes, Marcela (1998): Mirando la contemporaneidad desde el teatro. Sobre La *Máquina Hamlet de Heiner Müller y la puesta en escena de El Periférico de Objetos.* Internetquelle http://www.autores.org.ar/dveronese/arpes.htm, eingesehen am 12.03.2009.

Assmann, Aleida ([4]2009): *Erinnerungsräume. Formen und Wandlungen des kulturellen Gedächtnisses.* München.

Atzpodin, Uta/Stillmark, Alexander (1997): Auf der Suche nach Erinnerung. 'Der Auftrag' von Heiner Müller: Berlin-Santiago-Berlin. In: Röttger, Kati/Roeder-Zerndt, Martin (Hg.): *Theater im Schutt der Systeme. Dokumentation einer Begegnung zwischen dem Cono Sur und Deutschland.* Frankfurt am Main. 271-278.

Auer, Gerhard (1998): Körperlicht – Raumlicht – Zeitlicht. Über photonische Erregungen in der Architektur. In: Schwarz, Michael (Hg:): *Licht und Raum: elektrisches Licht in der Kunst des 20. Jahrhunderts.* Köln. 120-136.

Austin, John L. (1955): *How to do things with words.* Oxford.

Avant, Lloyd L. (1965): Vision in the Ganzfeld. In: *Psychological Bulletin.* 64:4. 246-258.

Bachelard, Gaston (1964): *The poetics of Space.* Boston.

Bachelard, Gaston ([7]2003): *Poetik des Raumes.* Frankfurt.

Balme, Christopher (2003): Stages of Vision: Image, Body and Medium in Contemporary Theatre. In: *Maska.* Spezialausgabe von Vision and Visuality in the Theatre. 18:3-4. 37-46.

Balme, Christopher (2009): Münchner Barock: Zum postkonzeptuellen Bildertheater. In: Röttger, Kati/Jackob, Alexander (Hg.): *Theater und Bild. Inszenierungen des Sehens.* Bielefeld. 276-286.

Barck, Karlheinz u.a. (Hg.) (1992): *Aisthesis. Wahrnehmung heute oder Perspektiven einer anderen Ästhetik.* Leipzig.

Barthes, Roland (1985): *Die helle Kammer. Bemerkungen zur Photographie.* Frankfurt am Main.

Baumann, Carl-Friedrich (1988): *Licht im Theater: Von der Argand-Lampe bis zum Glühlampen-Scheinwerfer.* Wiesbaden und Stuttgart.

Begrich, Aljoscha/Preußler, Jo (2004): Wie sich Theaterstücke einbilden. Für eine dramatische Fotografie des Theaters. In: Rosa, Hartmut (Hg.): *fast forward. Essays zu Zeit und Beschleunigung.* Hamburg. Hier: Internetquelle www.cronometrio.com/dnl/fluechtige-totale-theorie.pdf, eingesehen am 15.11.2009.

Beilenhoff, Wolfgang (1998): Licht - Bild - Gedächtnis. In: Strunk, Marion (Hg.): *Bildergedächtnis - Gedächtnisbilder.* Zürich. 106-159.

Belting, Hans (2001): *Bild-Anthropologie. Entwürfe für eine Bildwissenschaft.* München.

Belting, Hans (Hg.) (2007): *Bilderfragen. Die Bildwissenschaften im Aufbruch.* München.

Belting, Hans (2007): Die Herausforderung der Bilder. Ein Plädoyer und eine Einführung. In: Belting, Hans (Hg.): *Bilderfragen. Die Bildwissenschaften im Aufbruch.* München. 11-23.

Belting, Hans (2008): Die Gewalt der Bilder und das Reale. In: Finter, Helga (Hg.): *Das Reale und die (neuen) Bilder. Denken oder Terror der Bilder.* Frankfurt am Main. 69-80.

Benjamin, Walter (1977): *Das Kunstwerk im Zeitalter seiner technischen Reproduzierbarkeit.* Frankfurt am Main.

Benjamin, Walter (1977): Kleine Geschichte der Photographie. [1932]. In: Benjamin, Walter: *Das Kunstwerk im Zeitalter seiner technischen Reproduzierbarkeit.* Frankfurt am Main. 48-64.

Benjamin, Walter (1991): *Aufsätze, Essays, Vorträge.* Gesammelte Schriften II/1, herausgegeben von Tiedemann, Rolf und Schweppenhäuser, Hermann. Frankfurt am Main.

Benjamin, Walter (1991): Der Sürrealismus. In: Benjamin, Walter: *Aufsätze, Essays, Vorträge.* Gesammelte Schriften II/1, herausgegeben von Tiedemann, Rolf und Schweppenhäuser, Hermann. Frankfurt am Main.

Bercken von der, Erich (1928): Über einige Grundproblem des Kolorismus in der Malerei. In: *Münchner Jahrbuch der bildenden Kunst,* N.F., V. 311-326.

Berg, Jan (2005), Mediale Räume in der Diskursgeschichte. In: Roesner, David/Wartemann, Geesche/Wortmann, Volker (Hg.): *Szenische Orte – Mediale Räume.* Hildesheim, Zürich, New York. 17-32.

Bickenbach, Matthias (2007): *Flüchtige Totale. Langzeitbelichtungen von Theateraufführungen zum Theatertreffen 2007.* Internetquelle www.cronometrio.com, eingesehen am 15.11.2009.

Bleeker, Maaike (2009): Visualität als Ereignis. In: Röttger, Kati/Jackob, Alexander (Hg.): *Theater und Bild. Inszenierungen des Sehens.* Bielefeld. 77-92.

Boehm, Gottfried (Hg.) (1994): *Was ist ein Bild?* München.

Boehm, Gottfried (1994): Die Wiederkehr der Bilder. In: Boehm, Gottfried (Hg.): *Was ist ein Bild?* München. 11-38.

Boehm, Gottfried (1994): Die Bilderfrage. In: Boehm, Gottfried (Hg.): *Was ist ein Bild?*München. 325-343.

Böhme, Gernot (1995): *Atmosphäre.* Frankfurt am Main.

Böhme, Gernot/Olschanski, Reinhard (Hg.) (2004): *Licht und Zeit.* München.

Borman, Hans-Friedrich (2001): Der unheimliche Beobachter. Chris Burden, 1975: Performance als Dokument. In: Fischer-Lichte, Erika [u. a.] (Hg.): *Wahrnehmung und Medialität.* Tübingen und Basel. 403-419.

Brändle, Ilka (2007): Das Foto als Bildobjekt. Aspekte der Medienanthropologie. In: Belting, H. (Hg.): *Bilderfragen. Die Bildwissenschaften im Aufbruch.* München. 83-100.

Brandl-Risi, Bettina (2006): *Das Paradox des 'tableau vivant' und die Medialität des Theaters. Abstract zum Kongress Theater und (neue) Medien der Universität Erlangen-Nürnberg.* Internetquelle www.theater-medien.de/kongress/pdf/ABSTRACTS.pdf, eingesehen am 30.05.2010.

Brandt, Reinhard (2004): Bilderfahrungen – Von der Wahrnehmung zum Bild. In: Maar, Christa/Burda, Hubert (Hg.): *Iconic Turn. Die neue Macht der Bilder.* Köln. 44-54.

Brüderlin, Markus/Kirschner, Esther Barbara (Hg.) (2009): *James Turrell. The Wolfsburg Project.* Kat. Ausst. Kunstmuseum Wolfsburg 2009-2010. Osterfilden.

Brüderlin, Markus (2009): Vorwort. In: Brüderlin, Markus/Kirschner, Esther Barbara (Hg.): *James Turrell. The Wolfsburg Project.* Kat. Ausst. Kunstmuseum Wolfsburg 2009-2010. Osterfilden. 6-11.

Brüderlin, Markus (2009): Die Innenwelt der Außenwelt der Innenwelt* James Turrell und die Grenzen zwischen sinnlicher und geistiger Erfahrung. In: Brüderlin, Markus/Kirschner, Esther Barbara (Hg.): *James Turrell. The Wolfsburg Project.* Kat. Ausst. Kunstmuseum Wolfsburg 2009-2010. Osterfilden. 122-147.

Brüstle, Christa (2009): Klang als performative Prägung von Räumlichkeiten. In: Csáky, Moritz/Leitgeb, Christoph (Hg.): *Kommunikation – Gedächtnis – Raum. Kulturwissenschaften nach dem 'Spatial Turn'*. Bielefeld. 113-131.

Bryson, Norman (2001): *Das Sehen und die Malerei. Die Logik des Blicks.* München.

Carlson, Marvin ([2]2004): *Performance. A critical introduction*. New York.

Certeau de, Michel (1988): *Kunst des Handelns.* Berlin.

Cohen, Walter (1956): Spatial and textural Characteristics of the Ganzfeld. In: *American Journal of Psychology.* Heft 70. 403-410.

Csáky, Moritz/Leitgeb, Christoph (Hg.) (2009): *Kommunikation – Gedächtnis – Raum. Kulturwissenschaften nach dem 'Spatial Turn'*. Bielefeld.

Danler, Andreas (2006): Brixen: Lichtatmosphäre in der Altstadt. In: Schmidt, J. Alexander/Töllner, Martin (Hg.): *Stadtlicht. Lichtkonzepte für die Stadtgestaltung. Grundlagen | Methoden | Instrumente | Beispiele.* Stuttgart. 64-66.

Deleuil, Jean-Michel/Töllner, Martin (2006): Soziales Licht. In: Schmidt, J. Alexander/Töllner, Martin (Hg.): *Stadtlicht. Lichtkonzepte für die Stadtgestaltung. Grundlagen | Methoden | Instrumente | Beispiele.* Stuttgart. 31-33.

Didi-Hubermann, Georges (2008): Dauer konstruieren. In: Finter, Helga (Hg.): *Das Reale und die (neuen) Bilder. Denken oder Terror der Bilder.* Frankfurt am Main. 57-68.

Dupré, Johanna (2010): *Spiele des (Un)Sichtbaren – Performativität und Politik der Wahrnehmung im argentinischen Gegenwartstheater*. Marburg.

Durán, Ana (o.J.): *Máquina Hamlet de Heiner Müller por el Periférico de Objetos.* Internetquelle http://www.autores.org.ar/dveronese/duran.htm, eingesehen am 12.03.2009.

Elias, Norbert (1984): *Über die Zeit. Arbeiten zur Wissenssoziolgie II.* Herausgegeben von Michael Schröter. Frankfurt am Main.

Ernst, Wolf-Dieter (1999): Welche Rolle spielt das Licht? In: *Forum Modernes Theater*, 14:1. Tübingen. 50-62.

Finter, Helga (Hg.) (2008): *Das Reale und die (neuen) Bilder. Denken oder Terror der Bilder.* Frankfurt am Main.

Fischer-Lichte, Erika [u. a.] (Hg.) (2001): *Wahrnehmung und Medialität.* Tübingen und Basel.

Fischer-Lichte, Erika/Roselt, Jens (2001): Attraktion des Augenblicks - Aufführung, Performance, performativ und Performativität als theaterwissenschaftliche Begriffe. In: *Pragrana.* Bd.10:1. 237-253.

Fischer-Lichte, Erika (2004): *Ästhetik des Performativen.* Frankfurt am Main.

Fischer-Lichte, Erika/Kolesch, Doris/Warstat, Michael (Hg.) (2005): *Metzler Lekon Theatertheorie.* Stuttgart.

Foucault, Michel (1992): Andere Räume. In: Barck, Karlheinz u.a. (Hg.): *Aisthesis. Wahrnehmung heute oder Perspektiven einer anderen Ästhetik.* Leipzig. 34-46.

Gehring, Ulrike (2006): *Bilder aus Licht. James Turrell im Kontext der amerikanischen Kunst nach 1945.* Heidelberg.

Girshausen, Theo/Schmiester, Burkhard/Weber, Richard (1978): Kommunismus oder Barbarei. Über Politik in der HAMLETMASCHINE. Ein Gespräch. In: Girshausen, Theo (Hg.): *Die Hamletmaschine, Heiner Müllers Endspiel.* Köln. 25-45.

Girshausen, Theo (Hg.) (1978): *Die Hamletmaschine, Heiner Müllers Endspiel.* Köln.

Girshausen, Theo (1978): Subjekt und Geschichte. Aspekte zur Neudefinition von Geschichte als ästhetischem Gegenstand in den Stücken Heiner Müllers. In: Girshausen, Theo (Hg.): *Die Hamletmaschine, Heiner Müllers Endspiel.* Köln. 104-127.

Goldsetin, E. Bruce ([2]2002): *Wahrnehmungspsychologie.* Heidelberg, Berlin.

Greisenegger, Wolfgang/Krzeszowiak, Tadeusz/Marschall, Brigitte (Hg.) (2008): *Maske und Kothurn. Internationale Beiträge zur Theater-, Film- und Medienwissenschaft. Licht. Kunst.* Theater. 54:3.

Greisenegger, Wolfgang (2008): „Das echte Theater...stört...Schatten auf". In: Greisenegger, Wolfgang/Krzeszowiak, Tadeusz/Marschall, Brigitte (Hg.): *Maske und Kothurn. Internationale Beiträge zur Theater-, Film- und Medienwissenschaft. Licht. Kunst. Theater.* 54:3. 9-15.

Grimminger, Rolf (Hg.) (2000): *Kunst Macht Gewalt.* München.

Haß, Ulrike (2005a): *Das Drama des Sehens. Auge, Blick und Bühnenform.* München.

Haß, Ulrike (Hg.) (2005b): *Heiner Müller Bildbeschreibung. Ende der Vorstellung.* Berlin.

Haß, Ulrike (2005): Vorbemerkung. In: Haß, Ulrike (Hg.): *Heiner Müller Bildbeschreibung. Ende der Vorstellung.* Berlin. 6-9.

Heeg, Günther/Mungen, Anno (Hg.) (1999): *Stillstand und Bewegung. Intermediale Studien zur Theatralität von Text, Bild und Musik.* München.

Heidegger, Martin (1989): *Der Begriff der Zeit.* Vortrag vor der Marburger *Theologenschaft. Juli 1924.* Herausgegeben und mit einem Nachwort versehen von Hartmut Tietjen. Tübingen.

Hölz, Karl (1998): *Das Fremde, das Eigene, das Andere. Die Inszenierung kultureller und geschlechtlicher Identität in Lateinamerika.* Berlin.

Hörnigk, Frank (Hg.) (1990): *Heiner Müller Material. Texte und Kommentare.* Leipzig.

Hörnigk, Frank (1990): 'Texte, die auf Geschichte warten...'. Zum Geschichtsbegriff bei Heiner Müller. In: Hörnigk, Frank (Hg.): *Heiner Müller Material. Texte und Kommentare.* Leipzig. 123-137.

Holmes, Andrew/Schmidt, J. Alexander (2006): Gestalten mit Licht. In: Schmidt, J. Alexander/Töllner, Martin (Hg.): *Stadtlicht. Lichtkonzepte für die Stadtgestaltung. Grundlagen | Methoden | Instrumente | Beispiele.* Stuttgart. 127-131.

Holmes, Andrew/Schmidt, J. Alexander (2006): Geschichte der Stadtbeleuchtung. In: Schmidt, J. Alexander/Töllner, Martin (Hg.): *Stadtlicht. Lichtkonzepte für die Stadtgestaltung. Grundlagen | Methoden | Instrumente | Beispiele.* Stuttgart. 16-21.

Hoormann, Anne/Schawelka, Karl (Hg.) (1998): *Who's afraid of: Zum Stand der Farbforschung.* Weimar.

Hoormann, Anne (1998): Schwindel im Ganzfeld und Farb-Täuschung: Wahrnehmungsschwellen im Werk von James Turrell. In: Hoormann, Anne/ Schawelka, Karl (Hg.): *Who's afraid of: Zum Stand der Farbforschung.* Weimar. 336-365 .

Inauen, Yasmine (2001): *Dramaturgie der Erinnerung. Geschichte, Gedächtnis, Körper bei Heiner Müller.* Tübingen.

Innamorati, Isabella (2000): Mostrare, illudere, significare: esperienze della luce in scena. In: Alonge, Robero/Bonino, Guido Davico (Hg.): *Storia del teatro moderno e contemporaneo.* Vol. II (Il grande teatro borghese. Settecento-Ottocento), Torino. 997-1021.

Iversen, Fritz/Servos, Norbert (1978): Sprengsätze. Geschichte und Diskontinuität in den Stücken Heiner Müllers und der Theorie Walter Benjamins. In: Girshausen, Theo (Hg.): *Die Hamletmaschine, Heiner Müllers Endspiel.* Köln. 128-138.

Jackob, Alexander/Röttger, Kati (2009): Einleitung: Theater, Bild und Vorstellung. Zur Inszenierung des Sehens. In: Röttger, Kati/Jackob, Alexander (Hg.): *Theater und Bild. Inszenierungen des Sehens.* Bielefeld. 7-42.

Jackob, Alexander (2009): Zwischen Bild und Vorstellung - Drei Gedankengänge. In: Röttger, Kati/Jackob, Alexander (Hg.): *Theater und Bild. Inszenierungen des Sehens.* Bielefeld. 93-114.

Janik, Dieter (Hg.) (1994): *Die langen Folgen der kurzen Conquista: Auswirkungen der spanischen Kolonisierung Amerikas bis heute.* Frankfurt am Main.

Janik, Dieter (1994): Vorwort. In: Janik, Dieter (Hg.): *Die langen Folgen der kurzen Conquista: Auswirkungen der spanischen Kolonisierung Amerikas bis heute.* Frankfurt am Main. 7-8.

Jooss, Birgit (1999): Zwischen Kunstideal und sinnlicher Pose. Lebende Bilder und Attitüden der Goethezeit. In: Heeg, Günther/Mungen, Anno (Hg.): *Stillstand und Bewegung. Intermediale Studien zur Theatralität von Text, Bild und Musik.* München. 103-114.

Kather, Regine (2000): *Über die Zeit.* Internetquelle www.akademieforum.de/grenzfragen/open/Grundlagen/Ka_Zeit/frame.htm, eingesehen am 14.04.2010. In leicht geänderter Version in: Bockhaus Redaktion (Hg.): *Mensch, Natur, Technik Bd. 6: Die Zukunft unseres Planeten.* Leipzig, Mannheim. 14-47.

Kemp, Wolfgang (Hg.) (1992): *Der Betrachter ist im Bild.* Berlin.

Kemp, Wolfgang (1992): Kunstwissenschaft und Rezeptionsästhetik. In: Kemp, Wolfgang (Hg.): *Der Betrachter ist im Bild.* Berlin. 7-28.

Kirchmann, Kay (2000): *Licht-Räume – Licht-Zeiten. Das Licht als symbolische Funktion im Theater der Neuzeit.* Siegen.

Kirschner, Esther Barbara (2009): Vom Raum zur Fläche zum Raum. Zu den Werken in der Ausstellung. In: Brüderlin, Markus/Kirschner, Esther Barbara (2009) (Hg.): *James Turrell. The Wolfsburg Project.* Kat. Ausst. Kunstmuseum Wolfsburg 2009-2010. Osterfilden.. 70-79.

König, Hans-Joachim (1991): Die Mythisierung der 'Conquista' und des 'Indio' zu Beginn der Staats- und Nationbildung in Hispanoamerika. In: Kohut, Karl (Hg.): *Der eroberte Kontinent. Historische Realität, Rechtfertigung und literarische Darstellung der Kolonisation Amerikas.* Frankfurt am Main. 361-375.

Köpping, Klaus-Peter/Rao, Ursula (Hg.) (2000): *Im Rausch des Rituals. Gestaltung und Transformation der Wirklichkeit in körperlicher Performanz.* Hamburg.

Kohut, Karl (Hg.) (1991): *Der eroberte Kontinent. Historische Realität, Rechtfertigung und literarische Darstellung der Kolonisation Amerikas.* Frankfurt am Main.

Kohut, Karl (Hg.) (1997): *La invención del pasado. La novela histórica en el marco de la postmodernidad.* Frankfurt am Main und Madrid.

Kohut, Karl (1997): Introducción. In: Kohut, Karl (Hg.): *La invención del pasado. La novela histórica en el marco de la postmodernidad.* Frankfurt am Main und Madrid. 9-24.

Krämer, Sybille (Hg.) (2004): *Performativität und Medialität.* München.

Krämer, Sybille (2004): Was haben 'Performativität' und 'Medialität' miteinander zu tun? Plädoyer für eine in der 'Aisthetisierung' gründende Konzeption des Performativen. Zur Einleitung in diesen Band. In: Krämer, Sybille (Hg.): *Performativität und Medialität.* München. 13-32.

Kreuder, Friedemann (2002): *Formen des Erinnerns im Theater Klaus Michael Grübers.* Berlin.

Lacan, Jaques (1994a): Linie und Licht. In: Boehm, Gottfried (Hg.): *Was ist ein Bild?* München. 60-74.

Lacan, Jaques (1994b): Was ist ein Bild/Tableau. In: Boehm, Gottfried (Hg.): *Was ist ein Bild?* München. 75-89.

Laplanche, Jean/Pontalis, Jean-Betrand (51982): *Das Vokabular der Psychoanalyse.* Frankfurt am Main.

Lehmann, Hans-Thies (1999): Rhythmus und Tableau. Überlegungen zum Theater Racines. In: Heeg, Günther/Mungen, Anno (Hg.): *Stillstand und Bewegung. Intermediale Studien zur Theatralität von Text, Bild und Musik.* München. 39-62.

Lehmann, Hans-Thies (32005): *Postdramatisches Theater.* Frankfurt am Main.

Lehmann, Hans-Thies (2005): Theater der Blicke. Zu Heiner Müllers 'Bildbeschreibung'. In: Haß, Ulrike (Hg.): *Heiner Müller Bildbeschreibung. Ende der Vorstellung.* Berlin. 63-78.

Levin, David J. (2009): Ein bildschöner Mann? Visueller Vertiefung und Theatralität in Richard Wagners 'Der fliegende Holländer'. In: Röttger, Kati/Jackob, Alexander (Hg.): *Theater und Bild. Inszenierungen des Sehens.* Bielefeld. 255-266.

Löw, Martina (2001): *Raumsoziologie.* Frankfurt am Main.

Luhmann, Niklas (21998): *Die Kunst der Gesellschaft.* Frankfurt am Main.

Lüttgens, Annelie (2009): Das Pars pro Toto und das große Ganze. Tall Glass Piece und Cyberspace. In: Brüderlin, Markus/Kirschner, Esther Barbara (Hg.) (2009): *James Turrell. The Wolfsburg Project.* Kat. Ausst. Kunstmuseum Wolfsburg 2009-2010. Osterfilden. 108-121.

Maar, Christa/Burda, Hubert (Hg.) (2004): *Iconic Turn. Die neue Macht der Bilder.* Köln.

Maino, Marzia (2008): Beleuchtungstechnik und Bühne in Vicenza im 16. und 17. Jahrhundert. In: Greisenegger, Wolfgang/Krzeszowiak, Tadeusz/Marschall, Brigitte (Hg.): *Maske und Kothurn. Internationale Beiträge zur Theater-, Film- und Medienwissenschaft. Licht. Kunst. Theater.* 54:3. 37-47.

Mainzer, Klaus ([2]1996): *Zeit. Von der Urzeit zur Computerzeit.* München.

Marschall, Brigitte (2008): Luminoses Bewusstsein: Psychedelische Räume und Stroboskopeffekte. In: Greisenegger, Wolfgang/Krzeszowiak, Tadeusz/Marschall, Brigitte (Hg.): *Maske und Kothurn. Internationale Beiträge zur Theater-, Film- und Medienwissenschaft. Licht. Kunst. Theater.* 54:3. 67-83.

Massuh, Gabriela (2007): Interview mit Johanna Dupré. In: Dupré, Johanna (2010): *Spiele des (Un)Sichtbaren – Performativität und Politik der Wahrnehmung im argentinischen Gegenwartstheater.* Marburg. 210-212.

Merleau-Ponty, Maurice (1966): *Phänomenologie der Wahrnehmung.* Berlin.

Merleau-Ponty, Maurice (1986): *Das Sichtbare und das Unsichtbare.* München.

Meseberg, Hans (2006): Das städtische Licht. Aufgaben. Kriminalitätsprävention. In: Schmidt, J. Alexander/Töllner, Martin (Hg.): *Stadtlicht. Lichtkonzepte für die Stadtgestaltung. Grundlagen | Methoden | Instrumente | Beispiele.* Stuttgart. 23-25.

Metzger, Wolfgang (1930): Optische Untersuchungen am Ganzfeld. II. Mitteilung: Zur Phänomenologie des homogenen Ganzfelds. In: Allesch, Johannes von (Hg.): *Psychologische Forschung. Zeitschrift für Psychologie und ihre Grenzwissenschaften.* Heft 13. 6-29.

Meyer, Petra Maria (1999): Intensität der Zeit in John Cages Textkompositionen. In: Heeg, Günther/Mungen, Anno (Hg.): *Stillstand und Bewegung. Intermediale Studien zur Theatralität von Text, Bild und Musik.* München. 227-237.

Moldoveanu, Mihail (2001): *Mit dem Körper denken. Komposition, Licht und Farbe in Robert Wilsons neuem Theater.* Stuttgart.

Motte de la-Haber, Helga (2004): Musik und Licht. Zeitfarben. In: Böhme, Gernot/Olschanski, Reinhard (Hg.): *Licht und Zeit.* München. 87-93.

Müller, Heiner (1992): *Krieg ohne Schlacht. Leben in zwei Diktaturen.* Köln.

Narboni, Roger (2006): Strategien zur Gestaltung mit Licht. In: Schmidt, J. Alexander/Töllner, Martin (Hg.): *Stadtlicht. Lichtkonzepte für die Stadtgestaltung. Grundlagen | Methoden | Instrumente | Beispiele.* Stuttgart. 55-57.

Obad, Vlado (1990): Zu Müllers Poetik des Fragmentarischen. In: Hörnigk, Frank (Hg.): *Heiner Müller Material. Texte und Kommentare.* Leipzig. 157-164.

Oberender, Thomas (2009): 'Technology' und 'Revelation'. Über Thränen, Küsse und das Drama der Wahrnehmung. In: Röttger, Kati/Jackob, Alexander (Hg.): *Theater und Bild. Inszenierungen des Sehens.* Bielefeld. 219-232.

Oeder, Werner (1990): Vom Traum Zenons zu Cantors Paradies. Das fotografische Reglement von Zeit, Sichtbarkeit und Bewegung. In: Tholen, Georg Christoph (Hg.): *Zeit-Zeichen. Aufschübe und Interferenzen zwischen Endzeit und Echtzeit.* Weinheim. 247-264.

Ott, Gerhard (Hg.) (2003): *Johann Wolfgang Goethe. Farbenlehre.* Stuttgart.

Pavis, Patrice (1998): *Dictionary of the theatre. Terms, concepts and analysis.* Toronto.

Pavis, Patrice (2003): *Analyzing Perfromance. Theater, Dance and Film.* Michigan.

Peetz, Kerstin (2006): Licht und Gesundheit. In: Schmidt, J. Alexander/ Töllner, Martin (Hg.): *Stadtlicht. Lichtkonzepte für die Stadtgestaltung. Grundlagen | Methoden | Instrumente | Beispiele.* Stuttgart, 184-189.

Pfitzner, Maria (2006): Visuelle Wahrnehmung. In: Schmidt, J. Alexander/ Töllner, Martin (Hg.): *Stadtlicht. Lichtkonzepte für die Stadtgestaltung. Grundlagen | Methoden | Instrumente | Beispiele.* Stuttgart, 176-183.

Phelan, Peggy/Lane, Jill (Hg.) (1998): *The ends of performance.* New York.

Pinder, Wilhelm (1992): Die Anerkennung des Betrachters. In: Kemp, Wolfgang (Hg.): *Der Betrachter ist im Bild.* Berlin. 51-59.

Pschak, Evelyn (2007): *Die Sehnsucht ist Licht. Ein Interview mit James Turrell.* Internetquelle www.artnet.de/magazine/features/pschak/pschak03-16-07.asp, eingesehen am 01.05.2010.

Rao, Ursula/Köpping, Klaus-Peter (2000): Einleitung. Die 'performative Wende': Leben – Ritual – Theater. In: Köpping, Klaus-Peter/Rao, Ursula (Hg.): *Im Rausch des Rituals. Gestaltung und Transformation der Wirklichkeit in körperlicher Performanz.* Hamburg. 1-31.

Ricœur, Paul (2004): *Gedächtnis, Geschichte, Vergessen.* München.

Roesner, David/Wartemann, Geesche/Wortmann, Volker (Hg.) (2005): *Szenische Orte- Mediale Räume.* Hildesheim, Zürich, New York.

Röttger, Kati/Roeder-Zerndt, Martin (Hg.) (1997): *Theater im Schutt der Systeme. Dokumentation einer Begegnung zwischen dem Cono Sur und Deutschland.* Frankfurt am Main.

Röttger, Kati (1997): Erinnerungen an eine Nation. *Die Geschichte des Blutes* vom Teatro La Memoria. In: Röttger, Kati/Roeder-Zerndt, Martin (Hg.): *Theater im Schutt der Systeme .Dokumentation einer Begegnung zwischen dem Cono Sur und Deutschland.* Frankfurt am Main. 209-229.

Röttger, Kati/Jackob, Alexander (Hg.) (2009): *Theater und Bild. Inszenierungen des Sehens.* Bielefeld.

Röttger, Kati (2009): Bilderschlachten im Bambiland: Zur Politik des Sehens im Theater. In: Röttger, Kati/Jackob, Alexander (Hg.): *Theater und Bild. Inszenierungen des Sehens.* Bielefeld. 61-76.

Roloff, Volker (2000): Macht, Medien und Maskierungen. Zum Engagement lateinamerikanischer Autoren. In: Grimminger, Rolf (Hg.): *Kunst Macht Gewalt.* München. 179-191.

Sachse, Rainer (2006): Parks und Grünräume. In: Schmidt, J. Alexander/Töllner, Martin (Hg.): *Stadtlicht. Lichtkonzepte für die Stadtgestaltung. Grundlagen | Methoden | Instrumente | Beispiele.* Stuttgart. 46-53.

Schechner, Richard (1977): *Essays on Performance Theory 1970-1976.* New York.

Schechner, Richard (1977): Actuals: A Look Into Performance Theory. In: Schechner, Richard: *Essays on Performance Theory 1970-1976.* New York. 3-35.

Schechner, Richard (1998): What is performance studies anyway? In: Phelan, Peggy/Lane, Jill (Hg.): *The ends of performance.* New York. 357-362.

Schielke, Thomas (2006): Lichtkonzepte für Fassaden. In: Schmidt, J. Alexander/Töllner, Martin (Hg.): *Stadtlicht. Lichtkonzepte für die Stadtgestaltung. Grundlagen | Methoden | Instrumente | Beispiele.* Stuttgart. 137-143.

Schivelbusch, Wolfgang (1998): Aufbruch. Die Pariser Weltausstellung 1900 – Die Lichtreklame – Der Lichtstrahl. In: Schwarz, Michael (Hg.): *Licht und Raum: elektrisches Licht in der Kunst des 20. Jahrhunderts.* Köln. 14-29.

Schmidt, J. Alexander/Töllner, Martin (Hg.) (2006): *Stadtlicht. Lichtkonzepte für die Stadtgestaltung. Grundlagen | Methoden | Instrumente | Beispiele.* Stuttgart.

Schmidt, J. Alexander (2006): Stadt und öffentlicher Raum. In: Schmidt, J. Alexander/Töllner, Martin (Hg.): *Stadtlicht. Lichtkonzepte für die Stadtgestaltung. Grundlagen | Methoden | Instrumente | Beispiele.* Stuttgart. 12-15.

Schmidt, J. Alexander (2006): Stadtgestaltung und Städtebau. In: Schmidt, J. Alexander/Töllner, Martin (Hg.): *Stadtlicht. Lichtkonzepte für die Stadtgestaltung. Grundlagen | Methoden | Instrumente | Beispiele.* Stuttgart. 37-41.

Schmidt, J. Alexander/Töllner, Martin (2006): Straßen. Und Platzräume. In: Schmidt, J. Alexander/Töllner, Martin (Hg.): *Stadtlicht. Lichtkonzepte für die Stadtgestaltung. Grundlagen | Methoden | Instrumente | Beispiele.* Stuttgart. 42-45.

Schmitz, Herrmann (2004): Zeit und Licht zwischen Heidegger und Einstein. In: Böhme, Gernot/Olschanski, Reinhard (Hg.): *Licht und Zeit.* München. 25-37.

Schmitz, Norbert M. (1998): Pioniere der Lichtkunst. Zwischen Mythos und Alltag. In: Schwarz, Michael (Hg.): *Licht und Raum: elektrisches Licht in der Kunst des 20. Jahrhunderts.* Köln. 32-43.

Schneider, Manfred (2005): Im Namen des Bildes. In: Haß, Ulrike (Hg.): *Heiner Müller Bildbeschreibung. Ende der Vorstellung.* Berlin. 112-120.

Schöne, Wolfgang ([8]1994): *Über das Licht in der Malerei.* Berlin.

Schürmann, Eva (2000): *Erscheinen und Wahrnehmen. Eine vergleichende Studie zur Kunst von James Turrell und der Philosophie Merleau-Pontys.* München.

Schürmann, Eva (2004): Zeitlichkeit als Form und Inhalt der ästhetischen Erfahrung. In: Böhme, Gernot/Olschanski, Reinhard (Hg.): *Licht und Zeit.* München. 94-104.

Schwarz, Michael (Hg:) (1998): *Licht und Raum: elektrisches Licht in der Kunst des 20. Jahrhunderts.* Köln.

Schwarz, Michael (1998): Das Sehen des Sehens. Licht als Material. In: Schwarz, Michael (Hg.): *Licht und Raum: elektrisches Licht in der Kunst des 20. Jahrhunderts.* Köln. 80-95.

Schweizer, Stefan (2004): *Geschichtsdeutung und Geschichtsbilder. Visuelle Erinnerungs- und Geschichtskultur in Kassel 1866-1914.* Göttingen.

Serna de la, Jorge Ruedas (1985): La representación americana como problema de identidad. In: Zea, Leopoldo/Prieto, Daniel [u.a.] (Hg.): *El problema de la identidad latinomericana.* México. 33-59.

Siegmund, Gerald (2008): Passivität, Posen und Perversion. Das Reale und die Körperbilder. In: Finter, Helga (Hg.): *Das Reale und die (neuen) Bilder. Denken oder Terror der Bilder.* Frankfurt am Main. 141-160.

Sontag, Susan ([18]2008): *Über Fotografie.* Frankfurt am Main.

Straßner, Veit (2007): *Die offenen Wunden Lateinamerikas. Vergangenheitspolitik im postautoritären Argentinien, Uruguay und Chile.* Wiesbaden.

Tantanian, Alejandro (2007): Interview mit Johanna Dupré. In: Dupré, Johanna (2010): *Spiele des (Un)Sichtbaren – Performativität und Politik der Wahrnehmung im argentinischen Gegenwartstheater.* Marburg. 213-221.

Taylor, Diana/Villegas, Juan (Hg.) (1994): *Negotiating Performance. Gender, Sexuality, and Theatricality in Latin/o America.* Durham and London.

Taylor, Diana (1994): Performing Gender: Las Madres de la Plaza de Mayo. In: Taylor, Diana/Villegas, Juan (Hg.): *Negotiating Performance. Gender, Sexuality, and Theatricality in Latin/o America.* Durham and London. 275-306.

Tholen, Georg Christoph (Hg.) (1990): *Zeit-Zeichen. Aufschübe und Interferenzen zwischen Endzeit und Echtzeit.* Weinheim.

Tholen, Georg Christoph (1995): Der Verlust (in) der Wahrnehmung. Zur Topographie des Imaginären. In: *Texte. Psychoanalyse, Ästhetik, Kulturkritik.* Heft 3. 46-75.

Toro de, Alfonso/Toro de, Fernando (Hg.) (1999): *El debate de la postcolonialidad en Latinoaméica.* Madrid und Frankfurt am Main.

Toro de, Alfonso/Toro de, Fernando (1999): Prólogo. In: Toro de, Alfonso/Toro de, Fernando (Hg.): *El debate de la postcolonialidad en Latinoaméica.* Madrid und Frankfurt am Main. 7-11.

Tunner, Wolfgang (1999): *Psychologie und Kunst. Vom Sehen zur sinnlichen Erkenntnis.* Wien.

Veronese, Daniel (2000): *El Periférico de Objetos.* Internetquelle http://www.autores.org.ar/dveronese/periferico.htm, eingesehen am 12.03.2009.

Veronese, Daniel (2007): Interview mit Johanna Dupré. In: Dupré, Johanna (2010): *Spiele des (Un)Sichtbaren. Performativität und Politik der Wahrnehmung im argentinischen Gegenwartstheater.* Marburg. 203-209.

Wagner, Meike (2003): *'Nähte am Puppenkörper'. Der mediale Blick und die Körperentwürfe des Theaters.* Bielefeld.

Wagner, Meike (2009): Zwischen-Bilder und Kristalline Körper. Visuelles Theater als intermediale Performance. In: Röttger, Kati/Jackob, Alexander (Hg.): *Theater und Bild. Inszenierungen des Sehens.* Bielefeld. 131-142.

Weber, Peter (2009): Sky People. Ein Reisebericht. In: Brüderlin, Markus/Kirschner, Esther Barbara (2009) (Hg.): *James Turrell. The Wolfsburg Project.* Kat. Ausst. Kunstmuseum Wolfsburg 2009-2010. Osterfilden. 18-50.

Weber, Richard (1978): 'Ich war, ich bin, ich werde sein!' Versuch, die politische Dimension der HAMLETMASCHINE zu orten. In: Girshausen, Theo (Hg.): *Die Hamletmaschine, Heiner Müllers Endspiel.* Köln. 86-97.

Wehbi, Emilio García (2007): Interview mit Johanna Dupré. In: Dupré, Johanna (2010): *Spiele des (Un)Sichtbaren – Performativität und Politik der Wahrnehmung im argentinischen Gegenwartstheater.* Marburg. 228-240.

Weiß, Stephanie (2004): 'Orte und Nicht-Orte'. Kulturanthropologische Anmerkungen zu Marc Augé. In: *Volkskunde in Rheinland-Pfalz.* 19:1. 67-70.

Wyss, Beat (2007): Die Nachträglichkeit der Bilder. Freuds 'Wolfsmann'. In: Belting, Hans (Hg.): *Bilderfragen. Die Bildwissenschaften im Aufbruch.* München. 333-345.

Zajonc, Arthur (1994): *Die gemeinsame Geschichte von Licht und Bewusstsein.* Reinbek bei Hamburg.

Zea, Leopoldo [u.a.] (Hg.) (1985): *El problema de la identidad latinomericana.* México.

Zea, Leopoldo (1985): Búsqueda de la identidad latinoamericana. In: Zea, Leopoldo/ [u.a.] (Hg.): *El problema de la identidad latinoamericana.* México. 11-31.

9 VIDEOMATERIAL

Máquina Hamlet (1996). Regie: El Periférico de Objetos. o.O.

Rotes Blut und schwarze Spiele - Theater und Politik in Argentinien (2002). Regie/Kamera/Buch: Wolf Hermsen. ZDF Theaterkanal.

In der Schriftenreihe *Kleine Mainzer Schriften zur Theaterwissenschaft* sind bisher erschienen:

Becker, Kristin:

Chicago.
Ein Mythos in seinen Inszenierungen.

(KMT, Band 1)

166 Seiten, 24,90 Euro, 2005

ISBN 978-3-8288-8929-3

Wiegmink, Pia:

Theatralität und öffentlicher Raum.
Die Situationistische Internationale am Schnittpunkt von Kunst und Politik.

(KMT, Band 2)

146 Seiten, 24,90 Euro, 2005

ISBN 978-3-8288-8935-4

Pfahl, Julia:

Québec inszenieren.
Identität, Alterität und Multikulturalität als Paradigmen im Theater von Robert Lepage.

(KMT, Band 3)

120 Seiten, 24,90 Euro, 2005

ISBN 978-3-8288-8948-4

Walkenhorst, Birgit:

Intermedialität und Wahrnehmung.
Untersuchungen zur Regiearbeit von John Jesurun und Robert Lepage.

(KMT, Band 4)

100 Seiten, 24,90 Euro, 2005

ISBN 978-3-8288-8949-1

Butte, Maren:

Das Absterben der Pose.
Die Subversion des Melodramas in Cindy Shermans Fotoarbeiten.

(KMT, Band 5)

134 Seiten, 24,90 Euro, 2006

ISBN 978-3-8288-8969-9

Naumann, Matthias:

Dramaturgie der Drohung.
Das Theater des israelischen Dramatikers und Regisseurs Hanoch Levin.

(KMT, Band 6)

268 Seiten, 24,90 Euro, 2006

ISBN 978-3-8288-8973-6

Küssner, Lisa Marie:

Sprach-Bilder versus Theater-Bilder.
Möglichkeiten eines szenischen Umgangs mit den Bilderwelten von Werner Fritsch.

(KMT, Band 7)

164 Seiten, 24,90 Euro, 2006

ISBN 978-3-8288-9050-3

Faust, Nicole:

Körperwissen in Bewegung.

(KMT, Band 8)

150 Seiten, 24,90 Euro, 2006

ISBN 978-3-8288-9175-3

Dapp, Götz:

Mediaclash In Political Theatre.
Building on and Continuing Brecht.

(KMT, Band 9)

156 Seiten, 24,90 Euro, 2006

ISBN 978-3-8288-9176-0

Watzka, Stefanie:

Verborgene Vermittler.
Ansätze zu einer Historie der Theateragenten und -verleger.

(KMT, Band 10)

174 Seiten, 24,90 Euro, 2006

ISBN 978-3-8288-9199-9

Holling, Eva:

Ist alles gespielt?
Blicke auf den Stadtraum im neuen Theater.

(KMT, Band 11)

122 Seiten, 24,90 Euro, 2007

ISBN 978-3-8288-9207-1

Reinbold, Stephanie:

Schwedisches Kinder- und Jugendtheater.
Ein Paradigma für das deutsche Kinder- und Jugendtheater seit den 1980er Jahren?

(KMT, Band 12)

132 Seiten, 24,90 Euro, 2007

ISBN 978-3-8288-9259-0

Freund, Alexandra:

Fake ist total real.
Das Theater des Igor Bauersima.

(KMT, Band 13)

204 Seiten, 24,90 Euro, 2007

ISBN 978-3-8288-9348-1

Plappert, Stefanie:

„Wahrhaftige Begegnungen"?
Facetten des ‚Fremden' im zeitgenössischen norwegischen Theater.

(KMT, Band 14)

204 Seiten, 24,90 Euro, 2007

ISBN 978-3-8288-9497-6

Waniek, Ellen:

Gerettet?
Spiegelungen des prekären Sinn-Subjekts im jungen deutschen Regietheater

(KMT, Band 15)

138 Seiten, 24,90 Euro, 2008

ISBN 978-3-8288-9737-3

Lenhardt, Martina

Grenz.Fall.
Zum Verhältnis von Perfomance und Spiel

(KMT, Band 16)

124 Seiten, 24,90 Euro, 2008

ISBN 978-3-8288-9758-8

Pohl, Katharina:

Schönes Scheitern?
Die Suche nach Identität in den Inszenierungen Florian Fiedlers

(KMT, Band 17)

182 Seiten, 24,90 Euro, 2010

ISBN 978-3-8288-2223-8

Zipf, Hanna Maria:

Giorgio Strehlers *Arlecchino*
am Piccolo Teatro di Milano

(KMT, Band 18)

178 Seiten, 24,90 Euro, 2010

ISBN 978-3-8288-2224-5

Dupré, Johanna:

Spiele des (Un)Sichtbaren.
Performativität und Politik der Wahrnehmung im argentinischen Gegenwartstheater

(KMT, Band 19)

246 Seiten, 24,90 Euro, 2010

ISBN 978-3-8288-9947-6

van den Heuvel-Arad, Maja:

Focalizing Bodies.
Visual Narratology
in the Post-Dramatic Theatre

(KMT, Band 20)

90 Seiten, 24,90 Euro, 2011

ISBN 978-3-8288-2623-6

Peschke, Nadine:

Gebrochen in Raum und Zeit –
Performanzen des Lichts
im Dazwischen.

(KMT, Band 21)

267 Seiten, 24,90 Euro, 2011

ISBN 978-3-8288-2658-8

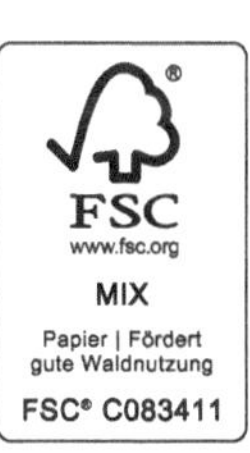

Zeitfracht Medien GmbH
Ferdinand-Jühlke-Straße 7
99095 Erfurt, Deutschland
produktsicherheit@kolibri360.de